Das große Kosmos Pferdebuch

Christiane Gohl

KOSMOS

Liebe Pferdefreundinnen und -freunde,
Das Große Kosmos Pferdebuch vereint zwei bekannte und bei Groß und Klein beliebte Kosmos-Sachbücher zu einem einmalig kompakten und konzentrierten Schmökerwerk für alle Pferde- und Reiterfans. In Teil Eins werden alle wichtigen Basisthemen vom richtigen Umgang mit Pferden, übers Reiten bis zur Pflege und Haltung von Pferden behandelt; im zweiten Teil findet man alles Interessante über die verschiedenen Pferderassen, über die Beziehung von Mensch und Pferd sowie tolle Tipps zu Spiel und Sport mit Pferden.

Die Autorin Christiane Gohl weiß, was Reitern und solchen, die es werden wollen, unter den Nägeln brennt. Sie reitet seit ihrem zehnten Lebensjahr in unterschiedlichen Disziplinen, hat jahrelange Turniererfahrung und bildet Pferde aus. Ihr besonderes Interesse gilt den jungen Reiterinnen und Reitern. Für sie hat Christiane Gohl schon viele erfolgreiche Bücher zum Thema Pferd geschrieben.

Bibliografische Information der Deutschen Bibliothek
Die Deutsche Bibliothek verzeichnet diese Publikation in der Deutschen Nationalbibliografie; detaillierte bibliografische Daten sind im Internet über http://dnb.ddb.de abrufbar.

ISBN 3-440-10119-3

Umschlaggestaltung: eStudio Calamar unter Verwendung eines Fotos der Agentur Sorrel, Aichhalden.
Mit 554 Farbfotos (siehe jeweiligen Bildnachweis) sowie 31 Zeichnungen von Rahel Schale, 22 Cartoons von Peter Ruge, 15 Bestimmungszeichnungen von Marianne Golte-Bechtle und 9 Cartoons von Klaus Häring.
Lektorat: Almuth Sieben, Birgit Bohnet
Produktion: Ralf Paucke
Herstellung: DOPPELPUNKT Auch & Grätzbach GbR, Leonberg
unter Verwendung der Layouts von Konzept GmbH, Höchberg und Die Herstellung Stuttgart
Printed in the Czech Republic/Imprimé en République Tchèque

Teil Eins

Vom Reiten

KOSMOS

Danksagung

Der Verlag dankt dem Reit- und Fahrverein Leonberg e.V., insbesondere seinem 1. Vorsitzenden Gerhard Ziegler sowie Sigrid Adam, Michaela Baisch und allen Kindern der Ponygruppe, für die tatkräftige Unterstützung. Unser Dank gilt außerdem allen geduldigen Pferden, ohne die dieses Buch nicht entstanden wäre.

Mit 304 Fabfotos von Waltraut Bischof (57 o. l., 64); Werner Ernst (4 u., 5 M.o., 6, 25 o. l. + u., 26 u., 27, 28 u., 29 o., 30 u., 31 o., 33 o., 61 u. r., 63 o., 65, 68 u., 90 o., 93 u. r., 94, 95 r., 115, 117 u. r., 118 r., 133, 137 o., 149 o.); Sigrun Geveke (9 o., 10 u., 15 o. l., 25 o. r., 31 u., 44, 60 o., 87 l., 93 u. l., 122 o., 134 o., 145 r.); Stefan Giesbert (127 l.); Christiane Gohl (9 u., 12, 15 u. l., 37, 39 u., 43 r., 45, 48, 55 o., 56, 71 M., 73 o., 78 r., 80 o., 81, 83 u. r., 86, 87 r., 88 u., 93 o., 98 l., 101 u., 102, 105); Marion Großblotekamp (69 u.); Susanne Huber (58, 59); Juliane Klingner-Kossmann (8 u., 11, 14); Sabine Küpper (5 u., 91 u. r., 117 o. l. + o. r., 137 u., 143); Foto Kusemeier (3, 77 o., 98 r., 101 o., 110, 111, 112 o., 114, 119, 120, 122, 123 o., 125 u.); Doris Melzer (136, 138, 139); Ponygruppe Leonberg (67 u. r.); Klaus Rehfeld (13 u.); Reinhard-Tierfoto (4 M. o., 33 u., 55 u., 60 u., 63 u., 68 o., 88 o., 89, 90 u., 91 o. + u. l., 92 u. l., 95 l. + M., 131 u., 132 M., 140); Werner Renken (16, 19 o., 28 o., 32 o., 116 r., 149 u.); Thomas Rothkegel (61 l., 80 u., 93 o.); Elke Schenzel (117 u. l.); Hans-Jörg Schrenk (21, 29 u., 32 u., 39 o., 153); Edgar Schöpal (1, 5 M. u., 17 l., 20 u., 26 o., 33 M., 38 u., 69 o., 82 u., 85 u. r., 92 o. + u. r., 118 l., 121, 126, 132 u., 134 u. r., 141, 144); Hildegard Tollkötter-Büttner (13 o., 35 o. r., u. r., 36, 42, 43 l., 51, 53 u., 72, 78 M., 79 u., 85 l. u., 106, 107, 108, 109, 132 o., 146, 147, 148); André Welle (116 l.); Hermann Wetehof (127 r.). Alle anderen Fotos: Dr. Eckart Pott, Stuttgart.

Alle Angaben in diesem Buch sind sorgfältig erwogen und geprüft. Aber Wissen entwickelt sich weiter, und Pferde sind lebendige Wesen und kräftige Tiere, auf die sich jeder, der mit ihnen umgeht, individuell einstellen muß. Eine Haftung der Autorin oder des Verlags für etwaige Personen-, Sach- und Vermögensschäden ist deshalb ausgeschlossen. Auch Gesetze müssen im Umgang mit Pferden, bei ihrer Haltung und im Reitsport beachtet werden.
Einige der abgebildeten Personen auf den Fotos dieses Buches tragen keine Reitkappe. Wir möchten aber ausdrücklich darauf hinweisen, daß eine Reitkappe, die allen Sicherheitsnormen entspricht, möglichst getragen werden sollte und in vielen Fällen sogar Pflicht ist.

Mit Pferden leben

Wenn ich morgens aus dem Haus komme, begrüßt mich ein trompetendes Wiehern. Vier Pferdeköpfe schieben sich über den Auslaufzaun, und Blacky verlangt im Namen aller energisch das Frühstück. Glaumur, mein Zweijähriger, „hilft" eifrig beim Ausmisten, indem er im Weg steht und am Besen kaut. Und irgendwann beschließt Hrifla, die Leitstute, daß es jetzt reicht mit der Reinlichkeit. Entschlossen marschiert sie zu ihrem Futterplatz und ist von dort nicht mehr wegzubewegen, bevor ich die Krippe gefüllt habe.

Warum ich ein Buch über das Reiten mit einem Bericht über hungrige Pferde anfange?

Einfach deshalb, weil Reiten eben nicht nur eine Sportart ist wie Tennis oder Schwimmen. Reiten bedeutet immer auch Umgang mit Pferden. Füttern und Ausmisten gehören ebenso dazu wie der oft erträumte Galopp über Stoppelfelder, die Turnierteilnahme oder das Anreiten des selbstgezogenen Fohlens.

Dies ist ein Buch für alle, die Pferde mögen und mehr über sie wissen wollen. Es gibt Auskunft über ihr Verhalten, ihre Eigenarten, ihre Vorlieben und Abneigungen – und zeigt, wie man Pferde richtig pflegt und versorgt. Das Reiten selbst steht dabei im Mittelpunkt. Ihr lernt die wichtigsten Hilfen kennen und versteht, wie sie auf das Pferd wirken und warum. Und zwischendurch könnt ihr auch mal in verschiedene Reitweisen „hineinschnuppern" und Westernreiten, Gangpferde und vieles mehr kennenlernen.

Ich selbst gehe schon lange, genauer gesagt seit meinem 9. Lebensjahr, mit Pferden um. Damals wohnte ich mitten in der Großstadt und mußte meine Eltern mühsam überreden, bevor sie mir erlaubten, im Reitstall vor der Stadt Reitstunden zu nehmen. Es war jedesmal eine endlose Fahrt mit Bus und Straßenbahn, bis ich schließlich bei den Pferden war!

Heute habe ich vier eigene Pferde. Die Fotos auf dieser Seite zeigen mich mit Hrifla, meiner Islandstute, und auf Piroschka, dem Pferd meiner Freundin. Seit langem bedeutet Reiten für mich, mit Pferden zu leben. Für euch ist das sicher noch ein Wunschtraum, denn wahrscheinlich geht es euch wie den meisten jungen Reitern: Ihr habt noch kein eigenes Pferd und reitet nur ein- oder zweimal wöchentlich im Reitstall. Mit der Pflege und Versorgung der Pferde habt ihr dabei sicher weniger zu tun, als ihr euch wünscht, aber für die meisten Menschen ist die Reitschule nun einmal die einzige Möglichkeit, mit Pferden in Kontakt zu kommen und reiten zu lernen. Wenn ihr es dann besser könnt, findet sich vielleicht einmal ein Pflegepferd oder eine Reitbeteiligung, die es euch ermöglicht, Pferde stärker in euer Leben einzubeziehen. Auch dazu findet ihr Tips und Anregungen in diesem Buch.

Ein Buch wie dieses kann man nicht ganz alleine machen. Viele Pferdefreunde und Pferdehalter in Detmold und Leonberg haben mir dabei geholfen, indem sie ihre Pferde und sich selbst für Fotos zur Verfügung gestellt und die Texte immer wieder gelesen und kritisiert haben. Ich möchte ihnen an dieser Stelle dafür danken. In den Text selbst ist vieles von dem eingegangen, was ich von Linda Tellington-Jones, Ursula Bruns und der Zeitschrift „Freizeit im Sattel" gelernt habe.

Übrigens, ich bin mir natürlich darüber klar, daß die meisten Leser dieses Buches Mädchen sind. Wenn trotzdem immer wieder davon die Rede ist, daß „der Reiter" dies machen oder das unterlassen sollte, dann nur deshalb, weil ein Text ziemlich unlesbar wird, wenn man ständig „der Reiter und die Reiterin" schreibt. Fühlt euch also bitte als Mädchen genauso angesprochen wie als Junge. Ihr könnt sicher sein, daß ich beim Schreiben der Reitanweisungen immer Mädchen und Jungen vor Augen hatte.

Viel Spaß beim Lesen wünscht euch

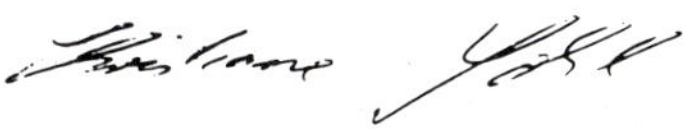

Inhalt

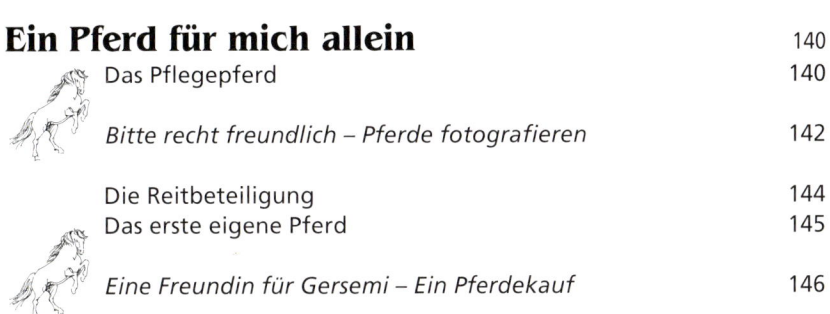

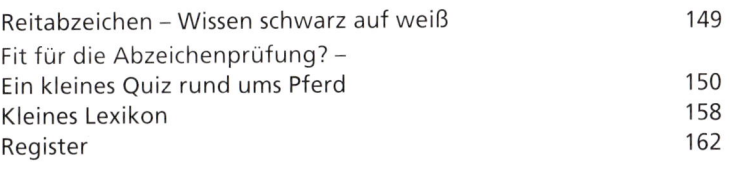

Dieses Pferdchen weist auf eine Reportage hin

So sind Pferde

Pferde beobachten und daraus lernen

Jeder Reiter sollte soviel wie möglich über Pferde wissen. Nur wer jede Gelegenheit nutzt, ihr Verhalten zu beobachten, kann sie verstehen und sich in sie hineindenken.

Leider hat man heute nur noch selten Gelegenheit, große Pferdeherden zu beobachten. Aber auch in kleinen Gruppen auf der Weide oder im Auslauf zeigen Pferde typische Verhaltensweisen. Je häufiger wir ihnen zusehen und je mehr wir von der Natur des Pferdes wissen, desto besser werden wir seine Verhaltensweisen verstehen. Je mehr wir auf das Pferd eingehen, desto harmonischer wird unsere Partnerschaft mit ihm.

Leben in der Herde

Pferde sind Herdentiere. In der Freiheit leben sie in größeren oder kleineren Gemeinschaften, die aus einem Hengst und mehreren Stuten und Fohlen bestehen. Junge Hengste werden zunächst geduldet, aber vertrieben, wenn sie anfangen, dem „Chef" Konkurrenz zu machen. Sie bilden dann eine kleine Herde unter sich, bis sie ganz erwachsen sind und mit anderen Stuten eine neue Pferdefamilie gründen können.

Die Herde wird von einer Leitstute geführt und vom Hengst bewacht. Droht der Herde Gefahr, treibt der Hengst sie zusammen und geht dem Angreifer entgegen. Das macht er allerdings nur, wenn der „Angreifer" ein anderes Pferd ist. Ist es ein Raubtier, ein Mensch oder auch ein Mähdrescher, so ergreifen meist alle die Flucht. Von Natur aus sind Pferde nämlich Fluchttiere. Sie suchen keinen Streit mit anderen Lebewesen und treten deshalb auch

Im Merfelder Bruch bei Dülmen lebt eine Pferdeherde fast wie in freier Wildbahn.

Pferde sind gesellig

Pferde fühlen sich nur in einer Gemeinschaft rundum wohl. Zwingt man sie, allein zu leben, sind sie unglücklich und fühlen sich unsicher. Die Herde ist die Familie des Pferdes. Ihre Angehörigen kümmern sich umeinander und passen aufeinander auf. Auch der schönste Stall, der netteste Pfleger und das beste Futter können keinem Pferd die Herde ersetzen. Alleinlebende Pferde schlafen sogar unruhig, weil es keinen Artgenossen gibt, der wach bleibt, um sie bei drohender Gefahr zu warnen.

Wenn man ein Pferd allein halten muß, sollte man ihm wenigstens ein Rind, eine Ziege oder ein Schaf zur Gesellschaft geben. Das ist zwar kein Ersatz für einen Artgenossen, aber besser als völlige Einsamkeit.

◀ ***In Australien gibt es noch halbwilde Pferdeherden, die Brumbies.***

dem Menschen nur selten aggressiv entgegen.

Das Leben in der Herde bestimmt das gesamte Verhalten der Pferde. Daran hat sich auch nichts geändert, als der Mensch vor Tausenden von Jahren anfing, Pferde in Ställen zu halten und als Reit- und Arbeitstiere zu nutzen. Ihre Ängste, Gefühle und Bedürfnisse sind immer noch die des freien, wildlebenden Pferdes, das im Herdenverband seine Heimat hat.

Einige dieser natürlichen Eigenschaften des Herdentiers Pferd machen es zum idealen Partner des Menschen. Seine Friedfertigkeit und Bereitschaft zur Zusammenarbeit ermöglichte uns überhaupt erst, es zu zähmen. In den Erbanlagen des Fluchttieres Pferd sind aber auch die Eigenheiten verankert, die unseren Umgang mit ihm manchmal erschweren, zum Beispiel die Neigung, zu scheuen und durchzugehen.

Pferde, die so zusammenstehen wie diese Camargue-Pferde, wehren sich gegenseitig die Fliegen ab. ▶

Immer in Bewegung

In einer Pferdeherde ist immer etwas los. Hier spielen Fohlen, dort streiten sich zwei Jungtiere, der Hengst weist einen aufmüpfigen Sohn in seine Schranken, eine Stute scheut, weil sie meint, einen Wolf gesehen zu haben, und die ganze Herde rennt mal vorsichtshalber mit. Freilebende Pferde sind immer in Bewegung. Langsam und gemächlich schlendern sie von einem Grasbüschel zum anderen, ziehen von einem Weideplatz zum nächsten. Die stetige, ruhige Bewegung der Pferde sorgt für eine gute Verdauung und ein ausgeglichenes Temperament.

Pferden, die man in Boxen und dunklen Ställen unterbringt, fehlen Unterhaltung und Bewegung. In offenen Ställen mit Ausläufen fühlen sie sich wohler.

◀ ***Pferde bewegen sich beim Grasen langsam vorwärts.***

▼ ***Alles döst, einer wacht.***

▲ *Ruhende Pferde heben ein Hinterbein an und stützen es auf.*

Schlafen Pferde im Stehen?

Tief einschlafen können Pferde nur im Liegen, aber oft dösen sie im Stehen vor sich hin. Dazu heben sie ein Hinterbein leicht an, um Muskeln und Sehnen zu entlasten. Der Kopf ist gesenkt, die Ohren sind ganz entspannt, und das Pferd macht den Eindruck, als sei es in Tagträume versunken. Oft bemerken dösende Pferde nicht sofort, daß man sich nähert. Dann erschrecken sie leicht. Man sollte Pferde deshalb immer ansprechen, bevor man an sie herantritt, besonders, wenn man von hinten kommt. Zum Schlafen legt sich ein Pferd jedoch hin, und zwar ganz flach auf den Boden. Mitunter kommen dann entsetzte Spaziergänger zu seinem Besitzer und befürchten, es sei tot!

Manchmal scheinen Pferde auch zu träumen und wiehern im Schlaf. Aber das erlebt man nur bei Tieren, mit denen man sehr vertraut ist. Vor dem Einschlafen oder auch, wenn sie sich nur zum Ausruhen niedergelegt haben, „sitzen" Pferde mit erhobenem Kopf.

Pferde legen sich allerdings nur dann hin, wenn sie sicher sind, im Falle einer Gefahr schnell wieder aufspringen zu können. Verletzte, kranke und sehr alte Pferde haben oft Angst, sich niederzulegen. Pferde, die in Gruppen leben, legen sich öfter und sorgloser hin als Boxpferde, denn sie können sicher sein, von einem Artgenossen geweckt zu werden, wenn Gefahr droht. Alle Pferde schlafen nie gleichzeitig.

◀ *Diesem Pferd fehlt nichts – es schläft nur.*

Wer ist der Chef?

Jedes Pferd, das zu einer Herde gehört, hat darin seinen ganz bestimmten Platz, seinen Rang. Es muß sich stärkeren Pferden unterordnen, kann aber schwächeren seinerseits befehlen. Wenn ein neues Pferd in eine Herde kommt, gibt es in der ersten Zeit eine Menge Raufereien, bis es seinen Platz in der Rangordnung ausgefochten hat. Diese Rangeleien beginnen meistens damit, daß sich zwei Pferde beschnuppern, quietschen und nach vorne ausschlagen. Ernster wird der Streit, wenn sie anfangen, sich gegenseitig mit den Hinterbeinen zu treffen. Aber auch dabei sind schwere Verletzungen sehr selten. Die meisten Kämpfe sehen viel gefährlicher aus, als sie es sind.

Pferde sind nicht ehrgeizig, zumindest nicht in derselben Art wie Menschen. In der Regel fühlen sie sich auf ihrem Platz in der Herde wohl und sicher. Sie ordnen sich meist problemlos unter, und das erleichtert auch unseren Umgang mit ihnen sehr. Für unser Reitpferd sind wir nämlich das Leittier. Wir bestimmen, wo es langgeht, sorgen für Sicherheit und achten darauf, daß „unsere Herde" zu fressen hat. Je

▲ *Kämpfende Junghengste auf Island.*

◀ *Nase an Nase: Pferde schließen Bekanntschaft miteinander.*

Mein Pferd beißt und schlägt – Kann ich ihm das abgewöhnen?

Pferde sind von Natur aus selten aggressiv. Von Ausnahmen abgesehen, beginnen sie erst zu schlagen und zu beißen, wenn sie Todesangst haben und keine andere Möglichkeit sehen, sich zu retten! Natürlich versucht ein kleines Fohlen schon mal, mit einem Menschen umzugehen wie mit seinesgleichen, also zu kneifen oder unwillig das Hüfchen zu heben. Wenn ihm das aber energisch verboten wird, hört es schnell wieder damit auf. Leider gibt es immer wieder Pferdebesitzer, die es ihm nicht verbieten.

Am Anfang sehen ja besonders Ponies so niedlich aus, wenn sie ihre Besitzer anspringen, und wenn sie Tante Anna pfiffig in den Allerwertesten kneifen, findet das die ganze Familie komisch. Später, wenn das Kneifen beginnt weh zu tun oder wenn einen das „süße Fohlen" in die Ecke drängt und bedroht, kauft man sich mit Leckerlis frei – und irgendwann hat man ein großes, dickes Tier auf der Weide, das beißt und schlägt, sobald nicht alles nach seinen Wünschen geht!

Ein solches Pferd zu korrigieren ist fast unmöglich. Wenn überhaupt, so geht es nur mit äußerster Härte, möglichst mit Unterstützung einer Pferdeherde, die mit Menschen vertraut ist und den Frechdachs in seine Schranken verweist. Ein normales, partnerschaftliches Verhältnis zu einem derart verdorbenen Pferd bekommt man aber nie mehr, denn man kann ihm nicht trauen. Nachdem es Menschen als schwächere Wesen kennengelernt hat, wird es immer wieder versuchen, sich ihnen gegenüber durchzusetzen. Deshalb erspart euch lieber die Sorgen, Ängste (und Unfälle!) mit solchen Pferden, indem ihr ihnen aus dem Weg geht!

Die meisten Raufereien sehen gefährlicher aus, als sie es wirklich sind.

klarer wir unsere Anweisungen geben und je „stärker" im Sinne von „klüger" und „umsichtiger" wir uns zeigen, desto mehr wird das Pferd uns vertrauen. Ein freundlicher, aber energischer Pfleger und Reiter ist in „Pferdekreisen" angesehener als ein ängstlicher. Daran ändern auch Taschen voller Leckerbissen nichts. Um sich durchzusetzen, muß man das Pferd von seiner Überlegenheit überzeugen.

Es gibt Reiter, die es nicht so wichtig finden, wer in der Miniherde, die sie mit ihrem Pferd bilden, bestimmt. Sie lassen das Pferd Gangart und Weg wählen, und wenn es keine Lust hat, reiten sie eben eine kürzere Runde. Würden wir alle noch in der Steppe leben, wäre das nicht weiter schlimm, aber in unserer straßendurchzogenen Umwelt ist es gefährlich! Auch die umsichtigste Leitstute kennt keine Verkehrsregeln, und wenn sie erst mal fröhlich auf die nächste Hauptstraße zugaloppiert, ist es für den Reiter zu spät, sich auf seine Anführerrolle zu besinnen!

Streit

Wenn zwei Pferde sich kennenlernen, wollen sie eine Rangordnung ausmachen. Dabei entsteht fast unausweichlich ein Streit. Laufen die beiden Pferde auf einer genügend

Blacky greift an ...

... die Fohlen haben ihn geärgert, und er weist sie zurecht.

großen Weide frei herum, macht das nicht viel. Wenn sie aber einen Reiter tragen, heißt es aufpassen!

Ein Pferd, das geritten wird, soll arbeiten und nicht gleichzeitig neue Bekanntschaften schließen. (Die Reitstunde ist für ein Pferd das, was für euch eine Schulstunde ist. Schwatzen, Unsinn machen oder streiten sind unerwünscht!) Als Reiter achtet man deshalb darauf, daß es kein anderes, ihm unbekanntes Pferd berühren kann! Vor allem darf es nicht Nase an Nase mit anderen schnuppern, denn dann wird es fast immer quietschen und nach vorn austreten. Besonders gefährlich ist das, wenn eines der streitenden Pferde hinter einem Stacheldrahtzaun steht, an dem es sich verletzen kann. Beim Ausritt läßt man sein Pferd deshalb nie an Pferde heran, die auf einer Weide am Wegrand stehen!

Viele Pferde reagieren auch aggressiv, wenn sich ihnen ein anderes von hinten nähert. Schlagen sie aus, treffen sie oft den Reiter dieses Pferdes. Beim Reiten in der Gruppe hält man deshalb im eigenen Interesse Abstand.

Wenn Pferde frei auf der Weide laufen und sich streiten, dürft ihr auf keinen Fall dazwischengehen! Sollen sie zum ersten Mal zusammen grasen, ist es klug, sich das Gelände vorher genau anzusehen. Es darf ihnen keine Möglichkeit bieten, sich gegenseitig in Ecken zu drängen und dort zu schlagen. Kommt es trotzdem zu Raufereien, kann man nur noch hoffen, daß der Stärkere vom Unterlegenen abläßt, bevor etwas passiert. Sich selbst in den Kampf einzumischen, wäre lebensgefährlich! Im Eifer des Gefechtes achtet ein Pferd nämlich nicht mehr darauf, wohin es schlägt, und Menschenknochen brechen viel schneller als Pferdeknochen.

Flucht

Ein Pferd ist kein Kämpfer, sondern ein Flüchter.

Sieht es etwas, das ihm gefährlich erscheint, rennt es immer erst einmal los. Wenn ihr die Sache mit den Augen eines freilebenden Pferdes betrachtet, ist dieses Verhalten auch ganz sinnvoll. In der Steppe schadet es schließlich niemandem, wenn die Pferdeherde ein paar hundert Meter flüchtet, nur weil sich die Leitstute vor einem fallenden Ast erschreckt hat. Würde sie stattdessen zögern und feststellen, ob Flucht wirklich nötig ist, hätte beispielsweise ein Puma schon Zeit zum Angriff.

Auch heute noch gibt es in den Köpfen der Pferde Pumas und Säbelzahntiger, aber leider keine Bundesstraßen. Ein Pferd, das wie seine in Freiheit lebenden Vorfahren reagiert und vor Kleinigkeiten scheut, rennt noch genauso kopflos davon. Es kann nicht verstehen, daß es sich und seinen Reiter damit gefährdet. Deshalb ist es sinnlos und falsch, ein Pferd für Scheuen oder Durchgehen zu strafen.

Hilfe, mein Pferd scheut!

Normalerweise fürchtet Gersemi sich nicht vor Hunden. Doch als dieser plötzlich aus einem Gebüsch auftaucht, erschrickt sie und scheut.

Pferde scheuen, weil sie sich vor etwas fürchten oder vor etwas erschrecken. Um ihnen die Furcht zu nehmen, kann man schon ganz junge Pferde mit beängstigenden Gegenständen wie bunten Plastikplanen, aufgespannten Regenschirmen oder großen, lärmenden Autos vertraut machen. Idealerweise lernt ein Pferd lange, bevor es geritten wird, daß ihm nichts passiert, wenn sein menschlicher Herdenchef es am Halfter führt. Bei den ersten Ausritten sollte es weiterhin die Möglichkeit haben, hinter einem erfahrenen, ruhigen Artgenossen die Umwelt zu erkunden. So vorbereitete Pferde scheuen nicht vor jedem ungewohnten Anblick und gehen auch nicht kopflos durch.

Die beste Gewöhnung kann ein Pferd aber nicht davor bewahren, z. B. vor einem Hasen zu erschrecken, der plötzlich vor ihm aufspringt. Davor sind schließlich auch wir Menschen nicht gefeit! Ein geländegewohntes Pferd, das seinem Reiter vertraut, wird allerdings selbst dann nicht durchgehen, sondern höchstens ein paar Sprünge machen und sich dann daran erinnern, daß ihm draußen, mit dem „Chef" auf dem Rücken, keine Gefahr droht. Auf keinen Fall darf man ein Pferd, das vor Schreck einen Satz gemacht hat, dafür bestrafen. Sprecht ihm statt dessen freundlich zu, es wird sich rasch beruhigen.

Oft rennen Pferde erst los und besinnen sich dann. Unter dem Reiter kann das gefährlich werden.

Fünf Sinne – und ein sechster

Sehen

Pferde sehen anders als Menschen. Da ihre Augen seitlich am Kopf sitzen, sehen sie erstens mit jedem Auge ein anderes Bild und haben zweitens fast einen Rundumblick. Lediglich direkt hinter sich können sie nicht schauen, ohne den Kopf zu wenden.

Nur einen kleinen Teil dieses Blickfeldes sieht ein Pferd jedoch scharf. Der weitaus größere wird nur schemenhaft wahrgenommen.

Ein grasendes Pferd kann also schräg hinter sich eine Bewegung wahrnehmen. Um genau hinzusehen und festzustellen, ob es sein Pfleger ist oder ein Raubtier, muß es jedoch den Kopf heben und drehen. Meist stürmt es aber sicherheitshalber erst los und guckt dann.

Wenn man ein Pferd erzieht, kann man es immer wieder dazu anregen, erst zu gucken und dann zu flüchten. Wenn man es führt oder reitet, kann man seinem Kopf genug Freiheit geben, damit es ihn drehen und sich umsehen kann. Auch vor einem Sprung muß ein Pferd den Kopf heben, um das Hindernis anschauen und seine Höhe abschätzen, man sagt auch „taxieren", zu können. Hält man seinen Kopf fest oder hindert es gar durch Hilfszügel daran, ihn zu bewegen, zwingt man es zum „Blindflug".

Unsinn ist übrigens die oft gehörte Behauptung, Pferde sähen den Menschen dreimal so groß, wie er tatsächlich ist, und würden ihn deshalb als stärker respektieren. Würde das Pferdeauge den Menschen tatsächlich vergrößert wahrnehmen, so sähe es schließlich auch alles übrige größer, und die Größenverhältnisse würden wieder stimmen.

Pferde sind Steppentiere. Ihre natürliche Umgebung sind weite Ebenen, die sie gut übersehen können. Auch Offenstall- und Weidepferde stehen oft stundenlang herum und schauen in die Weite. Ihr Lieblingsplatz ist immer der höchstgelegene Teil der Weide, der ihnen die beste Rundumsicht ermöglicht. Viele Leute, die ihre Pferde selten aus der Box lassen, machen immer wieder die Bemerkung: „Was soll ich den rauslassen? Der steht draußen sowieso nur rum und guckt in die Gegend." Erinnert solche Menschen ruhig mal daran, wie viele Stunden am Tag sie vor dem Fernseher verbringen, und fragt, wozu sie dann eine große Wohnung brauchen. Es würde doch reichen, wenn sie statt dessen in ein Klohäuschen zögen, das vom Platz und Geruch her etwa der Pferdebox entspricht.

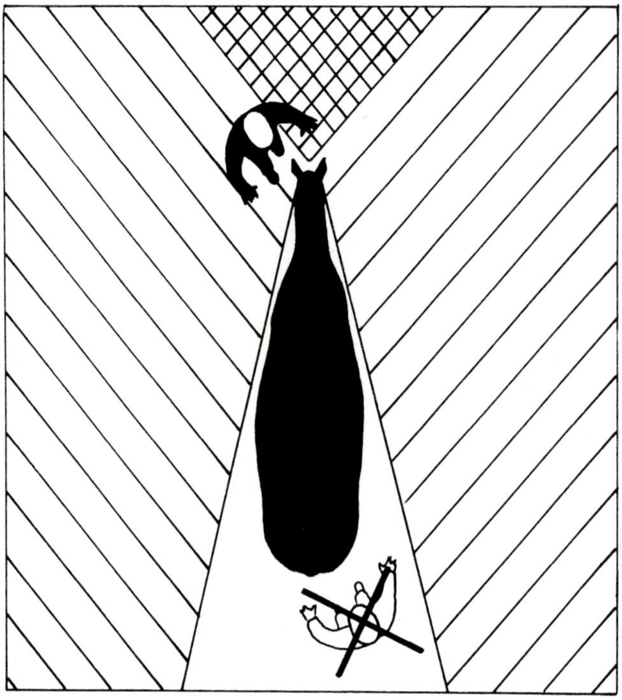

Ein Pferd hat fast „Rundumsicht", aber nur einen kleinen Ausschnitt (kariert gezeichnetes Feld) sieht es ganz scharf. Wer direkt hinter ihm steht, wird überhaupt nicht gesehen.

Um genau zu sehen, was sich hinter ihm tut, muß ein Pferd den Kopf drehen.

Hören

Pferde hören sehr viel besser als Menschen. Ihre beweglichen Tütenohren sind regelrechte „Richtmikrophone". Mit ihnen horchen sie ihre Umwelt ständig nach Tönen ab, die auf Gefahr hindeuten könnten. Pferde mögen es, wenn man freundlich zu ihnen spricht. Schreit man sie an, tut das ihren Ohren weh. Sie können lernen, Kunststücke auf Stimmkommando auszuführen, und auch beim Reiten kann die Stimme des Reiters seine Hilfen verdeutlichen.

▲ *Ginseng wird gewaschen und horcht mit leicht zurückgestellten Ohren nach hinten.*

Dieses Pferd schaut mit gespitzten Ohren interessiert aus seiner Box. ▶

Blackys angelegte Ohren zeigen, daß er sich ärgert. ▼

Die Stellung der Pferdeohren, das *Ohrenspiel*, läßt den erfahrenen Pferdemenschen auf die Stimmung des Pferdes schließen.

Nach vorn gestellte Ohren bedeuten zum Beispiel freundliches Interesse. Hebt das Pferd jedoch alarmiert den Kopf, spitzt die Ohren extrem, verspannt den Hals und steht still wie eine Salzsäule, so hat es eben etwas gehört, das es beunruhigt. Vielleicht stuft es die Sache als ungefährlich ein und senkt gleich wieder beruhigt den Kopf. Vielleicht wird es aber auch vorsichtshalber ein paar Galoppsprünge machen, um sich in Sicherheit zu bringen. Macht euch bei einem solchen Verhalten also auf einen Satz gefaßt und sprecht beruhigend auf das Pferd ein. Haben Pferde Vertrauen zum Reiter, glauben sie ihm, daß keine Gefahr droht, und unterlassen das Scheuen.

Zurückgelegte Ohren gehören oft zur Drohhaltung. Wenn sie wirklich ganz angelegt sind, und das Pferd dabei insgesamt ein böses Gesicht zeigt, ist mit ihm nicht zu spaßen. Ein sonst freundliches und entspanntes Pferd, das die Ohren leicht nach hinten richtet, horcht aber wahrscheinlich nur auf ein Geräusch hinter sich. Es wäre sehr verwundert, wenn ihr euch ängstlich und übervorsichtig nähert.

Riechen

Pferde haben einen sehr guten Geruchssinn, auch wenn sie nicht solche „Nasentiere" sind wie Hunde. Schnobern sie auf der Weide oder im Auslauf herum, erkennen sie, welches Pferd vor ihnen draußen war. Anhand des Geruchs vom Mist anderer Pferde stellen sie fest, ob da Hengst, Stute oder Wallach geäpfelt hat. Oft lehnen Pferde Wasser oder Futter ab, weil es für ihre Nasen schlecht oder ungewohnt riecht. Auch aus fremden Futtergefäßen oder Wassereimern bedienen empfindliche Pferde sich nicht.

Manchmal sieht man Pferde die Nüstern hochziehen und mit vorgestrecktem Hals ausgiebig *flehmen*, wenn sie einen interessanten Geruch aufgenommen haben. Um ihn

Dieser Islandhengst hat einen interessanten Geruch aufgenommen: Er flehmt.

Auch dieses Pferd öffnet das Maul und zieht die Lippen hoch: Es gähnt.

Pferde mögen gerne Äpfel.

zu bestimmen, bedienen sie sich des *Jakobschen Organs*, eines Riechorgans, das wir Menschen im Laufe unserer Entwicklung verloren haben. Es dient hauptsächlich dazu, Düfte, die sexuell interessant sind, aufzunehmen. Man sieht Flehmen deshalb besonders häufig bei Hengsten.

Schmecken

Beim Schmecken haben Pferde, genauso wie Menschen, ihre Vorlieben und Abneigungen. Im allgemeinen mögen sie süßen Geschmack und lehnen bitteres Futter ab. Gegen saure Nahrung haben sie dagegen nichts einzuwenden, denn sie futtern auch unreife Äpfel mit Appetit und mögen Silage. (Das ist eingesäuertes Futter, also Gras, das ähnlich vergoren ist wie Sauerkraut.) Auch Salz schlecken sie gern, und viele Pferde lieben sogar den Geschmack von rostigem Eisen, der uns Menschen unangenehm ist. Es ist deshalb keine Nachlässigkeit, wenn manche Reiter rostige Trensen verwenden. Ihre Pferde mögen einfach den Geschmack und kauen darauf besonders gut ab (vgl. S. 81).

Der Geschmackssinn dient auch dazu, bekömmliche und nicht so bekömmliche Pflanzen auseinanderzuhalten. Man darf sich darauf aber nicht verlassen, denn besonders bei exotischen Giftpflanzen, die in unseren Gärten stehen, versagt der Instinkt der Tiere oft. Viele Giftpflanzen verlieren auch den unangenehmen Geschmack, sobald sie gepflückt werden, und so sterben gelegentlich Pferde an Pflanzen, die sie niemals selbst abgerupft hätten, die ihnen aber von „tierlieben" Spaziergängern über den Zaun gereicht wurden! Dies ist auch einer der Gründe, warum Heu immer erst drei Monate ablagern muß, bevor man es an Pferde verfüttert. So lange brauchen nämlich die Giftstoffe im Hahnenfuß, der auf vielen Weiden wächst und beim Heuen mitgeschnitten wird, um sich zu verflüchtigen. Ihren bitteren Geschmack verliert die geschnittene Pflanze dagegen schon nach wenigen Stunden.

Übrigens: Auf den Seiten 40/41 findet ihr Zeichnungen der bei uns häufigsten und für Pferde gefährlichen Giftpflanzen.

Tasten und Fühlen

Pferde verfügen über lange Tasthaare am Kinn und rund um das Maul, die ihnen helfen, ihre nähere Umgebung zu erkunden. Außerdem haben Pferde eine empfindliche Haut und nehmen auch kleine Berührungen, wie die einer Fliege auf ihrem Rücken, deutlich wahr. Natürlich sind nicht alle Pferde von Natur aus gleich empfindlich. Manche, wie z. B. viele Schulpferde, sind auch abgestumpft und nehmen einige Berührungen nicht mehr so sensibel wahr wie andere. Das ist aber selbstverständlich kein Grund, gröber mit ihnen umzugehen.

Insgesamt sind Berührungen eine wichtige Hilfe, um ein Pferd kennenzulernen, ihm „näherzukommen". Es ist deshalb gut, wenn ihr die Pferde, die ihr reiten wollt, vorher ausgiebig streichelt und krault. Den Pferden macht das genausoviel Freude wie euch!

Der sechste Sinn...

Es ist nicht selten, daß man eine besondere Beziehung zu einem Pferd entwickelt, die auf „natürliche" Weise nicht zu erklären ist. Am deutlichsten zeigt sich das bei den vielen „Liebe auf den ersten Blick"-Geschichten, die man selbst erlebt hat oder von anderen hört. An die erste Begegnung mit meinem Pferd Blacky kann ich mich zum Beispiel noch erinnern, als wäre es gestern gewesen. Ich sah das Pferd bei einem Festumzug, und der Funke

Von soviel Freiheit können viele Pferde nur träumen.

Liebe auf den ersten Blick.

sprang sofort über. Ich fand Blacky außerordentlich schön – das ist, nüchtern betrachtet, mindestens ein bißchen übertrieben – und hatte sofort eine Verbindung zu ihm. Als ich ihn später reiten durfte, ging er unter mir besonders gut. Wir machten viele wunderschöne Ritte und holten, als ich ihn schließlich gekauft hatte, eine Menge Turnierschleifen.

Eine Freundin von mir erlebte fast dasselbe mit ihrem Isländer. Sie kaufte das Pferd, ohne es auch nur probegeritten zu haben, und tatsächlich klappte ihre Partnerschaft von Anfang an. Ich dagegen fand nie den richtigen „Draht" zu diesem Pferd. Natürlich konnte ich es reiten, und es gehorchte mir auch, aber was in seinem Kopf vor sich ging, verstand ich nie.

Auch ihr habt sicher ein Lieblingspferd, das ihr gern reitet und in das ihr euch besonders gut hineindenken könnt. Wahrscheinlich merkt ihr schnell, ob seine Stimmung gut oder schlecht ist, und kommt besser mit ihm zurecht als andere Reiter. Kennt man ein Pferd sehr gut, so spürt man auch, ob es sich wohl fühlt oder nicht, und wenn es krank ist, bemerkt man das eher als der Tierarzt.

Natürlich könnt ihr jetzt den Kopf schütteln und so etwas murmeln wie „Blödsinn". Aber jeder Reiter, der seinen Sport nicht nur mechanisch betreibt, sondern sich mit seinen Pferden beschäftigt, wird euch bestätigen, daß es Pferde gibt, mit denen „man kann", und andere, mit denen „man nicht kann". Es gibt schließlich auch Menschen, die einem mehr oder weniger sympathisch sind.

Im übrigen kommen im Umgang mit Pferden auch noch andere unerklärliche Dinge vor. So habe ich z. B. schon zweimal erlebt, daß Pferdebesitzer über große räumliche Entfernung hinweg spürten, daß den ihnen vertrauten Pferden etwas passiert war.

Henry Blake, ein englischer Pferdeausbilder, hat vor einigen Jahren begonnen, diese außersinnlichen Wahrnehmungen im Umgang mit Pferden zu untersuchen. Er stellte dabei auch Kontakte der Pferde untereinander fest. So verlangte ein von seinem Weidegenossen getrenntes Pferd immer dann nach Futter, wenn dieser Kilometer von ihm entfernt gefüttert wurde. Es sieht aus, als handele es sich dabei um eine weitere Möglichkeit der Pferde, sich verständlich zu machen und Botschaften zu übermitteln.

Pferde aus Sonne und Wind – Pferde in Sagen und Geschichten

Götter- und Heldensagen

Für unsere Vorfahren bot das Pferd die einzige Möglichkeit, über die unmittelbare Nähe ihres Geburtsortes hinauszukommen. Von jeher war es deshalb ihr Symbol für Freiheit, Ungebundenheit und Glück. Kein Wunder, wenn es hieß, die Götter hätten die Pferde aus der Sonne oder aus dem Wind geschaffen.

Allah, der Gott der Mohammedaner, machte die erste Stute aus dem Südwind. Ein Segen für den Guten sollte sie sein, aber auch ein Unheil für den Bösen, und Glück sollte auf ihrem Rücken wohnen. Wer seine Stute liebe und gut behandele, so sagt der Koran, das heilige Buch des Islam, könne der Gnade Gottes sicher sein, aber wer sie mißhandele, der werde von ihm verflucht.

Die Götter und Göttinnen der Inder schufen Arwan, das erste Pferd, aus der Sonne, und Indra, eine der wichtigsten indischen Gottheiten, durfte es als erster besteigen. Der Gott Wishnu ritt den Rappen Kalighi, wenn er als Todesbote in die Welt kam. Zur Erlösung der Menschen, so sagt eine Prophezeihung, wird er auf einem Schimmel kommen.

Auch andere Gottheiten der verschiedensten Völker waren beritten oder fuhren ihre Pferde. Die alten Griechen z.B. glaubten, daß der Sonnengott Helios jeden Morgen seine beiden Pferde vor den Sonnenwagen spannte und damit am Firmament von Osten nach Westen fuhr. Eines Tages wollte sein Sohn es ihm nachmachen, aber die Pferde gehorchten nicht. Sie gingen durch, warfen den Wagen um, und der Sohn des Sonnengottes starb.

Ein Pferd zieht den Sonnenwagen über den Himmel: Bronze-Darstellung aus Dänemark, die aus der Zeit um 1300 v. Chr. stammt

Achilleus, der griechische Held, erhielt von den Göttern ein Gespann unsterblicher Pferde. Sie zogen im Trojanischen Krieg seinen Streitwagen, und als sein Freund Patroklos und später er selbst fiel, sollen die beiden Pferde wie Menschen Tränen geweint haben.

Der altisländische Chefgott Wotan hatte einen achtbeinigen Schimmel namens Sleipnir, auf dem er in die Schlacht mit Riesen und anderen finsteren Gestalten ritt. Schimmel bedeuteten von jeher Glück.

Helle und dunkle Pferde symbolisierten für die Menschen

Reiterzug aus dem griechischen Parthenon-Altar (5. Jh. v. Chr.)

Eine isländische Pferdeskulptur in Reykjavik

der Vorzeit aber auch Tag und Nacht. Ein uraltes isländisches Gedicht erzählt von Skinfaxi, der den Morgen bringt, indem er seine Sonnenstrahlmähne über das Land legt, und Hrimfaxi, dem Hengst mit der Reifmähne, der die Nacht heranzieht. Von der Schwere seiner Arbeit zeugt morgens der Tau in den Tälern, denn das ist der Schaum, der von seinem Gebiß gefallen ist.

Oft weihten unsere Vorfahren auch wirkliche Pferde den Göttern. Die durfte dann kein Mensch reiten, ohne ihre Rache befürchten zu müssen. Nur bei den Kelten mußten die heiligen Pferde gelegentlich arbeiten, denn sie dienten dem Blick in die Zukunft. Man ließ dazu einen Rappen und einen Schimmel gegeneinander Rennen laufen, und wenn der Schimmel gewann, verhieß das Gutes, während der Sieg des Rappen Unheil ankündigte. Sehr sicher war diese Methode allerdings nicht, denn man darf wohl davon ausgehen, daß der Jockey auf dem schwarzen Pferd nicht gerade auf Sieg geritten sein wird!

Auch in den Heldensagen vieler Völker spielten Pferde eine wichtige Rolle. Grani (Das spricht sich „Grauni") z.B. war das Pferd von Sigurd, den wir aus der Nibelungensage als „Siegfried" kennen. Sigurd versprach seinem Freund Gunther, ihm zu helfen, die Hand der Königin Brunhildur zu erobern. Um zu dieser Dame zu gelangen, brauchte man ein Pferd, das mutig durch einen Flammengürtel galoppierte. Grani war bereit, das mit Sigurd zu tun, aber mit Gunther, der wohl eher ein schwacher Reiter war, traute er sich

Bronzestatue eines Reiters aus dem Mittelmeerraum (6. Jh. v. Chr.)

nicht durchs Feuer. So griff Sigurd zur Tarnkappe, und es kam zu allerlei Verwicklungen, die letztlich zum Untergang aller Beteiligten führten.

Pferde, die berühmten Menschen gehörten, wurden oft bewundert und hochgeehrt. Der römische Kaiser Caligula z. B. liebte sein Pferd so sehr, daß er ihm einen Sitz im Senat, also in der Regierung des Römischen Reiches, einräumte. Ein großer Philosoph soll dazu gesagt haben, daß das Pferd besser regierte als die meisten menschlichen Senatoren, denn immerhin sei es nicht bestechlich und neige auch nicht dazu, dauernd Intrigen zu spinnen.

Weniger Glück brachte der Ruhm den Pferden keltischer Herrscher. Wenn ihr Herr nämlich vor ihnen starb, wurden sie getötet, aufrecht in eine Grube gestellt, und er wurde auf ihnen sitzend bestattet.

Die Teilnahme von Pferden an den Begräbnisfeiern ihrer Besitzer findet man übrigens bis heute. Wenn in England ein Würdenträger stirbt, so führt man sein Pferd gesattelt hinter dem Leichenwagen her und steckt seine Stiefel verkehrt herum in die Steigbügel.

Ausschnitt einer mittelalterlichen Buchmalerei des Duc de Berry: Ausritt zur Jagd mit Falken

Ritterspiele zu Pferd in Originalkostümen erfreuen sich zunehmender Beliebtheit.

Pferdegeschichten

Um berühmte Pferde gibt es viele Geschichten. Einige der schönsten sind die Legenden um die Entstehung der Vollblut-Pferderassen. Alle Arabischen Pferde z. B. stammen angeblich von den Al Khamsa, den fünf Stuten Mohammeds, ab.

Nach einer Schlacht hatte der Prophet alle Pferde freigelassen, und sie strebten durstig einem Wasserlauf zu. Dann kam es wohl zu einem neuen Angriff, und Mohammed rief sie zurück, bevor sie trinken konnten. Nur fünf Stuten – sie hießen Kuhaylah, Saqleweyah, Abbayah, Hadbah und Hamdaneyah – folgten dem Ruf, und Mohammed machte sie zu den Stammüttern der arabischen Pferdezucht.

Auch die Züchter des Englischen Vollblutes können zur Entstehung ihrer Pferderasse eine spannende Geschichte erzählen. Angeblich gehen alle ihre Pferde auf drei Stammhengste zurück, zwei Araber und einen Berber, Godolphin Barbian. Dieser Hengst kam ursprünglich als Geschenk des Beys von Tunis an den Hof Ludwigs XV. Dem französischen König gefiel er aber nicht, denn damals waren stämmigere Pferde, die eher im Typ des Andalusiers oder Lipizzaners standen, in Mode. Der edle Hengst wurde also verkauft, geriet an einen schlechten Besitzer nach dem anderen und landete schließlich als geschundener und entkräfteter Karrengaul bei einem Pariser Kutscher. Als er eines Tages im Geschirr zusammenbrach, kaufte ihn ein Engländer aus Mitleid und nahm ihn mit nach England. Dort gelangte er in den Besitz des Earls of Godolphin, der ihn zunächst als „Probierhengst" einsetzte. Ein Probierhengst hat die undankbare Aufgabe, für einen wertvollen Zuchthengst festzustellen, ob eine Stute rossig ist. Godolphin Barbian probierte für den Hengst Hobglobin, der wohl kein sehr charmantes Exemplar war, denn er weigerte sich konsequent, die hübsche Stute Roxana zu decken. Godolphin sprang im wahrsten Sinne des Wortes ein, und Lath, das Fohlen, das er mit Roxana zeugte, wurde ein berühmtes Rennpferd. Natürlich wurden dadurch auch seinem Vater alle Ehren zuteil, und Godolphin Barbian wurde zum Stammvater der Englischen Vollblutzucht.

Eine Araberstute des Landgestüts Marbach: Auch zu ihren Vorfahren gehören die 5 legendären Stuten Mohammeds.

Wie heißt was beim Pferd?

„Eine wunderschöne lange Mähne hat er und einen ganz tollen Schweif. Widerristhöhe so etwa 1 Meter 50 ... und eine schöne runde Kruppe. Man muß aufpassen, daß man ihn nicht auf der Vorhand reitet, aber sonst ist er vollkommen!"

Nicola schwärmt von ihrem Lieblingspferd. Marion, zum ersten Mal im Reitstall, versteht kein Wort. Das alles, befürchtet sie, wird sie nie lernen.

Wie Marion empfinden zunächst alle Anfänger, die ihre ersten Stunden in der Welt der Reiter und Pferde verbringen. Alle benutzen fremdartige Begriffe und lachen jeden aus, der ganz harmlos zu bemerken wagt, daß dieses Pferd da einen sehr schönen langen Schwanz habe. „Beim Pferd heißt das Schweif!" erklärt der Reitlehrer, und fünf Minuten später spricht Petra im gleichen Zusammenhang vom „Behang" und Conny vom „Langhaar".

Das braucht euch jedoch nicht zu entmutigen. Wenn ihr die Teile des Pferdekörpers wie auf der Zeichnung richtig zu benennen wißt, könnt ihr schon fast mitreden.

Wie bitte, die „Vorhand" habt ihr nicht gefunden?

Das liegt daran, daß sie kein einzelner Körperteil ist.

Vorhand nennt man alle Teile des Pferdes, die vor der Reiterhand liegen. Der Reitlehrer meint aber meistens die Vorderbeine des Pferdes, wenn er davon spricht. Alles was hinter der Reiterhand liegt, beson-

1 Genick
2 Mähnenkamm
3 Widerrist
4 Sattellage
5 Kruppe
6 Schweifrübe
7 Schweif
8 Hinterbacke
9 Sprunggelenk
10 Röhre
11 Fesselkopf
12 Fessel
13 Kastanien
14 Schlauch bei Hengst und Wallach (oder Euter bei Stute)
15 Flanke
16 Bauch
17 Huf
18 Kronrand
19 Röhre
20 Vorderfußwurzelgelenk
21 Brust
22 Schulter
23 Hals
24 Ganaschen
25 Kinngrube
26 Nüstern
27 Mähnenschopf

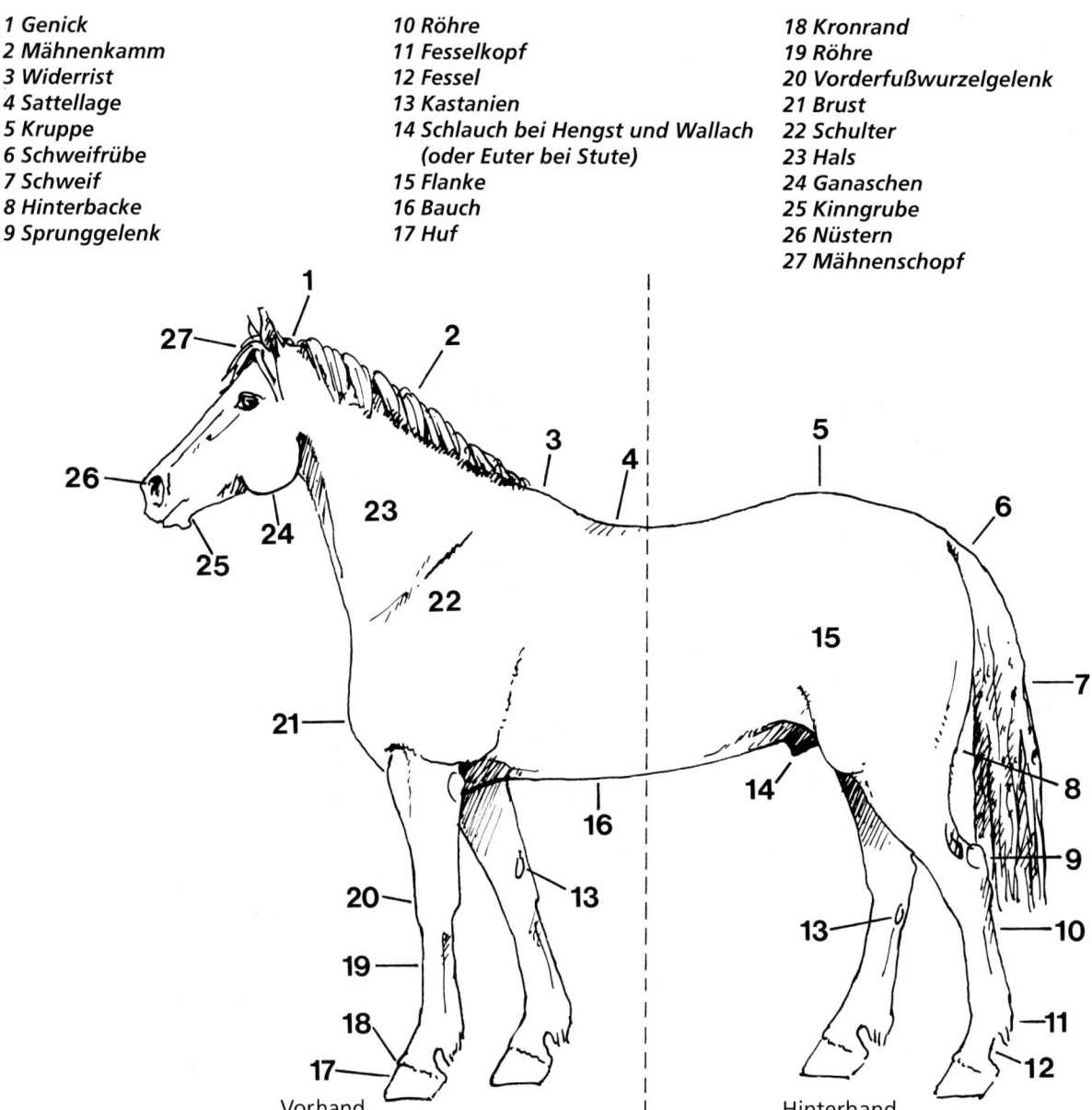

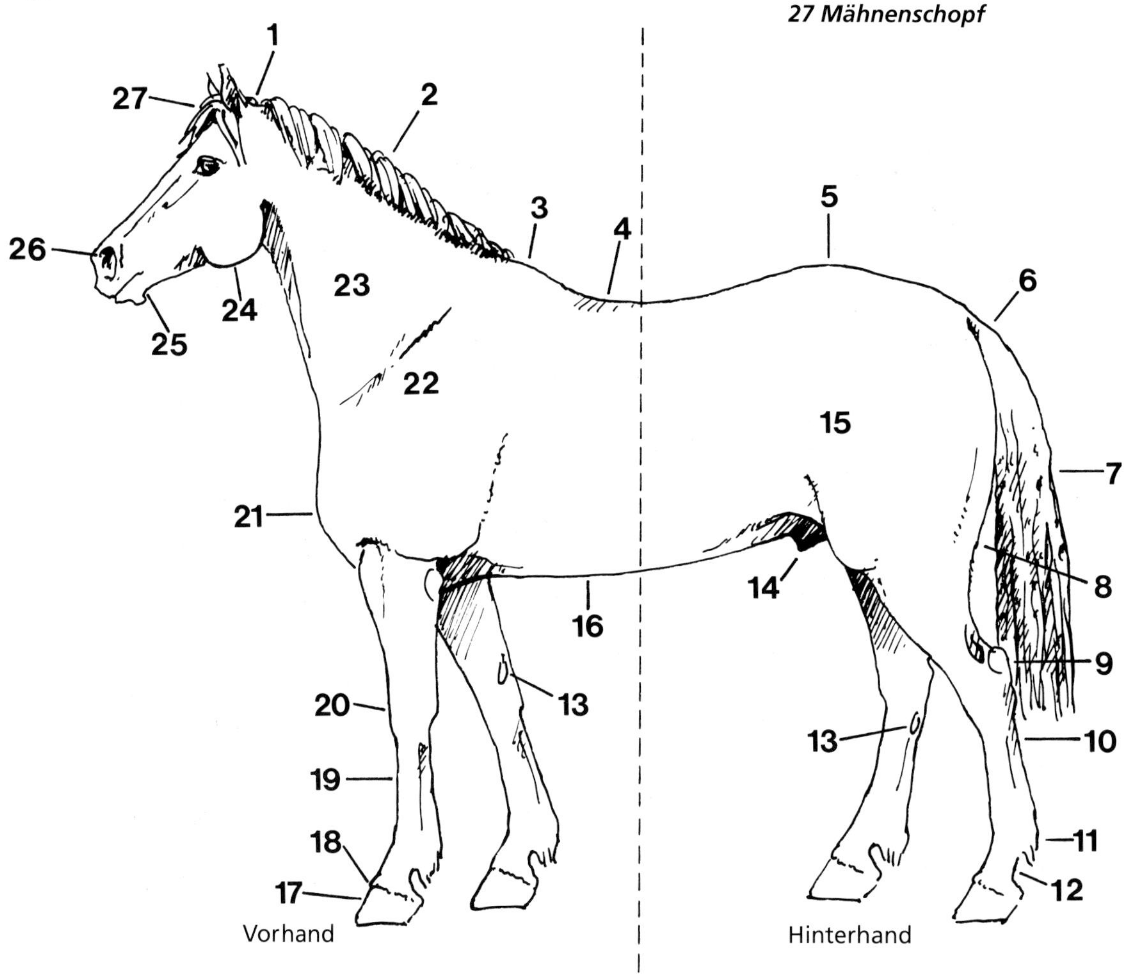

ders die Hinterbeine, wird *Hinterhand* genannt.

Mit *Behang* oder *Langhaar* meint man Mähne und Schweif eines Pferdes. Beides wird oft zusammen genannt, weil ein Pferd, das eine schöne, volle Mähne hat, meistens auch über einen dicken Schweif verfügt.

Auch über den Knochenbau eines Pferdes solltet ihr Bescheid wissen, wenn ihr reiten lernen wollt. Vielen Reitern fällt es schwer, sich die korrekten Bezeichnungen der Pferdebeine zu merken. Besonders häufig wird das Vorderfußwurzelgelenk mit dem Knie verwechselt.

Damit ihr nicht nur auswendig lernt, sondern versteht, warum manche Körperteile nicht da aufzufinden sind, wo man sie vermutet, trägt das gezeichnete Pferdeskelett einen Reiter. Vergleicht doch mal Menschenarm und Pferdevorderbein und Menschenfuß und Pferdehinterbein!

Jetzt wollt ihr nur noch wissen, warum Nicola ihr Lieblingspferd nicht „auf der Vorhand" reiten soll? Ganz einfach: Das Pferd soll sein Gewicht und das seiner Reiterin mit den Hinterbeinen tragen, denn darin hat es mehr Kraft. Läuft es „auf der Vorhand", so belastet es die Vorderbeine zu stark und kann dadurch auf die Dauer Knochen- und Sehnenschäden davontragen.

Denkt einfach daran, daß die Hinterhand unseren Füßen und Beinen und die Vorhand unseren Händen und Armen entspricht!

1 Schulter
2 Oberarmknochen
3 Ellenbogengelenk
4 Unterarmknochen
5 Vorderfußwurzelgelenk (entspricht dem menschlichen Handgelenk)
6 Griffelbein
7 Röhrbein
8 Gleichbein
9 Fesselbein
10 Hufbein (6 – 10 entsprechen den Knochen der menschlichen Hand)
11 Hüftgelenk
12 Knie
13 Sprunggelenk
14 Laden
15 Nasenbein

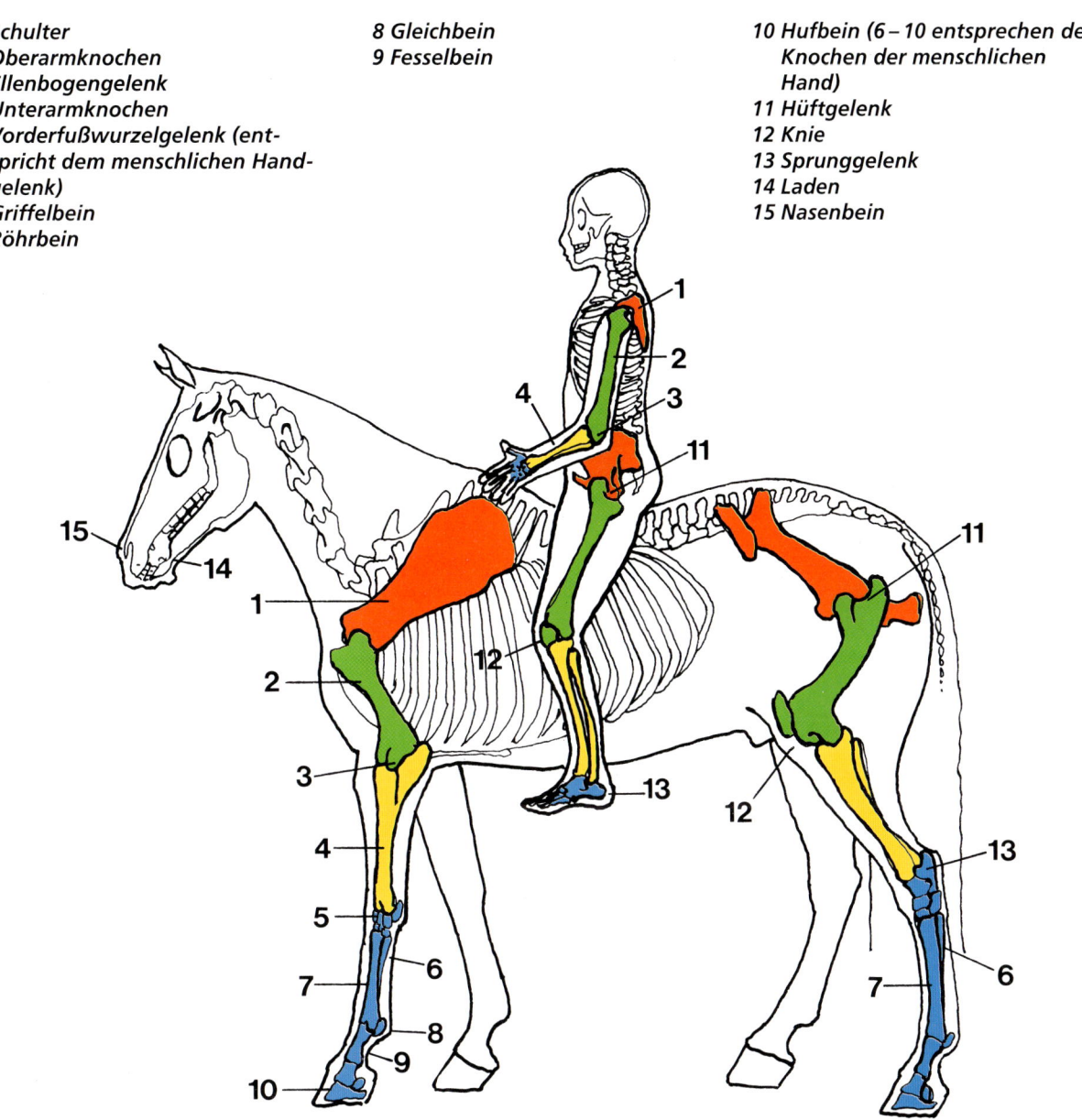

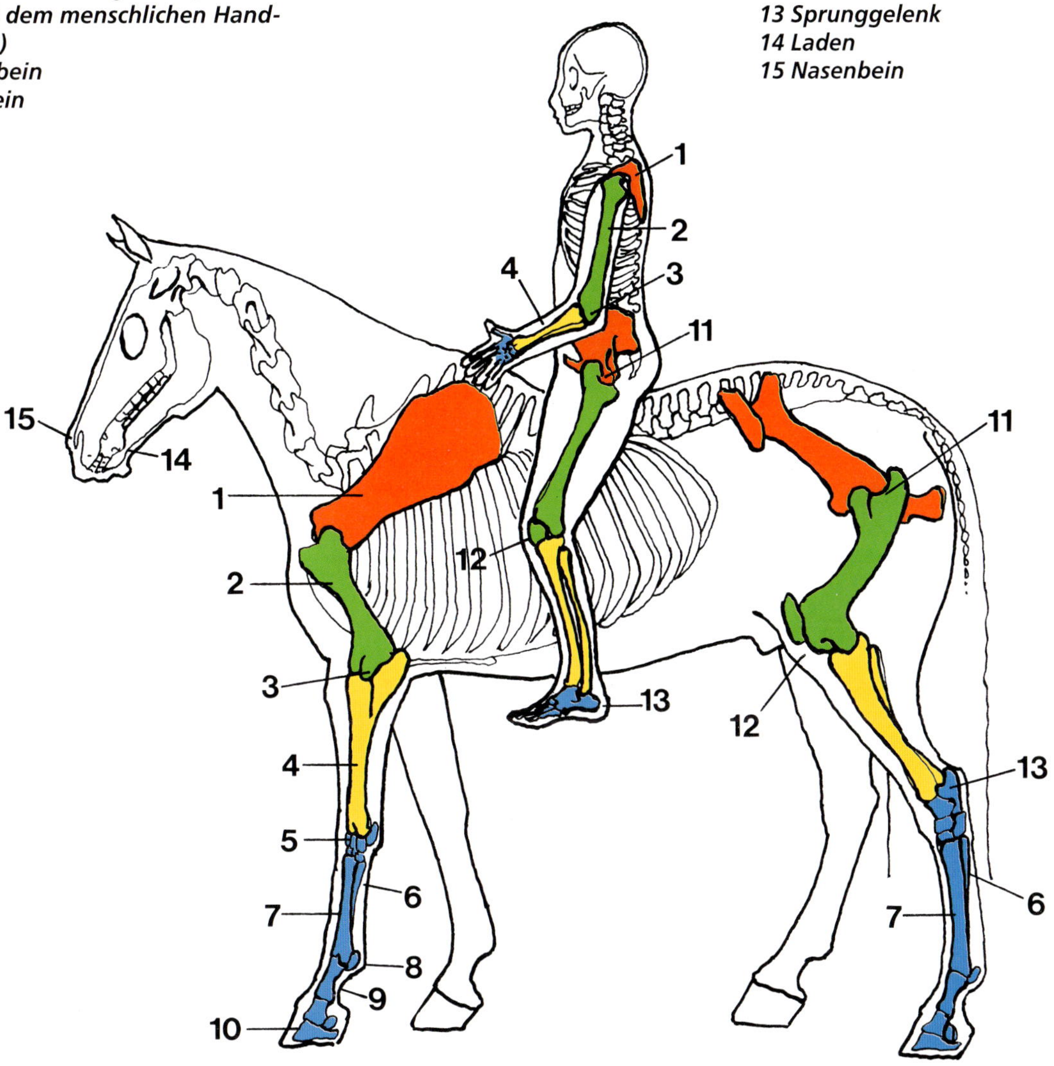

Der große Caletto und die kleine Mucki: Beide sind Ponies.

Alles Pferde – und doch so verschieden

Pferde unterscheiden sich durch Größe, Schwere, Bewegungen und Farbe, aber natürlich auch in Bezug auf Charakter und Geschlecht.

Da bestimmte Eigenarten Pferde für bestimmte Sportarten oder Reitweisen besonders geeignet machen, wurden diese Merkmale gezielt gezüchtet. So entstanden die vielen Pferderassen, über deren Entwicklung sorgfältig Buch geführt wurde und wird. Aus dieser züchterischen Betreuung der Pferde ergab sich ein weiteres Unterscheidungsmerkmal, nämlich die Frage, ob das Pferd „Papiere hat", also nachweislich reinrassig ist, oder nicht.

Wann ist ein Pferd ein Pferd?

Wenn in diesem Buch von Pferden die Rede ist, so sind grundsätzlich Pferde aller Rassen und Größen gemeint, denn was die Grundlagen der Pflege und Haltung, Verhalten und Ausbildung angeht, gibt es keine entscheidenden Unterschiede zwischen kleinen und großen Pferden, Rassetieren und „Feld-, Wald- und Wiesen-Ponies".

Trotzdem ist es interessant, mehr darüber zu erfahren, wie man die verschiedenen Pferde richtig benennt. Wir müssen sie dazu erst einmal in Groß- und Kleinpferde unterteilen, was im Prinzip ganz einfach ist. Im offiziellen Sprachgebrauch der Pferdezuchtverbände ist ein Pferd bis zum Stockmaß 1,48 Meter ein *Kleinpferd*; ist es größer, so ist es ein *Großpferd*. (Die Zahl 1,48 Meter ergibt sich daraus, daß man hier eine englische Maßangabe ins Deutsche übertragen hat.)

Im Alltagssprachgebrauch schwirren neben diesen klaren Begriffen jedoch auch noch die Worte *Pony*, *Doppelpony* und *Cob* durch die Pferdewelt, und so mancher Begriff ist heiß umstritten. Das beginnt schon bei den einfachen Worten „Pony" und „Pferd". Eigentlich ist „Pony" nur das englische Wort für Kleinpferd, aber im Deutschen bezeichnet man damit besonders die sehr kleinen Rassen (Shetlandpony) und die *Robustrassen* (Haflinger, Norweger, Isländer), deren urwüchsiges Aussehen sie mehr als ihre Größe vom Warmblutpferd unterscheidet. Die Besitzer dieser Rassen wehren sich jedoch energisch gegen den Namen „Pony" für ihre Pferde, da er sie angeblich herabsetzt. Immerhin, so argumentiert man, sind die korrekten Rassebezeichnungen für Isländer und Fjordings „Islandpferd" und „Fjordpferd".

Die Reiter der Quarter Horses (Fotos auf S. 29/30) dagegen, die nun jedes Anrecht auf die Bezeichnung „Pferd" für ihre Western-Pferde hätten, denn diese sind in aller

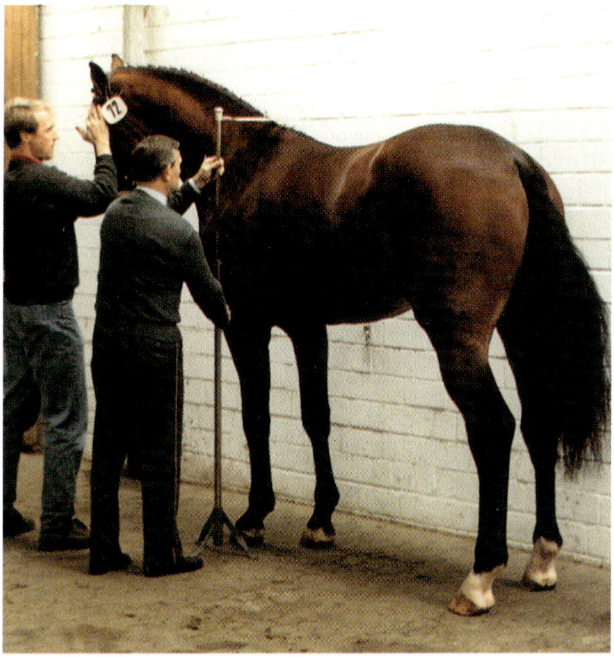

▲ *Hier wird das Stockmaß genommen.*

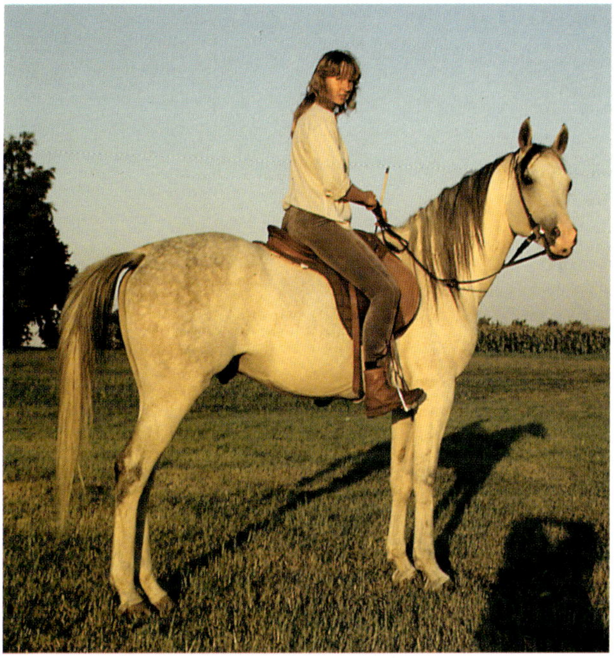

▲ *Santhos, ein Vollblut-Araberhengst.*

Regel über 150 cm hoch, sprechen in alter Cowboytradition gern mal von ihren „Ponies", und auch in altenglischen Liedern und Geschichten wird „Pony" als freundliche Sammelbezeichnung für verschiedene Pferde gebraucht.

Und dann gibt es da natürlich auch ein paar Großpferdereiter, die partout kein Großpferd haben wollen, sondern nur ein „Pferd". Alles, was kleiner ist als 1,70 Meter, hat in ihren Augen kein Recht auf die Bezeichnung „Pferd", und so brauchte man auch nicht zwischen „Klein- und Großpferd" zu unterscheiden.

Wahrscheinlich habt ihr spätestens jetzt erkannt, wie albern die Diskussion um die Größenbezeichnungen für Pferde ist. Oft hängt sie mit der Frage zusammen, ob man sich in irgendeiner Weise schämen müsse, Kleinpferde zu reiten oder nicht. Tatsächlich ist es wirklich nur eine Frage der persönlichen Vorliebe, ob man lieber ein kleines oder ein großes Pferd reitet. Kleine Pferde bestechen durch ihre Wendigkeit und ihre raschen, flinken Bewegungen. Sie sind oft leichter zu sitzen als große, und – was ja auch ein Argument ist – ihr Unterhalt ist deutlich billiger. Große Pferde dagegen haben oft eine traumhafte Galoppade und vermitteln im Trab ein Gefühl des Schwebens. Sie faszinieren durch ihre Stärke und Schnelligkeit, während kleine Pferde sich wiederum durch Ausdauer und größere Belastbarkeit auszeichnen.

Welsh Cobs sind vielseitige Reit- und Wagenpferde aus England. ▶

Unsere Vorfahren, die Pferde nicht wie wir nach ihren Vorlieben, sondern nach ihrem „Gebrauchswert" auswählten, bevorzugten durchweg ein mittleres Maß. Alle „Gebrauchspferde", vom Araber bis zum Quarter Horse, lagen und liegen größenmäßig um 1,50 Meter.

Diese Größe haben auch Pferde, die im „Cob-Typ" stehen, also einen kräftigen Körperbau mit einem edlen Kopf und lebhaftem Temperament verbinden. Welsh Cobs, zum Beispiel, sind vielseitige Reit- und Wagenpferde, die aus England kommen, aber in den letzten Jahren auch bei uns viele Freunde finden. In den Zuchtbüchern werden sie meist als Kleinpferde geführt, dürfen aber ausnahmsweise auch über das magische Maß 1,48 Meter herauswachsen, ohne anders beurteilt zu werden.

Vollblut, Warmblut, Kaltblut

Ein weiteres Unterscheidungsmerkmal für Pferde ist das *Kaliber.* Es bezeichnet die Schwere des Knochenbaus eines Pferdes und ist für die Bestimmung des Gewichtes, das ein Pferd lange tragen kann, ohne Schaden zu nehmen, viel wichtiger als die Größe. Cobs z. B. sind kalibrige Pferde. Ein Cob, der genau wie die Araberstute Gersemi (ihr findet sie auf S. 106) ein Stockmaß von 1,48 Meter hat, kann ohne weiteres einen Zwei-Zentner-Mann tagelang durchs Gelände tragen. Die leichte Gersemi könnte das nicht unbeschadet tun, und eine Englische Vollblutstute ähnlichen Kalibers, die zwanzig Zentimeter größer wäre, könnte es auch nicht. Schwere Reiter brauchen deshalb nicht unbedingt große Pferde, sondern schwere, kalibrige Pferde.

Durch Abstammung und Kaliber und nicht etwa durch die Körpertemperatur, unterscheiden sich auch „Vollblüter", „Warmblüter" und „Kaltblüter".

Vollblüter darf sich jedes Pferd

Warmblüter sind gute Sportpferde und im Springen international erfolgreich.

Englische Vollblüter werden vor allem für den Rennsport gezüchtet. Hier laufen sie bei einem Wattrennen.

nennen, das auf eine rein arabische Abstammung zurückblicken kann. Außerdem tragen die Pferde, die auf die drei Stammhengste der Englischen Vollblutzucht, „Godolphin Barbian", „Byerley Turk" oder „Darley Arabian", zurückgehen, diesen Titel. Zum Zeichen ihrer Abstammung führen die Araber traditionell die Buchstaben „OX" hinter ihrem Namen, die Englischen Vollblüter „XX".

Kaltblüter heißen die extrem schweren Pferde, die zum Ziehen schwerer Lasten und zur Feldarbeit gezüchtet worden sind. Sie verfügen meist über einen ruhigen Charakter und haben sich damit wohl den Ruf erworben, besonders „kaltblütig" zu sein.

Warmblüter liegen vom Kaliber her zwischen Vollblut und Kaltblut. Sie wurden und werden hauptsächlich zum Reiten oder Ziehen leichter Wagen gezüchtet.

Warmblut und Kaltblut sind keine Rassebezeichnungen. Es gibt verschiedene Warmblut- und Kaltblutrassen. Aber auch Pferde, deren Abstammung nicht mehr nachprüfbar ist, können ihrem Kaliber nach als Warm- oder Kaltblüter eingeordnet werden.

Kaltblutpferde beim Holzrücken. Die „Dicken" leisten im Wald umweltfreundlichen Einsatz.

Drei bis fünf Gänge

Auch bezüglich ihrer Gangveranlagung unterscheiden sich Pferde. Es gibt solche mit *viel Aktion*, die die Beine beim Traben sehr hoch nehmen und dadurch sehr elegant aussehen, und andere mit weniger Aktion. Ihre „flachen Bewegungen" sind für den Reiter bequemer zu sitzen, sehen aber nicht so schön aus.

Neben den drei Grundgangarten Schritt, Trab und Galopp haben manche Pferde zusätzlich noch weitere Gänge. In Pferderassen, wie z. B. den Isländern, sind „Tölt" und „Paß" als Erbanlagen fest verankert. (Mehr darüber im Kapitel über Gangpferde auf S. 116/117.)

Ob man ein Pferd mit flachen oder hohen Gängen, Drei- oder Mehrgänger bevorzugt, hängt von der Reitweise ab, die man betreiben will. Die Dressurreiter wünschen sich „schwebende Gänge", die Westernreiter bevorzugen gut zu sitzende Bewegungen, die Freunde der mehrgängigen Pferde lieben solche mit viel Aktion. Für keine Reitweise empfehlenswert sind Pferde mit kurzen, abgehackten Bewegungen. Oft kann man sie jedoch durch reiterliche Einwirkungen zu besserem Untertreten der Hinterhand und geschmeidigeren Bewegungen veranlassen.

Ein Islandpferd im Tölt, einer Viertakt-Gangart, deren Fußfolge genau der des Schrittes entspricht.

Schimmel, Rappen, Braune

„Ein gutes Pferd hat keine Farbe." Dieses Sprichwort meint, daß man ein Pferd nicht nach seiner Farbe auswählen soll, denn sie sagt nichts über seine Reiteigenschaften aus. Trotzdem darf man natürlich seine persönlichen Vorlieben haben. Vor

Die Dressurreiterin Anne-Grete Jenssen aus Dänemark mit ihrem Hengst „Marzog" im starken Trab.

allem sollte man die Farbe seines Pferdes richtig bezeichnen können.

Also: Beginnen wir mit den *Schimmeln*. Die Schimmelfarbe ergibt sich, so komisch das klingt, aus einer „vorzeitigen Vergreisung", d.h., der Schimmel entspräche einem Menschen, der schon als Kind graue Haare bekäme. Von seiner Farbe einmal abgesehen, zeigt er jedoch keine Spuren vorzeitiger Alterung. Schimmel sind genauso gesund und langlebig wie andere Pferde auch. Je nachdem, ob sie als Rappen, Braune oder Füchse – gelegentlich auch als Schecken – geboren werden, sind sie in ihren ersten Lebensjahren Rotschimmel oder Grauschimmel. Manche bleiben lange grau oder rötlich, andere sind verhältnismäßig früh schneeweiß.

Das Gegenstück zum Schimmel ist der *Rappe*. Er wird schwarz oder anthrazitfarben geboren und bleibt dann auch schwarz oder braun-

▲ ***Dieses Quarter Horse ist ein Falbe: Sein Fell ist hellbraun mit schwarzem Langhaar.***

▼ ***Schimmel, Füchse, Braune auf den Sommerweiden des Landgestüts Marbach.***

schwarz. Nur ganz selten sieht man richtig tiefschwarze Pferde. Die meisten haben einen leichten Braunton, den man aber manchmal nur im Winter, manchmal nur im Sommer erkennt.

Schwieriger als bei Schimmeln und Rappen wird es bei Füchsen und Braunen. Viele Anfänger haben hier Probleme mit der Unterscheidung, aber es ist ganz einfach, wenn ihr euch eine Grundregel merkt: Das Langhaar (also Mähne und Schweif) ist beim *Fuchs* immer heller oder gleichfarben wie das Körperhaar, beim *Braunen* ist es schwarz. Auch die Pferde, deren Langhaar im Ansatz schwarz ist, nach unten hin aber heller wird, gelten als Braune.

Durch einen sogenannten „Aufhellungsfaktor", der im Erbgut mancher Pferde verankert ist (Farbzucht ist sehr kompliziert!), wird aus einem Fuchs ein *Isabelle* (oder *Palomino*) und aus dem Braunen ein *Falbe*. Isabellen und Falben haben beide eine cremefarbene bis hellbraune Grundfarbe. Das Langhaar ist beim Isabellen hell, beim Falben schwarz. Gelegentlich kommt beim Versuch, einen Isabellen zu züchten, ein ganz cremefarbenes Fohlen mit blauen Augen heraus. Im Dartmoor, einem Sumpfgebiet in England, aus dem die Dartmoor-Ponies kommen, sagt man, diese *Cremellos* seien besondere Pferde, und ihre Augen hätten die Farbe des Himmels über dem Moor. Auch zu den Isabellen gibt es eine romantische Geschichte. Sie sollen ihren Namen der mittelalterlichen Markgräfin Isabella verdanken, die, als ihr Gatte auf einen Kreuzzug zog, einen seltsamen Schwur tat. Sie gelobte, ihr Hemd so lange nicht zu wechseln, bis ihr Mann zurückkäme, und hielt das auch sieben Jahre durch. Als der Markgraf dann endlich wohlbehalten wieder da war, hatte Isabellas Hemd die gelbliche Farbe angenommen, die auch das Fell der Isabellen auszeichnet.

Weitere interessante Pferdefarben sind die des *Schecken* und die des *Tigerschecken.* Die gefleckten und gepunkteten Pferde sind insbe-

Isabellfarbene Pferde sind cremefarben bis hellbraun mit hellem Langhaar.

Schecken haben eine auffallende Fellzeichnung. Ihre Flecken kommen in allen Farben und Formen vor.

Appaloosas zählen zu den Tigerschecken. Sie wurden früher von den Nez Percé-Indianern in Amerika gezüchtet.

sondere bei Westernreitern beliebt, aber ihre Zucht ist nicht einfach. Viele Leute, die aus ihrer einfarbigen Stute gern ein geschecktes Fohlen ziehen möchten und sie dafür weite Strecken zu Scheckhengsten fahren, werden enttäuscht. Wenn man also unbedingt ein farbiges Pferd oder Pony möchte, sollte man sich unter den Vertretern entsprechend durchgezüchteter Farbrassen umsehen. *Paint Horse*s sind gescheckte Westernpferde, und bei den Tigerschecken hat man die Wahl zwischen Appaloosas und Knabstruppern. *Pintos* werden neuerdings auch von Pferdezuchtverbänden betreut. Im Grunde ist „Pinto" jedoch keine Rassenbezeichnung, sondern nur das amerikanische Wort für „Schecke".

Stute, Hengst, Wallach

Die Pferde, die ihr im Reitstall kennenlernt, sind in der Regel Stuten oder Wallache. Nur selten werden Hengste als Reitpferde gehalten.

Im großen und ganzen sind *Wallache* die besten und ausgeglichensten Reitpferde. Ein Wallach kommt als Hengst zur Welt und wird im Alter zwischen einem und drei Jahren kastriert, d. h., daß ihm mittels einer kleinen Operation, natürlich unter

Flehmender Hengst und paarungsbereite Stute.

Betäubung, die Hoden entfernt werden. Er kann dann keine Fohlen mehr zeugen und hat keinen großen sexuellen Ehrgeiz mehr. Daß Wallache aber keinerlei Triebe hätten und sich gar nicht für Stuten interessierten, ist falsch. Wenn sie gemeinsam mit Stuten gehalten werden, haben sie ihre Freundinnen und kümmern sich auch wie Hengste um die Fohlen, die in der Herde zur Welt kommen.

Auch *Stuten* eignen sich gut zum Reiten. Sie werden regelmäßig rossig, also bereit zur Paarung mit einem Hengst. In dieser Zeit können sie besonders empfindlich und kitzelig sein.

Selbstverständlich kann man auch *Hengste* reiten. Für bestimmte reitsportliche Disziplinen, wie etwa die klassische Dressur, sind sie sogar besonders gut geeignet. Die dort geforderten Übungen ähneln den Bewegungen der Hengste in der Herde. Das Problem dabei ist nur, daß ein Hengst, der nicht decken darf, sich von Stuten besonders angezogen fühlt und sich dadurch schlecht auf seine Arbeit konzentrieren kann. Das wird um so schlimmer, wenn er in einem Reitstall steht, in dem er regelmäßig Stuten sieht und riecht, aber niemals zu ihnen darf. Wenn er obendrein noch zuwenig Bewegung hat, kann er sehr heftig und aggressiv werden. Viele Leute meinen deshalb, alle Hengste seien gefährlich, und wer sie reite, beweise damit besonderen Mut.

Hengste, die in „Junggesellenställen" leben, wie etwa auf Hengststationen oder in Ställen wie der Spanischen Hofreitschule in Wien, sind nicht so schwierig im Umgang. Auch mit einem wohlerzogenen und gutgerittenen Deckhengst kann jedes Kind umgehen. Grundsätzlich sind nur unglückliche, schlecht erzogene Pferde gefährlich, und die sind unter Hengsten, die nie decken dürfen und nicht artgemäß gehalten werden, leider besonders häufig. Ein Hengst, der nicht zur Zucht eingesetzt werden soll, wird deshalb besser kastriert. Dann kann er mit Stuten und anderen Wallachen zusammenleben und ist zufrieden.

▲ ***Der Islandhengst Thor, ein typischer Vertreter seiner Rasse.***

Englische New-Forest-Stute mit Fohlen. ▶

Hengste, die artgemäß gehalten und regelmäßig geritten werden, sind so wohlerzogen wie dieser Andalusier unter seiner Reiterin bei einer Schaunummer. ▼

▲ *Artgerechte Tierhaltung: Jungpferdeaufzucht im Laufstall. Außerdem kommen diese Pferde täglich auf die Weide oder in den Auslauf.*

◀ *Pferde mit Blickkontakt in hellen Boxen. Auch hier, im Landgestüt Moritzburg, kommen sie regelmäßig nach draußen.*

▲ *In großen Ställen gibt es abgetrennte Freßboxen, damit jedes Pferd in Ruhe fressen kann. Auch rangniedrige Pferde kommen so zu ihrem Recht.*

Wie Pferde wohnen

Im Tierschutzgesetz steht, daß jeder, der ein Tier hält, es „artgerecht" unterzubringen hat. Wenn ihr euch erinnert, was ihr ganz am Anfang dieses Buches über das Leben der Pferde in Freiheit gelesen habt, wird euch schnell klar, was das für die Haltung von Pferden bedeutet. Pferde brauchen Gesellschaft und Bewegung in frischer Luft. Sie sind glücklich, wenn sie sich gegenseitig kraulen können und Platz haben, um miteinander zu spielen. Sie wollen sich nach Herzenslust wälzen und den Auslauf nach interessanten Gerüchen untersuchen. Wenn sie müde sind, möchten sie sich auf sauberem Boden niederlassen und mit der Gewißheit einschlafen, daß einer der Artgenossen wach bleibt und nach eventuellen Feinden Ausschau hält.

Was Pferde hassen, sind enge, dunkle Einzelboxen, in denen sie den Tag damit verbringen müssen, gegen die Wand zu schauen. Sie mögen auch keinen Mist- und Uringeruch. Der „Duft" der von großen Ställen ausgeht, und den viele Reiter so faszinierend finden, macht Pferde krank.

Obwohl man das alles längst weiß, stehen immer noch viele Pferde tagelang eingesperrt in dunklen Käfigen. Für ihre Reiter ist das bequem, denn das Pferd steht bereit, wenn sie reiten wollen, und es ist immer trocken und sauber. Auch die Reinigung einer Box macht längst nicht soviel Arbeit, wie das regelmäßige Mistabsammeln in einem Auslauf. Oft läßt man das Pferd auch einfach im Mist stehen. Wer wirft schon einen Blick in die Boxen, solange nur die Stallgasse sauber ist?

Vorschläge zur Veränderung einer solchen, nicht artgemäßen Pferdehaltung lehnen Pferdebesitzer oft mit den Worten: „Das geht bei uns nicht!" ab. Das ist aber Unsinn, denn tatsächlich „geht es" fast überall.

Auf den nächsten Seiten seht ihr einige Beispiele für artgerechte Pferdehaltung.

Amigo wohnt im Reitstall

▲ **Amigo ist ein 10-jähriger Reitponywallach. Er wohnt in einer Box mit Blick nach draußen.**

Kommt da jemand? Über die Tür der Außenbox schiebt sich ein fuchsfarbener Ponykopf mit Blesse. Der Reitponywallach Amigo hat einen guten Ausblick und nutzt ihn, um nach seiner Freundin Janine auszuschauen. Wenn Janine oder ihr Bruder Dominic kommen, wird es nämlich interessant. Dann darf Amigo die Box verlassen, um geputzt und geritten zu werden. Oft kommt er auch mit den anderen Ponys in die Reitbahn oder auf die Weide, und dann toben alle nach Herzenslust herum.

Janine, Dominic und Amigo gehören zur Ponygruppe des Reitervereins Leonberg. Amigo ist im Reitstall untergebracht, weil das für seine jungen Besitzer besonders praktisch ist. Janine und Dominic leben nämlich in der Stadt und haben keinen Platz, um ihr Pferd am Haus zu halten. Außerdem fehlen ihnen auch die Zeit und die Erfahrung, um Amigo ganz allein zu betreuen. Im Reitstall ist er gut versorgt, und für Janine und Dominic ist die regelmäßige Teilnahme am Reitunterricht gesichert.

Natürlich kommen die Kinder fast jeden Tag, um Amigo zu putzen und zu reiten. Ausmisten müssen sie nicht, und auch das Füttern ihres Ponys ist im Pensionspreis inbegriffen. Wenn Amigo allerdings auf die Weide oder in einen Auslauf gebracht werden soll, müssen Janine und Dominic das selbst erledigen.

Amigo geht es gut im Reitstall, denn seine Außenbox und die regelmäßigen Besuche seiner jungen Besitzer bieten ihm ein abwechslungsreiches Leben. Das ist leider nicht bei allen Pferden so, die in Reitställen wohnen. Die

Janine oder ihr Bruder Dominic kommen Amigo jeden Tag besuchen. ▶

◀ **Im Reitstall übernehmen Pferdepfleger das Füttern und Ausmisten.**

Amigos Box ist so groß, daß dort noch ein zweites Pony Platz hat. Und in Gesellschaft wohnt sich's besser. ▶

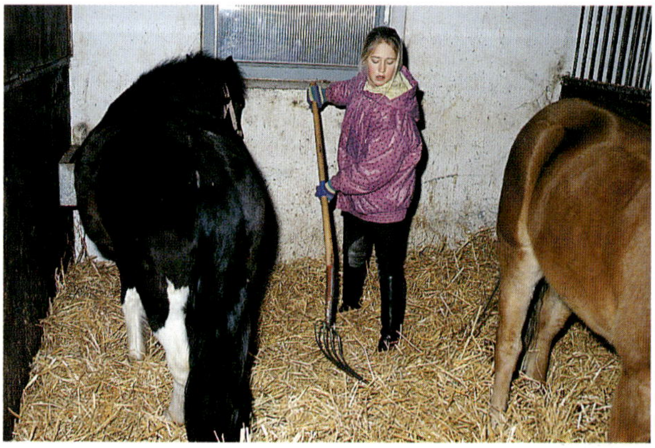

meisten von ihnen stehen nämlich in Innenboxen, die durch Gitterstäbe voneinander getrennt sind. Die Aussicht reicht nur bis auf die Stallgasse, und der Kontakt zu anderen Pferden beschränkt sich darauf, einander zu sehen und durch die Gitterstäbe zu beschnuppern. Soziale Fellpflege, gemeinsames Toben und Rennen sind nicht möglich. Reitstallpferde sind deshalb darauf angewiesen, daß die Pferdepfleger sie auf die Weide oder in den Auslauf lassen. Oder ihre Besitzer holen sie so oft wie möglich aus der Box zum Reiten und Freilaufen in der Halle und draußen. Bei den Pferden der Ponygruppe Leonberg beschäftigen sich die Kinder jeden Tag einige Stunden mit ihren Ponys.

Noch immer gibt es nicht genug Pensionsställe und Reitschulen, in denen artgemäße Pferdehaltung mit Außenboxen, Ausläufen und Gruppenhaltung betrieben wird. Das wird sich aber ändern, wenn immer mehr Reiter danach fragen. Jeder Pferdebesitzer kann dazu beitragen, indem er bei der Suche nach einem Pensionsstall mehr auf die guten Bedingungen für sein Pferd als auf einen großen Springplatz und das gemütliche Reiterstübchen achtet.

▲ **„Komm, Amigo, jetzt geht's nach draußen."**

Flocki wohnt im Offenstall

Das ist Flocki, ein 12-jähriger Islandwallach. Er wohnt mit seiner kleinen Herde im Offenstall.

Flocki ist mit 12 Jahren der jüngste in einer kleinen Herde von Islandpferden. Alle sind gesund und fühlen sich wohl in ihrem Offenstall, der wirklich musterhaft angelegt ist.

Ein Offenstall ist nicht irgendein Schuppen. Es handelt sich dabei um einen winterfesten, ordentlichen Stall mit feststehenden Freßplätzen für jedes Pferd. Eine Sattel- und Futterkammer gehören ebenso dazu wie ausreichend Platz zur Lagerung des Winterfutters. Außerdem muß man die Pferde vorübergehend im Offenstall einschließen können, z. B., wenn sie krank sind oder verschwitzt nach dem Reiten. Normalerweise bleibt der Stall jedoch offen. Die Pferde können vom Stallraum gleich in den Sandauslauf gehen oder betreten einen befestigten Stallvorplatz, auf dem man satteln und putzen kann.

Normalerweise ist ein Auslauf mehr als ein eingezäuntes Stück Land. Wer nicht in einem Gebiet mit natürlichem Sandboden wohnt, muß leider das Erdreich in seinem Auslauf ausheben lassen, Drainagerohre verlegen und das Ganze mit Sand auffüllen. Sonst hat man nämlich binnen kürzester Zeit einen tiefen Sumpf vor der Stalltür, in dem sich die Pferde nicht gern aufhalten. Die Anlage von Ausläufen ist schwierig und teuer, und die meisten Offenstallpferde müssen sich mit ein paar Quadratmetern Sandplatz zum Beinevertreten begnügen. Aber wenn sie oft geritten werden, reicht das aus.

Neben der Anlage von

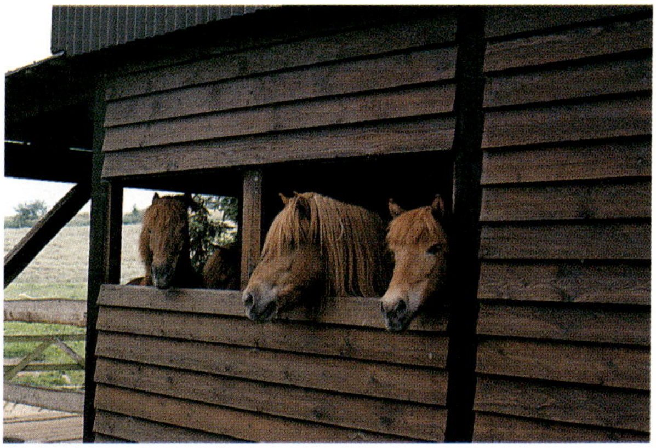

◄ **Ein Offenstall. ist nicht irgendein Schuppen.**

Ausläufen ist die der Futterplätze das größte Problem bei der Planung eines Offenstalles. Pferde fressen nicht alle gleich schnell, sie vertragen nicht alle das gleiche Futter bzw. dieselbe Futtermenge, und sie sind nicht gleichberechtigt bei der Futteraufnahme: Die Rangordnung ist genau festgelegt. Wer stärker ist, jagt den Schwächeren vom Futter weg und ruht oft nicht, bis dieser auch den Stall verläßt. Manchmal verstellt er ihm sogar den Eingang. Viele Offenställe haben deshalb zwei Eingänge, und alle Pferdebesitzer, denen an Gerechtigkeit bei der Futtervergabe gelegen ist, sorgen für feste Futterplätze, an denen die ranghohen Pferde angebunden werden. Auch durch Stangen abgetrennte Freßboxen, in die Offenstallpferde während der Futteraufnahme eingesperrt werden, sind praktisch. Für Großställe gibt es inzwischen schon computergesteuerte Anlagen, bei denen sich die Futterplätze nur für die Pferde öffnen, die ihr Soll an Heu und Hafer noch nicht hatten.

Das Fütterungsproblem in Offenställen besteht hauptsächlich im Winter. Im Sommer ist meistens Gras die Nahrungsgrundlage. Die Futteraufnahme wird dadurch gesteuert, daß man die Pferde mehr oder weniger lange auf der Weide läßt. Junge Pferde und Zuchtpferde kann man auch Tag und Nacht auf der Weide halten. Man braucht dann natürlich genügend Weideland, das gut eingezäunt ist, denn wenn die Wiese schon abgefressen ist, neigen Pferde dazu, sich selbständig zu machen. Auch um reine Weidepferde muß man sich jeden Tag kümmern. Sie werden gegen Insektenbefall eingesprüht oder eingerieben, und man kontrolliert, ob sie nicht krank geworden sind oder sich irgendwo verletzt haben. Wenn keine Selbsttränke vorhanden ist, muß man weiterhin darauf achten, daß immer genug Wasser auf der Weide zur Verfügung steht.

Manche Leute sind immer noch der Meinung, daß man nur bestimmte Pferderassen in Offenställen halten kann. Sie unterteilen in „Robustpferde" wie Isländer, Norweger, Haflinger und andere wie Vollblüter und Warmblüter. Letztere müsse man hätscheln und pflegen, während man erstere bei jedem Wetter unbesorgt auf die Weide schicken könne. Eine solche Einstellung ist Unsinn. Jedes Pferd, vom Isländer bis zum Achal Tekkiner, ist von Natur aus ein Freiluftfanatiker. Einen offenen, kühlen Stall mit Ausblick nach draußen ziehen Pferde jeder warmen und „gemütlichen" Box vor. Was sie allerdings nicht unbegrenzt vertragen, ist Feuchtigkeit. Jedes Pferd kann nur eine gewisse Zeit im Regen stehen, ohne zu frieren. Wie lange das jeweils ist, hängt nicht von seiner Rasse, sondern nur von seiner Fellqualität ab. Im Klartext: Ein Isländer im Sommerfell friert schneller als ein Warmblutpferd im Winterfell, aber im tiefsten Winter wächst Flocki ein dichterer Pelz als dem Warmblüter, und er hält es folglich in Regen und Schnee länger aus. Nun treibt natürlich kein vernünftiger Mensch Studien damit, wie lange ein Pferd im Regen stehen kann, ohne sich zu erkälten. Dem Offenstallpferd steht ein trockener Unterstand zur Verfügung, und es sucht ihn von selbst auf, sobald ihm der Regen zu viel wird.

Naßgeschwitzte Pferde müssen allerdings im Stall bleiben, bis sie trocken sind. Bei kaltem, nassem Wetter gehört ein verschwitztes Pferd mit Decke in den Stall – egal, ob seine Vorfahren aus Island oder Arabien stammten! (Einen Eskimo würdet ihr nach dem Jogging doch auch nicht in den Kühlraum bitten, oder?) Und hier sind wiederum die Warm- und Vollblüter im Vorteil. Ihr Winterfell trocknet viel schneller, und sie dürfen schon wieder aus dem Stall, wenn die Isländer noch feucht sind.

Flocki und seine Freunde im Sandauslauf

Kim und Piroschka leben auf dem Bauernhof

▲ **Sommertags auf der Weide: Kim und Piroschka.**

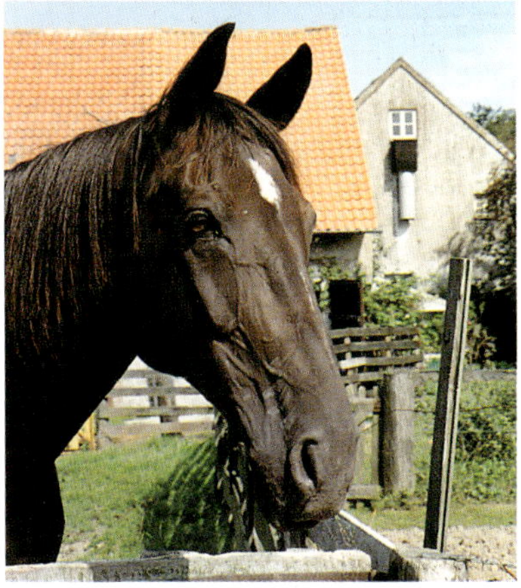

Das ist Kim, ein westfälischer Warmblutwallach. Er lebt mit Piroschka, einer Rheinländer Stute, auf dem Bauernhof.

Vom Auslauf aus gibt es immer etwas Interessantes zu sehen.

Landmaschinen gehören für Piroschka zum Alltag.

Wer auf den Bauernhof zufährt, sieht Kim und Piroschka schon von weitem in ihrem Auslauf. Interessiert schauen der Rappe und die Schimmelstute den Besuchern entgegen.

Kim, ein westfälischer Warmblutwallach, und Piroschka, Rheinländerin, bewohnen einen kleinen Boxenstall auf dem Bauernhof ihrer Besitzer. Darin verbringen sie aber nur die Nächte. Tagsüber kommen sie auf die Weide oder in den Sandauslauf. Leider schließt er nicht an den Stall an, so daß Offenstallhaltung nicht möglich ist. Das beeinträchtigt die Zufriedenheit der beiden Pferde jedoch nicht. Beim Füttern hat es sogar Vorteile, denn Kim ist von Natur aus ein Vielfraß, während Piroschka eher zögernd frißt. Hielte man beide in einem Stall, käme die Stute ständig zu kurz. Kims und Piroschkas Besitzer haben die Boxen und den Auslauf selbst gebaut. Sie nutzten dazu schon vorhandene Ställe und Freiflächen.

Platz für ein oder mehrere Pferde gibt es fast auf jedem Bauernhof, und viele Landwirte stellen ihn gegen einen entsprechenden Pensionspreis gern auch Pferdehaltern zur Verfügung. Oft interessieren sie sich für Pferde, erzählen gern aus der Zeit, als sie selbst noch welche hatten, und sind auch bereit, ihre vierbeinigen Pensionsgäste regelmäßig zu füttern und auf die Weide zu bringen. Misten und Futter kaufen muß man allerdings oft selbst. Futter bekommt man meist im Landhandel.

Im Sommer ist es gut, die Pferde gegen Fliegen einzusprühen.

Pferde, die gehalten werden wie Kim und Piroschka, müssen nicht jeden Tag geritten werden. Im Auslauf machen sie sich selbst genug Bewegung. Dabei buckeln und toben sie sich morgens erst mal die lange Boxnacht aus den Knochen. Wie Offenstallpferde bekommen sie ein Winterfell, aber da sie keine Möglichkeit haben, selbst zu entscheiden, wann ihnen der Regen langt und sie wieder in den Stall wollen, muß man ihren Auslauf bei schlechtem Wetter begrenzen. Das ist übrigens ganz im Sinne der Pferde. Wenn es regnet oder schneit, verlangt Kim laut wiehernd in den Stall gebracht zu werden!

Pferde sind Dauerfresser und sollten ständig etwas zu knabbern haben. Hier zwei Camargue-Pferde im Sumpfgebiet des Rhône-Deltas.

Die Pferdespeisekarte

Der gesamte Verdauungsapparat eines Pferdes ist auf sein Leben in der freien Natur, also auf den Tageslauf eines Weidetieres, zugeschnitten. Freilebende Pferde bewegen sich fast den ganzen Tag langsam von einem Grasbüschel zum anderen. Sie pflücken winzige Portionen ab, kauen sie in Ruhe und lassen sie dann durch einen engen Schlund in einen kleinen Magen wandern. Dort bleibt das Futter nicht lange, denn die Hauptverdauungsarbeit leistet der sehr lange Darm, der ständig in Bewegung ist und Nachschub zum Verdauen braucht, um gesund zu bleiben. Pferde sind also ausgesprochene Dauerfresser und nicht darauf eingerichtet, ihren Nährstoffbedarf mit zwei oder drei großen Mahlzeiten am Tag zu decken. Auch wenn wir sie im Stall oder im Auslauf halten, sollten sie deshalb ständig etwas zu knabbern haben. Auf keinen Fall dürfen sie zu große Futtermengen auf einmal erhalten, denn das kann ihren kleinen Magen überlasten.

Ob als Haustiere oder in der freien Wildbahn: die Futtergrundlage für Pferde besteht immer aus Gras. Im Sommer sollten sie idealerweise frisches Gras bekommen, im Winter gibt es getrocknetes, also Heu. Insgesamt setzt sich der Speiseplan für Pferde aus Rauhfutter, Saftfutter und Kraftfutter zusammen. Dazu kommt in der Regel noch ein Vitamin- und Mineralstoffprodukt, das für ein schönes Fell und genügend Abwehrstoffe gegen Krankheiten sorgt.

Saftfutter

Im Sommer deckt frisches Gras den Saftfutterbedarf eines Pferdes vollkommen. Eine gute Weide, die verschiedene Gräser und Kräuter bietet, versorgt die Tiere optimal. Wo genügend Weideland vorhanden ist, können Pferde, die nicht so leicht dick werden, im Sommerhalbjahr ruhig Tag und Nacht auf der Wiese bleiben. Gute Futterverwerter darf man dagegen nur stundenweise auf die Weide lassen, denn sonst werden sie zu dick und auch krank. Zum Knabbern zwischendurch stellt man ihnen dann Stroh zur Verfügung.

Im Winter sowie bei Pferden, die ganzjährig in der Box oder in Ausläufen gehalten werden, sichern Möhren, gelbe Rüben, Futterrüben oder Äpfel die Saftfutterversorgung. Sehr gesund sind auch Rote Bete, aber nicht alle Pferde mögen sie.

Rauhfutter

Rauhfutter bildet im Winter die Grundlage der Pferdespeisekarte. Das wichtigste Rauhfutter ist Heu, aber besonders bei Pferden, die leicht dick werden, spielt auch das kalorienärmere Stroh eine große Rolle. Man verfüttert dann meist Weizen- oder Haferstroh.

Das beste Heu kommt von kräuterreichen Wiesen, die nach der Grasblüte geschnitten worden sind. Es riecht ein bißchen wie Tee und sieht grün aus. Gelbes, schimmeliges oder staubiges Heu eignet sich nicht für Pferde. Auf die Dauer macht es sie krank! Ab und zu gibt es Pferde, die Heu, manchmal auch Stroh, nicht vertragen. Das äußert sich darin, daß sie mehr oder weniger schwere Hustenanfälle bekommen, obwohl sie eindeutig nicht mit Hustenviren infiziert sind. Solchen „Heu-Allergikern" muß man ihr Heu naß verfüttern, denn ihre Atmungsorgane reagieren empfindlich auf das Hochfliegen der winzigen Staubanteile, die auch gutes Heu enthält. Das Tauchen des Heus, am besten in Salzwasser, ist zwar viel Arbeit, aber es hilft fast immer!

Kraftfutter

Wie der Name schon sagt, sichert „Kraftfutter" die Arbeitskraft des Pferdes. Es wird nur gebraucht, wenn das Pferd geritten oder sonstwie gefordert wird. Das wichtigste Kraftfutter in unseren Breiten ist Hafer, der ganz oder gequetscht verfüttert wird. Außerdem sind viele fertige Kraftfuttermischungen auf dem Markt. Als Kraftfutter absolut ungeeignet ist Brot, denn sein hoher Phosphatgehalt ist für Pferde schädlich.

Zusatzfutter

Nur wenige Weiden und Heuwiesen liefern so gutes Futter, daß auf zusätzliche Gaben von Vitaminen und Mineralien verzichtet werden kann.

Kraftfutter brauchen Pferde nur, wenn sie regelmäßig arbeiten oder besonders gefordert werden.

Eine gute Weide mit verschiedenen Gräsern und Kräutern ist im Sommer der ideale Saftfutterlieferant für Pferde.

Normalerweise füttert man also ein Fertigfutter zu, das die Pferde mit diesen wichtigen Spurenelementen versorgt. Weiterhin unerläßlich ist ein Salzleckstein, der in einer Halterung, die ihn vor Regen und Verunreinigung schützt, ständig zur Verfügung stehen sollte.

Besonders im Winter freuen sich Pferde auch mal über warmes Futter, z.B. über Mash (Das spricht sich „Mäsch"). Pro Pferd werden dazu drei Hände voll Leinsamen einen halben Tag in viel Wasser eingeweicht und eine Viertelstunde gekocht. (Aufpassen, Mash kocht schnell über!) Dann verrührt man ihn mit Weizenkleie und Hafer zu einem Brei, der den Pferden das Wasser im Munde zusammenlaufen läßt, und verfüttert ihn lauwarm. Mash ist sehr gut für die Verdauung und für das Fell des Pferdes. Er soll auch Erkältungskrankheiten vorbeugen. Man kann ihn mit verschiedenen Zutaten wie Hustentee, Honig, Melasse oder Malzbier verfeinern. Pferde mögen überhaupt sehr gern Tee, z.B. Hustenteemischungen, Pfefferminz- oder Kamillentee. Man läßt die Kräuter drin und gießt den etwas ausgekühlten Tee über das Kraftfutter.

Leckerbissen

Als Leckerbissen oder Leckerli bezeichnet man die guten Dinge, die man in der Tasche mit sich herumschleppt, um ein Pferd während oder nach der Arbeit schnell belohnen zu können. Ob das gut ist, bleibt umstritten. Die Gegner des „Leckerli" führen zu Recht an, daß „Bestechung" nicht im Sinne der Arbeit mit Pferden ist, und daß viele Pferde durch das ständige „aus der Hand füttern" zu Beißern werden. Sie halten es für besser, junge Pferde mit einem Bissen aus einer Futterschüssel zu belohnen, wenn sie

Ein aufgeschnittene Kanister als preiswerter und regengeschützter Behälter für den Salzleckstein.

etwas besonders gut gemacht haben. Erwachsene Pferde bekommen während der Arbeit seltener eine Belohnung. (Bevor ihr jetzt den Kopf schüttelt, denkt daran, daß Reiten für Pferde dasselbe ist, wie Schule für euch. Auch ihr habt in den ersten Klassen öfter mal ein „Sternchen" oder eine andere Belohnung bekommen, aber kriegt ihr jetzt vielleicht nach jeder Mathestunde ein Bonbon?)

Nach der Reitstunde kann man sich aber mit einem gesunden Leckerli bei seinem Pferd bedanken. Gesund sind eine Möhre, ein Apfel, etwas hartes (auf keinen Fall verschimmeltes!) Brot oder auch die Leckerbissen, die es in Reitsportfachgeschäften zu kaufen gibt. Absolut ungesund ist Würfelzucker!

Vor dem Füttern solltet ihr aber grundsätzlich den Reitlehrer oder den Besitzer eines Pferdes fragen, ob das Tier einen Leckerbissen haben darf oder nicht. Manchmal müssen Pferde nämlich Diät halten, und ihr könntet ihnen mit eurer Gabe sehr schaden. Bitte sagt jetzt nicht: „Ach, das bißchen!" Denkt daran, daß Susi schließlich nicht nur von euch geliebt und verwöhnt wird, sondern auch von den Kindern aus der Abteilung vor euch und nach euch!

Vorsicht – giftig!

Die Zeichnungen auf den Seiten 40/41 zeigen die fünfzehn wichtigsten Giftpflanzen, die einem Pferd gefährlich werden können, wenn es davon nascht. Stehen Giftpflanzen in den Gärten in der Nähe einer Weide, muß der Zaun so gut gesichert werden, daß Spaziergänger nicht an die Pferde herankommen und sie aus Unwissenheit damit füttern. Mit mehreren Reihen Elektrozaun geht das einigermaßen, aber wenn man die Wahl zwischen mehreren Weiden hat, sollte man doch eine bevorzugen, in deren Nähe kein Gift zu finden ist. Häufiger als auf der Weide vergiften sich Pferde jedoch beim Ausritt. Das liegt daran, daß sie auf der Weide seltener hastig fressen. Pflanzen, die komisch schmecken, lassen sie stehen. Auf dem Ausritt jedoch stibitzen Pferde schnell einen Happen von irgendeinem Baum. Dabei irren sie sich mitunter in der Einschätzung von giftigen und ungiftigen Pflanzen.

Es gibt übrigens auch kaum einen Reiter, der sich mit Pflanzen so gut auskennt, daß er beim Vorbeireiten sofort erkennt, ob sie giftig sind oder nicht. Deshalb sollte man sein Pferd unterwegs grundsätzlich nicht fressen lassen.

1

2

3

4

5

6

1 Liguster
2 Goldregen
3 Schwarzes Bilsenkraut
4 Gelber Fingerhut
5 Großblütiger Fingerhut
6 Roter Fingerhut
7 Schwarze Tollkirsche
8 Eibe
9 Weiße Robinie (Falsche Akazie)
10 Schöllkraut
11 Buchsbaum
12 Gefleckter Schierling
13 Herbstzeitlose
14 Maiglöckchen
15 Frühlings-Adonisröschen

7

8

9

10

11

12

13

14

15

Wenn Pferde krank sind

Ein gesundes Pferd erkennt man an seinem glänzenden Fell, seinen wachen Augen, seinem lebhaften Ohrenspiel und seinem guten Appetit. Zeigt sich ein Pferd dagegen auffällig müde und teilnahmslos oder außergewöhnlich unruhig und lehnt es sein Futter ab, so ist es wahrscheinlich krank. Als wenig erfahrener Pferdehalter ruft man bei solchen Anzeichen am besten sofort einen Tierarzt. Ein erfahrener Pfleger kann selbst noch ein paar Untersuchungen vornehmen, damit er dem Tierarzt schon am Telefon genauere Auskünfte geben kann.

1. Sind Atmung und Puls normal?

Ein Pferd, das ruhig auf der Weide oder im Stall steht, atmet gewöhnlich 8- bis 16mal in der Minute. Man kann seine Atemzüge zählen, indem man die Bewegungen der Flanken beobachtet. Noch sicherer ist es, ihm die Hand vor die Nüstern zu halten. Man spürt dann den Luftzug, wenn es ausatmet.

Den Puls erfühlt man mit Zeige- und Mittelfinger an der Unterseite der Kinnpartie des Pferdes. Er liegt normalerweise bei 28 bis 48 Schlägen pro Minute.

Probiert das Messen von Atmung und Puls ruhig mal bei einem eurer Schulpferde aus!

2. Hat das Pferd Fieber?

Die Normaltemperatur eines erwachsenen Pferdes liegt zwischen 37,5 und 38,2 Grad Celsius. Man mißt sie mit einem gewöhnlichen, angefeuchteten oder eingefetteten Thermometer im After des Pferdes. Nicht alle Pferde lassen das allerdings gern mit sich machen. Oft hampeln sie dabei herum oder klemmen den Schweif ein. Ist es einem glücklich gelungen, das Thermometer einzuführen, so drücken sie es mitunter wieder heraus. Manchmal rutscht es auch zu tief in den Darm hinein. Um solchen Situationen vorzubeugen, versieht man das Stall-Thermometer mit einem etwa 40 cm langen Bändchen, an dessen anderem Ende man eine Wäscheklammer befestigt. Das Bändchen dient zum Zurückholen eines „im Pferd verschwundenen" Thermometers, und mit der Wäscheklammer steckt man es am Schweif fest, so daß es nicht auf den Boden fällt und kaputtgeht, wenn das Pferd es herausstößt.

3. Hat das Pferd Darmgeräusche?

Legt bei Gelegenheit mal den Kopf an den Bauch eines – ruhigen – Pferdes und horcht auf seine Darmgeräusche. Ihr werdet feststellen, daß es da drinnen ganz schön hoch hergeht! Bleiben diese Darmgeräusche aus, so ist das ein Alarmzeichen, denn dann hat das Pferd eine Kolik.

Kolik ist ein Sammelbegriff für Bauchschmerzen beim Pferd. Man erkennt sie daran, daß das Pferd unruhig ist, sich häufig nach seinem Bauch umdreht, mit den Hufen scharrt und sich immer wieder hinlegt und wälzt. Meistens lehnt es auch das Futter ab, und man sollte dann auf keinen Fall versuchen, es zum Fressen zu überreden. Grundsätzlich muß bei einer Kolik der

Mit der Hand vor den Nüstern spürt man den Luftzug, wenn das Pferd atmet.

So sieht ein Fieberthermometer für Pferde aus.

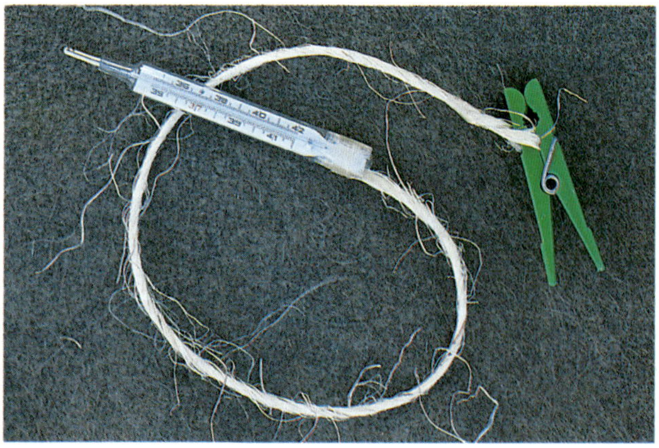

Tierarzt zugezogen werden. Bis er eintrifft, kann man dem Pferd den Bauch massieren. Auch eine Massage der Ohren kann helfen, denn da liegen die Akupunkturpunkte, deren Berührung Bauchschmerzen lindert.

Manchmal bessert sich eine Kolik, wenn das Pferd etwas herumgeführt wird, denn dadurch kommt auch der Darm in Bewegung. Auf keinen Fall darf man es aber in flottem Tempo longieren. Das belastet unnötig das Herz!

Früher sagte man, es wäre sehr gefährlich, wenn ein Kolikpferd sich hinlegte. Heute sehen die Tierärzte das nicht mehr so streng. Habt also nicht gleich Angst, wenn sich ein Koliker, den ihr herumführen sollt, einmal hinwirft und wälzt. Ihr braucht ihn nicht hektisch hochzutreiben. Eine freundliche Aufforderung genügt.

4. Hustet das Pferd?

Husten und Nasenausfluß, schweres Atmen und allgemeine Mattigkeit deuten auf eine Erkältungskrankheit oder Grippe hin. Beim Pferd ist das sehr ernst zu nehmen, und es muß unbedingt sofort vom Tierarzt behandelt werden! Pferde sind nicht „ein bißchen erkältet" wie wir. Sie können eine „verstopfte Nase" nicht einfach dadurch ausgleichen, daß sie durch den Mund atmen. Deshalb bekommen sie viel schneller Erstickungsanfälle als Menschen.

Die Lunge des Pferdes ist sehr empfindlich, und viele Pferde leben zudem unter ungünstigen Umständen. Ställe, in denen es keine frische Luft gibt, aber dafür Feuchtigkeit und Urindunst, begünstigen Lungenerkrankungen. Staubende Hallenböden und staubiges Heu

Die Nasenbremse – Tierquälerei?

Nicht alle Pferde lassen sich die Behandlung durch den Tierarzt bereitwillig gefallen. Der greift dann oft zur Nasenbremse, einem Holzstock mit einer Seilschlaufe an einem Ende, die sehr fest um die Oberlippe des Pferdes gezogen wird. Erstaunlicherweise hören die meisten Pferde sofort auf zu toben, sobald sie angebracht ist, und viele Reiter meinen, daß die Pferde jetzt vor lauter Schmerz in der Nase ruhig stehen. Tatsächlich steckt aber Akupunktur hinter der Wirkung der „Bremse". Wissenschaftler in Holland fanden heraus, daß der Druck auf die Oberlippe den Ausstoß beruhigender Stoffe im Gehirn des Pferdes auslöst.

Auch Fiebermessen will geübt sein.

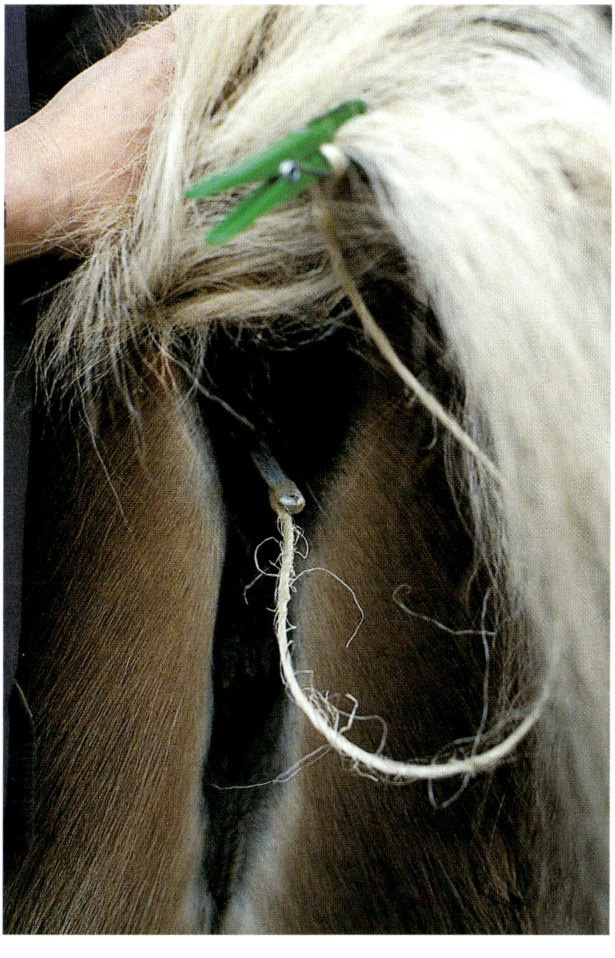

Die Nasenbremse ist keine Tierquälerei.

machen Pferde krank. Besonders für Stallpferde ist ein Virushusten deshalb lebensgefährlich. Obendrein ist er oft sehr ansteckend, und leider sind es meistens Reitschüler, die ihn übertragen, indem sie einem Pferd nach dem anderen die Nase streicheln! Besonders auf Ausstellungen oder Turnieren, wo viele fremde Pferde zusammenkommen, solltet ihr euch deshalb mit dem Streicheln und Schmusen zurückhalten.

5. Steht das Pferd ganz still und rührt sich nicht?

Wenn ein solches Verhalten während eines Rittes oder kurz danach auftritt und auch noch mit Kurzatmigkeit und Schwitzen verbunden ist, so liegt meist ein Kreuzverschlag vor. Das ist eine Muskelerkrankung, die – vereinfacht gesagt – davon kommt, daß das Pferd bei zu viel Haferfütterung zuwenig gearbeitet hat. Das Pferd darf nun auf keinen Fall bewegt werden, bis der Tierarzt kommt. Man kann ihm Erleichterung verschaffen, indem man ihm wärmende Umschläge auf den Rücken legt oder den Rücken massiert.

Ein ähnliches Krankheitsbild zeigt sich bei der Hufrehe (Huflederhautentzündung). Auch sie entsteht durch zu gute Fütterung. Die Pferde, die davon befallen werden, sind meist zu dick! Neben der Behandlung durch den Tierarzt hilft hier ein Spezialbeschlag und – das ist das Allerwichtigste – eine strenge Diät. Ein Pferd, das einmal Rehe hatte, bleibt sein Leben lang anfällig und darf nie mehr rund gefüttert werden.

6. Verletzungen

Auf der Weide oder auch beim Reiten wird sich ein Pferd mitunter verletzen. Ein paar Kratzer beim Spiel mit Artgenossen bleiben nicht aus, und auch beim Reiten kann ein Ausrutschen und Vertreten vorkommen. Nur sehr selten tut sich ein Pferd, das auf ordentlich eingezäunten Weiden gehalten und ruhig geritten wird, ernstlich weh. Verletzungsgefahr ist deshalb kein Grund, auf Ausritte zu verzichten oder dem Pferd den Weidegang zu verwehren. Auch in der Box und in der Reitbahn kann sich leicht ein Pferd verletzen!

7. Blutet das Pferd?

In jede Stallapotheke gehört ein Desinfektionsspray, das man anwen-

In schwierigen Fällen kann der Tierarzt nur durch eine Röntgenaufnahme feststellen, warum das Pferd lahmt.

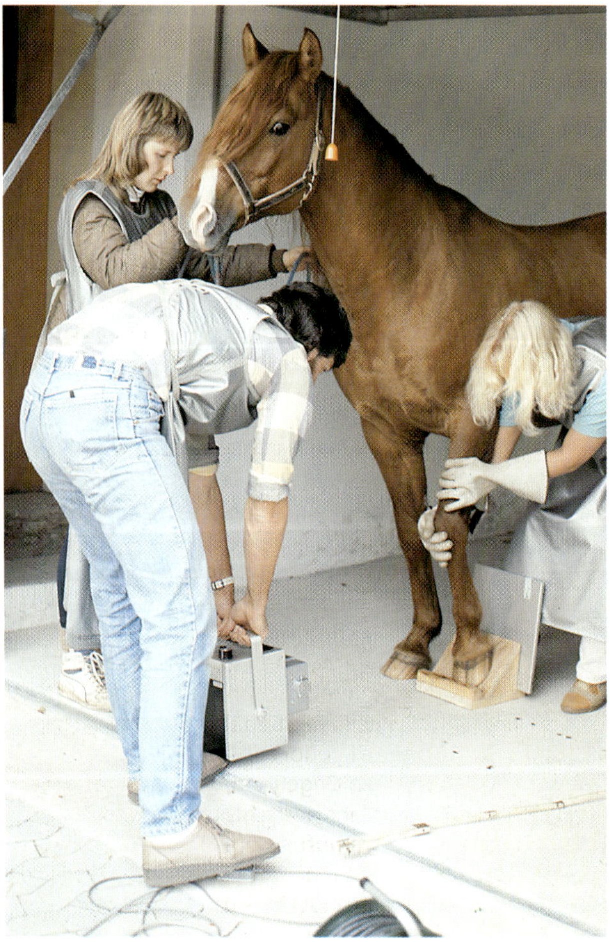

Beinekühlen bei Lahmheiten – ein guterzogenes Pferd behält den Fuß auch längere Zeit im Eimer.

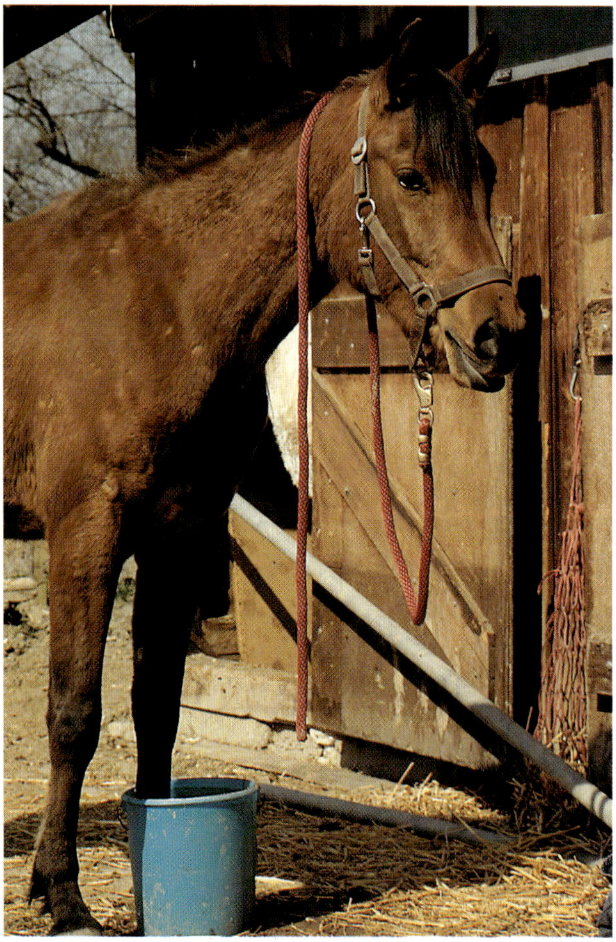

det, wenn ein Pferd eine frische, oberflächliche Wunde hat. Ältere Wunden behandelt man mit einer Wundsalbe aus der Apotheke. Liegt die Wunde an einem der Beine des Pferdes, muß man ihr besonders viel Aufmerksamkeit schenken, denn hier kommt es leicht zu einem „Einschuß", einer Unterhautentzündung. Man kann die Heilung durch feuchte Umschläge unterstützen, die mit einem leichten Desinfektionsmittel getränkt sind.

Viele Reiter erschrecken, wenn sie sehen, daß ihr Pferd sich verletzt hat und stark blutet. Sie sind dann zu keinem klaren Gedanken mehr fähig. Solltet ihr einmal in die Lage kommen, könnt ihr euch damit beruhigen, daß Pferde sehr viel mehr Blut haben als Menschen: je nach Größe 50 Liter und mehr! Auch wenn sie einen ganzen Eimer davon verlieren, macht ihnen das nicht viel aus. Ihr braucht also keine Angst zu haben, daß euer Pferd verblutet, bevor der Tierarzt kommt.
In allen Zweifelsfällen und bei verdächtigen Anzeichen ist es jedoch immer besser, sofort einen Tierarzt hinzuzuziehen, als selbst „herumzudoktern".

8. Lahmt das Pferd?

Wenn einem Pferd ein Bein weh tut, versucht es, dieses beim Laufen zu entlasten: Es „lahmt".

Der Reiter – und später der Tierarzt – muß nun zuerst herausfinden, auf welchem Bein das Tier lahmt und welche Ursache der Schmerz hat. Man läßt das Pferd dazu vortraben und achtet dabei nicht nur auf die Beine, sondern auch auf seinen Kopf oder, wenn es hinten lahmt, auf die Kruppe. Das lahmende Pferd „nickt" nämlich mit dem Kopf, d. h., es senkt den Kopf, wenn es mit dem gesunden Fuß auftritt, und hebt ihn wieder, wenn das kranke Bein an der Reihe ist. Bei Lahmheiten der Hinterhand ist an der Kruppe ein ähnliches „Wippen" zu bemerken. Um genau sagen zu können, auf welchem Fuß ein Pferd lahmt, braucht man besonders bei leichten Lahmheiten viel Erfahrung. Laßt euch also keine „Lahmheitsdiagnose" entgehen und paßt dabei auf wie ein Luchs!

Beim Herausfinden der Lahmheitsursache haben oft sogar Tierärzte große Schwierigkeiten. Wenn das Bein nicht warm oder geschwollen ist, muß man es röntgen, um die Ursache zu ermitteln.

Die meisten Lahmheiten werden durch warme oder kalte Packungen oder Einreibungen behandelt. Zum Kühlen der Beine bei einer Lahmheit oder auch einfach zur Vorbeugung nach einem langen Ritt, kann man ein Pferd in einen Eimer mit kaltem Wasser stellen. Man sollte das gelegentlich mit ihm üben, damit es im Ernstfall keine Angst davor hat.

Wenn das Mittel richtig eingegeben wird, machen die meisten Pferde keine Schwierigkeiten bei einer Wurmkur.

Vorbeugung

Vielen Pferdekrankheiten kann man vorbeugen, indem man einen Gesundheitsplan einhält. Dazu gehört grundsätzlich eine Impfung gegen Tetanus – die sollte übrigens auch jeder Reiter haben – und die Durchführung von drei bis vier Wurmkuren im Jahr. Wurmeier und Larven im Stall oder auf der Weide lassen sich nicht vermeiden, und die Parasiten können im Magen und Darm der Pferde großen Schaden anrichten. *Wurmkuren* gibt es beim Tierarzt, und es ist sehr einfach, sie zu verabreichen. Beachtet aber, daß die leeren Behälter in den Sondermüll gehören!

In Gegenden, in denen Tollwutgefahr herrscht, ist auch die Tollwutimpfung ein Muß! Weiterhin kann man die Pferde gegen Grippe und andere Viruserkrankungen impfen lassen.

Umgang mit Pferden

Sicher habt ihr schon einmal zwei Pferde gesehen, die zusammen auf einer Weide oder in einem Auslauf standen und einander genüßlich kraulten. In der Fachsprache nennt man dieses Verhalten *soziale Fellpflege*. Pferde bekunden einander damit Freundschaft und gegenseitiges Verständnis.

Wenn wir ein Pferd putzen und es spürt, daß wir das gern tun, bauen wir genau dieselbe freundschaftliche Beziehung zu ihm auf, die unter Pferden durch die soziale Fellpflege ausgedrückt wird.

Das Pferd genießt diese Behandlung. Und ganz nebenbei verrät es uns dabei einiges über seine Vorlieben und Abneigungen, was uns später beim Reiten nützlich sein kann. So erfahren wir, ob es hautempfindlich oder kitzelig ist, wir stellen fest, ob es schreckhaft ist, ob es Vertrauen zu Menschen hat oder sich vor ihnen fürchtet.

Bevor ihr ein Pferd reitet, solltet ihr es also putzen, selbst dann, wenn es eigentlich noch ganz sauber aussieht. Insbesondere bevor man ein Pferd zum ersten Mal reitet, lohnt es sich, diese Gelegenheit zur freundschaftlichen Kontaktaufnahme wahrzunehmen. Sprüche wie: „Ich reite lieber, als daß ich putze" verraten Unkenntnis und mangelndes Interesse am Pferd als Lebewesen und Partner.

Das Putzen hilft beim Kennenlernen, säubert natürlich das Pferd und wirkt auch wie eine Massage. Es lockert und wärmt die Muskeln von Pferd und Reiter vor dem Reiten. Außerdem gibt es dem Pferd Zeit, sich auch seelisch auf die Reitstunde einzustellen.

In diesem Kapitel erfahrt ihr, was man zum richtigen Putzen braucht und wie man es so macht, daß beide, Pferd und Reiter, sich dabei wohl fühlen. Und damit das Pferd beim Putzen nicht spazierengeht, sondern ruhig steht, legt ihr ihm ein Halfter um und bindet es an.

„Soziale Fellpflege" nennt man dieses genüßliche Einanderkraulen .

Vor dem Putzen

Aufhalftern

Wer ein Pferd zum Putzen und Aufsatteln aus dem Stall oder von der Weide holt, zieht ihm ein Stallhalfter über. Man sollte es auch dann aufhalftern und anbinden, wenn man es in der Box putzt, denn es soll sich gar nicht erst angewöhnen, herumzuzappeln, wenn ein Mensch sich mit ihm beschäftigt. Wenig Sinn hat es dagegen, dem Pferd das Stallhalfter ständig am Kopf zu lassen. Pferde, die mit Stallhalfter in der Box oder auf der Weide stehen, können sich damit leicht irgendwo verfangen und verletzen.

Stallhalfter gibt es aus Nylon und aus Leder. Sie bestehen aus einem Nasenteil, einem Nackenteil und einem Kehlriemen. Da sich alle diese Teile ziemlich ähneln, solltet ihr sie euch jedesmal genau ansehen, bevor ihr loszieht, um das Pferd aufzuhalftern. Insbesondere solltet ihr euch dabei vergewissern, ob das Modell, das ihr gerade in der Hand haltet, mit Hilfe einer Schnalle am Nackenriemen oder eines Karabinerhakens am Kehlriemen geschlossen wird.

Zum Aufhalftern nähert ihr euch dem Pferd grundsätzlich von vorn, denn wenn ihr von hinten kommt, kann euch das Pferd zwar sehen, aber nicht sicher als harmlos erkennen. Wenn es euch auf diese Weise mit einem Wolf verwechselt, läuft

Stallhalfter mit Schnalle am Nackenteil:
1 Strick 2 Panikhaken 3 Kehlriemen
4 Nackenteil 5 Nasenteil

Zum Aufhalftern legt Petra der Stute Memory das Halfter erst über die Nase ...

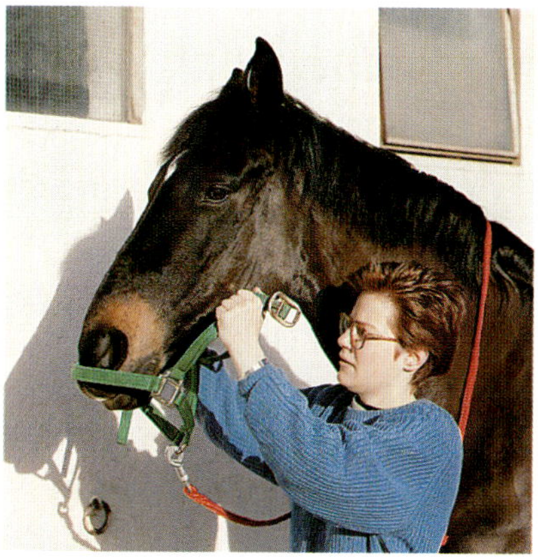

... zieht es hoch ...

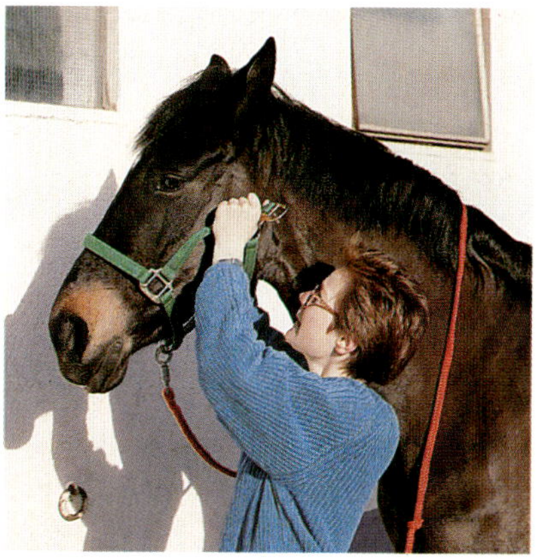

... und schließt die Schnalle.

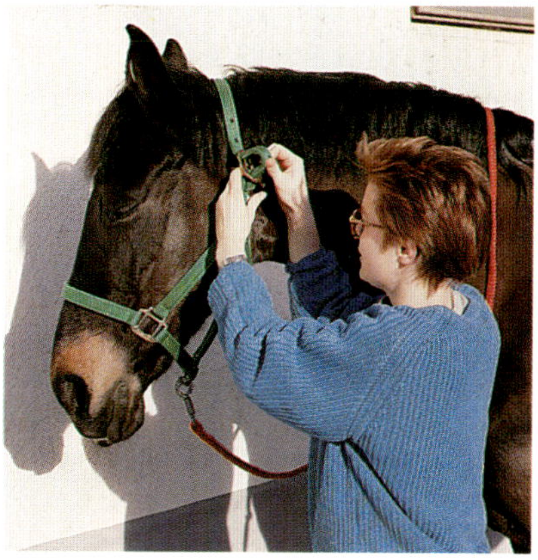

es bestenfalls weg – schlimmstenfalls tritt es aus!

Wenn ihr zu einem Pferd in die Box geht, und es euch das Hinterteil zuwendet, ruft ihr es an, bevor ihr euch nähert. In den meisten Fällen wird es sich dann umdrehen oder euch wenigstens den Kopf zuwenden und die Ohren spitzen. Tut es das nach mehrmaligem, auch etwas lauterem Ansprechen nicht oder legt es sogar die Ohren an, scheut euch nicht, bittet einen erfahreneren Reiter um Hilfe!

Zum Aufhalftern stellt man sich neben den Hals nahe am Kopf des Pferdes und umfaßt seine Nase mit dem rechten Arm. Die rechte Hand legt man ihm auf den Nasenrücken. Mit der linken schiebt man den Nasenriemen des Halfters über den Nasenrücken. Trägen Weidepferden, die lieber weitergrasen wollen, statt zu arbeiten, muß man den Kopf dazu hochdrücken, was meist kein großes Problem darstellt. Schwieriger wird es, wenn sich ein sehr großes Pferd entschließt, den Kopf nicht herunterzunehmen. Da man es dazu nicht zwingen kann, lockt man es am besten mit einem Leckerbissen herunter. Man kann sich auch am Hals entlang nach oben kraulen und versuchen, das Pferd auf diese Art zu überreden. Mit Geduld klappt das fast immer, mit Schimpfen eigentlich nie, denn warum sollte ein Pferd einem so unfreundlichen Menschen seine Freiheit opfern?

Ist der Nasenriemen erst einmal übergestreift, lassen die meisten Pferde ruhig zu, daß man ihnen das Nackenstück über die Ohren zieht. Wenn nichts verdreht ist, könnt ihr das Halfter nun schließen. Falls es am Nackenstück zu verschnallen ist, bitte das Schnallenloch so wählen, daß der Nasenriemen auf dem harten Teil der Nase sitzt (mindestens vier Finger breit oberhalb der Nüstern).

Führen am Stallhalfter

Oft müßt ihr ein Pferd zum Putzen aus der Box oder von der Weide holen und es am Stallhalfter zum Anbindeplatz führen. Dazu befestigt man zunächst einen Strick am Ring unterhalb des Kinns des Pferdes. Diesen faßt man mit der rechten Hand etwa eine Handbreit unter

Lauf doch nicht immer weg!

Manche Pferde, die sich auf der Weide nicht fangen lassen, finden einfach Spaß daran, Menschen ein wenig zu foppen. Wenn man das weiß, kann man darauf eingehen und sie ein paar Minuten jagen. Dabei darf man aber – das ist eine Grundregel beim Einfangen von Pferden – nie hinter ihnen herrennen, sondern muß immer langsam gehen. Hilft das nicht oder hat man es eilig, so fängt man einfach die anderen Pferde ein, die mit dem Spaßvogel auf einer Weide stehen und verteilt etwas Futter an sie. Garantiert wird sich der Witzbold auch bald einstellen, um seinen Anteil abzuholen!

Andere Pferde versuchen, sich durch Weglaufen vor der Arbeit zu drücken. Auch sie lassen sich in den meisten Fällen mit Hilfe einer Futterschüssel umstimmen. Im übrigen halten sie eine Jagd in der Regel nur so lange durch, wie das Weglaufen nicht in Anstrengung ausartet. Im Umgang mit diesen Faulpelzen darf man nur niemals nachgeben. Erreichen sie einmal ihr Ziel und dürfen auf der Weide bleiben, so werden sie es immer wieder versuchen!

Wirklich schwierige Fälle sind jedoch Pferde, die vor Menschen fliehen, weil sie sich ehrlich vor ihnen fürchten. Man erkennt sie verhältnismäßig leicht an ihrem panischen Blick, ihren „Angstaugen“. Auch ihre Körperhaltung ist eine andere als bei den Spaßmachern und Faulpelzen. Am besten hilft man diesen Pferden, indem man so lange darauf verzichtet, sie zu reiten, bis sie wieder Vertrauen zum Menschen gefaßt haben. Man fängt sie aber trotzdem regelmäßig ein, denn letztlich kann man sie nur durch Füttern und Anfassen davon überzeugen, daß man es gut mit ihnen meint. Beim Einfangen muß man versuchen, sie sowenig wie möglich zu erschrecken. Am besten sind ein paar ruhige Helfer, mit denen zusammen man sie in eine Ecke treibt. Hat man sie eingefangen, streichelt, krault und füttert man sie. Anschließend läßt man sie sofort wieder laufen. Wenn man das lange genug wiederholt, werden die meisten Pferde zahm. Die Leitung einer solchen Aktion sollte aber unbedingt in den Händen eines erfahrenen Pferdemenschen liegen, denn nur der kann beurteilen, wann die Reaktion des verängstigten Pferdes für Mensch und Tier gefährlich wird.

Zum Einfangen treibt man das Pferd am besten in eine Ecke.

dem Pferdekopf. Das andere Ende des Strickes nimmt man in die linke Hand. Dazu legt man es in Schlaufen, schlingt es aber nie um die Hand, denn ein Pferd, das wegspringt, weil es z.B. vor etwas scheut, kann einem leicht die Finger abreißen! In die linke Hand gehört auch die Gerte, wenn man z.B. mit einem jungen Pferd einen längeren Spaziergang machen will.

Anbinden

In der Regel wird ein Pferd angebunden, damit es nicht herumwandert, während wir es pflegen oder satteln. Auf Ausritten oder Turnieren macht man es auch fest, um sich eine Zeitlang von ihm entfernen zu können. Dazu muß es allerdings an fremde Umgebung gewöhnt sein. Wer nicht sicher ist, ob sein Pferd oder Pony ruhig bleibt und die Pause zum Ausruhen nutzt, sollte es nicht allein lassen.

Bevor man ein Pferd anbindet, schaut man nach, ob der Anbindeplatz sicher ist. Plätze, die es einem Pferd ermöglichen, bei Seitensprüngen in einem Gulli zu landen oder sich an einem landwirtschaftlichen Gerät zu verletzen, sind ebenso zu meiden wie Anbindestangen, die einem ziehenden Pferd nicht stand-

▲ *So führt man ein Pferd richtig, wenn es ein Stallhalfter trägt.*

▲ *Dieses Pferd ist mit einem Sicherheitsknoten und dem Panikhaken gut angebunden.*

halten. Auf keinen Fall darf ein Pferd an einen beweglichen Gegenstand gebunden werden!

In den meisten Reitställen gibt es pferdesichere Anbinderinge, die z. B. fest in die Wände eingelassen sind. Gerade dadurch kann jedoch wieder Gefahr drohen, denn wenn ein Pferd scheut, zu zerren beginnt und nicht loskommt, kann es hinfallen und sich verletzen. Um dies zu verhindern, sind die meisten Anbindestricke mit einem „Panikhaken" versehen, der sich im Notfall öffnet. Außerdem sollte man ein Pferd immer mit einem Sicherheitsknoten anbinden, den man mit einem Handgriff lösen kann.

Wenn ein Pferd zu kurz angebunden wird, neigt es zu Panik, und wenn man es zu lang anbindet, kann es sich mit einem Fuß im Strick verheddern. Ideal ist eine Länge von ca. 60 cm zwischen Halfter und Anbinder.

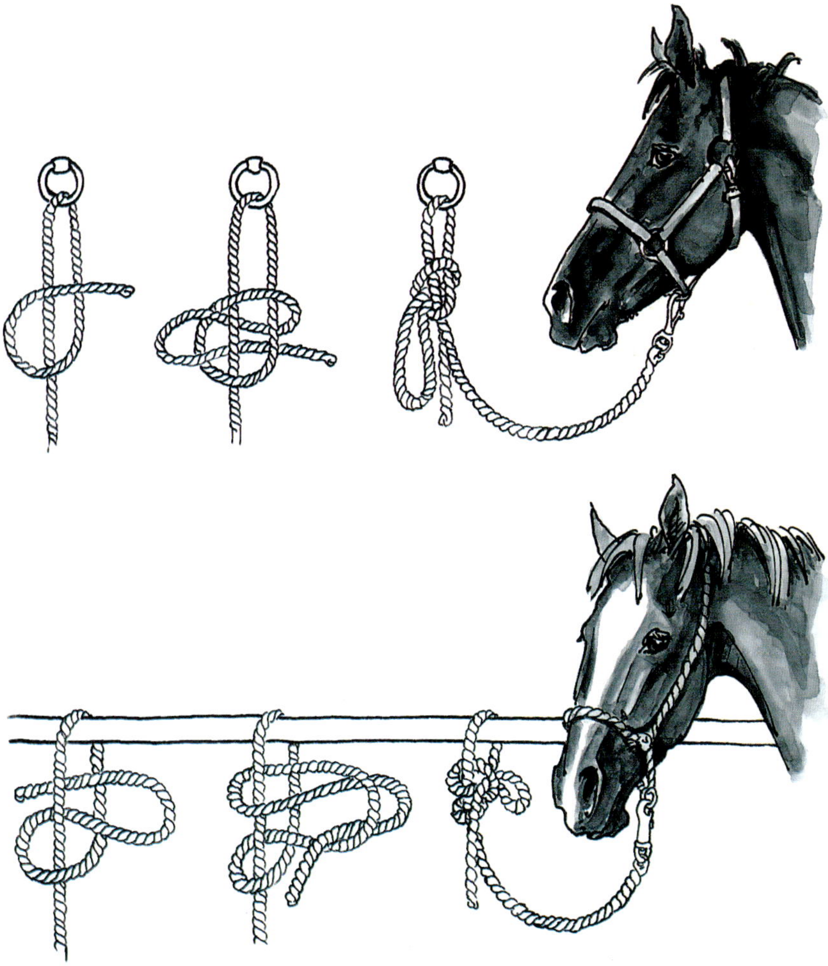

Sicherheitsknoten: Zwei Möglichkeiten, ein Pferd richtig anzubinden

Sauberkeit und Wohlbefinden

Wie gründlich und mit welchen Putzgeräten man ein Pferd säubert, hängt von der Art seiner Haltung und von der Jahreszeit ab. Im Sommer zum Beispiel haben Pferde ein kürzeres Fell als im Winter und mögen es nicht, mit einer harten Bürste bearbeitet zu werden. Im Winter dagegen lieben sie diese Behandlung. Ein Pferd, das im Offenstall steht, braucht nicht so oft und so gründlich geputzt zu werden wie eines, das man in einer Box hält. Denn erstens braucht es ein bißchen Staub und Fett im Fell als Schutz gegen Regen, und zweitens hat es meistens einen oder mehrere Artgenossen bei sich, die es kraulen, wenn das Fell juckt. Das Stallpferd dagegen ist auf den Menschen als Pfleger angewiesen. Es freut sich, wenn man sich ausgiebig mit ihm beschäftigt! Und da es nicht naß wird und nicht in der Kälte steht, beeinträchtigt ein kurzes und blitzsauberes Fell sein Wohlbefinden nicht.

Auf den Fotos der Seite 51 seht ihr alle möglichen Putzgeräte, die bei der Pflege nützlich sind. Übrigens: Wenn ihr euer Putzzeug regelmäßig bei verschiedenen Pferden benutzt, solltet ihr es mindestens zweimal jährlich auswaschen und desinfizieren! In vielen Reitställen mag man es nicht, wenn ihr eigenes Putzzeug mitbringt. Das hat seinen Sinn, denn durch Putzzeug können Pilze und Bakterien übertragen werden. Es spricht für einen Reitstall, wenn sich Besitzer und Reitlehrer darüber Gedanken machen!

So putzt man richtig

Der erste Putzdurchgang ist das Striegeln. Dazu nehmt ihr den Striegel in die Hand und massiert das Pferd kräftig mit kreisenden Bewegungen. Im Striegel sammelt sich dabei Staub an, den ihr ab und zu auf der Stallgasse abklopfen müßt.

Ihr beginnt mit dem Striegeln am Hals des Pferdes und arbeitet euch dann langsam nach hinten. Das Pferd sollte dabei ruhig stehen und

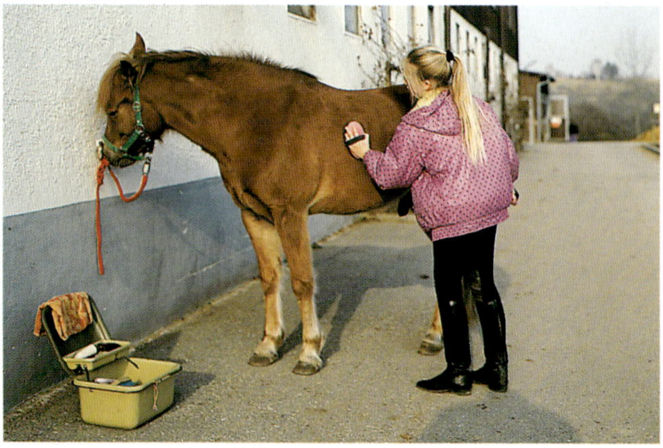

Beim Putzen wird zuerst mit einem Striegel der grobe Schmutz und Staub aus dem Fell geholt und das Pferd mit kreisenden Bewegungen massiert.

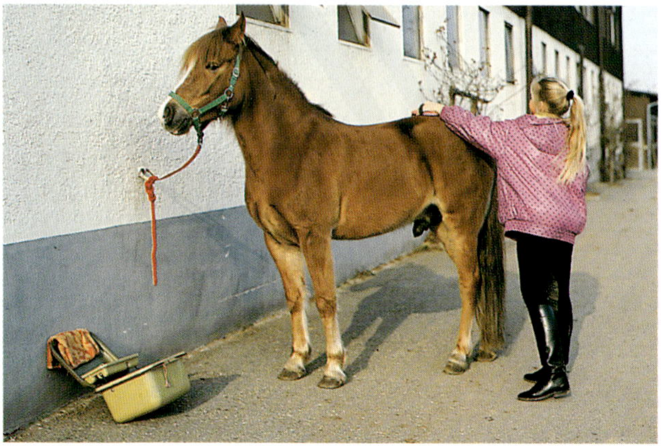

Dann bürstet man mit der Kardätsche den Staub aus dem Fell. Amigo hebt den Kopf und horcht nach hinten.

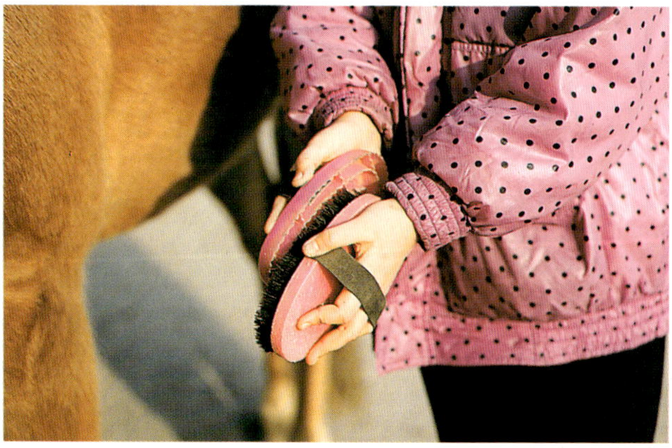

Die Kardätsche wird am Striegel abgestrichen.

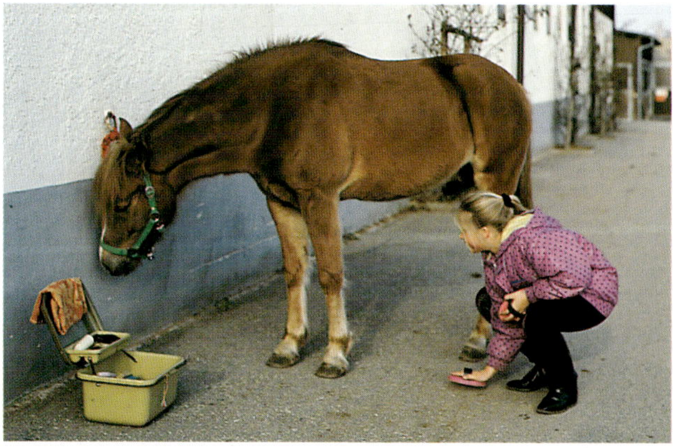

Den Striegel klopft man ab und zu auf dem Boden aus.

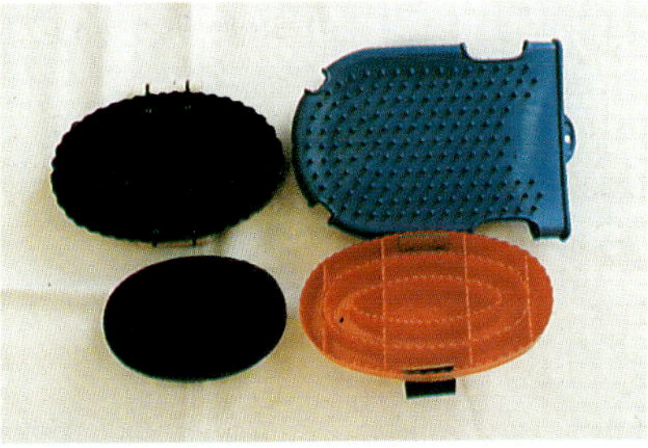

Der Striegel

Striegel aus Metall, Gummi oder Kunststoff, oben rechts in Handschuhform, massieren die Haut und befreien das Fell vom gröbsten Schmutz. Außerdem streift man am Striegel den Staub von der Kardätsche ab, wenn man das Pferd bürstet.

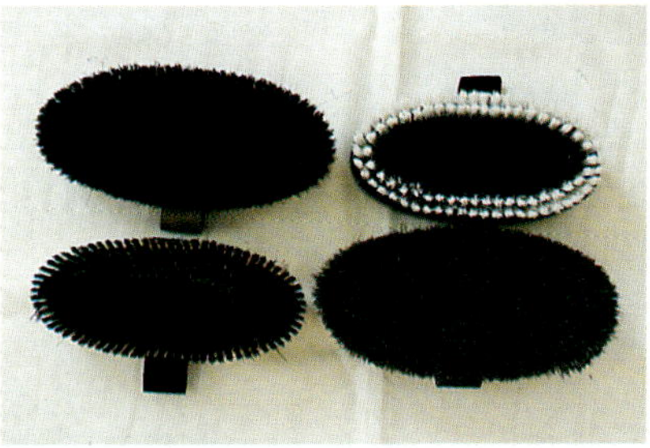

Die Kardätsche

Sie dient dazu, den Staub aus dem Fell des Pferdes zu bürsten und es zum Glänzen zu bringen. Es gibt harte und weiche, feine und grobe Kardätschen. Welche man wählt, richtet sich nach Empfindlichkeit und Fellstruktur des Pferdes.

Die Wurzelbürste

Wurzelbürsten braucht man hauptsächlich zur Reinigung des Hufes, den man manchmal richtig scheuern muß, bevor man ihn einfettet oder teert. Bei Pferden mit grober Fellstruktur benutzt man sie auch oft anstelle von Mähnenkämmen und Kardätschen.

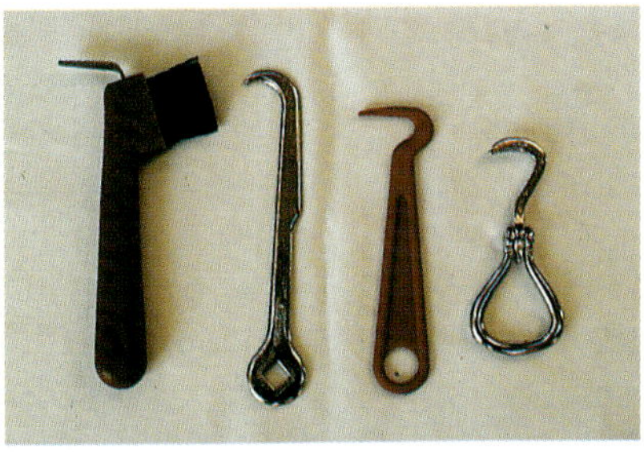

Der Hufkratzer

Es gibt verschiedene Modelle, und ihr könnt ausprobieren, welches euch am besten in der Hand liegt. Grundsätzlich solltet ihr einen Hufkratzer aus Metall wählen. Die Kunststoffmodelle sind zu leicht, entfernen den Schmutz nur unter größter Kraftanstrengung und brechen obendrein spätestens beim ersten Frost ab. Wenig durchdacht sind auch Hufkratzer-Mähnenkamm-Kombinationen. Wer will schließlich seinem Pferd den Mist, den er gerade erst aus den Hufen gekratzt hat, in die Mähne schmieren? Sinnvoller ist da schon das Hufkratzermodell mit der kleinen Hufbürste am anderen Ende.

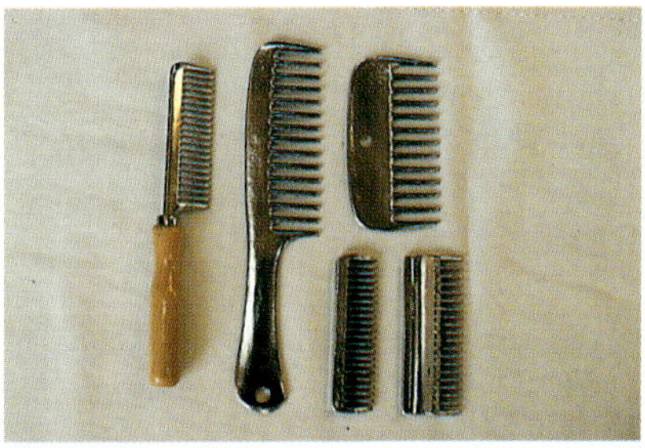

Der Mähnenkamm

Er dient bei Pferden mit empfindlichem Haar, das leicht ausgeht, zur täglichen Mähnenpflege. Zum Einflechten der Mähne vor besonderen Anlässen und auch zum „Verziehen" der Mähne nimmt man feinere Kämme, und wenn man kein besonders empfindliches Pferd hat, kann man im Grunde auch für jeden Tag zu einem feineren Kamm oder einer Wurzelbürste greifen.

Schwämme

Um ein Pferd gründlich zu putzen, braucht man einen Schwamm zum Auswischen der Augenwinkel und Nüstern und einen anderen für die Gegend unter dem Schweif, also After und Geschlechtsorgane.

Neben diesen wichtigsten Putzgeräten gibt es noch verschiedene andere, z.B. Massagehandschuhe oder -pilze, Striegel-Bürsten-Kombinationen, Putztücher u.s.w. Ob ihr so etwas braucht, müßt ihr selbst entscheiden. Erfahrungsgemäß schwört der eine auf dies, der andere auf jenes. Um das Pferd sauber zu bekommen, reichen die abgebildeten Gegenstände aber in aller Regel aus.

die Massage genießen. Tut es das nicht, sondern hampelt nervös herum, ist es in der Regel kitzelig. Dann müßt ihr beim Massieren fester zudrücken oder einen härteren Striegel verwenden. Wenn das Pferd eine besonders empfindliche Haut hat, hilft ein weicherer Striegel, z. B. ein besonders kleiner Gummistriegel. Und wenn das Pferd nicht sehr schmutzig ist, könnt ihr auch gleich zur Bürste greifen, ebenso für die Beine.

Nur bei sehr unempfindlichen Pferden, z. B. bei Ponies im Winterfell, solltet ihr übrigens einen Metallstriegel einsetzen. In der Regel genügt die Behandlung mit dem Gummistriegel vollkommen, um den Schmutz abzureiben und das Pferd warmzumassieren. Der „Finnenstriegel" oder „Nadelstriegel" aus Kunststoff, der inzwischen in den verrücktesten Farben auf dem Markt ist, erzielt zusätzlich einen Bürsteneffekt und kann auch mal als Mähnenbürste verwendet werden, wenn man ein Pferd mit viel und kräftigem Behang hat. Viele hautempfindliche Pferde mögen den Nadelstriegel besonders gern und stehen gleich ruhiger, wenn man ihn einsetzt.

Was ganz sicher nicht hilft, wenn das Pferd beim Putzen irgendwelchen Unwillen zeigt, ist Anschreien oder Schlagen. Meist erregt es die Pferde nur noch mehr, wenn ihr Pfleger ungeduldig und zornig wird. Aber selbst wenn das Pferd auf den Tadel reagiert und ruhig steht, hat man nichts gewonnen, denn es bleibt ängstlich und verspannt. Von gemeinsamer Freude am Putzen kann dann nicht mehr die Rede sein. Besser ist es, herauszufinden, was das Pferd beim Putzen nicht mag. Bei nervösen Pferden helfen oft auch beruhigende Worte.

Ebenso wie ihren Unwillen, können Pferde aber auch ihren Spaß am Putzen deutlich zeigen. Bei vielen wird die Oberlippe immer länger, wenn sie das Striegeln genießen. Oft zeigen sie einem die Stellen, an denen es juckt, indem sie sich selbst dort kratzen. Beide Verhaltensweisen gehören in den Bereich der sozialen Fellpflege, und man sollte auf keinen Fall böse reagieren, wenn das Pferd versucht, die Streicheleinheiten zurückzugeben und einen seinerseits zu kraulen. Weist es in diesem Fall aber freundlich ab, bevor es auf die Idee kommt, die Zähne zu Hilfe zu nehmen.

Wenn ihr beide Seiten des Pferdes mit dem Striegel massiert habt, greift ihr zur Kardätsche, um den Staub aus dem Fell zu bürsten. Ihr nehmt sie in die rechte Hand und den Striegel in die linke und bürstet das Fell mit dem Strich, also in der Richtung, in der die Haare liegen, bis es glänzt. Nach ein oder zwei Bürstenstrichen streift ihr den Staub am Striegel ab. Die Bewegungen des Bürstens und Abstreichens gehen dabei ineinander über. Wenn der Striegel sehr staubig ist, wird er wieder auf dem Boden ausgeklopft. Putzt ihr euer Pferd auf der Stallgasse, so bildet der Staub ein Striegelmuster auf dem Boden. Viele Leute, die früher mit Pferden zu tun hatten, werden euch erzählen, daß z.B. beim Militär ein Pferd erst dann als sauber galt, wenn man 50 solcher Abdrücke auf der Stallgasse nachweisen konnte. Außerdem fuhren die Vorgesetzten damals angeblich mit einem weißen Handschuh über das geputzte Pferd, und wenn sich darauf auch nur ein Stäubchen zeigte, mußte man noch mal anfangen. Ich weiß nicht, ob das wirklich so gehandhabt wurde, aber wenn, dann war es sinnlose Schikane.

Vorsicht beim Mähnekämmen, damit keine Haare herausgerissen werden!

Selbst Stallpferde brauchen etwas Staub und Fett im Haar, um sich wohlzufühlen und Wärme und Kälte ausgleichen zu können. Putzt eure Pferde also immer nur soweit, daß ihr Fell nirgendwo verklebt bleibt und daß es sauber aussieht und glänzt. Wenn ihr dabei mit ihnen redet und euch auf sie konzentriert, habt ihr sowieso keine Zeit, Striegelabdrücke zu zählen!

Nach dem Fell des Pferdes werden Mähne und Schweif gebürstet oder gekämmt. Die meisten Pferde lassen sich das ruhig gefallen, zumindest so lange, bis es ihnen an den Stirnschopf geht. Um den zu glätten, muß man nämlich an ihren Kopf heran, und da sind viele Pferde äußerst empfindlich, „kopfscheu", wie man in der Fachsprache sagt. Kopfscheuheit ensteht, wie die meisten Untugenden von Pferden, durch falsche Behandlung in ihrer Jugend. Immer wieder erlebt man es, daß Pferde, sogar schon kleine

Pferde, die Vertrauen zu ihren Menschen haben, mögen es, am Kopf gekrault und gebürstet zu werden.

Die Nüstern werden vorsichtig mit einem Schwamm ausgewischt.

Fohlen, ins Gesicht geschlagen werden, um sie für eine Kleinigkeit zu bestrafen. Solche Pferde entwickeln später große Angst, sobald sich eine Menschenhand ihrem Gesicht nähert, und die meisten verlieren sie niemals ganz.

Wenn ihr ein Pferd putzen wollt, das solche Ängste zeigt, solltet ihr zunächst einmal all eure Geduld zusammennehmen, denn mit Zorn erreicht man gar nichts. Es ist auch vergebene Mühe, zu versuchen, den Pferdekopf am Halfter herunterzuziehen. Das Pferd hat erstens viel mehr Kraft als ihr und reagiert außerdem auf den Druck im Nacken fast immer mit Panik, denn so hat es bisher jeder versucht, und damit hat es nur schlechte Erfahrungen gemacht. Besser ist es, die Bürste wegzulegen und zu beginnen, das Pferd zu streicheln. Fangt am Hals an und arbeitet euch nach oben zwischen die Ohren. Versucht, ein Ohr zu fassen und es zu kraulen. Fast alle Pferde mögen das. (Falls ihr euch für Akupunktur oder Akupressur interessiert: An der Ohrenspitze liegt – beim Pferd wie beim Menschen und wahrscheinlich auch beim Elefanten und bei der Maus – ein Punkt, dessen Massage die Nerven beruhigt. Ihr könnt das vor der nächsten Mathearbeit ruhig mal an euch selbst probieren!)

Streichelt dann über die Augen und über die Nase des Pferdes, und vergeßt nicht, pausenlos freundlich mit ihm zu reden! Vielleicht läßt es dann auch zu, daß ihr ihm den Kopf bürstet. Nicht immer klappt diese Methode, beim ersten Versuch eigentlich nie, aber wer Geduld hat, erzielt dabei manchmal ganz erstaunliche Wirkung.

Probiert es also ruhig aus, am besten zuerst an einem nicht kopfscheuen Pferd, das euch durch wohliges Kopfsenken und Augenschließen zeigt, an welchen Punkten ein Pferd das Streicheln am liebsten hat. Zuletzt werden die Augenwinkel und Nüstern des Pferdes mit einem sauberen Schwamm ausgewischt.

Hufe auskratzen

Ein weiterer Problempunkt beim Putzen ist oft das Hufeauskratzen. Viele Schulpferde geben nur dann die Hufe, wenn man sie energisch darum bittet, und lassen zaghafte Reitschüler, die entsprechende Aufforderung flüstern, warten, bis sie schwarz werden. Laßt euch von ihnen nicht bangemachen, sondern stellt euch beherzt mit dem Rücken zum Pferdekopf neben ein Vorderbein. Mit der dem Pferd zugewandten Hand greift ihr an die Fessel. Wenn ihr nicht sicher sein könnt, daß das Pferd nicht schlägt, ist es besser, ihr laßt die Hand am Bein des Pferdes bis zur Fessel hinabgleiten – und sagt deutlich und auffordernd: „Fuß!" oder „Huf!" Gibt das Pferd das Bein dann nicht her, so wiederholt ihr den Vorgang und lehnt euch dabei gegen die Schulter des Pferdes. Fast immer verlagert es daraufhin sein Gewicht auf die anderen Beine und läßt euch den Huf heben, den ihr dann mit dem Hufkratzer reinigt, indem ihr Mist und Schmutz entfernt, der sich zwischen Strahl und Eisen festgesetzt hat.

Bei den Hinterbeinen geht es ähnlich. Ihr steht dicht neben der Kruppe, streichelt am Bein entlang bis zur Fessel und zieht das Bein dann nach hinten heraus. Ihr könnt es während der Hufpflege mit eurem Knie stützen. Auch bei den Hinterhufen hilft übrigens der Trick mit dem Anlehnen. Pferde mögen Tuchfühlung mit Menschen, die Sicherheit ausstrahlen. Ängstlichen und zaghaften Pflegern vertrauen sie ihren wertvollen Huf dagegen ungern an!

Aber bei allem Vertrauen zum Pferd: Gewöhnt euch an, beim Hufereinigen immer neben, nie hinter ihm zu stehen, damit es euch nicht mit dem Huf treffen kann, wenn es ihn wegreißt, damit zuckt oder gar ausschlägt. Pferde, die nach ihren Pflegern schlagen, sind natürlich keine geeigneten Putzobjekte für Anfänger. Wenn ihr Bedenken habt, daß euer Pferd das tun könnte, ruft besser einen erfahrenen Pferdemenschen zur Hilfe!

Mit dem Hufkratzer wird der Strahl gesäubert. ▶

Mit der kleinen Bürste wird der Huf von Mist und Schmutz gereinigt. ▶

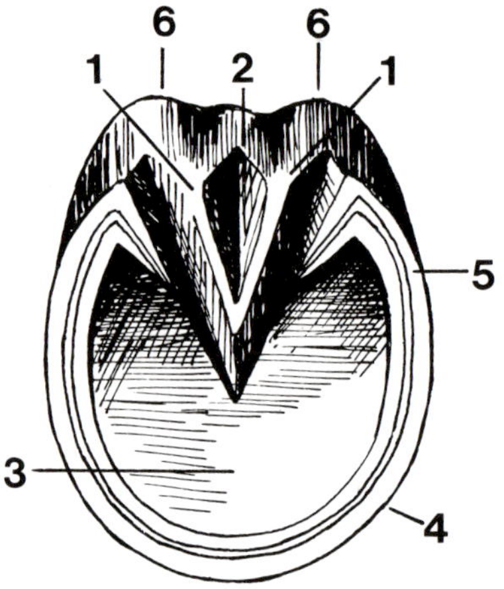

◀ *So sieht ein Huf von unten aus:*
1 Strahlfurchen
2 Strahl
3 Hufsohle
4 Tragrand
5 weiße Linie
6 Hufballen

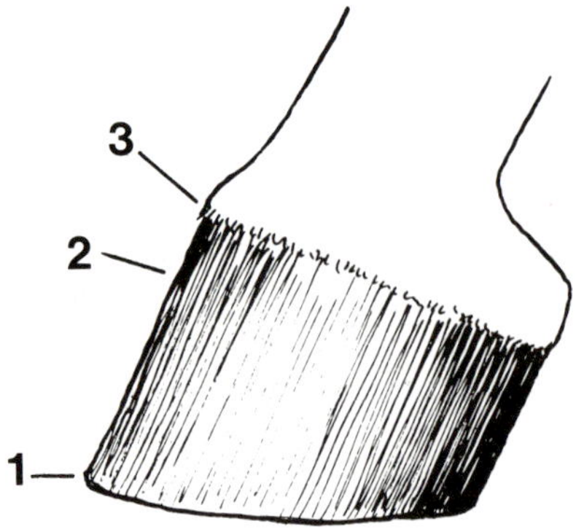

So sieht ein Huf von der Seite aus: ▶
1 Tragrand
2 Hufwand
3 Kronrand

Ein Pferd, das regelmäßig im Gelände geritten wird, braucht alle sechs bis acht Wochen einen neuen Hufbeschlag. Hufeisen sind notwendig, um den Huf zu schützen, denn das Hufhorn nutzt sich beim Reiten auf harten Wegen schneller ab, als es nachwachsen kann. Nur wenn man dauernd auf weichem Grund reitet, kann man auf einen Beschlag verzichten, aber in unserer von Asphaltstraßen durchzogenen Umwelt gibt es kaum noch Gegenden, in denen das möglich ist.

Pflege nach dem Reiten

Auch nach der Reitstunde solltet ihr eurem Pferd die Hufe auskratzen und Augen und Nüstern auswischen. Einfacher als das berühmte Abreiben mit Stroh, das in manchen Reitställen schon am Fehlen einer sauberen Einstreu scheitert, wäre es, wenn das Pferd sich in der Halle, auf einem Sandplatz oder einer Wiese wälzen dürfte. Leider ist das in den meisten Ställen nicht üblich, was von den Pferden als sehr unangenehm empfunden wird. Sie wünschen sich nämlich nach der schweißtreibenden Arbeit nichts mehr als ein Staubbad!

Im Sommer ist es sinnvoll, das Pferd nach dem Reiten mit Wasser abzuspritzen oder abzuwaschen. Im Winter sollte es eingedeckt werden, wenn es geschwitzt hat, damit es nicht friert. Am besten fragt ihr euren Reitlehrer oder eure Reitlehrerin danach, was in eurem Reitstall üblich ist. Aber auch wenn er oder sie meinen sollte, das Pferd brauchte gar keine Nachbehandlung: Es wird eine kleine Massage mit dem Finnenstriegel oder einem Strohwisch und vor allem ein Auswischen von Augen und Nüstern mit einem sauberen Schwamm genießen! Denkt mal daran, wieviel Hallenstaub ihr im Taschentuch wiederfindet, wenn ihr euch nach der Reitstunde die Nase putzt! Das Pferd atmet noch mehr davon ein und ist dankbar, wenn ihr es vorsichtig davon befreit.

Pferde wälzen sich nach dem Reiten gern auf einer Wiese oder im Sand.

An heißen Tagen genießen es die meisten Pferde, nach der Arbeit abgespritzt zu werden.

Ab und zu kann der Schweif mit einem Spezialshampoo ausgewaschen werden.

So sieht ein Schweißmesser aus, mit dem das Wasser nach einem Bad aus dem Fell gestrichen wird.

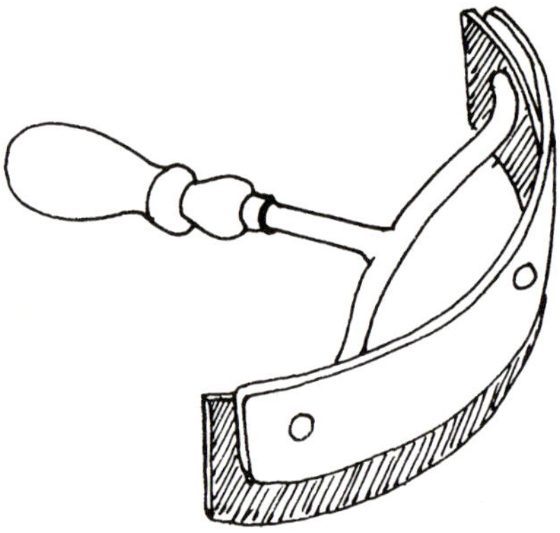

Zusätzliche Pflege

Neben dem täglichen Putzen und dem Putzen vor der Reitstunde kann man das Pferd gelegentlich länger pflegen. Je einmal im Frühjahr und Herbst, manchmal auch vor Schauen und Turnieren, kann man es z. B. waschen. Man nimmt dazu ein Spezialshampoo für Pferde, denn normales Haarshampoo entzieht dem Fell zuviel Fett.

Nach dem Bad wird das Wasser mit der Hand oder einem besonderen Gerät, dem *Schweißmesser*, aus dem Fell gestrichen. Laßt das Pferd auf keinen Fall los, bevor es ganz trocken ist, denn es teilt unsere Begeisterung über den frischen Duft in seinem Haar leider gar nicht und brennt darauf, sich jetzt im dicksten Dreck zu wälzen! Wenn es das tut, nachdem es getrocknet ist, kann man Staub und Sand später leicht wieder aus dem Fell bürsten, aber Dreck, der ins noch feuchte Fell gerieben wurde, sitzt fest!

Vor den meisten Turnieren wird den Pferden die Mähne eingeflochten, ein Verfahren, über dessen Schönheitswert sich streiten läßt, dessen Verfechter aber steif und fest behaupten, daß beim eingeflochtenen Pferd die Halslinie besser zur Geltung käme. Außerdem habe der Reiter einen sichereren Griff am Zügel, wenn ihm keine Mähnenhaare mit in die Hand kämen. Leider schädigt das Einflechten die Haarstruktur des Pferdes. Das Haar wird

Zu Turnieren wird die Mähne oft eingeflochten.

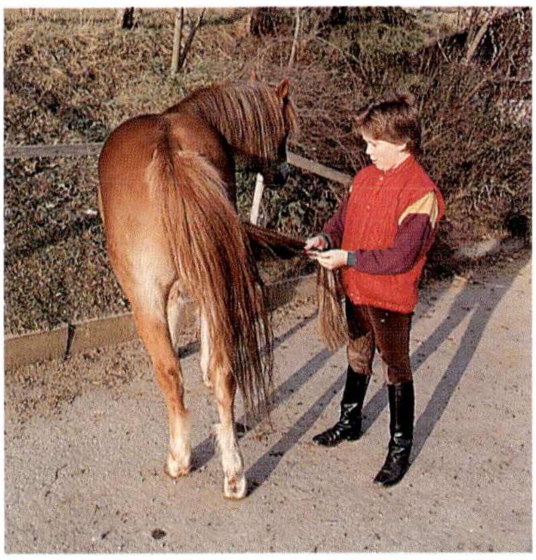

Bei einem Pferd mit feinem Langhaar sollte der Schweif nicht gebürstet, sondern sorgfältig verlesen werden.

Hufwand und Hufunterseite können gelegentlich mit Huffett eingepinselt werden.

brüchig und dünnt in den Spitzen aus. Wer sowieso eine Kurzhaarfrisur für seine Pferde bevorzugt und deshalb die Spitzen regelmäßig kürzt, dem kann das egal sein. Wer Pferde mit langer, wehender Mähne vorzieht, sollte so selten wie möglich einflechten, obwohl gerade dann die schönsten Flechtfrisuren möglich werden. Pferdemähnen werden übrigens nur in Ausnahmefällen geschnitten. In der Regel verzieht man sie, d. h., man reißt die Haare in der gewünschten Länge ab. Wenn der Pfleger das sachkundig erledigt, tut es nicht weh und sieht natürlicher aus als das mit der Schere gekürzte Haar.

Nie aber dürft ihr einem Pferd die Schweifhaare ausreißen oder scheren. Das ziept erstens bei der Behandlung und piekst zweitens unangenehm, wenn die Haare wieder nachwachsen. Außerdem nimmt es dem Schweif den natürlichen Regenschutz, und die empfindlichen Organe darunter werden naß.

Zuletzt noch ein paar Worte zur zusätzlichen Hufpflege. Ein Sprichwort sagt, die beste Hufpflege sei der morgendliche Tau auf den Weiden, und es hat zweifellos recht. Ein Pferd, das immer auf der Weide läuft, braucht in der Regel weder Huffett noch Teer, allenfalls in Trockenzeiten wird man den Huf auswaschen und seine Unterseite mit Holzteer behandeln. Das ist auch die richtige Hufpflege für Offenstallpferde, die abwechselnd im Sand, auf der Wiese und auf einem befestigten Stallvorplatz stehen. Pferde, die immer im Stall stehen, sollte man dagegen gelegentlich mit Huffett behandeln, um ihre Hufe vor Fäulnis durch Mist und Urin zu bewahren. Auch hier gilt: Kein Einfetten ohne vorheriges Auswaschen! Das Huffett versiegelt die Feuchtigkeit im Huf. Es wird auf den ganzen Huf, also Innenseite und Hufwand, aufgestrichen. Das Pferd sieht dann aus, als trage es Lackschuhe.

Gutes Benehmen erwünscht! In der Schmiede

1

Vor dem Neubeschlag werden die alten Eisen entfernt.

2

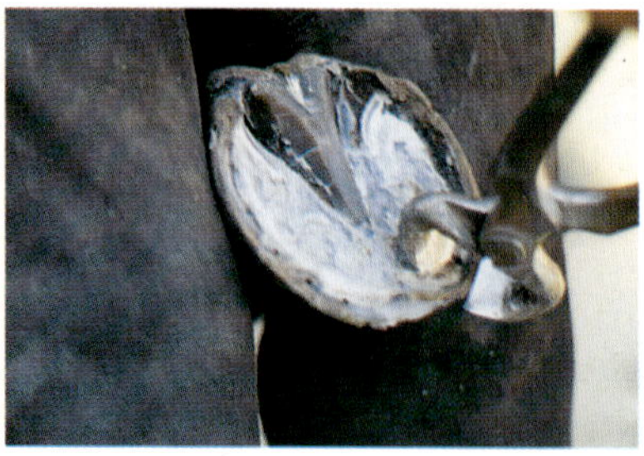

Die Hufränder werden gekürzt, ...

3

... und die Hufe beschnitten ...

Heute ist die Islandstute Blanda wieder einmal mit dem Hufbeschlag an der Reihe. Morgens um zehn hat Bettina sie bei der Schmiedin angemeldet. Da Andrea Ferien hat, fährt sie mit und probiert gleich ihre neue Kamera aus: „Ich fotografiere den ganzen Beschlag!" verkündet sie.

Jeder Besuch in der Schmiede beginnt mit dem Abnehmen der alten Hufeisen. Die Nägel werden gelockert, und das Eisen wird abgezogen. Blanda hampelt dabei unruhig herum.

„Sie kann es nicht leiden, wenn man das Eisen unter ihrem Huf wegreißt!" erklärt Bettina. „Kein Problem!" Frau Huber zieht die gelockerten Nägel einzeln heraus, und Blanda steht still. Kleine Ursache, große Wirkung!

Nachdem die alten Eisen entfernt sind, wird Blandas Huf durch fachgerechtes „Ausschneiden" auf den neuen Beschlag vorbereitet. Bettina hält die Hufe auf, und Andrea beruhigt und streichelt Blanda. „Daß ihr das nicht wehtut!"

„Hufhorn", erklärt Bettina, „entspricht unseren Fingernägeln. Die können wir ja auch schneiden, ohne daß es uns wehtut. Unter dem Hufeisen nutzt sich das Horn nicht ab, sondern wächst nach. Das ist so, als würden wir unsere Nägel schonen, indem wir bei jeder Arbeit Handschuhe tragen. Deshalb muß der Huf vor dem Neubeschlag beschnitten und gefeilt werden."

Als nächstes werden vier Hufeisen, die in der Größe zu Blanda passen, heißgemacht und passend geschmiedet.

Das anschließende „Aufbrennen", also das Auflegen des glühenden Eisens auf den bloßen Pferdehuf, sieht für Andrea gefährlich aus. Der aufsteigende Qualm und der Geruch verbrannten Horns bringt Blanda zum Husten.

„Arme Blanda!" meint Andrea.

... und in Form geschmiedet, damit sie Blanda genau passen.

6

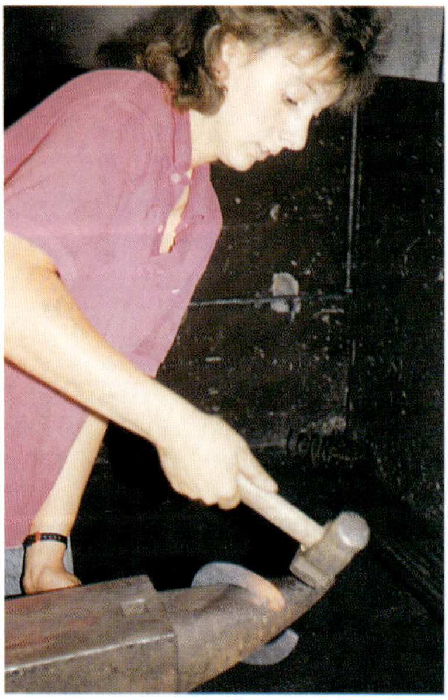

Aufbrennen – keine Angst, es tut nicht weh!

7

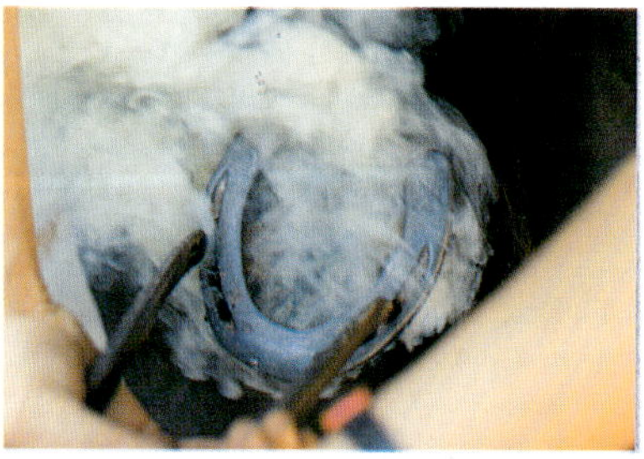

Blanda steht ganz still, während die Schmiedin die Eisen aufschlägt.

8

4 

. . . und mit der Hufraspel bearbeitet.

5 

Hier werden die Eisen heiß gemacht . . .

„Merkt sie davon wirklich nichts?“

„Ein bißchen Wärme unter der Sohle wird sie schon spüren, aber mehr auch nicht. Sonst würde sie wohl auch kaum so stillhalten!“ sagt die Schmiedin.

„Aber manche Pferde haben doch Angst vor dem Aufbrennen!“ wendet Andrea ein.

„Stimmt“, meint Bettina, „das geht nur mit Ruhe und Geduld. Am Anfang ist jedes Pferd etwas mißtrauisch, wenn es qualmt und zischt. Wenn man es dann anschreit oder gar schlägt, wird es immer schlimmer!“

„Manche Pferde lassen das Aufbrennen dann gar nicht mehr zu“, erklärt Frau Huber weiter. „Dann machen wir einen Kaltbeschlag. Aber Eisen, die angepaßt werden, ohne sie zu erhitzen, sitzen nicht ganz so perfekt.“

Inzwischen sind alle Eisen angepaßt und zum Aufschlagen vorbereitet.

„Jetzt mußt du Blanda wieder trösten!“ sagt Bettina zu Andrea. „Das Aufnageln mag sie nämlich gar nicht!“

Mit je sechs bis acht Nägeln werden die Eisen nun an Blandas Hufen befestigt. Das ist eine Wissenschaft für sich, denn man kann die Nägel natürlich nicht irgendwie in den Huf schlagen, sondern muß ganz genau wissen, wo sie angebracht werden können, ohne „lebende Teile“ des Hufes zu verletzen. Frau Huber ist deshalb sehr vorsichtig und zieht den Nagel lieber noch einmal heraus, weil Blanda gezappelt hat.

„Wenn man hier etwas falsch macht, kann es dem Pferd wirklich wehtun“, erzählt sie Andrea. „*Vernageln* ist für das Pferd sehr schmerzhaft und obendrein eine langwierige Sache, denn man kann das Pferd erst wieder reiten, wenn gesundes Horn nachgewachsen ist.“

„Deshalb spricht man ja auch nicht nur vom Schmiedehandwerk, sondern von Schmiedekunst“, fügt Bettina hinzu. „Hufbeschlag ist eine Sache für Könner!“

Zuletzt werden die Hufe „schöngemacht“, indem die Nägel, deren Spitzen oben aus der Hufwand ragen, *versenkt*, also umgenietet werden. Das Pferd muß seinen Fuß dazu auf einen „Bock“ stellen. Blanda ist nicht begeistert. Nach dem langen Stillstehen hat sie die Nase voll. Trotzdem, das letzte Raspeln der Hufe muß noch ausgehalten werden, bevor sie wieder fest auf allen vier Beinen stehen kann!

„Jetzt kannst du die Hufe fetten!“ sagt Bettina, und Andrea greift zum Pinsel. Bettina sucht nach ihrem Geldbeutel, und Frau Huber wirft noch einen prüfenden Blick auf den fertigen Beschlag.

„In den nächsten Tagen werden wir nun etwas vorsichtiger reiten als sonst“, sagt Bettina auf der Rückfahrt, „denn die Eisen halten erst ganz fest, wenn die Nägel zu rosten begonnen haben. In den ersten Tagen nach dem Beschlag verliert man sie leicht, wenn man nicht aufpaßt.“

Jeder Hufnagel wird eingeschlagen und muß genau sitzen.

9 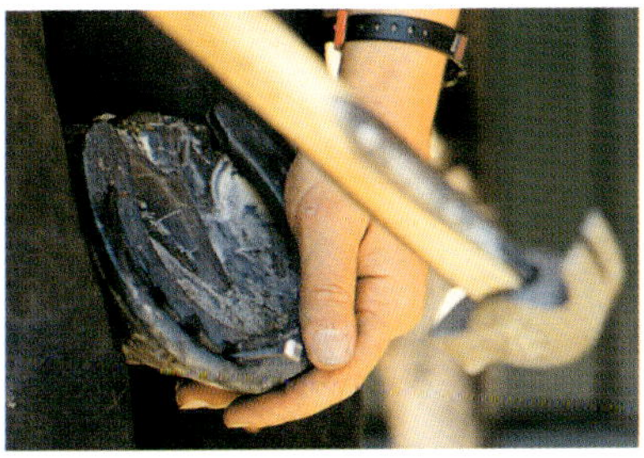

Zuletzt werden die Nägel abgekniffen und „versenkt“.

10 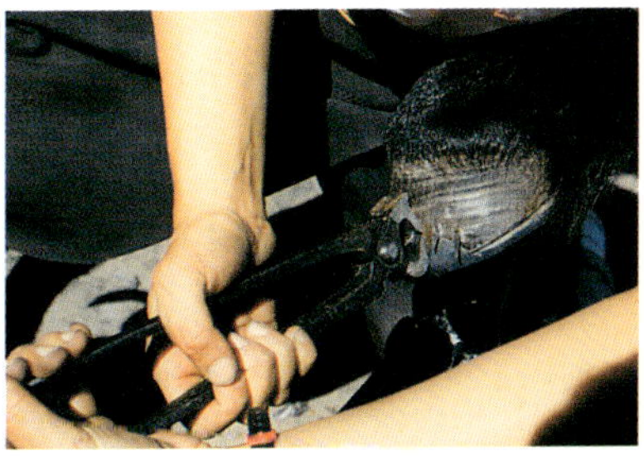

Und zum Abschluß erhält Blanda „Lackschuhe“.

11 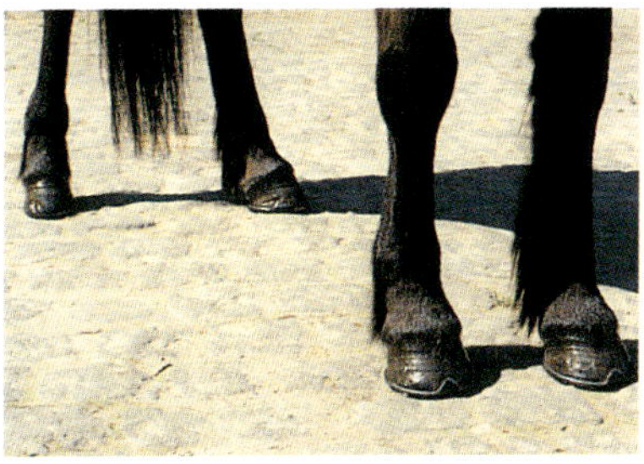

Reiten lernen – aber wo?

Das Glück dieser Erde – im Galopp durch die Felder.

Ein Galopp durch Felder und Wiesen, Turniererfolge mit dem Lieblingspferd ... wie viele Mädchen und Jungen träumen davon, wenn sie ans Reiten denken.

Bevor solche Wünsche in Erfüllung gehen, müssen das Reiten und der Umgang mit Pferden aber gründlich erlernt werden. Reiten bedeutet nämlich mehr als „oben bleiben“. Man muß lernen, sich in die Bewegungen des Pferdes einzufühlen, sie „auszusitzen“ oder einen Entlastungssitz einzunehmen. Auch wie man ein Pferd lenkt und wie man bestimmt, welche Gangart es gehen soll, weiß man nicht „von Natur aus“. Mit „links ziehen“, „rechts ziehen“, „Hüh!“ und „Brr!“ ist es nicht getan.

Richtig reiten zu lernen ist für jeden Reiter wichtig, weil er sonst unsicher herumrutscht oder in ständiger Absturzgefahr schwebt. Schlechtes Reiten bedeutet aber auch eine Zumutung für jedes Pferd, denn dem tut es weh, wenn man ihm ins Kreuz fällt oder roh an den Zügeln zieht und dadurch in seinem Maul herumreißt. Erst wenn der Reiter etwas gelernt hat, wird die Reit-

Nicht jeder hat die Chance, von klein auf reiten zu dürfen.

stunde für alle zum Vergnügen – für Reiter, Pferd und Zuschauer!

Welche Möglichkeiten es für euch gibt, mit Pferden in Kontakt zu kommen und reiten zu lernen, wird in den folgenden Kapiteln beschrieben.

Die richtige Reitschule

In den letzten Jahren hat der Reitsport immer mehr Freunde gefunden. Fast jede Stadt hat inzwischen ihren Reitstall oder Reiterverein, und oft kann man sogar unter mehreren wählen. In den meisten dieser Einrichtungen besteht die Möglichkeit, ein eigenes Pferd unterzustellen oder auf „Schulpferden" Reitunterricht zu nehmen.

An der Longe

Bevor ein Reitanfänger der Anfängerabteilung zugeteilt wird, erhält er in der Regel ein paar Longenstunden. Dabei geht es darum, die Grundlagen des richtigen Sitzens zu erlernen, ohne sich gleichzeitig um Zügelhilfen und Gangarten kümmern zu müssen. Ein braves Pferd wird dazu an eine lange Leine genommen, an der es sich im Kreis um den Reitlehrer herumbewegt. Longenstunden sind meist etwas teurer als normale Reitstunden, weil es sich um Einzelstunden handelt. Auch sind sie bei Reitschülern nicht beliebt, denn natürlich will jeder so bald wie möglich „allein reiten". Trotzdem sollte niemand auf Longenstunden verzichten, denn sie geben nicht nur dem Reiter mehr Sicherheit, sondern ersparen auch dem Pferd Unbehagen und Schmerzen. Erst wenn der Sitz soweit gefestigt ist, daß der Reiter nicht mehr Gefahr läuft, den Zügel ständig als Haltegurt zu mißbrauchen und dem Pferd damit weh zu tun, wird ein verantwortungsbewußter Reitlehrer seinen Schüler in eine Anfängerabteilung aufnehmen. Ställe, in denen auf Longenstunden verzichtet wird, oder die sich auf eine oder zwei Stunden an der Longe beschränken, sind nicht zu empfehlen.

In der Abteilung

Wer die Longenzeit hinter sich hat, besucht die Reitschule einmal oder zweimal in der Woche und gehört zu einer *Abteilung*. Das ist eine Gruppe von Reitschülern, die man mit einer Schulklasse vergleichen kann, denn darin sind Schüler zusammengefaßt, die etwa den gleichen Ausbildungsstand haben. Fortgeschrittene und Anfänger in einer Gruppe zu unterrichten, ist nicht sinnvoll. Auch sollte eine Abteilung nicht zu groß sein, denn kein Reit-

Bis zum ersten Turniererfolg braucht man Geduld.

Anfänger kommen erst einmal an die Longe.

Die nächste Stufe ist das Reiten in einer Anfänger-Abteilung.

lehrer kann 15 Reiter und Pferde gleichzeitig im Auge behalten.

Was den Unterricht angeht, so gibt es große Unterschiede zwischen den einzelnen Reitställen. Wieviel und wie schnell man lernt, hängt nicht nur davon ab, wieviel Mühe sich der Reitlehrer oder die Reitlehrerin mit den Anfängern geben, sondern auch davon, wie gut die Pferde ausgebildet sind, die im Unterricht eingesetzt werden. Natürlich darf man von keinem dieser Pferde erwarten, daß es olympiareife Dressur- und Springbegabung mit dem Charakter von Fury verbindet. Aber jedes Schulpferd sollte doch so weit gefördert sein, daß es richtig gegebene Anweisungen des Reiters versteht und auf sie reagiert. Auch sollten Schulpferde freundlich im Umgang sein. Ein Stall, in dem man euch als erstes darauf hinweist, daß „Bubi" beißt und „Flora" auskeilt, ist nicht der richtige!

Der gute Reitstall

In einem guten Reitstall wird die Rittigkeit der Schulpferde dadurch bewahrt, daß sie abwechselnd Anfängern und fortgeschrittenen Reitern zugeteilt werden. Dadurch, daß sie immer wieder fachkundig geritten werden, behalten sie das, was sie einmal gelernt haben. Wenn euch also auffällt, daß es in einem Reitstall keine fortgeschrittenen Schüler gibt, weil sie irgendwann merken, daß sie hier nichts mehr lernen können und in andere Ställe abwandern, solltet ihr euch möglichst bald eine andere Reitschule suchen. Auch Ställe, in denen die Pferde schlecht behandelt werden, in denen sie zuviel arbeiten müssen oder schlecht gefüttert werden, kommen nicht in Frage. Das Argument: „Ich bleibe wegen der armen Susi, damit sie wenigstens dienstags ein paar Apfelstückchen bekommt", spricht zwar für eure Tierliebe, ist aber letztlich sinnlos, denn Susi ist mit den Apfelstückchen nicht geholfen. Das Geld, das ihr für eure Reitstunden bezahlt, ermöglicht es aber dem Reitstallbesitzer, seinen Betrieb auf dieselbe tierquälerische Weise weiterzuführen.

Für einen Reitstall spricht es, wenn Weiden oder Ausläufe dazugehören, auf denen sich auch die Schulpferde am Vormittag oder an Stehtagen von ihrem anstrengenden Job erholen dürfen.

Viele Reitschulen gehören zu Reitervereinen, die sich durch die Ausbildung junger Reiter ihren Nachwuchs sichern. Für die Schüler hat das manche Vorteile, denn Vereine bieten häufiger als reine Verleihställe die Möglichkeit, an Lehrgängen oder kleinen Turnieren teilzunehmen. Bei der Auswahl eurer Reitschule solltet ihr auf solche Angebote achten, auch wenn ihr keine Turnierkarriere plant. Sie beweisen nämlich, daß man sich bei eurer Ausbildung Mühe geben wird, denn schließlich will der Reitlehrer, daß seine Schüler gut abschneiden. Weiterhin solltet ihr Wert darauf legen, daß euch im Rahmen des Unterrichts nicht nur das Reiten, sondern auch die Grundbegriffe im Umgang mit Pferden, also richtiges Satteln, Auftrensen und Putzen, vermittelt werden.

Der Reitstil, der in den meisten Reitschulen unterrichtet wird, ist der, den die Richter auf Dressur- und Springturnieren sehen wollen oder wie er bei Reiterpaß und Reitabzeichen (s. S. 149) gefordert wird. Ausritte finden „im Alltag" selten statt. Wenn man einen gewissen Ausbildungsstand erreicht hat, gibt es aber oft die Möglichkeit, sie gesondert zu buchen. Ihr solltet das allerdings erst tun, wenn ihr euch wirklich sicher fühlt, denn die Pferde, die in den meisten Reitschulen arbeiten, kommen selten ins Gelände. Ihre Freude daran, die Reithalle verlassen zu dürfen, entlädt sich dann oft in Bocksprüngen!

Pferde rund um die Uhr – Ferienkurse

Wer die Schulferien nutzen will, um Pferde besser kennenzulernen, hat die Wahl zwischen Reitkursen und Lehrgängen in einer Reitschule und einem Urlaub auf dem Reiterhof. Auch der Preis für den Aufenthalt spielt natürlich eine Rolle. Adressen von Ferienhöfen, die Reiterurlaub und Reitkurse anbieten, entnimmt man am besten den Inseraten in Pferdefachzeitschriften. Vor der Buchung sollte man sich unbedingt genau erkundigen, mit welchen Pferden dieser Reiterhof arbeitet, wieviel Reitunterricht und wie viele Ausritte im Preis inbegriffen sind und welche Freizeitaktivitäten

Fortgeschrittene Reiter auf einem schön gelegenen Reitplatz.

Gute Reitschulen vermitteln auch den richtigen Umgang mit Pferden.

Auf dem Reiterhof kann man den ganzen Tag mit Pferden zusammensein.

außer dem Reiten angeboten werden. Bei Reitkursen ist es außerdem wichtig, zu erfahren welche Voraussetzungen man mitbringen muß, und ob sie auch wirklich auf die eigenen Fähigkeiten zugeschnitten sind. Manche Veranstalter nehmen es mit der Beratung nämlich nicht so genau. Es kommt vor, daß fortgeschrittene Reiter mit eigenem Pferd in einem Anfängerkurs landen und daß andererseits ein Kurs, bei dem der Beritt junger Pferde im Mittelpunkt stehen soll, mit Reitern aufgefüllt wird, die selbst noch nicht sattelfest sind.

Ferien auf dem Reiterhof

Hier geht es meist weniger um Reitausbildung als um Erlebnisurlaub mit Pferden oder Ponies. Oft setzt man voraus, daß die Gäste ein paar reiterliche Vorkenntnisse mitbringen. Wenn nicht, so beschränkt man sich darauf, ihnen so viel über Sitz und Zügelführung beizubringen, daß sie einen Ausritt auf einem braven Pferd oder Pony unbeschadet überstehen. Der Aufenthalt auf einem Reiterhof ist meist ein wundervolles Erlebnis. Es gibt viele Ferienhöfe, die neben der Reitmöglichkeit auf netten, gut gepflegten Pferden noch verschiedene andere Freizeitaktivitäten anbieten und den Gästen so zu einem unvergeßlichen Urlaub verhelfen. Wer sich danach jedoch mit den Worten: „Ich kann auch schon reiten!" in der Reitschule vorstellt, darf sich nicht wundern, wenn der Reitlehrer ein säuerliches Gesicht macht. Er weiß nämlich ganz genau, daß eure erfolgreiche Reiterei auf dem Ferienhof in erster Linie der Freundlichkeit der dortigen Pferde zu verdanken ist. Die Aufgabe eines Ponyhof-Pferdes besteht darin, in einer vertrauten Pferdegruppe bekannte Wege zu gehen und dabei einen Reiter mitzunehmen, der nichts anderes zu tun hat, als sich durch eine schöne Landschaft tragen zu lassen. Dafür die Aufnahme in eine Fortgeschrittenen-Abteilung im Reitstall zu verlangen ist so, als wolltet ihr euch einen Führerschein ausstellen lassen, weil ihr jahrelang unfallfrei Straßenbahn gefahren seid!

Wenn ihr einen Urlaub plant, bei dem Ausritte im Mittelpunkt stehen, so wählt einen Hof, der geführte Ritte anbietet und keinen, der Pferde stundenweise an Gäste mit und ohne Reiterfahrung vermietet. Sicher ist der Gedanke reizvoll, einmal allein mit einem Pferd durchs Gelände zu streifen, ohne dauernd damit rechnen zu müssen, daß einen der Reitlehrer in rüdem Ton auf nach außen gedrehte Fußspitzen oder den fehlenden Abstand zum Vordermann aufmerksam macht. Die Pferde finden es jedoch gar nicht lustig, jedem Anfänger

Erlebnisurlaub mit Pferden – Ausritte gehören dazu.

Auch auf Ponyhöfen gibt es Reitunterricht in der Bahn.

Reitschulen bieten Intensivkurse auf gut ausgebildeten Schulpferden.

und jedem Rohling, der den Mietpreis bezahlen kann, auf Gedeih und Verderb ausgeliefert zu werden. Reitställe, die so rücksichtslos mit den ihnen anvertrauten Tieren umgehen, sollte man nicht unterstützen.

Ferienreitkurse

Ganz anders ist es mit der Teilnahme an Reitkursen in den Ferien. Sie sind sicher anstrengender, bringen reiterlich aber immer ein gutes Stück weiter.

Intensivkurse für Anfänger und Fortgeschrittene werden von den verschiedensten Ferienhöfen angeboten. Für Anfänger gibt es speziell zusammengestellte Einführungskurse, die Grundkenntnisse über Reiten und Pferdepflege in weit kürzerer Zeit vermitteln können als die meisten Reitställe. Neben den Reitstunden bieten sie theoretischen Unterricht, der oft durch Film- und Diavorführungen aufgelockert wird. Auch Videoaufzeichnungen des Unterrichts lassen die eigenen Fehler leicht erkennen und die Fortschritte verfolgen.

Fortgeschrittenen bieten viele Ferienhöfe die Möglichkeit, im Verlauf eines Kurses das Reitabzeichen oder den Reiterpaß zu erwerben. Besonders die verschiedenen Landesreitschulen besitzen sehr gut ausgebildete Schulpferde.

Ferienkurse ermöglichen es aber auch, andere Reitstile auszuprobieren und Pferderassen kennenzulernen, die es im heimischen Reitstall nicht gibt. So kann man zum Beispiel in einem Western-Reitstall „schnuppern" oder auf einem Islandpferdehof lernen, Tölt und Paß zu reiten.

Wir reiten in der Ponygruppe

„Los, Mucki, jetzt wird gearbeitet!“ Energisch holt die 6jährige Miriam das Shetlandpony von der Weide. Wenn man Mucki ließe, wie sie wollte, würde sie sich kugelrund fressen! Aber dazu hat Mucki keine Zeit. Ebenso wie die anderen Ponys im Reiterverein Leonberg hat sie genug damit zu tun, den 45 Kindern aus den drei Ponygruppen das Reiten beizubringen.

Die Kinder der ersten Gruppe, die sich auf dem Putz- und Sattelplatz versammelt haben, sind zwischen sechs und zehn Jahre alt. Eben erklärt ihnen Miriams Mutter, die Reitlehrerin Frau Adam, wie man ein Pony richtig putzt. „Zuletzt wird der Schweif verlesen!“ sagt Frau Adam, und Mucki schlägt mit ihrem dicken Ponyschweif. Wer den ordnen will, hat viel zu tun!

Kurz danach sind alle eifrig bei der Sache. Die Ponys werden gestriegelt und gebürstet, als ginge es zum Turnier. So geht die erste Stunde schnell herum. „Pferde richtig pflegen ist genauso wichtig wie reiten!“ meint Frau Baisch, die zusammen mit Frau Adam die Ponykinder unterrichtet. Und genauso viel Spaß macht es auch!

Nun wird aber doch gesattelt. Zuerst sind die Kleinsten mit dem Reiten an der Reihe. Die größeren Kinder führen die Ponys, und Frau Adam erklärt den richtigen Sitz. Alle sind mit Feuereifer dabei, denn die Gruppe trainiert für die „Führzügelklasse“ beim nächsten Turnier.

Die größeren Kinder reiten schon allein. Demnächst wollen sie schließlich die Prüfung für das „Kleine Hufeisen“ ablegen. Dazu müssen sie die wichtigsten Hilfen

„Los, Mucki, jetzt wird gearbeitet.“ ▶

Eine Abteilung der Ponygruppe im Reiterverein Leonberg. ▼

kennen und in einer Abteilung reiten können.

Den Abschluß der Stunde bildet ein lustiges Reiterspiel. Die Kleinen bauen einen „Parcours" auf und feuern die Großen an.

Am Schluß des Ponynachmittags bringen alle zusammen die Ponys in den Stall. Die Großen helfen den Kleinen beim Absatteln und Abreiben der Ponys.

Frau Adam spricht inzwischen mit den Müttern von Janine und Linda. Sie haben sich für den nächsten Sonntag, an dem die Ponygruppe die Teilnahme an einem Faschingsumzug plant, als Helferinnen zur Verfügung gestellt.

Ausritte, kleine Turniere und Ponyfeste – bei der Ponygruppe Leonberg ist immer etwas los. Alle acht Ponys sind freundlich und gut geritten, und jeder Übungsnachmittag bringt neues Wissen und viel Spaß mit den Ponys. Wie schade, daß es nicht in jedem Reiterverein eine solche Gruppe gibt!

Gründliches Putzen gehört dazu.

Zu dritt nebeneinander – das klappt sogar im Trab.

Frau Adam erklärt die richtige Zügelführung.

Auf der Weihnachtsfeier des Reitvereins.

◀ *Hier voltigieren Könner.*

Turnen auf hohem Roß – Voltigieren

Zum Üben reicht manchmal auch ein Holzpferderücken. ▶

Beim Voltigieren turnt man auf und an einem Pferd, das an der Longe läuft und einen speziellen Gurt mit Griffen trägt. Voltigieren ist ein hervorragendes Mittel, sich an Pferde zu gewöhnen und zu großer Sicherheit auf ihrem Rücken zu gelangen. Oft wird es jüngeren Kindern zur Vorbereitung auf den Reitunterricht empfohlen. Es ist ein merkwürdiges Gefühl, verkehrt herum auf einem Pferd zu sitzen und seinen wippenden Schweif zu betrachten, oder auf seinem Hinterteil zu liegen und in den Himmel zu gucken. Diese Erfahrung sollte sich auch ein älterer Reiter nicht entgehen lassen!

Voltigieren schult den Gleichgewichtssinn, der beim Reiten sehr wichtig ist, und schafft Vertrauen zu dem Pferd, das dabei so geduldig Turngerät spielt.

Zudem ist Voltigieren billiger als der eigentliche Reitunterricht, da sich dabei mehrere Kinder ein Pferd teilen. Oft wird es auch im Rahmen der Nachwuchsförderung von Vereinen bezuschußt.

Voltigieranfänger erlernen die Übungen übrigens zunächst am stehenden oder Schritt gehenden Pferd. Später versucht man es dann im Trab. Ziel der Ausbildung ist jedoch

die Ausführung möglichst komplizierter Figuren am ruhig galoppierenden Pferd. Dabei kann man es gemeinsam mit der Gruppe oder auch als Einzelvoltigierer durchaus bis zur Turnierreife bringen.

Leider ist Voltigieren, zumindest wenn es sehr ernsthaft betrieben wird, kein uneingeschränkt pferdefreundlicher Sport. Pferde, die ausschließlich zum Voltigieren eingesetzt werden, ziehen sich durch die einseitige Belastung beim Rundumlaufen schnell Beinschäden zu. Wenn ihr also die Auswahl zwischen mehreren Voltigierangeboten habt, solltet ihr euch für einen Stall entscheiden, dessen Voltigierpferd auch im normalen Unterricht geritten wird und dessen Voltigierausbilder das Pferd abwechselnd rechts und links herum longieren.

◄ ***Voltigieren als Schaunummer – mit Spaß und Clownerei.***

Wer möchte hier nicht in die Schule gehen? ▼

Reiten als Schulsport

Viele Schüler träumen davon, im Rahmen des ganz normalen Sportunterrichts in der Schule reiten lernen zu können. Bisher bestehen allerdings nur in wenigen Schulen „Reiter-AG's" (Arbeitsgemeinschaften). Eine davon ist die Edith-Stein-Schule in Geseke bei Paderborn.

Die Edith-Stein-Schule ist eine Ganztagsschule, und der Reitunterricht findet nachmittags statt. Die Lehrerin Marion Großblotekamp stellt dafür eigene Pferde zur Verfügung. Da sie sowohl Großpferde als auch Ponys hält, lernen die Schüler verschiedene Pferderassen kennen und können auf Pferden reiten lernen, die größenmäßig gut zu ihnen passen. Außerdem wird viel Wert darauf gelegt, daß sie erfahren, wie Pferde artgemäß gehalten werden und was alles dazugehört, sie richtig zu pflegen und zu versorgen.

Pilotprojekte zur Einführung von Reiten als Schulsport sind zur Zeit an vielen Orten in Deutschland in Vorbereitung.

Das braucht man zum Reiten

Machen Kleider Leute?

Wenn man die Anzeigenseiten mancher Pferdezeitschriften ansieht, möchte man meinen, daß die Beherrschung der Reitkunst nur von der Hose abhängt, in der man aufs Pferd steigt. Kein Pferd, das auf sich hält, scheint außerdem die Anweisungen eines Reiters entgegenzunehmen, der nicht das fabelhafte Marken-Sweatshirt dieser oder jener Firma mit in den Sattel bringt. Das ist natürlich blanker Unsinn. Wer reiten kann, der kann es auch in Jeans, und wer es nicht kann, dem hilft auch die pink-bleu-karierte Ganzlederbesatzreithose nicht über die Sprünge.

Ein paar spezielle Kleidungsstücke sollte man jedoch anschaffen, wenn man regelmäßig reiten möchte. Zweckmäßige Bekleidung erleichtert das Reiten und erhöht vor allem die Sicherheit.

▲ *Zweckmäßige Reitkleidung ist kein Luxus. Sie erleichtert das Reiten und erhöht die Sicherheit.*

▲ *So eine lederbesetzte Reithose beugt Scheuerstellen vor. Es reicht aber auch, nur das Gesäß und die Innenseite der Knie zusätzlich zu polstern.*

Die Reithose

Reithosen unterscheiden sich darin von anderen Hosen, daß sie am Gesäß und an der Innenseite der Beine, also überall da, wo der Träger mit dem Pferd in Berührung kommt, keine Nähte aufweisen. Zumindest innen am Knie haben sie zusätzlich einen Leder- oder Stoffbesatz. Das alles zielt darauf, Scheuerstellen zu vermeiden, die man sich besonders bei Verwendung eines normalen Vielseitigkeits- oder Trachtensattels leicht zuzieht. Wer ständig Angst haben muß, sich die Beine aufzuscheuern, kann nicht entspannt sitzen und sich auf den Reitunterricht konzentrieren. Deshalb ist eine Reithose eine sinnvolle Anschaffung. Für den Anfänger tut es auch eine stoffgepolsterte Jeansreithose, die nicht so teuer ist, und die man auch als ganz normale Freizeithose auftragen kann.

Reitstiefel

Gebräuchliche Reitstiefel sind aus glattem Gummi oder Leder, sitzen am Fuß ziemlich eng und haben einen langen Schaft. Letzterer ist wieder dazu da, Scheuerstellen zu verhindern. Die Wade reibt nämlich leicht am Steigbügelriemen.

Am Fuß wirkt ein Reitstiefel eleganter als ein gewöhnlicher Gummistiefel. Durch das schmalere Fußteil soll außerdem verhindert werden, daß man bei einem Sturz im Steigbügel hängenbleibt. Besser, als sich auf seine Stiefel zu verlassen, ist allerdings die Verwendung von Sicherheitssteigbügeln. Leider sind sie in gewöhnlichen Reitschulen kaum anzutreffen.

Eure ersten Reitstiefel bestehen wahrscheinlich aus Gummi, denn Lederstiefel sind sehr teuer, und ihre Anschaffung lohnt eigentlich nur, wenn der Fuß ganz ausgewachsen ist und man sehr oft reitet. Gummireitstiefel sind dagegen oft hart, und im Winter friert man darin. Dafür sind sie aber leicht zu reinigen und lassen garantiert keine Feuchtigkeit durch. Weicher, wärmer und beque-

Alles spricht für einen sicheren Kopfschutz. Darum ist die Reitkappe Vorschrift.

mer als die einfachen und ganz billigen Gummistiefel sind gefütterte. Sie kosten ungefähr soviel wie ein Paar gute Schuhe, und man bekommt sie im Reitsportgeschäft.

Kopfschutz

Die Reitkappe ist erfahrungsgemäß der Teil der Reitausrüstung, auf den Anfänger wie erfahrene Reiter am liebsten verzichten, denn sie ist unbequem und sieht auch ein bißchen nach Angeberei aus. Tatsächlich spricht jedoch alles für eine Reitkappe, denn ein noch so wohlerzogenes Pferd und ein noch so sicherer Reiter landen schnell im Graben, wenn zum Beispiel ein nicht so wohlerzogenes Kaninchen mitten auf dem Weg ein Loch buddelt! Für Anfänger, die solche Stolperfallen gar nicht brauchen, um gelegentlich „den Abgang zu machen", ist die Reitkappe erst recht ein Muß! In den meisten Reitställen ist das Tragen der Kappe übrigens schon aus Versicherungsgründen Vorschrift. Man sollte bei ihrer Anschaffung auf keinen Fall sparen, sondern sich gleich für ein Modell mit Kinnschutz entscheiden, das allen Sicherheitsnormen entspricht. Wächst man heraus oder benötigt die Kappe aus anderen Gründen nicht mehr, kann man sie leicht weiterverkaufen.

Brauche ich Sporen?

Sporen sind ein Ausrüstungsgegenstand, der erst interessant wird, wenn man einen gewissen Ausbildungsstand erreicht hat. Zurecht sagt eine Redewendung, daß man sie sich „verdienen müsse". Es schadet allerdings nichts, wenn ihr jetzt schon etwas darüber erfahrt.

Wie die Gerte dienen Sporen nicht der Bestrafung des Pferdes, sondern dazu, Schenkelhilfen zu unterstreichen und zu verfeinern. Im Dressur- und Springsport bedient man sich dazu grundsätzlich sehr kleiner Sporen: runder, eckiger oder solcher mit Rädchen. Mit eckigen oder Rädchensporen kann man dem Pferd mehr weh tun als mit runden. Man sagt: „Sie sind schärfer."

In anderen Reitstilen, insbesondere in der Western-Reitweise, trägt fast jeder Reiter große Rädchensporen, die recht gefährlich aussehen. In der Wirkung sind sie allerdings entschieden milder als kleine Dornsporen oder gar kleine Rädchensporen. Der Westernreiter setzt sie anstelle der Gerte ein, die ihn bei seinem Reitstil behindern würde.

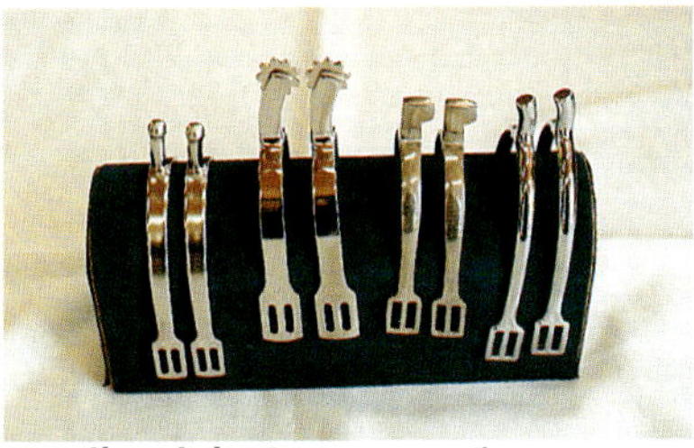

Es gibt viele Arten von Sporen.

Sporen muß man sich verdienen.

Reithandschuhe

Reithandschuhe machen den Griff um die Zügel sicherer und verhindern Blasen und wunde Stellen an den Händen, die leicht entstehen, wenn man ein heftiges Pferd in einer Abteilung halten muß. Angenehmer sind Handschuhe aus Leder. Billiger und deshalb empfehlenswerter für alle, die erstens noch wachsen und zweitens dazu neigen, ihre Sachen irgendwo liegenzulassen, sind Handschuhe aus gestrickter Baumwolle. Für den Winter haben sich isländische Reithandschuhe sehr bewährt. Das sind Fäustlinge aus Schafwolle, bei denen nicht nur der Daumen, sondern auch der kleine Finger ausgearbeitet ist. Leider gibt es sie nicht überall zu kaufen. Außerdem sind sie recht teuer. Wer gut strickt, kann sie jedoch in wenigen Stunden selbst herstellen.

Die Gerte

Die Reitgerte dient dazu, den Anweisungen des Reiters an das Pferd mehr Nachdruck zu verleihen. Im Gegensatz zu den Sporen kann sie auch schon vom Anfänger sinnvoll eingesetzt werden, da es viel leichter ist, auf dem Pferd seine Hände unter Kontrolle zu behalten als seine Beine. Eine Gerte ist nicht dasselbe wie eine Peitsche, denn sie hat keinen „Schlag", also keinen langen Lederriemen, mit dem man das Pferd auch auf größere Entfernung erreicht. Weder Peitsche noch Gerte sind allerdings dazu gedacht, das Pferd zu verprügeln. Am besten stellt ihr sie euch als Verlängerung eurer Hand vor, die es ermöglicht, das Pferd an Stellen zu berühren, an die ihr sonst nicht herankämt. Beim Kauf einer Gerte ist es deshalb sinnvoll, eine möglichst lange zu wählen. Auch sollte sie oben einen Knauf haben, damit sie euch nicht

◀ Ein Trachtensattel mit einem gefalteten Woilach als Sattelunterlage.

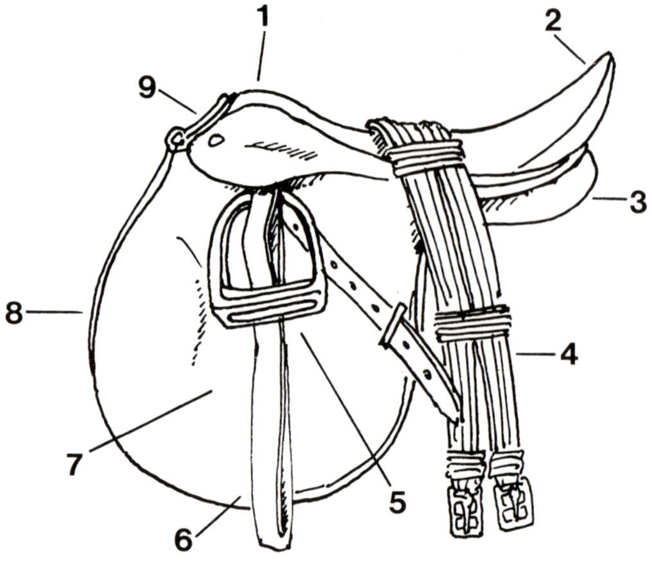

Der Vielseitigkeitssattel: ▶
1 Vorderzwiesel
2 Hinterzwiesel
3 Sattelpolster
4 Sattelgurt
5 Steigbügel
6 Steigbügelriemen
7 Sattelblatt
8 Kniepauschen
9 Sattelkammer

dauernd aus der Hand rutscht. Eine Schlaufe ist dafür kein rechter Ersatz, denn im Laufe der Reitstunde muß man die Gerte häufig wechseln und hat dabei keine Zeit, sie immer wieder über die Hand zu ziehen.

Satteln und Zäumen

Welchen Sattel und welche Zäumung man einem Pferd zum Reiten anlegt, hängt von vielen Dingen ab. So sollten z. B. der Körperbau und der Ausbildungsstand des Pferdes eine Rolle spielen, und auch das Können des Reiters muß berücksichtigt werden. Wichtig ist auch, welcher reiterlichen Disziplin man sich zuwenden möchte. Ein Westernpferd wird immer anders „angezogen" als z. B. ein Dressurpferd, und wer springen möchte, wählt einen anderen Sattel als jemand, der einen Wanderritt plant.

In diesem Kapitel werden die bekanntesten Zäumungen und Sättel vorgestellt. Aber auch einige andere lernt ihr darin kennen.

Der Sattel

Die Schulpferde, die man im Reitstall antrifft, tragen in der Regel einen *Vielseitigkeitssattel*. Er heißt so, weil er sowohl zum Dressurreiten als auch zum Springen verwendbar ist. Man kann die Bewegungen des Pferdes darin aussitzen, aber auch in den sogenannten „leichten Sitz" gehen, einen Entlastungssitz, der hauptsächlich im Gelände eingenommen wird.

Reiter, die sich auf Dressur oder Springen spezialisieren wollen, schaffen sich dazu besondere Sättel an. Beim *Dressursattel* ist das Sattelblatt länger, und die Pauschen sind dünner als beim Vielseitigkeitssattel. Beim *Springsattel* sind die Pauschen zum Teil extrem verstärkt, um den Knien des Reiters mehr Stütze zu bieten.

In diesen Sicherheitssteigbügeln bleibt man bei einem Sturz nicht so leicht hängen.

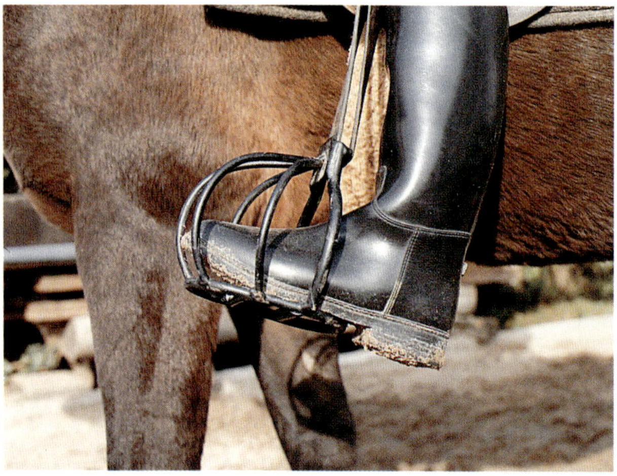

Ein Schweifriemen verhindert das Verrutschen des Sattels nach vorn.

Bequem für Reiter und Pferd: der Westernsattel mit Pad als Unterlage

Die meisten Großpferde sind mit einem Vielseitigkeitssattel sehr zufrieden. Allerdings muß er ihnen genau angepaßt werden, denn ein schlecht sitzender Sattel ist wie ein schlecht sitzender Schuh: Er drückt und verursacht Blasen und Scheuerstellen, den *Satteldruck*. Für kleinere Pferde, die erwachsene Reiter tragen, wählt man gern einen Trachtensattel. Er verteilt das Gewicht besser auf dem Pferderücken. Noch besser tut das allerdings ein Westernsattel. Viele Freizeitreiter ziehen ihn deshalb anderen Sätteln vor, obwohl sie nicht im Westernstil reiten.

Zum Sattel gehören Steigbügel und Steigbügelriemen. Da die Sicherheit des Reiters davon abhängt, daß die Riemen nicht reißen, versteht es sich von selbst, daß sie aus besonders gutem, dickem Leder bestehen. In schweren, großen Steigbügeln bleibt man bei einem Sturz nicht so leicht hängen wie in kleinen, leichten. Gut sind auch spezielle Sicherheitssteigbügel.

Bei Pferden, die zu einem Bäuchlein neigen, verhindert ein Schweifriemen, daß der Sattel nach vorn rutscht. Bei Pferden mit wenig Widerrist hält ihn ein Vorderzeug an seinem Platz.

Hol doch mal den Sattel!

In den meisten Reitställen gibt es Sattelkammern, in denen das Lederzeug aufbewahrt wird. Es sollten trockene und nicht zu kalte Räume sein. Die Sättel hängen darin auf Sattelhaltern aus Holz oder Metall. Ihre richtige Unterbringung ist wichtig, denn ein Sattel, der immer irgendwo in der Ecke herumliegt, verformt sich, und das Leder leidet. In Reitställen hat gewöhnlich jeder Sattel seinen festen Platz. Meistens steht der Name des Pferdes daran, dem er gehört. So kann eigentlich gar nichts schiefgehen, wenn ihr hineingeht, um den Sattel für euer Pferd zu holen. Schaut euch genau an, wie der Sattel auf dem Halter liegt: Die Steigbügel sind hochgeschoben und der Gurt liegt über der Sitzfläche. So muß es bleiben, während ihr den Sattel tragt, denn wenn ihr Steigbügel und Sattelgurt auf der Erde hinter euch herschleift, werden sie erstens schmutzig, und zweitens könnt ihr über sie stolpern. Ihr hebt den Sattel jetzt mit beiden Händen hoch. Eine faßt in die Kammer, die andere an den Zwiesel. Wenn ihr den Sattel von der Halterung genommen habt und vor euren Bauch haltet, schiebt ihr den rechten Arm unter den Sattel. Der Sattel liegt nun so über dem Arm, wie er vorher auf dem Halter lag. Die linke Hand habt ihr dadurch wieder frei. Sie kann das Zaumzeug halten oder von der Hinterzwieselseite her den Sattel tragen helfen.

Es ist gar nicht so leicht, einen Sattel mit seinen Gurten und Riemen richtig zu tragen.

Die Satteldecke

Um den Pferderücken abzupolstern und zu verhindern, daß sich der teure Ledersattel mit Schweiß vollsaugt und vorzeitig verschleißt, verwendet man eine Satteldecke. Satteldecken gibt es in Sattelform und in viereckiger Form, letztere nennt man im Reitstall *Schabracken*, Freizeit- und Westernreiter verwenden den englischen Ausdruck *Pad* (gesprochen „päd"). Viele Reiter finden viereckige Satteldecken praktischer, da sie nicht so schnell verrutschen und zudem Satteltaschen und am Sattel befestigte Regenkleidung gleich mit abpolstern. Sattelförmige Decken sehen dafür eleganter aus. Außerdem sind sie im Schulbetrieb zweckmäßiger, da sie mittels Schlaufen mit dem Sattel verbunden werden und die Reitschüler sie so nicht verwechseln können.

Satteldecken gibt es aus verschiedenen Materialien, wobei waschbare vorzuziehen sind. Hautempfindliche Pferde kann man mit einer Schaffelldecke oder einem Woilach aus reiner Wolle glücklich machen.

Aufsatteln

Im allgemeinen wird ein Pferd zuerst aufgesattelt und dann aufgetrenst. Nur wenn ein *Martingal* (mehr darüber auf S. 82/83) verwendet wird, das mit dem Kopfstück verbunden ist und am Sattelgurt befestigt wird, legt man zuerst das Zaumzeug an.

① Zum Satteln stellt ihr euch an die linke Seite des Pferdes und legt den Sattel mit der Satteldecke weit vorn auf.

② Der Sattel muß gut ausgekammert werden, indem ihr die Decke gut in die Sattelkammer hineinzieht.

④ Beim Angurten bleibt der mittlere Sattelstrupfen als Reserveriemen frei.

⑤ Hat die Satteldecke Schlaufen, muß der Gurt hindurch gezogen werden.

Denkt daran, bevor ihr mit dem Satteln beginnt, daß das Fell des Pferdes aus lauter Einzelhärchen besteht, die alle in eine Richtung zeigen: Das Fell sieht wie gekämmt aus. Beim Satteln dürfen die Haare nicht geknickt oder verschoben werden, denn das gibt Druckstellen. Sattel und Decke müssen *mit dem Strich* aufgelegt werden.

Legt außerdem einmal versuchsweise einen Sattel ohne Decke auf den blanken Pferderücken. Ihr seht dann, daß man von hinten zwischen Sattel und Pferd hindurchschauen kann. Das muß so sein, denn an der Wirbelsäule des Pferdes liegt der Knochen gleich unter der Haut. Das macht diese Körperpartie sehr druckempfindlich. Besonders viel Platz ist zwischen Sattel und Widerrist. Hier sitzt die *Kammer* des Sattels.

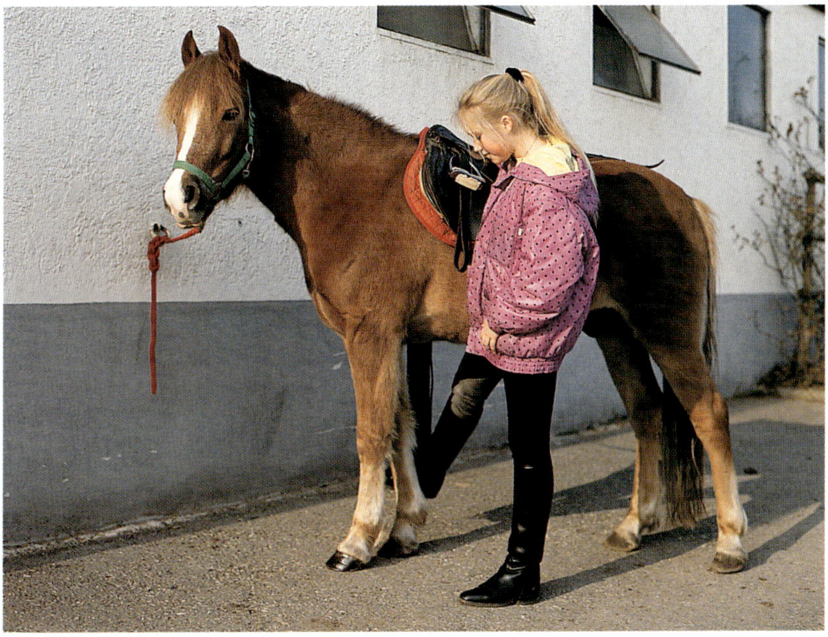

③ So kann man verhindern, daß der Sattelgurt dem Pferd beim Herunterlassen gegen die Beine schlägt.

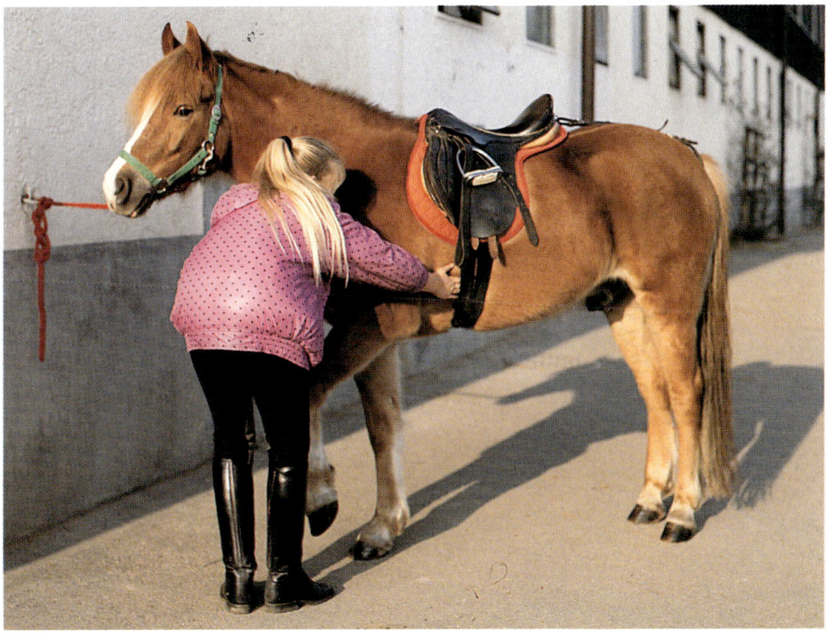

⑥ Prüft zum Schluß auf diese Weise noch einmal nach, ob der Sattelgurt nicht kneift.

Beim Aufsatteln mit Decke müßt ihr nun darauf achten, daß der durch die Kammer geschaffene Raum zwischen Pferd und Decke erhalten bleibt und nicht zwischen Decke und Sattel entsteht. Dazu muß die Decke tief in die Sattelkammer hineingezogen werden. Sie wird *ausgekammert*.

Zum Satteln stellt ihr euch auf die linke Seite des Pferdes. Wenn Sattel und Decke nicht zusammenhängen, legt ihr zunächst die Decke aufs Pferd, und zwar weit nach vorn, bis auf die Mähne. Dann zieht ihr sie etwas zurück, damit sich das Fell darunter glättet. Immer noch liegt sie jedoch weit vorn. Nun legt ihr den Sattel auf und kammert aus, indem ihr Sattel und Decke gemeinsam anhebt und die Decke dabei in die Kammer hochdrückt. Beides zusammen schiebt ihr dann nach hinten in die richtige Position.

Ein Sattel liegt richtig, wenn er den Widerrist nicht belastet und die Bewegung der Schulter nicht beeinträchtigt. Das Gewicht des Reiters darf aber auch nicht auf die Nieren des Pferdes drücken. Faustregel ist, daß zwischen Sattelgurt und Pferdevorderbein eine Handbreit Platz sein muß.

Wenn nun alles richtig sitzt, laßt ihr den Sattelgurt, der bisher über dem Sattel gelegen hat, rechts herabgleiten. Dabei solltet ihr euer rechtes Bein in Richtung rechtes Vorderbein (unter dem Pferdebauch hindurch) heben. So verhindert ihr, daß der Sattelgurt gegen das Pferdebein schlägt. Nun „angelt" ihr ihn euch unter dem Bauch durch und gurtet an, wobei ihr die beiden äußeren Sattelstrupfen verwendet. Die mittlere ist ein Reserveriemen. Falls ein Martingal oder ein Vorderzeug verwendet wird, wird der Sattelgurt vor dem Angurten durch die entsprechenden Schlaufen des Hilfszügels gezogen. Ihr solltet den Sattel nicht sofort festziehen, denn das erschreckt viele Pferde. Gurtet lieber noch einmal nach, bevor ihr aufsteigt.

Hilfe, der Gurt ist zu kurz!

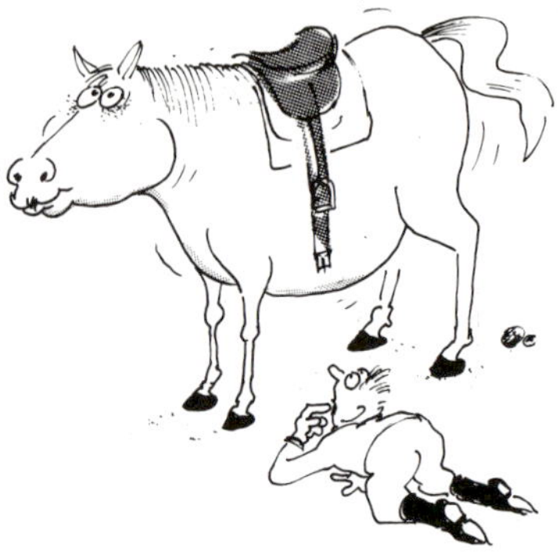

Da steht ihr nun vor einem sorgfältig gesattelten Pferd, wollt den Gurt anziehen und stellt fest, daß er offensichtlich nicht paßt, denn er ist mindestens zwei Zentimeter zu kurz, um damit auch nur die Strupfen zu erreichen. Kann euer Pferd seit gestern so viel zugenommen haben?
Die Lösung des Rätsels ist die, daß es ganz einfach keine Lust hat, sich wieder einmal diesen unbequemen Gurt anlegen zu lassen. Es versucht sich der Sache zu entziehen, indem es sich aufbläst.
Schimpfen nützt hier im allgemeinen nichts – euer Pferd hat buchstäblich den längeren Atem. Auch Versuche wie die, ihm die Nüstern zu quetschen oder ihm gar in den Bauch zu treten, sind nicht nur boshaft, sondern auch nutzlos. Am besten wartet man etwas ab. Ewig kann es die Luft schließlich nicht anhalten! Wenn es euch dann gelingt, den Gurt wenigstens ins erste Loch zu bekommen, habt ihr gewonnen, denn mit Hilfe der Schnalle geht das Anziehen leichter. Zudem kann man sein unlustiges Reittier jetzt ein paar Runden führen, bevor man es weiterversucht. In der Bewegung läßt es nämlich garantiert Luft ab!

▲ ***Wenn ihr einen Schweifriemen verwendet, achtet darauf, daß keine Schweifhaare eingeklemmt werden.***

Gleich nach dem Absitzen werden die Steigbügel hochgezogen. ▶

Zuletzt prüft ihr, ob der Sattelgurt nicht kneift. Stellt euch dazu vor das Pferd und hebt mit der linken Hand sein rechtes Vorderbein. Die flache rechte Hand laßt ihr vom Sattel aus unter dem Gurt bis unter die „Achsel" des Pferdes gleiten (Foto S. 75).

Absatteln

Bevor man absattelt, werden – meistens schon in der Reithalle – die Steigbügel am Steigbügelriemen hochgeschoben. So können sie dem Pferd beim Führen nicht gegen die Flanken schlagen. Sie werden festgehalten, indem man die Steigbügelriemen einmal durch die Bügel zieht.

Auch das Absatteln geschieht von links. Vorher sollte man dem Pferd aber die Trense abnehmen und es wieder am Halfter anbinden. Dann löst man ruhig den Sattelgurt und die Verbindung mit dem Martingal, wenn man eines verwendet hat. Den Gurt läßt man langsam sinken, wodurch man vermeidet, daß er dem Pferd gegen die Beine schlägt und es erschreckt. Dann geht man um das Pferd herum und legt den Sattelgurt über den Sattel. Erst jetzt, wenn nichts mehr auf dem Boden schleifen kann, während man den Sattel trägt, nimmt man ihn ab und bringt ihn in die Sattelkammer. Bei den meisten Schulpferden ist der Sattel mit der Satteldecke verbunden und man hebt beide gemeinsam vom Pferd.

Sobald man zurück zu seinem Pferd kommt, untersucht man die Sattellage genau auf Druckstellen und Wunden. Am besten tastet ihr sie dazu ab. Dann merkt ihr sicher, ob eine Stelle dick oder warm ist.

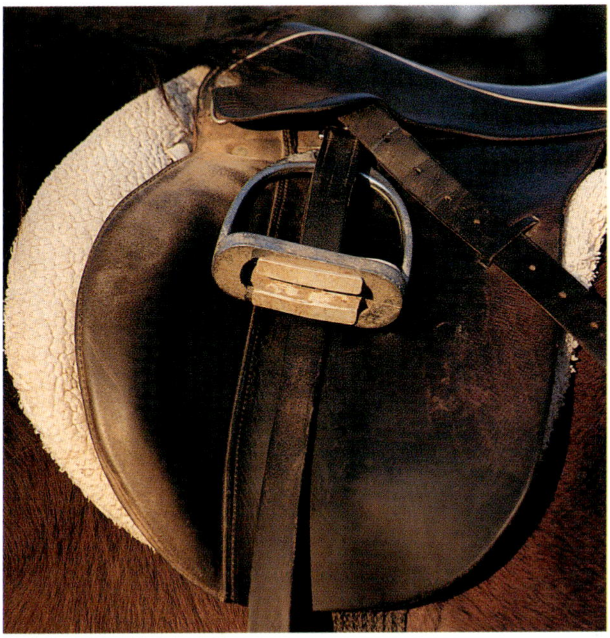

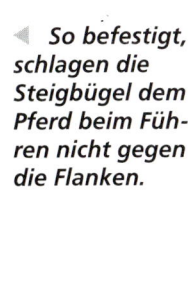

So befestigt, schlagen die Steigbügel dem Pferd beim Führen nicht gegen die Flanken.

Nach dem Reiten tastet Janine die Sattellage nach Druckstellen ab. Aber es ist alles in Ordnung.

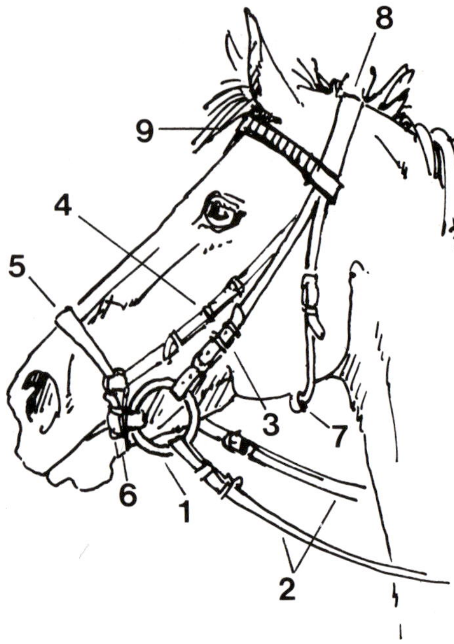

Die meisten Schulpferde tragen eine Trense mit Hannoverschem Reithalfter:
1 Trense (Trensengebiß)
2 Zügel
3 Backenstück
4 Hannoversches Reithalfter mit Nasenriemen (5) und Kinnriemen (6)
7 Kehlriemen
8 Nackenstück (Genickstück)
9 Stirnband

Das Kopfstück

Das Kopfstück besteht aus einer Zäumung mit oder ohne Mundstück und den Lederriemen, mit denen sie am Kopf des Pferdes gehalten wird. Oft kommen noch ein Reithalfter und/oder verschiedene Hilfszügel dazu. Da die Zäumung, die die meisten Schulpferde tragen, Trense heißt, wird in Reitschulen oft das ganze Kopfstück „Trense" genannt.

Wie die Einzelteile des Kopfstücks heißen, seht ihr auf der Zeichnung oben.

Grundsätzlich dienen alle Zäumungen dazu, dem Pferd Signale zu geben, ihm also klarzumachen, was man von ihm will. Dazu wird von verschiedenen Zäumungen an unterschiedlichen Teilen des Pferdekopfes Druck ausgeübt, der sich so weit verstärken läßt, daß das Pferd Schmerz empfindet. Ob es soweit kommt oder nicht, hängt immer davon ab, wie stark der Reiter die Zügel annimmt. Es gibt keine grundsätzlich „scharfe" oder „weiche" Zäumung. Eine Zäumung ist immer so sanft oder so hart wie die Reiterhand am anderen Ende des Zügels.

Natürlich gibt es Zäumungen, bei denen schon ein verhältnismäßig leichter Zug am Zügel ausreicht, um die Schmerzgrenze zu erreichen, und andere, bei denen man fester zufassen kann. Erstere gehören in die Hand des Könners, der seine Bewegungen genau kontrolliert, und an den Kopf von Pferden, die alle Anweisungen gut kennen und schon auf die Andeutung einer reiterlichen Hilfe reagieren. Letztere sind für den Anfänger geeignet, da sie nicht gleich jede ungeschickte Bewegung in Schmerz umwandeln. Außerdem werden sie bei jungen Pferden eingesetzt, die noch aus Unkenntnis und nicht aus Widersetzlichkeit falsch reagieren, und die man deshalb nicht bestrafen will.

Wie Zäumungen wirken

Vereinfacht gesagt gibt es drei Arten der Zäumung: die gebißlose Zäumung, die Zäumung mit „gebrochenem" Mundstück und die Stangenzäumung. Besonders letztere ist meistens mit Anzügen oder Bäumen versehen, die ihre Wirkung verändern und verstärken, weil sie als Hebel wirken. Mitunter werden zwei dieser Zäumungen miteinander kombiniert.

Memory trägt eine Trense, ein gebrochenes Mundstück.

Gersemi trägt ein Bosal. Es wirkt als gebißlose Zäumung auf die Nase.

Stangenzäumungen arbeiten mit einer leichten Hebelwirkung.

Zur Wirkung von Zäumungen solltet ihr euch folgendes merken:

- Alle *gebißlosen Zäumungen* wirken auf die Nase des Pferdes ein. Die bekannteste Zäumung ohne Gebiß ist die *Hackamore*.

- Alle *gebrochenen Mundstücke* übertragen die Einwirkungen der Reiterhand auf die Zunge, den Unterkiefer und mitunter auch auf den Gaumen des Pferdes. Am häufigsten sieht man das *Trensengebiß*.

- *Stangenzäumungen* wirken ebenfalls auf Zunge und Unterkiefer, wenn auch anders als gebrochene Gebisse. Da sie in der Regel mit Hebeln versehen sind, üben sie zusätzlich über das Kinnkettchen oder Kinnriemchen Druck in der Kinngrube aus. Ihr seht Stangenzäumungen besonders häufig bei Westernreitern.

Fortgeschrittene Dressurreiter reiten mit der Kandare (s. Fotos auf der S. 126). Diese Zäumung besteht aus einer Stange und einem dünnen Trensengebiß, die das Pferd beide im Maul trägt.

Mundstücke

Die meisten Pferde, die ihr im Reitstall kennenlernt, tragen ein gebrochenes Mundstück, nämlich das Trensengebiß.

Trensengebisse gibt es aus Metall und aus Gummi, wobei letztere oft so weich sind, daß ein Annehmen der Zügel das Pferd kaum beeindruckt. Das ist zwar sehr pferdefreundlich, aber wenn das Pferd sie in einer gefährlichen Situation versehentlich durchbeißt, wird es ungemütlich. Damit Reiter in solchen Fällen nicht gleich ihr Testament machen müssen, haben solche Gebisse oft einen Kern aus Stahldraht.

Tests am eigenen Leibe – Die Wirkung von Zäumungen

Die Wirkung von Trensengebissen und gebißlosen Zäumungen könnt ihr an euch selbst ausprobieren. Nehmt einen Bleistift und drückt damit auf euren Nasenrücken! (Auf die harte Stelle bitte!) Ihr merkt, daß ihr dazu neigt, diesem Druck zu folgen und den Kopf zu senken. Wärt ihr in Bewegung, würdet ihr anhalten. Diesen natürlichen Reflex nutzen gebißlose Zäumungen aus.

Jetzt legt ihr eure Finger in die Mundwinkel und übt seitlich Druck darauf aus. Die natürliche Reaktion ist, den Mund aufzureißen, den Kopf zu heben und sich dem Druck zu entziehen. Dem Pferd geht es genauso. Es muß erst lernen, ihn als Zeichen zum Kopfsenken und Anhalten zu verstehen.

Um auszuprobieren, wie gebrochene Zäumungen wirken, könnt ihr auch einfach das Mundstück einer Trense in die Hand nehmen und jemanden bitten, an den Zügeln zu ziehen. Ihr werdet merken, daß das Gebiß eure Hand einquetscht. Im Pferdemaul wirkt es so auf die Zunge und kann dem Pferd durchaus sehr weh tun, wenn man nur fest genug daran zieht. Man nennt diesen Quetscheffekt *Nußknackerwirkung*.

So könnt ihr selbst ausprobieren, wie Zäumungen wirken.

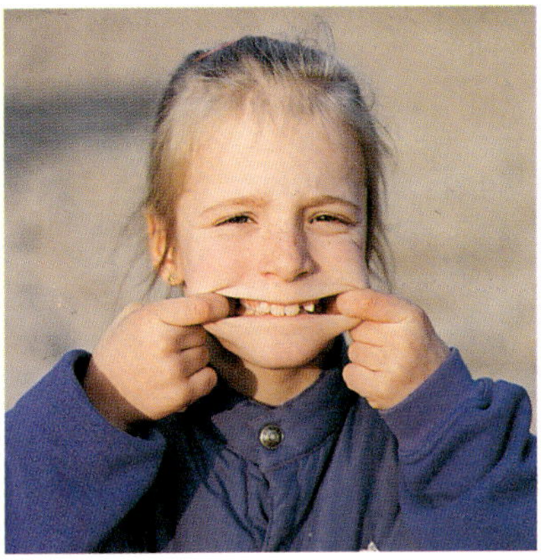

Trensengebisse (von links nach rechts): Wassertrense; Olivenkopftrense; Gummigebiß; gebrochenes Pelham, ein Trensengebiß mit Anzügen.

Was sind denn das für „Trensen"?

Diese Frage stellen Reitschüler immer wieder, wenn sie sehen, daß auf Turnieren oder bei Privatpferdereitern Zäumungen zum Einsatz kommen, wie ihr sie auf diesen Bildern seht. Wenn ihr den Text auf den vorigen Seiten gelesen habt, wißt ihr jetzt natürlich schon, daß es keine „Trensen" sind, denn Trensen haben keine Hebel an der Seite. Die gebißlose Zäumung ganz oben ist eine *mechanische Hackamore*. Sie kommt aus Amerika und wird dort beim Rodeo-Reiten eingesetzt. Weil das Pferd, das sie trägt, kein Gebiß im Maul hat, halten viele Reiter diese Zäumung für besonders pferdefreundlich. Das ist sie aber nicht. Die langen Anzüge, die vom Nasenstück ausgehen, wirken als Hebel, und schon eine geringe Annahme der mechanischen Hackamore tut dem Pferd weh. Sehr starke Einwirkung kann sogar zu Nasenbeinbrüchen führen! Eine Lenkung darf deshalb nicht über seitlichen Zug, sondern nur über den Hals erfolgen. Im Dressur- und Springsport, bei dem meistens mit angenommenen Zügeln geritten wird, hat die mechanische Hackamore deshalb nichts zu suchen. Auch die Westernreiter lehnen sie ab. Sie benutzen lediglich die *Bosal*, die auch *klassische Hackamore* genannt wird. Diese wirkt ohne Hebel auf die Nase und die „Backen" des Pferdes und tut ihm nicht weh.

Viele Reiter, die mit ihren Pferden nicht fertig werden, weil sie nicht besonders gut reiten und die Pferde nicht artgerecht halten, greifen zu *Stangengebissen*, um ihre Pferde besser in den Griff zu bekommen.

Dafür sind Stangen jedoch nicht gedacht. Sie gehören eigentlich in die Westernreitweise und werden dort von erfahrenen Reitern bei Pferden eingesetzt, die die Grundausbildung bereits hinter sich haben und auf leichte Zügelhilfe bereitwillig reagieren. Der Reiter hält dabei beide Zügel in einer Hand (er reitet „einhändig") und sucht keinen ständigen Kontakt zum Pferdemaul. Auch viele Freizeitpferde werden im Gelände so geritten und mögen das sehr.

In der Hand von Anfängern und Reitern, die ihre Pferde nicht halten können, auf dem Dressurviereck und auf dem Springplatz sind auch Stangen fehl am Platze! Wer mit seinem Pferd nicht zurechtkommt, braucht Reitunterricht und keine „scharfe" Zäumung. Ein schlechter Reiter, der zur Stange oder zur Hackamore greift, ist wie ein Lehrer, der seine Schüler dafür prügelt, daß sie im Unterricht nichts verstehen.

Dieses Pferd trägt eine mechanische Hackamore. ▶

▲ ***Der Westernreiter lenkt das Pferd mit einer Hand und benutzt ein Stangengebiß.***

Dieser Welsh Cob-Wallach trägt eine Trense mit amerikanischem Reithalfter.

Achtung, scharfe Kanten!

Die Verbindung zwischen Trensenmundstück und -ring, also die Löcher, durch die die Zügelringe gehen, können dadurch, daß sich hier Metall auf Metall reibt, leicht „ausschlagen“. Die Ränder der Löcher werden dann messerscharf

und können das Maul des Pferdes verletzen. Auch das Gelenk in der Mitte des Trensengebisses kann scharfe Kanten entwickeln. Man sollte es deshalb regelmäßig daraufhin abtasten und auch beim Kauf neuer Mundstücke darauf achten, daß sie keine solchen Fehler aufweisen. Zusätzlich schützen kann man das Pferdemaul durch die Verwendung von Gummischeiben, die obendrein verhindern, daß Anfänger das Gebiß seitlich durch das Pferdemaul ziehen.

Gummischeiben schützen das Pferdemaul vor scharfen Kanten

Angenehm für das Pferd ist es jedoch sicher nicht, wenn es darauf beißt.

Wenn man die Trensenwirkung freundlicher gestalten möchte, kann man statt des Gummigebisses ein doppelt gebrochenes Trensengebiß nehmen. Bei ihm ist die Nußknackerwirkung abgeschwächt, und seine größere Beweglichkeit regt zum Kauen an. Auch durch die Verwendung von Kupfergebissen oder mit Kupferröhrchen überzogenen Gebissen will man das Pferd zum Kauen bringen, denn dabei entspannt es sich und zeigt, daß es sich mit seinem Gebiß wohl fühlt.

Dicke Trensengebisse wirken weicher als dünne, da sie den Druck besser im Maul verteilen. Sie müssen aber auch der Maulgröße angepaßt sein. Extrem dicke Mundstücke gehören natürlich nicht in die Mäuler sehr kleiner Ponies.

Trensengebisse unterscheiden sich auch durch unterschiedliche Form der Ringe, in die Zügel und Kopfstück eingeschnallt werden. Ein *Olivenkopfgebiß* liegt ruhiger im Maul als eins mit runden Ringen. Auch die Kanten schlagen nicht so schnell aus und werden scharf.

Ein Trensengebiß mit Anzügen ist das *gebrochene Pelham*. Diese Zäumung wirkt an denselben Stellen auf das Maul des Pferdes ein wie die normale Trense. Durch die Anzüge an der Seite (Hebel) wird die Wirkung aber sehr verstärkt, und durch das Kinnkettchen wird der Zug auch auf die Kinngrube des Pferdes übertragen. In den Händen sehr erfahrener Westernreiter kann eine solche Zäumung einen Sinn haben. Zum Dressurreiten und Springen ist sie aber ungeeignet, denn sie fügt dem Pferd große Schmerzen zu, wenn man sie so einsetzt wie eine ganz normale Trense.

Reithalfter (Sperrhalfter)

Reithalfter haben die Aufgabe, das Pferd am *Sperren* zu hindern, also daran, das Maul aufzureißen und sich damit der Wirkung des Trensengebisses zu entziehen. Nun entzieht man sich ja im allgemeinen nur den Dingen, die einem unangenehm sind. Das ist bei Pferden nicht anders als bei Menschen. Wenn ein Pferd also sperrt, dann sagt es uns damit, daß es sein Gebiß und unsere Zügelführung bestenfalls lästig, schlimmstenfalls schmerzhaft findet. Durch Anlegen eines Sperrhalfters verbieten wir ihm diese Meinungsäußerung. Das gilt insbesondere für das Hannoversche Sperrhalfter, mit

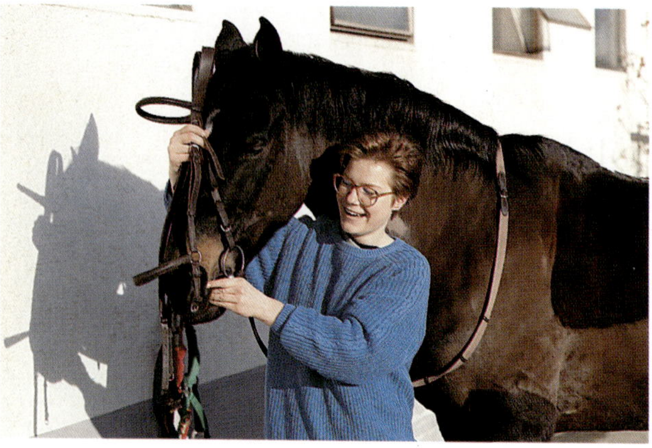

Petra zäumt Memory. Sie hat ihr die Zügel über den Hals gelegt. Mit der rechten Hand hält Petra das Kopfstück. Mit der linken Hand schiebt sie Memory das Mundstück ins Maul.

Das Kopfstück wird langsam hochgezogen und das Genickstück vorsichtig über die Ohren gestreift.

dem man das Maul des Pferdes regelrecht zubindet und das, wenn man es nicht ganz korrekt verschnallt, auch noch atembeengend wirkt.

Bis zu einem gewissen Grade ist die Verwendung eines Sperrhalfters vertretbar, denn ein Pferd, das sich der Zügeleinwirkung entzieht, ist auch nicht angenehm und vor allem nicht sicher zu reiten. Wir dürfen es damit jedoch nicht zwingen, Schmerzen auszuhalten, die wir ihm durch schlechtes Reiten zufügen.

Einen Kompromiß bietet hier die Verwendung eines englischen oder amerikanischen Reithalfters. Beide sitzen höher auf der Pferdenase, können die Atmung nicht beengen und haben keine gar so zuschnürende Wirkung.

Als Reitschüler habt ihr natürlich keinen Einfluß darauf, welche Zäumung euer vierbeiniger Lehrer trägt. Oft werdet ihr Pferde mit Hannoverschen Reithalftern vorfinden. Ihr solltet das Reithalfter dann wenigstens richtig verschnallen: Der Nasenriemen soll vier Fingerbreit über dem Nüsternrand liegen, und zwar auf dem harten Teil der Nase. Liegt er tiefer, so behindert er die Atmung (wie beim Shetty auf S. 67).

Der Kinnriemen führt unterhalb der Trensenringe nach hinten, und wenn ihr ihn schließt, so müssen zwischen Kinn und Riemen noch zwei nebeneinandergestellte Finger passen.

Zügel

Die Zügel verbinden die Reiterhand mit der Zäumung des Pferdes, meistens mit seinem Maul. Dementsprechend vorsichtig sollten wir damit umgehen und uns niemals dazu hinreißen lassen, unbeherrscht daran zu zerren. Zügel müssen griffig sein, damit sie gut in der Hand liegen und sich leicht lockern oder nachfassen lassen. Es gibt Gurtzügel aus festem Leinen und glatte oder geflochtene Lederzügel.

Hilfszügel

Ein Pferd, das dressurmäßig geritten wird, sollte eine *Dehnungshaltung* einnehmen, also den Hals rund machen und im Rücken schwingen, ihn *hergeben*, wie die Reiter sagen. Wenn es das nicht tut, liegt das eigentlich immer an der Unvollkommenheit seines Reiters. Viele Reiter wollen das nicht wahrhaben, und es ist ja auch viel bequemer, die Schuld daran beim Pferd zu suchen. So greifen sie zu Hilfszügeln, um die gewünschte Haltung zu erzwingen. Der verbreitetste Hilfszügel ist das *Martingal*, das man meist auch Schulpferden im Unterricht anlegt. Das Martingal verbindet Sattelgurt und Zäumung und soll verhindern, daß das Pferd den Kopf hochwirft

Ausbindezügel sind beim Longieren sinnvoll.

Petra zieht Memorys Haarschopf über das Stirnband und ordnet ihn, damit nichts ziept.

Zuletzt werden die Schnallen vom Kehlriemen und vom Kinnriemen geschlossen.

und sich damit der Trensenwirkung entzieht. Wie schon beim Thema „Reithalfter" erwähnt, tut es das jedoch nicht ohne Grund, sondern in aller Regel deshalb, weil ihm etwas weh tut. Zum Glück bemerkt der Reiter, auch wenn das Pferd ein Martingal trägt, daß es den Kopf hochwerfen will. Er sollte wissen, daß es ihn damit auffordert, seine Zügelführung freundlicher zu gestalten, und darauf reagieren!

Bei der Verwendung von Stoßzügeln und Ausbindezügeln ist das anders. Meist wird der Kopf des Pferdes damit von vornherein in eine Stellung gebracht, aus der heraus jeder Widerstand zwecklos ist. Ausbindezügel sind in der Regel nur beim Longieren und Voltigieren vertretbar.

Aufzäumen

Bevor man aufzäumt, nimmt man dem Pferd das Stallhalfter vom Kopf und legt es ihm um den Hals, damit es nicht weglaufen kann, während man die Zäumung ordnet. Oder man legt ihm die Zügel der Zäumung um den Hals und nimmt das Halfter ganz ab. Wie eigentlich alle Tätigkeiten rund ums Pferd geschieht auch das Aufzäumen von links. Nachdem man dem Pferd die Zügel um den Hals gelegt hat, nimmt man das Kopfstück in die rechte Hand. Man faßt es etwa in der Mitte der Backenstücke und trennt das rechte und das linke Backenstück durch den Zeigefinger. Die linke Hand liegt unter dem Gebiß. Wie ihr es schon vom Aufhalftern kennt, faßt die rechte Hand mit der Zäumung von unten um die Pferdenase. Während die linke Hand das Gebiß ins Maul schiebt, zieht die rechte das Kopfstück an der Pferdenase entlang hoch und über die Ohren. Nachdem man die Mähne so geordnet hat, daß sie über das Stirnband fällt und von Stirnband und Nackenstück nicht eingeklemmt wird, kann man die Schnallen schließen. Je nach Kopfstückmodell gibt es mehr oder weniger Schnallen. Bei dem Zaumzeug, das man gewöhnlich in Reitställen antrifft, sind der Kehlriemen und der Nasenriemen des Reithalfters zu verschnallen. Bei ersterem muß eine aufgestellte Hand zwischen Kehle und Riemen passen, bei letzterem zwei aufeinandergestellte Finger zwischen Nase und Zaum.

Die Zäumungen, die im Western- und Freizeitreiterbereich bevorzugt werden, haben oft gar keinen Kehlriemen, und das Sperrhalfter wird, wenn überhaupt, separat aufgelegt. So gibt es auch einen „Einohrzaum", der weder Kehlriemen noch Stirnband hat. Seinen sicheren Sitz am Kopf garantiert ein Riemchen ums Ohr. Für das Pferd ist ein solches Kopfstück sehr angenehm.

So prüft man die richtige Weite des Kehlriemens.

Der „Einohrzaum" ist als Kopfstück für Pferde sehr angenehm.

Nun mach doch mal das Maul auf!

Viele Pferde reagieren nicht gerade begeistert, wenn man sich ihnen mit der Trense nähert. Das ist verständlich, wenn man bedenkt, daß das Einlegen des Gebisses für sie zunächst einmal „Arbeit" bedeutet. Auch gehen Reiter dabei nicht immer rücksichtsvoll mit ihnen um. Schon junge Pferde machen oft schlechte Erfahrungen beim Auftrensen und beißen dann buchstäblich „die Zähne zusammen", sobald sie eine Trense sehen. Pferde, die sich nicht gern aufzäumen lassen, verdienen also unser Verständnis und sollten mit List und nicht mit Gewalt überzeugt werden. Knallt eurem Pferd also nicht ärgerlich die Trense gegen die Vorderzähne, wenn es nicht gleich das Maul öffnet. Das ist sehr unangenehm, wie ihr schnell herausfindet, wenn ihr euch selbst mal mit einem metallenen Teelöffel gegen die Schneidezähne schlagt, und nutzt gar nichts. Besser ist es, mit dem linken Daumen ins Pferdemaul zu fassen und auf den Laden, also eine der zahnlosen Stellen am Unterkiefer, zu drücken. Das löst einen Reflex aus und bringt das Pferd dazu, das Maul zu öffnen. Wenn ihr euch das noch nicht zutraut, hilft es auch, dem Pferd ein Stück Brot oder ein Apfelviertel mit der Trense zu reichen. Während es nach dem Leckerbissen faßt, könnt ihr sie ins Maul schieben.

Im Winter solltet ihr eurem Reitpferd die Trense übrigens nicht in eisgekühltem Zustand zumuten. Die Pferde werden es zu schätzen wissen, wenn ihr das Mundstück in warmes Wasser taucht oder wenigstens in der Hand etwas aufwärmt, bevor ihr es ihnen ins Maul schiebt.

Führen an der Trense

Es gibt zwei Möglichkeiten, ein aufgezäumtes Pferd richtig zu führen. Einmal kann man die Zügel über den Pferdekopf streifen, zum anderen läßt man sie auf dem Hals liegen. Die erste Methode wendet man vor allem an, wenn man das Pferd über längere Strecken führen will. Der beliebig zu verlängernde Zügel ermöglicht es dabei, das Pferd hinter sich gehen zu lassen und ihm überhaupt mehr Freiraum zu geben.

Einen über den Kopf gestreiften Zügel faßt man, wie den Strick des Stallhalfters, ca. eine Handbreit unter dem Pferdekinn mit der rechten Hand, der Zeigefinger trennt die Zügel. Die linke Hand hält die Zügelenden, wobei wieder darauf zu achten ist, daß sie auf keinen Fall um die Hand geschlungen werden.

Bei der zweiten Führmethode bleiben die Zügel auf dem Hals des Pferdes. Sie wird angewandt, wenn man ein Pferd nur eben zum Aufsteigen aus dem Stall führt. Auch hier faßt wieder die rechte Hand eine Handbreit unter dem Pferdekinn nach den Zügeln, und der Zeigefinger trennt den rechten und linken. Die linke Hand bleibt frei, hat aber häufiger als bei Methode eins die Aufgabe, das Pferd mit Hilfe einer Gerte zu eifrigerem Antreten zu veranlassen, denn ein aufmunterndes Zupfen am Zügel richtet hier weniger aus.

Übrigens schaut man das Pferd beim Führen nicht an. Es betrachtet es nämlich als Signal zum Anhalten, wenn man sich zu ihm umwendet.

Beim Führen über ein kurzes Stück bleiben die Zügel auf dem Hals liegen. Unterhalb des Pferdekinns teilt der Zeigefinger die Zügel.

▲ *So führt man ein Pferd über längere Strecken an den Zügeln.*

Lederpflege

Lederzeug, also Kopfstück, Sattel und Zubehör wie Martingal, Vorderzeug und Schweifriemen, muß in regelmäßigen Abständen gereinigt werden. Dazu öffnet man sämtliche Schnallen und zerlegt alle Ausrüstungsgegenstände in ihre Bestandteile. Sie werden dann zunächst mit Wasser und Sattelseife gründlich gereinigt und in einem trockenen, aber nicht geheizten Raum zum Trocknen gebracht. Auch in die pralle Sonne sollte man sie möglichst nicht hängen, weil das Leder davon leicht rissig wird. Das getrocknete Lederzeug wird anschließend gründlich gefettet. Es gibt dafür Spezialfett in den unterschiedlichsten Qualitäten. Nerzöl ist das beste, aber auch das teuerste. Bevor man die Sachen wieder zusammensetzt, läßt man das Fett eine Zeitlang einziehen und wischt dann alles mit einem weichen Lappen ab, um Fettreste zu entfernen.

Wildlederteile am Sattel werden nicht gewaschen und gefettet. Sie lassen sich mit Waschbenzin leicht reinigen.

Zur Lederpflege werden alle Teile auseinandergeschnallt.

Reiten ist eine Sprache

Im Kapitel über den Körperbau des Pferdes habt ihr vielleicht festgestellt, daß es viele Wörter und Ausdrücke in der Reitersprache gibt, die man erst kennen und anwenden lernen muß.

Noch wichtiger als die Verständigung mit dem Reitlehrer und den anderen Schülern ist aber die mit dem Pferd. Wer ein Pferd reitet, muß ihm deutlich machen, was er von ihm will. Dazu lernt man eine Zeichensprache.

Die „Wörter" und „Redewendungen" der Sprache „Reiten" nennt man *Hilfen*. Es sind Zeichen, die mit den Schenkeln, dem Kreuz oder – über die Zügel – mit den Händen gegeben werden. Für das Pferd sind sie leichter zu verstehen als gesprochene Worte, denn auch untereinander verständigen sich Pferde mehr durch Gebärden als durch Laute.

Wenn Pferd und Reiter die Sprache gut beherrschen, genügen ganz

▲ *Hier ersetzt ein Halsring die Zäumung.*

◀ *Reiten ohne Zaum und Zügel setzt Vertrauen zwischen Reiter und Pferden voraus.*

leichte Hilfen. Dann deutet man die Zeichen nur an, und das Pferd führt die Anweisungen aus.

Die Fotos auf diesen Seiten zeigen deutlich, daß sehr gute Reiter und Pferde nicht einmal Hilfsmittel wie Zaum und Zügel brauchen, um sich miteinander zu verständigen. Die Trense oder eine andere Zäumung macht es dem Reiter jedoch leichter, seine Wünsche zu äußern. Im Idealfall erfüllt der Zügel aber nur die Funktion einer Telefonleitung: Er übermittelt dem Pferd eure Anweisungen.

Wenn die Hilfen in der Sprache „Reiten“ die Worte sind, so entspricht die Kraft, die ihr bei der Hilfengebung aufwendet, der Lautstärke.

Der gute Reiter, der seine Hilfen unsichtbar gibt, ist so gesehen einem Schauspieler vergleichbar, der auf der Bühne flüstert und doch von allen verstanden wird. Er spricht leise, aber deutlich. Ein schlechter Reiter, der am Zügel zieht und gleichzeitig im Sattel hin und her schwankt, ist wie ein Mensch, der die Sprache eines anderen nicht beherrscht, ihn aber pausenlos anschreit, um das auszugleichen.

Im Reitunterricht übt man, dem Pferd die Zeichen klar und unmißverständlich zu geben. Das ist alles andere als einfach, denn man braucht dazu eine sehr gute Körperbeherrschung. Leider entwickelt die sich nicht von heute auf morgen!

Viele Menschen meinen, daß Reiten etwas mit Kraft zu tun habe. Der Reiter, so heißt es, müsse das Pferd beherrschen, er müsse der Stärkere sein. Das ist Unsinn, denn von der Kraft her ist der Reiter nie der Stärkere. Selbst ein kleines Shetlandpony könnte einen starken Mann umstoßen, wenn es wollte. Der Mensch muß im Umgang mit

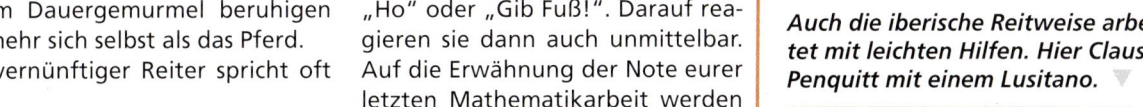

Versteht mich mein Pferd, wenn ich mit ihm rede?

Es gibt Reiter, die überhaupt nicht mit ihrem Pferd sprechen oder ihm allenfalls kurze Aufforderungen zurufen. Sie scheinen das Pferd für eine Art Moped zu halten, das statt mit Benzin mit Hafer gefüttert wird.
Andere wiederum reden pausenlos auf ihr Pferd ein und gehen ihrer Umwelt damit manchmal ganz schön auf die Nerven. Offensichtlich befürchten sie, daß ein Pferd, das man nicht ständig beruhigt und besänftigt, jede Gelegenheit nutzt, seinen Reiter umzubringen. Mit ihrem Dauergemurmel beruhigen sie mehr sich selbst als das Pferd.
Ein vernünftiger Reiter spricht oft und gern mit seinem Pferd. Er teilt ihm mit, was es gut oder schlecht gemacht hat, gibt ihm kleine Anweisungen oder erzählt ihm einfach nur so etwas. Im allgemeinen versteht das Pferd ihn dabei auch, denn Pferde haben ein feines Gespür für Stimmungen. Sie wissen, wann wir zufrieden oder unzufrieden sind und wie wir etwas meinen. Natürlich verstehen sie nur wenige Dinge wörtlich, z. B. häufig gebrauchte Befehle wie „Ho“ oder „Gib Fuß!“. Darauf reagieren sie dann auch unmittelbar. Auf die Erwähnung der Note eurer letzten Mathematikarbeit werden sie nicht so deutlich antworten, aber ihr könnt euch darauf verlassen, daß sie spüren, ob ihr darüber traurig oder erfreut seid. Pferde fühlen nämlich mit – im wahrsten Sinne des Wortes!
Alle Pferde lieben es, wenn man sie lobt und freundlich zu ihnen spricht, und sie merken auch, wenn man sie tadelt. Sie haben allerdings ein kurzes Gedächtnis, und so nutzt es nichts, wenn man sie nach dem Reiten oder nach dem Turnier für irgend etwas ausschimpft, das sie vor einer halben Stunde falsch gemacht haben. Pferde begreifen es nicht, wenn Menschen nachtragend sind.

„Jetzt will ich Dir mal was sagen ...“

Auch die iberische Reitweise arbeitet mit leichten Hilfen. Hier Claus Penquitt mit einem Lusitano.

dem Pferd der Klügere sein! Durch klar gegebene, leicht verständliche Zeichen, mit viel Lob und wenig Strafe bringt er das Pferd dazu, ihm gern zu gehorchen. Auch in Pferdeherden ist nicht unbedingt das stärkste Tier das ranghöchste, sondern das mutigste und erfahrenste.

Reiten ist eine Sprache, kein Zweikampf. Als kleines Mädchen ritt ich eine Zeitlang einen riesigen Kaltbluthengst. Er war sehr freundlich und befolgte fast alle meine Befehle, obwohl er sich garantiert nicht vor mir fürchtete.

Bei der Verständigung zwischen Reiter und Pferd ist es ebenso wie bei der zwischen Menschen: Ein kleines Mädchen, das chinesisch spricht, kann einen Chinesen leicht dazu bewegen, ein paar Schritte zur Seite zu gehen. Ein starker Mann, der dasselbe mit Gebrüll und Gewalt versucht, lernt womöglich Kung Fu kennen!

Eine gute Beziehung zwischen Reiter und Pferd besteht dann, wenn der Mensch eindeutig die Führung hat, sie aber nicht ständig durch Kraftanwendung aufrechterhalten muß. Natürlich gibt es auch unter den besten Reiter-Pferd-Paaren manchmal Streit. Es kommt nämlich vor, daß sich das Pferd einer Anweisung widersetzt, obwohl es sie verstanden hat. Dann muß der Reiter durchgreifen. Jeder gute Reiter wird euch jedoch versichern, daß viel mehr Schwierigkeiten zwischen Reiter und Pferd aus Mißverständnissen, denn aus Ungehorsam entstehen.

Grundsätzlich sollte man sich darum bemühen, daß die Beziehung zwischen Reiter und Pferd von Freundlichkeit und Harmonie bestimmt wird. Denn nur dann macht Reiten wirklich Spaß.

▲ *Die Verständigung zwischen Reiter und Pferd hat nichts mit Kraft zu tun. Dieser Junge reitet ein Kaltblutpferd beim St. Georgi-Osterritt in Traunstein.*

Dieser Reiter braucht kein Zaumzeug auf seinem geduldigen Pferd. Er zeigt im Pferdezentrum Reken vor Zuschauern den „leichten Sitz“. ▶

Reitweisen der Welt

Seit über 5000 Jahren reiten Menschen auf Pferden. Zu unterschiedlichen Zeiten und in verschiedenen Ländern entwickelten sich dabei verschiedene Reitweisen für unterschiedliche Zwecke. Mal wurde das Pferd im Krieg eingesetzt, mal zum Hüten von Rinderherden. Mal ritt man zum Vergnügen, mal brauchte man das Pferd dringend als Helfer bei der Arbeit. Die verschiedenen Reitstile sind keine verschiedenen Sprachen, denn die Sprache „Reiten" beruht auf natürlichen Reaktionen der Pferde, und die waren zu allen Zeiten gleich. Man kann sie aber mit den Dialekten unserer Sprache vergleichen.

◄ ***Ein ungarischer Pferdehirt des Gestütes Hortobagy in der Puszta.***

◄ ***„Ungarische Post" nennt sich diese Art des Reitens, die gern als Schaunummer vorgeführt wird.***

In Mitteleuropa trainierte man große, kräftige Pferde für den Krieg. Das Pferd sollte dabei ständig unter Kontrolle sein, man mußte seine natürliche Fluchtreaktion in der Schlacht unterdrücken. So benutzte man zunächst scharfe Zäumungen, um es unter den Willen seines Reiters zu zwingen. Später, als adlige Herren und Damen zum Vergnügen ritten, verfeinerte man die anfangs groben Hilfen zu einer Kunst. Die Übungen, die für den Kampf geschaffen wurden, entwickelten sich zum Tanz.

◄ ***Der Damensattel mit seitlichem Sitz ist seit dem Mittelalter bekannt. In England gibt es heute noch Dressurprüfungen bei Turnieren, die im Damensattel geritten werden.***

Das Vielseitigkeitsreiten (früher „Military") besteht aus Dressur, Springen und einem Geländeritt. Es diente ursprünglich zum Training und zur Leistungsprüfung von Armeepferden. ▼

Pferde und Reiter, die diese *Klassische Reitweise* perfekt beherrschen, kann man heute noch in den Schauvorführungen der Wiener Hofreitschule und einigen klassischen Reitschulen in anderen Ländern bewundern.

Überall auf der Welt setzte man Pferde auch zum Hüten der Viehherden ein. Die bekanntesten Hirten zu Pferde waren die Cowboys im Westen der Vereinigten Staaten.

Den berittenen Hirten ging es in erster Linie um Wendigkeit. Sie entwickelten Hilfen, die das Pferd veranlaßten, rasch hinter einem entlaufenen Rind herzusetzen, schnell zu stoppen und zu wenden. So entstand die Reitweise, die bei uns als *Western-Reiten* bekannt ist.

In Ländern, in denen das Pferd dazu diente, schnell und bequem zu reisen, züchtete man Pferde, die weiche Gangarten wie den Tölt gingen. Auch dazu mußten Hilfen entwickelt und gelernt werden.

Schauvorführung mit andalusischen Pferden.

Aus dem Reitstil der Cowboys im Westen der Vereinigten Staaten entwickelte sich das Western-Reiten.

Die weiche Gangart Tölt ermöglicht dem Reiter bequemes Sitzen auch über lange Strecken.

Beim Springen taten sich die Engländer und Iren hervor. Als leidenschaftliche Jäger züchteten und förderten sie Pferde, die jedes Hindernis nahmen, wenn es hinter einem Fuchs oder einem Hirsch herging. Der Sattel, den sie dazu entwickelten, wurde zum Vorbild unserer Vielseitigkeitssättel.

Der Reitstil, der in unseren Reitschulen gelehrt wird, ist eine Mischung zwischen der klassischen Dressurreiterei und der englischen Jagdreiterei.

In der deutschen Sprache hat er keinen eigentlichen Namen, man spricht von *Dressur* und *Springen*. In fast allen anderen Ländern nennt

Die Springreiterin Barbara Reiter mit Calle in einer Prüfung der schweren Klasse.

Die Schleppjagd hinter der Meute folgt in Deutschland aus Gründen des Tierschutzes einer künstlichen Spur.

Gina Smith aus Kanada mit Malte 3 in der Galopp-Pirouette, einer Lektion der klassischen Dressur.

man diese Art des Reitens die *Englische Reitweise*

Unter Freizeitreitern ist die *Leichte Reitweise* ein Begriff. Sie ist – vereinfacht gesagt – ein Mischstil zwischen Englischer und Western-Reitweise und wurde von der Reitlehrerin und Schriftstellerin Ursula Bruns und ihren Mitarbeitern entwickelt.

Die „Leichte Reitweise" ist für alle gut geeignet, die entspannt und in Harmonie mit ihrem Pferd im Gelände reiten wollen.

Sie macht aber, ihrem Namen zum Trotz, das Reiten nicht leichter, als es nun einmal ist. Allenfalls erleichtert sie den Einstieg. Sie ist sehr reiter- und pferdefreundlich und eine gute Grundlage für das Erlernen jedes anderen Reitstils.

Wie ihr seht, liegen die Unterschiede der Reitweisen in ihren Ursprüngen begründet. Es gibt keine guten oder schlechten, richtigen oder falschen Reitweisen, und ihre Ausübung ist auch nicht zwingend an den Besitz einer speziellen Pferderasse gebunden. Klar, ein Quarter Horse eignet sich vom Körperbau her besser zum Western-Reiten als z. B. ein Isländer.

Aber wenn man nicht gerade die Teilnahme an Meisterschaften anstrebt, macht das nicht allzuviel aus.

Wichtig ist wieder nur eines: Pferd und Reiter müssen die Hilfen kennen und verstehen. Je perfekter sie einen Dialekt der Sprache Reiten beherrschen, desto mehr Spaß haben beide daran.

▲ ***Die „Leichte Reitweise" ist reiter- und pferdefreundlich: Piroschka im Geschicklichkeits-Parcours.***

Entspanntes Reiten im leichten Sitz, hier mit Handpferd. ▼

Verständigungsprobleme können in der besten Partnerschaft vorkommen. ▼

Nicht wild, aber Western – Reiten im Westernstil

Western-Reiten – bis vor einigen Jahren kannte man diesen Reitstil nur aus Film und Fernsehen. Beim Anblick eines Mannes mit Cowboyhut dachte man unweigerlich an waghalsige Verfolgungsjagden zu Pferd und Prügeleien.

Vom Bild des Reiters in Fernsehfilmen muß man sich jedoch freimachen, wenn man wirklich etwas über die Reitweise erfahren will, die sich aus der Arbeit der amerikanischen Viehhirten entwickelt hat. Filmcowboys sind schließlich keine Cowboys, sondern Schauspieler, und die sitzen leider meist genauso traurig im Westernsattel wie ihre hiesigen Filmkollegen auf dem Dressur- oder Springpferd.

Tatsächlich ist Western-Reiten heute eine ernstzunehmende Alternative zur „englischen" Art der Reiterei. Wer entsprechende Kurse belegt, kann sein Pferd in dieser Reitweise ausbilden und dann auch an Turnieren und Schauen teilnehmen.

Wie eigentlich jeder Reitstil, so geht auch das Western-Riding auf die „klassische Reitweise" zurück. Es hat seinen Ursprung in der *Iberischen Reitweise*, die spanische Siedler mit nach Kalifornien brachten.

Auch der Western-Reiter wünscht sich ein Pferd, das versammelt geht, den Rücken hergibt und auf leichteste Hilfen reagiert. Die Grundlage seiner Reiterei ist nicht das Rodeo – das war immer nur ein rauher Spaß für Leute mit Sinn für fragwürdige Vergnügungen –, sondern die Erziehung des Pferdes zum Mit-

Rasante Aktion …

… und plötzlicher Stop – Westernpferde in der Reining.

Diese Disziplin mit Rindern heißt „Cutting".

Völlige Konzentration – Ein Paint Horse wartet auf seinen Einsatz.

Vom Zusehen am Rand der Reitbahn kann man viel lernen.

machen und Mitdenken. Die kalifornischen *Vaqueros* entwickelten dazu eine Ausbildungsmethode, die nicht nur perfekte „Cowponys", sondern auch erstklassige Freizeitpferde hervorbringt. Die Unterschiede zwischen Western-Reiten und Englischem Reitstil ergaben sich dabei aus der Umgebung und den Umständen, unter denen die Reitweisen entstanden.

Die Ursprünge

Im Westen der USA hielten die Nachkommen der ersten Einwanderer riesige Rinderherden. Die Tiere liefen frei in den weiten Steppen- und Grasgebieten. Es wäre viel zu teuer gewesen, diese mit Holz einzuzäunen, und der Stacheldraht war damals noch nicht erfunden. Also ließ man die Tiere durch berittene Hirten überwachen, zusammentreiben und auch mal über längere Strecken lotsen, wenn eine Herde verkauft oder neu angeschafft werden sollte.

Nun treibt man Rinder im allgemeinen nicht im Galopp zusammen. Statt dessen reitet man im Schritt oder Trab, manchmal auch ruhigem Galopp, neben der Herde her und lenkt sie so behutsam in die richtige Richtung. Über Stunden tat sich wahrscheinlich nichts beim Viehtrieb, der Reiter saß entspannt und locker auf seinem Pferd. Der Zügel hing dabei durch, und der Reiter trieb oder verhielt nur, wenn er wirklich etwas von dem Pferd wollte. Aus diesem langsamen und gelassenen Reiten wurde später die Turnierdisziplin *Pleasure* (das spricht sich „Pläscher"). Wörtlich übersetzt heißt das „Vergnügen", Reiten ohne Anstrengung und Streß.

Gelegentlich haben allerdings auch Rinder ihre wilden fünf Minuten. Mitunter brach urplötzlich eines aus, und der Cowboy mußte sein bisher dahintrottendes Pferd ebenso schnell beschleunigen, um das Tier zurück zur Herde zu treiben. Dies geschah mittels Bewegungen, die der *Englische Reitstil* ebenfalls kennt. Wendungen auf der Hinterhand waren z. B. ständig nötig, und der *Spin*, das Drehen auf der Hinterhand, ist der Pirouette verwandt. Beim Viehtreiben mußte jedoch alles schnell gehen. Das Rind wartete schließlich nicht, bis der Cowboy das Pferd in der Manier englischer Reiter versammelt und durch systematische Kreuz- und Schenkeleinwirkung in Gang gebracht hatte.

Das Westernpferd lernte folglich, auf leichteste Hilfen blitzschnell zu reagieren. Aus der Arbeit mit den Rindern entstand die „Western-Dressur", die *Reining*.

So ein richtiges Viehtrieb-Pferd durfte auch in keiner Situation scheuen und mußte immer gelassen bleiben. Schließlich galt es, reißende Flüsse zu überqueren, auf schmalen Pfaden an Abgründen entlangzulaufen und Dornengestrüpp auszuweichen.

Geländeschwierigkeiten und Geschicklichkeit im Umgang mit Hindernissen simuliert heute die Turnierdisziplin *Trail*, bei der es z. B. zu den grundlegenden Aufgaben gehört, ein Tor vom Pferd aus zu öffnen und wieder zu schließen.

Freizeitsport

Western-Reiten ist ein Stil, der heute auch außerhalb Amerikas immer mehr Freunde findet. Das *Quarter Horse*, die Pferderasse, die sich am besten dazu eignet, weil sie Kraft, Schnelligkeit und Gelassenheit miteinander verbindet, ist die zahlenmäßig stärkste Pferderasse der Welt. Man kann Western-Riding allerdings auch mit allen anderen Pferderassen betreiben.

Im übrigen lohnt sich die Beschäftigung mit den Ausbildungsmethoden und Hilfsmitteln der Westernreiter auch dann, wenn man sich nicht zum Umstieg entschließen will. Vieles ist sehr durchdacht und logisch aufgebaut.

Und wer regelmäßig und bei jedem Wetter im Gelände reiten will, der darf auch ruhig zum Cowboyhut greifen. Es gibt keinen besseren Regenschutz als einen guten Stetson!

Das erste Wörterbuch

Aufsitzen

So ein Pferd, selbst ein Pony, ist ziemlich hoch. Um es fachgerecht zu besteigen, muß man die richtige Methode kennen und üben. Macht euch also nichts daraus, wenn es die ersten Male nicht ohne Hilfe klappt.

Es gibt zwei Möglichkeiten, korrekt und elegant aufs Pferd zu kommen. Im Reitstall wird wahrscheinlich die erste gelehrt, denn sie ist geeigneter, wenn ein kleiner Mensch auf ein großes Pferd will.

Also: Nachdem ihr euch noch einmal überzeugt habt, daß der Sattelgurt wirklich festgezogen ist, stellt ihr euch auf die linke Seite des Pferdes. Euer Rücken ist dem Pferdekopf zugewandt, ihr schaut also in Richtung Pferdeschweif. Die rechte Hand faßt zunächst den Steigbügel und dreht ihn nach außen, so daß ihr den linken Fuß hineinsetzen könnt. Die Trittfläche muß unter eurem Fußballen liegen.

Die rechte Hand greift jetzt an den Sattelzwiesel oder, wenn ihr nicht groß genug seid, ans Sattelblatt. Ihr holt Schwung, indem ihr euch mit dem rechten Fuß kräftig abdrückt, und schwingt das rechte Bein über den Pferderücken.

Bitte achtet dabei auf folgendes: Der Zügel soll während des Aufsitzens leichten Kontakt mit dem Pferdemaul halten, damit das Pferd nicht nach vorn wegläuft. Geht es rückwärts, so habt ihr ihn zu kurz genommen.

Die linke Fußspitze darf sich nicht zwischen die Rippen des Pferdes bohren, während ihr aufsteigt. Begreiflicherweise mögen Pferde das ebensowenig wie eine Berührung ihrer Kruppe mit eurem rechten

Wie ermittelt man die richtige Steigbügellänge?

Wenn man von der Steigbügellänge spricht, ist damit natürlich die Länge des Steigbügelriemens und nicht die der Metallbügel gemeint. Sie hängt von der Beinlänge des Reiters und der Reitweise ab. Der Dressurreiter bevorzugt längere Bügel als der Springreiter; Westernreiter und Gangpferdereiter schnallen sie meist länger als solche, die nach der leichten Reitweise gelernt haben. Faustregel ist, daß der Steigbügel einschließlich Riemen so lang sein soll wie der Arm des Reiters von der Achselhöhle bis zu den Fingerspitzen. Das läßt sich schnell vor dem Aufsitzen ausprobieren und bietet eine gute Basis für die Feineinstellung vom Sattel aus. Anfänger neigen übrigens dazu, ihre Steigbügel zu kurz zu verschnallen, da sie meinen, in kürzeren Bügeln besseren Halt zu finden. Tatsächlich hat man aber nur dann einen sicheren Sitz, wenn man in der tiefsten Stelle des Sattels sitzt. Nur dann liegen auch die Knie leicht am Sattel an und können in Notsituationen fest angedrückt werden. Zu kurze Bügel bringen einen zu weit nach hinten. Wenn eure Knie also nicht mehr leicht an den Sattel angelegt werden können und womöglich sogar abstehen, wenn ihr euch locker hinsetzt, sind die Bügel zu kurz.

So kann man vom Boden aus die richtige Steigbügellänge feststellen.

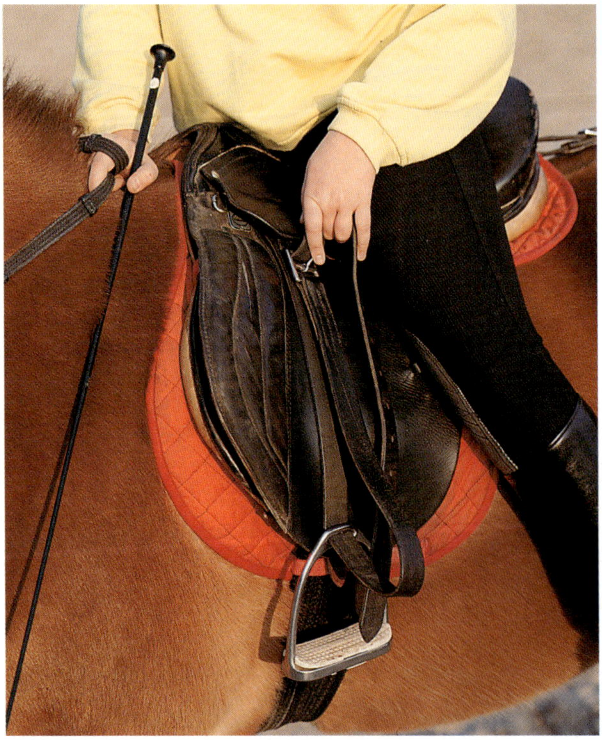

Janine korrigiert die Steigbügellänge vom Pferd aus.

Zum Aufsitzen stellt ihr euch an die linke Seite des Pferdes und stellt den linken Fuß in den Bügel.

Jetzt Schwung nehmen und das rechte Bein über die Kruppe schwingen.

Dann in den Sattel gleiten, nicht plumpsen. Memory möchte am liebsten gleich loslaufen.

Bein. Grundsätzlich solltet ihr aufs Pferd gleiten und nicht fallen! Manche Pferde ächzen richtig, wenn ihr Reiter ihnen in den Rücken plumpst. Ihr könnt das vermeiden, indem ihr zunächst die Knie anlegt, bevor ihr euer Gewicht langsam in den Sattel sinken laßt.

Wenn ihr nun oben seid, nehmt ihr auch mit dem rechten Fuß den Steigbügel auf. Beide Bügel müssen immer unter euren Fußballen sitzen. Das ist sehr wichtig, falls ihr einmal herunterfallt. Denn wenn ihr zu tief in den Bügel rutscht, könnt ihr bei einem Sturz leicht darin hängenbleiben.

Hattet ihr während des Aufsitzens das Gefühl, euer Sattel säße nicht ganz fest, solltet ihr vor dem Losreiten nachgurten. Ihr nehmt dazu das rechte Bein noch einmal aus dem Steigbügel und legt es vor das Sattelblatt. Das klappt ihr nach oben und greift mit der rechten Hand nach dem ersten Gurtstrupfen. Ihr verkürzt den Gurt, indem ihr ihn nach oben zieht. Der Zeigefinger ertastet dabei die Schnalle und drückt den Dorn in das nächste oder übernächste Loch. Anschließend wiederholt ihr dasselbe mit dem zweiten Gurtstrupfen.

Ihr werdet schnell feststellen, daß das Festgurten vom Pferderücken aus leichter ist als von unten. Ein bißchen Übung gehört allerdings dazu.

Die zweite Methode, aufs Pferd zu kommen, wird überall da bevorzugt, wo große Menschen kleine Pferde reiten. Sie bietet weniger Schwung, hat aber den großen Vorteil, daß man dabei immer in dieselbe Richtung schaut wie das Pferd. Man merkt dann gleich, wenn es ein paar Schritte vor oder zurück gehen oder gar scheuen will.

Bei dieser Methode steht man zum Aufsteigen mit dem Gesicht zum Pferdekopf etwa auf Höhe des Sattels. Man setzt den linken Fuß so in den nach außen gedrehten Bügel, als wolle er auf eine Treppe steigen. Dann drückt man sich ab und hebt wieder das rechte Bein über die Kruppe.

Warum steigt man von links aufs Pferd?

Die Gewohnheit, alles, was man mit dem Pferd tut, von links zu beginnen, hängt zum einen damit zusammen, daß die Mehrzahl der Menschen Rechtshänder ist und es deshalb bevorzugt, beim Führen eines Pferdes links zu gehen und rechts zu führen. Zum anderen hat sie ihren Ursprung auch darin, daß das Pferd in früheren Zeiten häufig von bewaffneten Männer geritten wurde, die links das Schwert trugen. Von diesem sperrigen Teil wären sie sehr behindert worden, hätten sie ihr Pferd von rechts bestiegen. Obwohl heute keiner mehr Schwerter trägt, hält man in Reiterkreisen hartnäckig daran fest, daß das Aufsteigen grundsätzlich von links erfolgen sollte. Dabei ist es eine gute Übung für das Gleichgewicht und gegen die Einseitigkeit des Rechtshänders, alles, was man mit Pferden von links macht, auch von rechts auszuprobieren. Das ist nämlich gar nicht so einfach! Und auch den Pferden tut es gut, wenn die tägliche Routine manchmal durchbrochen wird.

Aufsteigen mit dem Blick zum Kopf des Pferdes .

Von rechts geht es auch!

Absitzen

Das Wichtigste beim Absteigen: zunächst beide Füße aus den Steigbügeln nehmen. Erst dann schwingt ihr das rechte Bein über die Kruppe und laßt euch herabgleiten. Steckt nämlich ein Fuß noch im Bügel, während ihr absteigt, und das Pferd erschrickt plötzlich, springt zur Seite oder macht einen Satz, so könnt ihr leicht im Bügel hängenbleiben und mitgeschleift werden. Auch das Absteigen sollte – diesmal im Interesse des Reiters – eine gleitende und keine plumpsende Bewegung sein. Die „Landung" kann nämlich sehr unangenehm sein, wenn man sie nicht abfedert.

Abgesessen: Beide Füße aus den Bügeln nehmen, im Sattel aufstützen . . .

. . . und langsam herabgleiten.

Der richtige Sitz

Der richtige Sitz auf dem Pferd ist die Grundlage für gutes Reiten. Er bietet den Ausgangspunkt für die Hilfen, also für die „Worte", die man bei der Verständigung mit dem Pferd verwendet. Zudem ermöglicht er dem Reiter einen sicheren Halt und gewährleistet, daß man nicht gleich bei jedem Seitensprung des Pferdes herunterfällt.

Bleiben wir zunächst bei diesem Sicherheitsaspekt des richtigen Sitzes. Stellt euch einmal vor, ihr ständet im Meer und eine Welle käme auf euch zu. Natürlich wollt ihr nicht, daß sie euch umwirft. Probiert mal aus, wie ihr euch ihr entgegenstellen würdet: Beine und Oberkörper steif, Fußspitzen nach außen und Gewicht nach hinten verlagern? Natürlich nicht. Aber Fußspitzen nach vorn gestellt, in Knien und Fußgelenken federn und Oberkörper vielleicht etwas vorgeneigt? Richtig, so kann euch nichts umwerfen! Euer Gesäß befindet sich jetzt zwangsläufig über den Füßen, und euer Rücken ist gerade, die Schultern zurückgenommen. Dies ist genau die Haltung wie beim richtigen Sitz auf dem Pferd. Denn auch hier hat man Bewegungen unter sich zu erwarten, auf die man reagieren muß und die einen nicht „umwerfen" sollen. Wenn ihr die „Wellenhaltung" über einem Stuhl probiert und Fuß- und Oberkörperhaltung beim Hinsetzen beibehaltet, seid ihr dem perfekten Sitz schon recht nahe!

Janine zeigt den richtigen Sitz: Gerader, aufrechter Oberkörper, die Oberarme liegen mit angewinkelten Ellenbogen leicht am Körper an, die Hände stehen aufrecht zu Fäusten geballt und werden über dem Mähnenkamm „getragen", die Fußspitzen zeigen nach vorn, die Absätze bilden den tiefsten Punkt des Reiters, und die Unterschenkel liegen gerade am Gurt.

Auf dem Fahrrad sitzt man ganz selbstverständlich gut ausbalanciert.

An der richtigen Fuß- und Beinhaltung sollte sich auch dann nichts verändern, wenn man sich zum Test in die Bügel stellt.

Noch ein Beispiel für den „richtigen Sitz im Alltag“: Beobachtet mal eure Freunde, wenn sie auf ihrem Fahrrad sitzen und es einen Hügel hinunterrollen lassen! Ihr werdet feststellen, daß auch bei ihnen die Füße genau unter dem Gesäß liegen. Dieses wiederum sitzt locker im Sattel. Kein Radfahrer käme auf den Gedanken, es zusammenzukneifen oder sich mit den Pobacken auf seinem Fahrradsattel herumzulümmeln!

Auf dem Fahrrad die richtige Haltung zu finden ist einfach, denn wenn man hier nicht ausbalanciert sitzt, fällt der Drahtesel um. Beim Pferd ist das natürlich nicht so, denn es hat bekanntlich vier Beine und einen gesunden Gleichgewichtssinn, mit dessen Hilfe es auch das Gewicht eines schiefsitzenden Reiters ausbalancieren kann. Schön findet es das allerdings nicht, und eine geeignete Ausgangsbasis für gelungene „Gespräche“ ist eine solche Reiter-Pferd-Beziehung keineswegs.

Solange man noch nicht sicher ist, richtig und im Gleichgewicht zu sitzen, sollte man sich gelegentlich testen: Faßt in die Mähne und stellt euch in die Steigbügel, als wolltet ihr besagte „Welle“ auffangen.

Wenn die Beine dabei an ihrem Platz bleiben und nicht nach vorn oder hinten verlagert werden müssen, seid ihr auf dem richtigen Weg.

Nun zu den Einzelheiten des richtigen Sitzes. Beginnen wir mit dem Oberkörper. Gerade und hochaufgerichtet darf er eher eine Tendenz nach vorn als nach hinten zeigen. Die Schultern sind leicht zurückgenommen. Auf keinen Fall einen Buckel machen! Ein zusammengesunkener Reiter belastet ein Pferd nämlich doppelt so sehr wie einer, der seinen Oberkörper selbst trägt! Außerdem kann er weder Kreuz- noch Zügelhilfen ordentlich geben. Die richtige Oberkörperhaltung habt ihr übrigens immer, wenn ihr freihändig radfahrt (bitte nicht im Straßenverkehr üben!), wenn ihr auf irgend etwas balanciert (Schwebebalken) oder jongliert, kurz immer dann, wenn es auf Balance und Gleichgewicht ankommt.

Balancieren geht nur mit geradem Rücken. So soll die Rückenhaltung auch beim Reiten sein.

Die Oberarme des Reiters liegen leicht am Körper an, die Ellenbogen werden angewinkelt, und die Hände hält man zu Fäusten geballt aufrecht. Sie werden, etwa eine Handbreit über dem Mähnenkamm, „getragen", d. h. frei gehalten. Die Gerte trägt man in der Regel so in der Hand, daß sie nach hinten zeigt. Das ist sinnvoll, denn man setzt sie meist hinter dem Sattelgurt ein, um die Hinterhand, den „Motor" des Pferdes, zu aktivieren. Nach vorn sollte nicht mehr als ihr Knauf über die Zügelfaust herausragen.

Die Füße des Reiters zeigen nach vorn, die Zehen tendieren eher etwas nach innen als nach außen, denn ihr wollt dem Pferd ja nicht die Absätze in den Bauch bohren. Die Absätze sollen den tiefsten Punkt des Reiters bilden. Dadurch verliert man nicht so leicht den Steigbügel. Außerdem wird durch richtige Haltung des Fußes auch die Haltung von Oberschenkel, Unterschenkel und Knie leichter. Die Innenseite des Fußes liegt am inneren Bügelrand und wird verstärkt belastet. Auch dadurch kommen Oberschenkel, Unterschenkel und Knie in die richtige Lage. Die Oberschenkel und die Knie sollen übrigens locker am Pferd bzw. am Sattel anliegen. Mit dem Begriff „Knieschluß", den man häufig hört, ist kein dauerndes Pressen gemeint, sondern nur die Bereitschaft, die Knie fest ans Pferd zu nehmen, wenn eine Situation brenzlig wird.

Die Unterschenkel fallen vom Knie abwärts gerade nach unten. Sie liegen direkt über dem Sattelgurt, „am Gurt", wie man richtig sagt. Wenn man ein Großpferd reitet, liegen sie am Pferd an. Beim großen Reiter auf einem Pony ist das nicht der Fall. Hier werden die Hilfen, die man sonst mit dem Unterschenkel gibt, mit der Kniepartie gegeben. Dem Pferd ist das egal. Macht auf einem Pony also bloß nicht die Steigbügel kürzer oder zieht die Unterschenkel hoch!

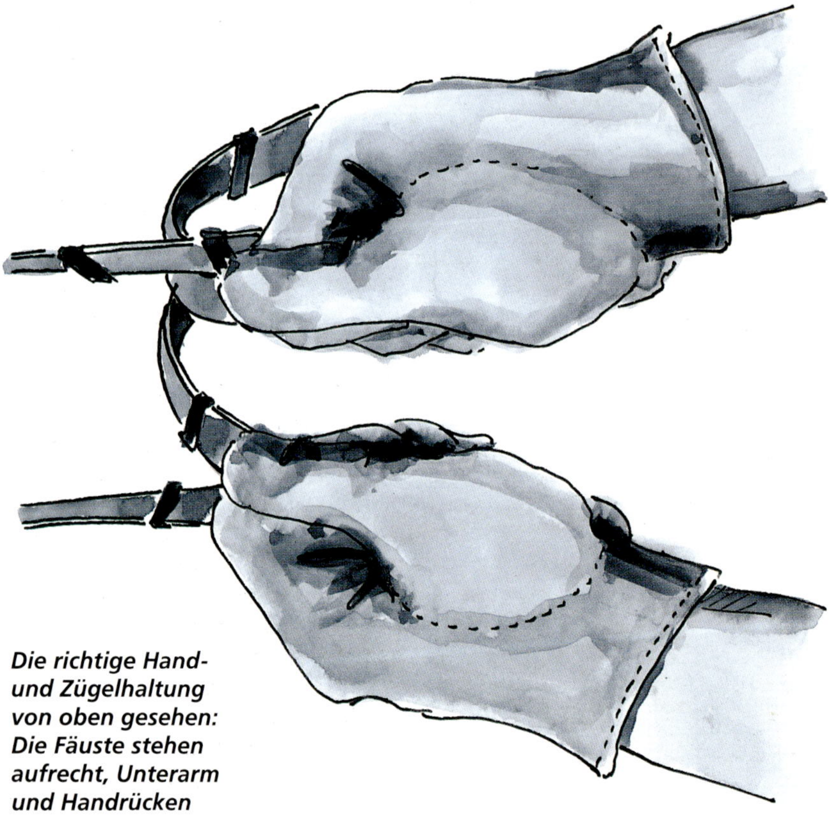

Die richtige Hand- und Zügelhaltung von oben gesehen: Die Fäuste stehen aufrecht, Unterarm und Handrücken bilden eine Linie.

Vorwärts!

Da seid ihr nun also aufs Pferd gekommen, habt euch zurechtgesetzt und möchtet losreiten. Wie aber bringt man das Pferd korrekt in Bewegung, wie reitet man an?

Ganz sicher nicht, indem man mit beiden Beinen ausholt und ihm die Absätze in die Rippen stößt. Auch wenn ein Pferd nach einer solchen Behandlung meist erschrocken vorwärts stolpert, hat sie mit Verständigung zwischen Pferd und Reiter wenig zu tun.

Vernünftige Reiter melden dem Pferd zunächst ihre Anwesenheit: Ruhig und keinesfalls ruckartig nehmen sie die Zügel auf und stellen so eine direkte Verbindung zum Pferdemaul her. Damit weiß das Pferd: Die Arbeit beginnt. Es antwortet wahrscheinlich mit einem freundlichen Ohrenspiel: Es richtet seine Ohren abwechselnd nach hinten zum Reiter und nach vorn, denn es nimmt selbstverständlich an, daß es jetzt gemeinsam in diese Richtung losgeht. So ist es meist gar nicht so schwer, es zum Antreten zu bringen. Routinierte Pferde laufen in der Regel gleich los, sobald man die Schenkel etwas anlegt und die Zügel lockert. Trotzdem wollen wir uns den ganzen Vorgang des Anreitens genau ansehen, denn dabei lernt ihr bereits drei wichtige Hilfen kennen, die euch beim Reiten immer wieder begegnen werden.

Nehmen wir uns zunächst noch einmal die Kontaktaufnahme vor. Das leichte Annehmen und gleich wieder Nachgeben der Zügel, das eigentlich nur aus einem kleinen Einrollen einer Zügelfaust besteht, nennt man eine *Halbe Parade*. Es hat den Sinn, das Pferd aufmerksam zu machen, bedeutet also so etwas wie „Achtung!“. Wenn das Pferd diese Ankündigung kennt und versteht, weiß es, daß ihr jetzt gleich einen Befehl geben werdet.

Mit der „Halben Parade“ lernt ihr die erste *Zügelhilfe* kennen. Und dazu solltet ihr euch gleich eine wichtige Grundregel merken: Eine Zügelhilfe kommt nie allein, sondern wird immer mit einer anderen Hilfe gekoppelt. Im Falle der halben

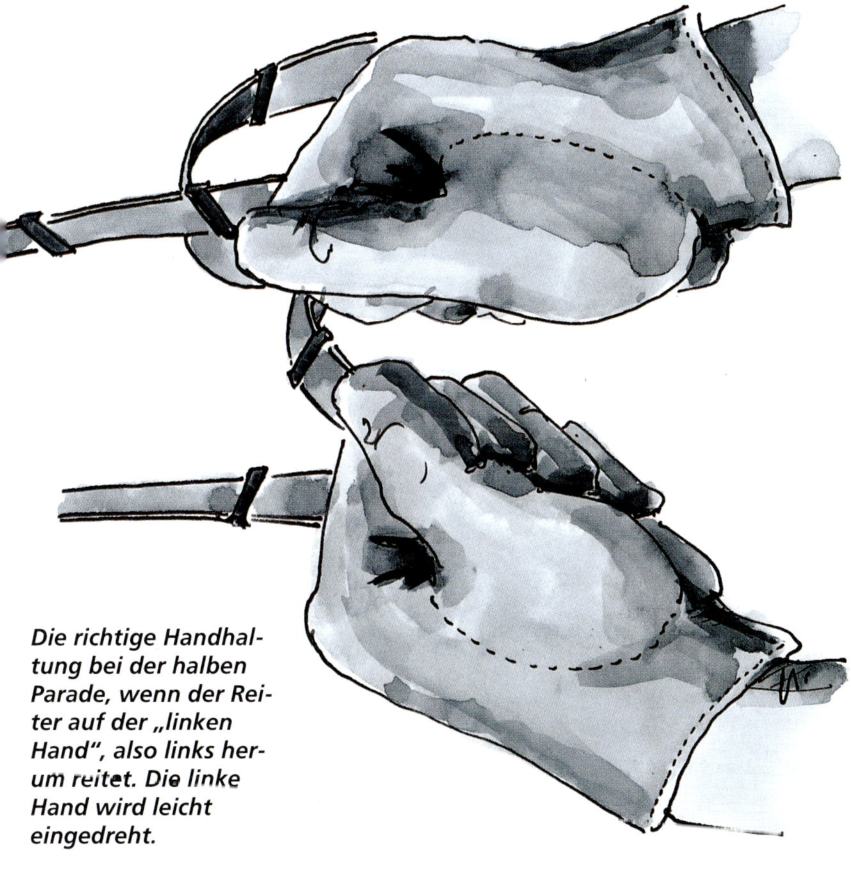

Die richtige Handhaltung bei der halben Parade, wenn der Reiter auf der „linken Hand“, also links herum reitet. Die linke Hand wird leicht eingedreht.

Warum muß man dauernd treiben?

Viele Reitschüler, die Mühe haben, ihre unwilligen Schulpferde in Bewegung zu halten, blicken neidisch auf die Besitzer übermäßig heftiger Privatpferde. Einmal möchten sie ein Pferd reiten, das man nicht treiben muß!

Tatsächlich braucht jedoch ein Pferd, das „unter dem Reiter wegläuft“, treibende Hilfen genauso wie ein faules. Treibende Hilfen, besonders die Kreuzhilfe, sollen es ja nicht nur vorwärts treiben, sondern auch seine Haltung unter dem Reiter verbessern. Ein Pferd, das sehr heftig ist und immer nur festgehalten wird, neigt dazu, seine Vorhand stärker zu belasten als seine Hinterhand. Seine Gänge werden dadurch kürzer und trippelnd und sind für den Reiter nicht gerade angenehm zu sitzen. Oft merkt der Reiter das aber gar nicht, denn sein ständiger Kampf mit den Zügeln und seine Furcht davor, daß das Pferd ihn gleich absetzt, verhindern, daß er gut und entspannt sitzt. Ein Pferd, das sich nicht treiben läßt, ist ein schlecht gerittenes Pferd, auch wenn sein Reiter das nicht wahrhaben will.

Ärgert euch also nicht über das Schulpferd, das euch die Kunst des Treibens gründlich beibringt. Auf die Dauer macht das Reiten nämlich mehr Spaß, wenn man es kann.

Parade ist diese ergänzende Hilfe eine „Kreuzhilfe".

Kreuzhilfen gehören zu den treibenden Hilfen, das heißt, sie signalisieren dem Pferd, daß es seine Hinterhand verstärkt betätigen soll. Die Hinterhand soll das Hauptgewicht von Pferd und Reiter tragen. Tut sie das nicht und das Pferd belastet mehr die Vorhand, sitzt der Reiter unbequem. Wichtiger noch ist, daß die Beine des Pferdes dabei leiden. Es liegt also im Interesse von Pferd und Reiter, daß ihr die Kreuzhilfen möglichst schnell erlernt.

Im Grunde ist eine Kreuzhilfe – man spricht übrigens auch von „Kreuz anspannen" oder „mit Kreuz reiten" – ein Nach-vorn-Schieben des Pferdes mit Hilfe des Beckens. Die Bewegung ähnelt der, die man macht, um einen Schaukelstuhl in Bewegung zu bringen, ohne sich mit den Füßen abzustoßen. Probiert es mal! Auch eine richtige Schaukel „treibt" man mit Kreuzhilfen an. Hier braucht man jedoch sehr viel Schwung und lehnt den Oberkörper deshalb stark nach hinten. Das ist beim Reiten nicht erwünscht. Der Oberkörper soll gerade bleiben und ruhig gehalten werden. Beobachtet mal Leute, die einen Hula-Hupp-Reifen perfekt kreisen lassen können. Auch sie spannen dabei das Kreuz an (wenn es bei ihnen auch mehr auf eine kreisende, denn auf eine schiebende Bewegung hinausläuft) und halten den Rücken dabei ganz gerade.

Kreuzhilfen werden in der Englischen Reitweise fast bei jedem Schritt gegeben. Der Bewegungsrhythmus des Pferdes gibt vor, wann man das Kreuz anspannt und entspannt. Besonders Schritt und der Galopp versetzen das Becken in schwingende Bewegungen. Ihr braucht ihnen nur noch zu folgen und sie dabei durch Kreuzhilfen zu unterstützen. Mit der Zeit wird euch das in Fleisch und Blut übergehen.

Mit Schritt am langen Zügel beginnt und endet jede Reitstunde .

Petra spannt das Kreuz an und bewirkt damit Memorys runde Haltung. ▶

Leider machen Reitschüler bei ihren ersten Versuchen mit Kreuzhilfen meist die Erfahrung, daß das Pferd nicht darauf reagiert. Viele Schulpferde sind ihren Reitern gegenüber nämlich ziemlich abgestumpft. Jeden Tag müssen sie sich mit drei bis vier Anfängern herumplagen, die ungeschickt auf ihrem Rücken sitzen, an den Zügeln zerren und ihnen die Fersen in die Bäuche stoßen. Schulpferde sind geduldig und nehmen das nicht mehr besonders übel. Aber Hilfen, die nicht ganz richtig gegeben werden, beachten sie einfach nicht, und so gehen auch eure ersten Versuche, eine Kreuzhilfe zu geben, meist unter. Anders ausgedrückt: Die meisten Schulpferde sind wie euer Englischlehrer: Sie wollen den Satz nicht ungefähr richtig, sondern grammatisch astrein und von der Aussprache her deutlich!

Die dritte Hilfe, die ihr beim Anreiten lernt, ist die *vorwärtstreibende Schenkelhilfe*. Sie besteht einfach darin, daß man mit beiden Schenkeln, die *am Gurt* anliegen, Druck auf die Seite des Pferdes ausübt. Die Betonung dabei liegt auf Druck, jedes Hämmern mit den Schenkeln ist unerwünscht. Reagiert das Pferd auf diesen Druck nicht, so unterstützt man die Hilfe mit einem Gertenklaps. Auf keinen Fall darf die Schenkelhilfe in Tritte ausarten!

Übrigens: Schenkelhilfen und Zügelhilfen sind keine Dauereinrichtungen. Man nimmt den Zügel an, aber man läßt ihn auch wieder lockerer. Man übt mit dem Schenkel Druck aus, aber man hört damit auf, sobald das Pferd angetreten ist. Wenn die Hilfe nicht mehr gegeben wird, weiß das Pferd, daß es seine Aufgabe zur Zufriedenheit des Reiters erfüllt hat. In die Menschensprache übersetzt hieße dieses Nachlassen der Hilfe so etwas wie „Gut, danke!" oder „Okay, das war's!"

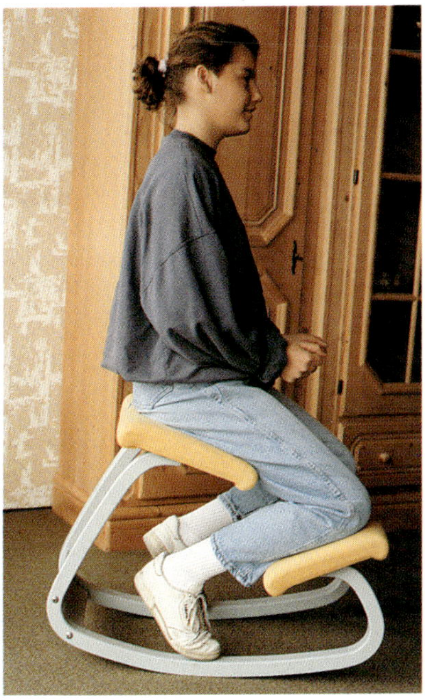

Auf diesem Stuhl kann man die Kreuzhilfen üben.

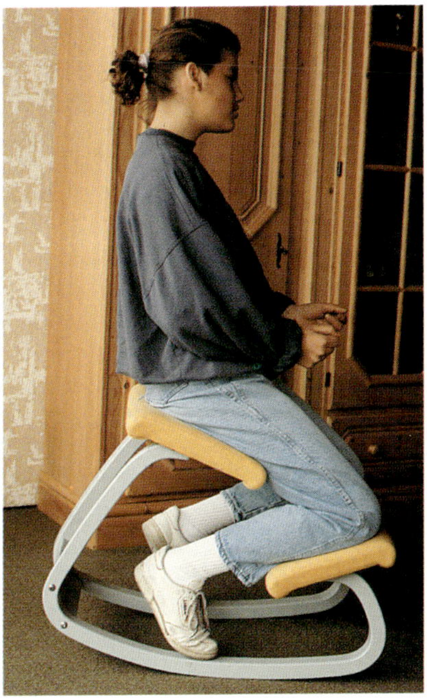

Gerader Rücken, Kreuz anspannen, und schon gerät der Stuhl ins Schwingen.

Die Fußfolge im Schritt:
hinten links,
vorne links,
hinten rechts,
vorne rechts.

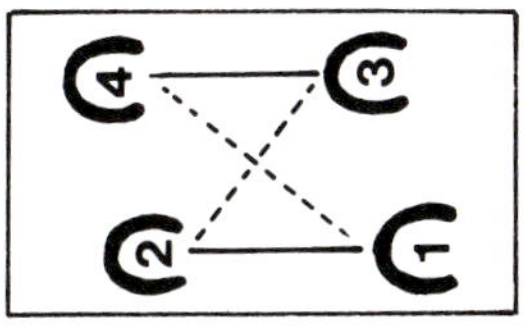

Gersemi wird Reitpferd – Pferdeausbildung ohne Rodeo

Gersemi ist eine vierjährige Araberstute.

Ebenso wie ein junger Reiter lernen muß, Hilfen zu geben und sich dem Pferd verständlich mitzuteilen, muß auch ein junges Pferd in die Bedeutung der Zeichen eingewiesen werden, aus denen die Sprache „Reiten" besteht. Ich denke, daß es euch interessiert, wie so etwas vor sich geht, auch wenn ihr selbst erst am Anfang der Reitausbildung steht und noch lange nicht daran denken könnt, selbst ein Pferd zuzureiten. Deshalb zeigen euch die folgenden vier Seiten die Ausbildung der vierjährigen Araberstute Gersemi.

Um ein Pferd anzulernen, braucht man einen erfahrenen Reiter bzw. eine erfahrene Reiterin und mindestens einen Helfer, der mit Pferden vertraut ist. Man kann nicht „gemeinsam mit seinem Pferd" reiten lernen. Das wäre, als versuchte ein Deutschlehrer zusammen mit seiner Schulklasse und einem Lexikon Russisch zu lernen!

Andererseits braucht man aber auch keine Rodeoerfahrung, um ein Pferd zu schulen. Es ist nämlich absolut nicht die Regel, daß es beim ersten Aufsitzen buckelt und fortläuft. Geschieht das doch, so hat man bei der Vorbereitung Fehler gemacht.

Es gibt verschiedene Methoden, ein Pferd an den Reiter zu gewöhnen. Die Art, die ich euch hier zeige, ist von einer großartigen amerikanischen Pferdeausbilderin, Linda Tellington-Jones, entwickelt worden und eignet sich für alle Pferde und als Vorbereitung für jeden Reitstil. Die Western-Reiter machen es etwas anders, und auch im Reitstall werden euch verschiedene Methoden begegnen.

Im Grunde ist jede Ausbildungsmethode sinnvoll, die Rücksicht auf die Ängste, Gefühle und den Charakter des Pferdes nimmt. Eine Übung muß auf der anderen aufbauen, und das Pferd darf während der Ausbildung weder geschlagen, angebrüllt noch sonstwie mißhandelt werden.

① Im Verlauf einer guten Pferdeausbildung wird keine Gewalt angewandt. Gersemi lernt die Gerte als Verlängerung meiner Hand kennen, die ihr hilft, meine Anweisungen zu verstehen.

② Schon beim Fohlen wird der Grundstock für problemloses Anreiten gelegt, indem man ihm beibringt, sich artig führen zu lassen, stehenzubleiben, wenn man es am Halfter zupft, rückwärts zu gehen und vieles mehr. Gersemi folgt mir willig durch ein kleines Labyrinth.

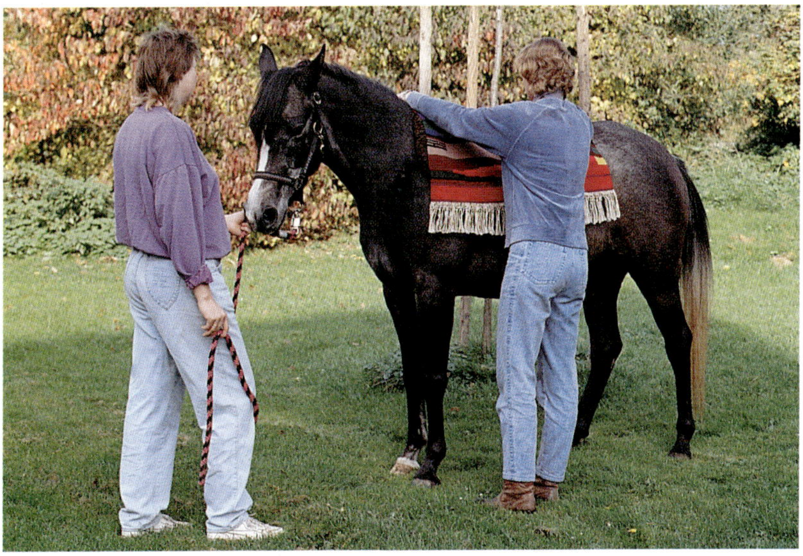

③ Lange vor dem ersten Aufsitzen wird das Pferd an den Sattel gewöhnt. Man läßt es dazu zunächst die Ausrüstungsgegenstände ausgiebig beschnuppern und berührt es am ganzen Körper mit dem Pad. Dabei spart man nicht an freundlichen Worten und Leckereien. Erst wenn man sicher sein kann, daß das Pferd sich nicht fürchtet, legt man Decke …

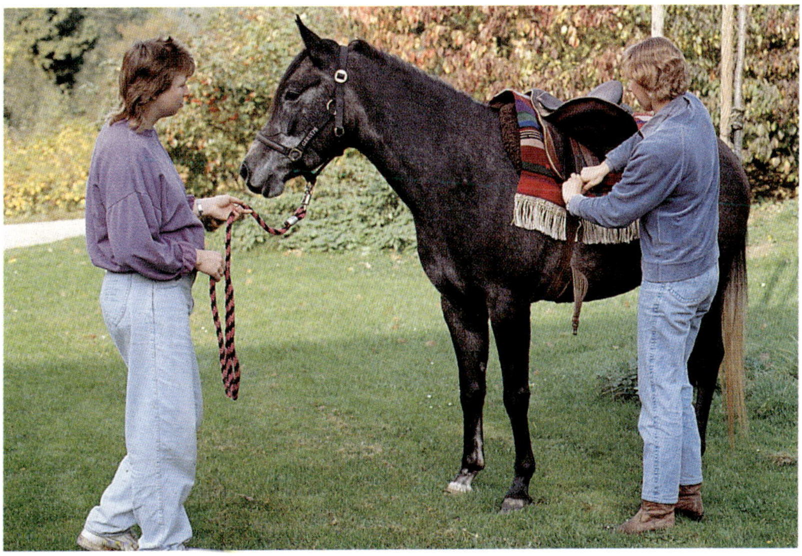

④ … und Sattel auf und gurtet an. Beachtet, wie interessiert Gersemi auf den Fotos zunächst nach hinten horcht, sich dann aber durch irgendein anderes Geschehen in ihrer Umwelt ablenken läßt. Sie weiß, daß ich ihr auch dann nichts tun werde, wenn sie ihre Aufmerksamkeit von mir abwendet.

⑤ **An der Longe lernt Gersemi, sich unter dem noch ungewohnten Gewicht des Sattels entspannt zu bewegen. Außerdem wird ihr beigebracht, sich treiben zu lassen und ihre Gangarten auf Zuruf zu wechseln. Ein junges Pferd sollte aber nie zu lange longiert werden, damit es sich nicht langweilt.**

⑥ **Beim Reiten erfolgt die Lenkung von hinten. Anders als beim Führen, wobei es dem Menschen folgt, muß das Pferd allein vorwärts gehen und sich auf einen Führer konzentrieren, den es nicht sieht. Jungen Pferden fällt das oft schwer. Gersemi lernt es beim „Fahren vom Boden". Zunächst mit Helfer, dann allein.**

⑦ **Mit einem unerwarteten Gewicht auf seinem Rücken verbindet ein Pferd von Natur aus den Angriff eines Raubtiers, gerät in Panik und buckelt. Um das zu verhindern, wird Gersemi als Handpferd daran gewöhnt, daß der Schatten im Rücken, als den sie den Reiter wahrnimmt, nicht gefährlich ist. Hat man kein zweites Pferd, so kann man das junge Pferd dazu auch zwischen zwei Strohballen stellen und einen davon erklettern.**

Mit diesen ersten Schritten ist Gersemis Ausbildung natürlich noch lange nicht beendet. In den nächsten Wochen und Monaten wird sie das Traben und Galoppieren unter dem Reiter lernen, und sie wird an das Gebiß, zunächst die Trense und sehr viel später dann an die Stange, gewöhnt werden. Die Grundlagen für eine gute Partnerschaft mit dem Reiter sind jedoch gelegt. Gersemi hat mit Sattel, Zaum und Reiter keine schlechten Erfahrungen gemacht und steht allem Neuen vertrauensvoll und aufgeschlossen gegenüber.

⑧ **Vor dem ersten Aufsitzen gewöhnt man das Pferd auch schon an das eigene Gewicht, indem man sich über den Sattel lehnt. Normalerweise reagiert es darauf kaum, denn im Laufe der Ausbildung hat es Vertrauen zu seinem Bereiter entwickelt und weiß, daß er ihm nichts Böses tun wird. Trotzdem wird Gersemi beim ersten Aufsitzen festgehalten. Helferin und Reiterin sprechen beruhigend auf Gersemi ein. Etwas skeptisch nimmt die kleine Stute das Lob entgegen.**

⑨ **Reitergewicht und Zügelhilfen auf einmal – das wäre zu schwierig! Gersemi wird deshalb zunächst geführt. Schon nach kurzer Zeit sind wir jedoch allein unterwegs. Interessiert schaut Gersemi sich um.**

Wann kann man Pferde anreiten?

Das hängt hauptsächlich von ihrer Rassenzugehörigkeit ab. Im allgemeinen kann man nach vollendetem dritten Lebensjahr eines Pferdes mit vorsichtiger Arbeit beginnen. Spätreife Rassen wie den Isländer nimmt ein verantwortungsbewußter Reiter aber erst mit fünf unter den Sattel. Lipizzaner werden erst mit sieben ernsthaft zur Arbeit herangezogen.
Grundsätzlich gilt, daß ein Pferd, das zu früh angeritten wird, schneller altert. Weil seine Sehnen und Gelenke schneller verschleißen, wird seine Lebenserwartung geringer. Das Argument „Der ist schon so groß und kräftig und muß jetzt was tun“ ist nicht stichhaltig. Man kann ein junges Pferd auch mit Übungen am Boden beschäftigen. Auch die Bemerkung „Auf der Rennbahn sind die in dem Alter schon ein ganzes Jahr unterm Sattel!“ dient nur dazu, die Ungeduld der Pferdebesitzer zu rechtfertigen.
Tatsächlich sind das Englische Vollblüter, also das Rennpferde, eine außergewöhnlich frühreife Rasse. Außerdem werden sie immer nur kurz und nur von sehr leichten Jockeys geritten. Ihre gesamte Laufbahn ist so geplant, daß sie ihre großen Rennen als Zwei- und Dreijährige laufen und dann in die Zucht übergehen. Nur wenige Vollblüter werden, anders als Warmblüter und Ponies, ihr Leben lang geritten.

Halt!

Wie bitte, fragt ihr, jetzt gleich wieder anhalten? Immerhin habt ihr es euch gerade erst auf eurem Phantasiepferd bequem gemacht und erwartet jetzt einen flotten Trab!

Würdet ihr euch in einem Auto wohl fühlen, bei dem der Fahrer nicht weiß, wo die Bremse ist? Wohl kaum. Aufs Pferd jedoch begeben sich tagtäglich Leute, ohne zu wissen, wie man es wieder anhält, wenn es erst einmal läuft. Die Leidtragenden sind wiederum die Pferde. Denen zerrt man dann nämlich brutal im Maul herum und brüllt „Brrr" (Methode Heimatfilm) oder „Whoa!" (Methode Western), bis ihnen fast die Trommelfelle platzen.

Besser ist es, das Anhalten gleich im Anschluß an das Anreiten zu üben, denn wer weiß, wo die Bremse ist, fühlt sich sicherer. Ich mache das übrigens immer als erstes, wenn ich ein fremdes Pferd reite. Dann weiß ich nämlich sofort, ob es gern oder nicht so gern auf den Reiter hört, ob es weich oder hart im Maul ist und vieles mehr.

Beim korrekten Anhalten findet ihr zwei Hilfen wieder, die wir schon beim Anreiten besprochen haben, nämlich die Kreuzhilfe und als Zügelhilfe die Parade. Die Kreuzhilfe als treibende Hilfe fordert vom Pferd, die Hinterhand beim Tragen des Reitergewichts mehr einzusetzen. Beim Stoppen soll sie sich unter den Pferdekörper schieben und das Gewicht übernehmen. Das erreicht man, indem man Kreuzhilfen mit der zweiten Zügelhilfe verbindet, die ihr lernen müßt, nämlich der sogenannten *Ganzen Parade*. Die „Halbe Parade", ihr erinnert euch, besteht aus dem Eindrehen einer Zügelhand und bedeutet, gemeinsam mit den entsprechenden Kreuz- und Schenkelhilfen: „Achtung, jetzt kommt ein Befehl!" Bei der „Ganzen Parade" werden die Zügel mit beiden Händen angenommen. Sie bedeutet, wieder in Kombination mit den entsprechenden anderen Hilfen: „Halt!".

Die Rolle der Zügel beim Anhalten wird praktisch immer überschätzt. Viele Reiter versuchen, ihre ganze Parade dadurch zu verstärken, daß sie die Hände hochreißen, sich in die Bügel stellen und mit dem ganzen Gewicht in die Zügel hängen. Das nützt jedoch gar nichts. Versucht die Parade lieber noch mal, wenn das Pferd nicht sofort gehorcht. Mitunter wird es vor diesem zweiten Versuch nötig sein, die Zügel etwas zu verkürzen. Die ganze Parade ist nämlich eine Hilfe, die davon ausgeht, daß man ständigen Zügelkontakt zum Pferd hat. Dann genügt ein Einrollen beider Fäuste, damit das Pferd versteht.

Wenn ihr nun also die Zügel annehmt und gleichzeitig das Kreuz anspannt und die Schenkel anlegt, treibt ihr das Pferd praktisch „gegen das Gebiß". Es geht vorwärts, spürt im Maul einen Widerstand und bleibt, mit schön untergesetzter Hinterhand, stehen. Ihr belohnt es dafür, indem ihr die Zügel sofort wieder lockert. Wäre der Widerstand nämlich weiterhin spürbar, ginge es rückwärts.

Abbiegen und Wendungen

Hier geht es um die Kurve, und man braucht euch sicher nicht mehr zu sagen, daß man dazu nicht einfach am Zügel zieht. Ihr wißt bereits, daß Zügelhilfen immer mit anderen Hilfen verbunden sind. Im Falle des Kurvenreitens sind das Schenkel- und *Gewichtshilfen*.

Vielleicht habt ihr schon einmal ein kleines Kind auf dem Rücken herumgetragen? Dann wißt ihr, daß sich so ein kleiner „Reiter" ganz anders anfühlt als z. B. ein Rucksack. Während der Rucksack nämlich ausschließlich euren Bewegungen folgt, hat der „Reiter" seinen eigenen Kopf. Er beugt sich mal nach rechts und mal nach links, und ihr müßt auf diese Bewegungen eingehen, wenn ihr ihn nicht verlieren oder gar mit ihm auf die Nase fallen wollt. Ihr versucht dabei ohne langes Überlegen, euren eigenen Schwerpunkt unter den eures kleinen Reiters zu bringen: Wenn er sich nach rechts beugt, biegt ihr rechts ab, und wenn er hin und her schaukelt, lauft ihr Schlangenlinien. Auf genau diesen Erfahrungen beruhen die *Gewichtshilfen* beim Reiten. Auch das Pferd reagiert so auf seinen Reiter. Es möchte seinen Schwerpunkt unter euren Schwerpunkt bringen und biegt folglich rechts ab, wenn ihr euer Gewicht nach rechts verlagert. Bedingung ist natürlich, daß ihr es richtig macht, also wirklich mehr Gewicht in die Steigbügel und auf die rechte Sattelseite bringt. Der häufigste Fehler bei der Gewichtsverlagerung ist das Abknicken in der Hüfte. Man bringt dabei seinen Körper elegant in die Form eines Fragezeichens, schafft es aber gleichzeitig, sich so auszuba-

Martina spannt zum Anhalten das Kreuz an und gibt eine ganze Parade.

lancieren, daß das Pferd nicht allzuviel davon merkt.

Dabei ist die richtige Gewichtshilfe eine außerordentlich einfache Sache. Jeder Radfahrer beherrscht sie perfekt, denn er wendet sie jedesmal an, wenn er sich in die Kurve legt.

Am besten setzt ihr euch mal aufs Fahrrad und macht euch bewußt, was ihr tut, wenn ihr eine Kurve fahrt. Ihr werdet feststellen, daß ihr dabei ganz automatisch das Pedal belastet, das innen liegt, und daß dabei auch der Gesäßknochen auf dieser Seite mehr Gewicht trägt. Auch ohne Lenkereinwirkung folgt euer Fahrrad diesen „Gewichtshilfen" in die gewünschte Richtung.

Wenn ihr nun schon auf dem Fahrrad sitzt, könnt ihr euch auch einmal euer Lenkverhalten beim Abbiegen bewußt machen. Ihr werdet dabei merken, daß ihr den Lenker um so weniger betätigt, je größer die Kurve ist. Um einen großen Kreis zu fahren, benötigt ihr nur eine leichte Innenstellung des Lenkers, ansonsten genügen die Gewichtshilfen. Wenn ihr jedoch um eine knappe Ecke müßt, setzt ihr den Lenker verstärkt ein.

Haargenau so wird es beim Reiten gemacht. Wenn ihr einen großen Kreis reiten wollt, „stellt ihr das Pferd nur etwas mehr nach innen", das heißt, ihr verkürzt den inneren Zügel um ein paar Zentimeter, womit ihr erreicht, daß das Pferd den Hals etwas biegt. Ansonsten verlagert ihr euer Gewicht, und das Pferd biegt auf die Kreislinie ab. Stärker verkürzen müßt ihr den Zügel schon, wenn es z. B. darum geht, eine Volte, also einen kleinen Kreis, zu reiten.

Auch in den Kurven soll euer Pferd mehr mit der Hinterhand als mit der Vorhand arbeiten. Dafür müßt ihr treiben. Außerdem soll es seinen ganzen Körper biegen und nicht nur mit dem Hals herumschwenken und ihm die Beine irgendwie folgen lassen. Das erreicht ihr mittels Schenkelhilfen: Der innere Schenkel treibt „am Gurt", der äußere „hinter dem Gurt".

Bisher habt ihr die Schenkelhilfe am Gurt kennengelernt. Dazu wird der Schenkel da angedrückt, wo er idealerweise sowieso liegt. Zur Schenkelhilfe *hinter dem Gurt* verlegt man den Schenkel etwa eine Handbreit nach hinten und legt ihn da an. Der häufigste Fehler bei dieser Hilfe ist, daß man den Schenkel zu hoch reißt und dem Pferd die Fersen in die Rippen stößt. Beobachtet euch selbst, und nehmt die Reitlehrerkorrektur dazu besonders ernst, denn hier schleichen sich schnell schlechte Angewohnheiten ein.

Betrachten wir die Hilfen zum Biegen des Pferdes noch einmal als Ganzes. Also: Der innere Schenkel liegt am Gurt. Das muß er zwangsläufig, denn ihr habt ja euer Gewicht auf die zugehörige Sattelseite und in den Steigbügel verlagert. Läge der jetzt nicht unter eurem Gesäß, würdet ihr herunterfallen. Ihr könnt das ja mal mit eurem Fahrrad ausprobieren! Der äußere Schenkel liegt etwas hinter dem Gurt und beeinflußt die Hinterhand des Pferdes. Weil er sie davon abhalten – davor „bewahren" – will, von der Kreislinie abzuweichen, nennt man ihn den *verwahrenden Schenkel*. Das Pferd ist nun um euren inneren Schenkel *gebogen*, sein ganzer Körper befindet sich auf der Kreislinie oder in der Kurve, die ihr reiten wollt.

Natürlich wird auch jedes Abbiegen mit einer halben Parade eingeleitet.

Was ist eigentlich „innen"?

Was innen und was außen ist, hängt beim Reiten von der „Stellung" des Pferdes ab. Der *innere Zügel* ist der, der das Pferd in die Kurve führt, der *innere Schenkel* der, um den es gebogen wird. Bei der Rechtskurve sind das der rechte Zügel und der rechte Schenkel, bei der Linkskurve der linke Zügel und der linke Schenkel.
Wenn man in der Reithalle reitet, muß man zwangsläufig immer wieder um die Kurve, weshalb man den inneren Zügel immer ein wenig kürzer hält als den anderen. Das Pferd schaut dann in die Richtung, in die es geht, es ist *nach innen gestellt*.

Pia hat artig angehalten, und Martina lockert die Zügel.

Die Radfahrerin legt sich leicht in die Kurve ...

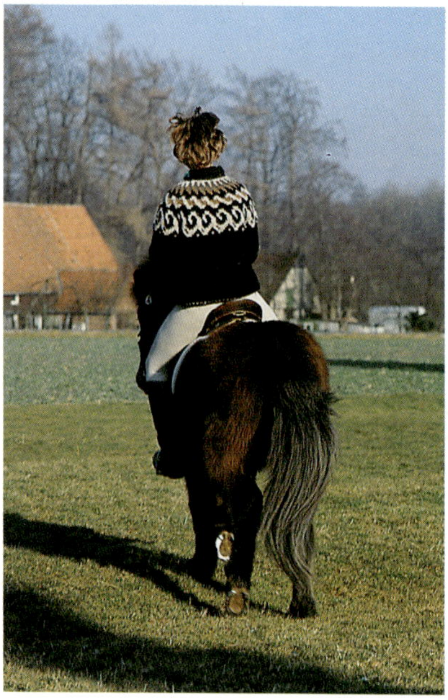

... und die Reiterin gibt eine „Gewichtshilfe".

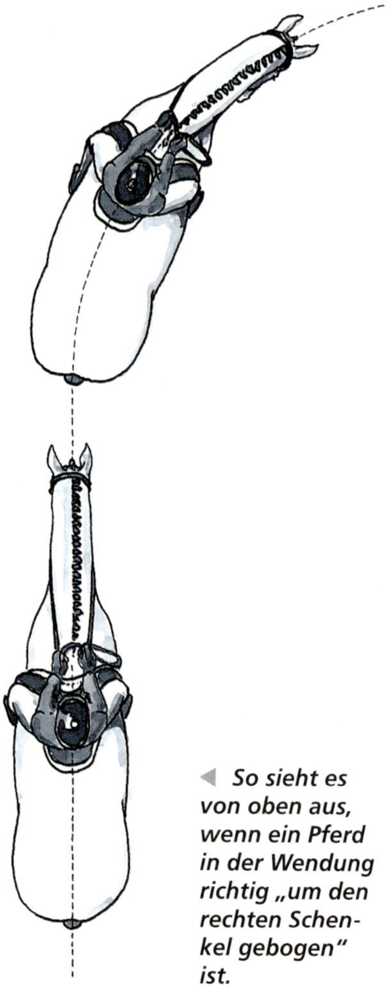

◀ So sieht es von oben aus, wenn ein Pferd in der Wendung richtig „um den rechten Schenkel gebogen" ist.

Trab – Der zweite Gang

Um ein Pferd vom Schritt in den Trab zu bringen, setzt man die gleichen Hilfen ein wie beim Anreiten: Kreuzhilfe, Schenkeleinsatz am Gurt und leichtes Nachgeben der Zügel. Das Pferd soll ja schneller werden.

Häufiger als beim Anreiten im Schritt werdet ihr beim Antraben die Gerte zur Hilfe nehmen müssen, denn Schulpferde arbeiten viel und sind von flotten Gangarten selten begeistert. Außerdem haben sie die vielen Reiter, die ihnen beim Trab wie ein Mehlsack in den Rücken fallen, nicht gerade in angenehmer Erinnerung. Trab ist nämlich die unbequemste Gangart, die ein Pferd zu bieten hat, und jeder Reiter braucht seine Zeit, bis er gelernt hat, sie geschmeidig „auszusitzen" oder den Stößen durch perfektes „Leichttraben" auszuweichen.

Beim Trab hat man das Gefühl, man werde gestoßen, geschüttelt oder *geworfen*, wie es in der Fachsprache heißt. Läßt man das mit sich machen, so nennt man es *den Trab aussitzen*. „Aussitzen" kommt von „Aushalten", nicht von „Anklammern". Es nutzt nicht das geringste, wenn man versucht, sich mit den Schenkeln oder mit den Pobacken am Pferd festzuklemmen. Das führt nur zur Verkrampfung der Muskeln, euer Körper wird härter und läßt sich leichter hochschleudern. Stellt euch einen harten Ball auf einem Brett vor, gegen das man von unten schlägt: Er fliegt noch weit höher als

Der vorwärtstreibende Schenkel liegt am Gurt ...,

... der seitwärtstreibende etwas hinter dem Gurt.

Janine mit Amigo beim Leichttraben.

das Brett. Nun denkt euch anstelle des Balles ein Sofakissen, das locker auf dem Brett liegt: Es macht die Bewegung mit und liegt anschließend noch am selben Platz.

Versucht, euch im Trab auf dem Pferd wie ein Sofakissen zu fühlen! Jetzt müßt ihr lachen? Das ist gut. Lachen entspannt!

Noch ein Tip: Vielleicht habt ihr schon mal gehört, daß man nicht „auf dem Pferd" sitzen soll, sondern *im Pferd*. Das bedeutet, daß man bei allen seinen Bewegungen so mitgehen soll, als wäre man mit ihm verschmolzen. Also nicht steif machen und sich wie im Großvaterstuhl zurücklehnen, sondern in den Knien federn und den Rücken gerade halten. Aussitzen wird um so leichter, je besser das Pferd „den Rücken hergibt". Ein konzentriertes, die Reiter sagen „versammeltes", Pferd ist leichter auszusitzen als eines, das beim Laufen vor sich hin träumt. Ein entspanntes Pferd „wirft" weniger als eins, das sich aufregt und seine Muskulatur versteift. Im Verlauf einer Reitstunde wird deshalb erst dann ausgesessen, wenn die Pferde warm und locker geritten und im Idealfall versammelt sind. Bis dahin trabt man, wie auch im Gelände, leicht.

Beim *Leichttraben* sitzt man die Bewegungen des Pferdes nicht aus. Vereinfacht gesagt entzieht man sich ihnen, indem man sich in den Bügeln aufstellt und wieder hinsetzt. Da dies im gleichen Takt wie die Bewegung des Pferdes erfolgt und man sich vom Schwung praktisch heben läßt, ist es gar nicht schwierig. Wichtig ist, daß das Aufstehen mit ruhigen Unterschenkeln und richtigem Knieschluß geschieht. Wenn ihr euch mal rittlings über einen Stuhl stellt und abwechselnd auf- und niedersetzt, stellt ihr fest, daß Füße und Unterschenkel genau da bleiben können, wo sie sind. Dabei ist es nicht notwendig, sich mit den Händen aufzustützen. Genausowenig muß man sich beim Leichttraben an den Zügeln hochziehen!

Denkt ihr noch an die Welle, die ihr euch vorstellen solltet, um den richtigen Sitz zu verstehen? Um nicht von ihr umgeworfen zu werden, sollte euer Sitz eher eine Vorwärtstendenz zeigen als eine Neigung nach hinten.

Die Fußfolge im Trab:
hinten links und vorne rechts gleichzeitig (Diagonale), hinten rechts und vorne links gleichzeitig

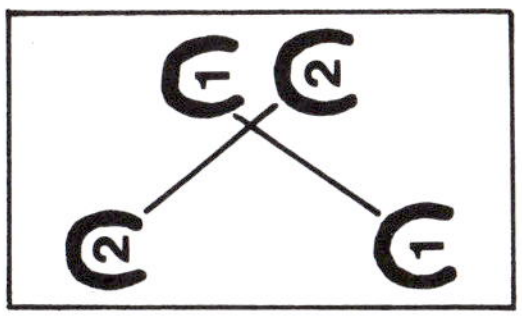

Das ist beim Leichttraben, beim Stehen in den Bügeln, besonders wichtig. Steht also nicht ganz gerade auf, sondern leicht nach vorwärts. Wenn ihr das tut, bleibt euch auch der häufigste Anfängerfehler, das „In-den-Sattel-Plumpsen" erspart. Viele Reitschüler hieven ihren Körper nur mit Mühe aus dem Sattel, um sich dann erleichtert wieder fallen zu lassen. Unter Pferden sind solche Reiter herzlich unbeliebt! Gute Reiter lassen sich zwar vom Schwung des Pferdes beim Aufstehen helfen, haben beim „Wiederhinsetzen" aber immer ihre Bewegungen unter Kontrolle.

Also, noch mal von vorn: Vor dem Antraben kontrolliert ihr, ob euer Sitz richtig ist, indem ihr euch einmal in die Bügel stellt. Leichttraben geht nämlich nur aus dem richtigen Sitz heraus. Wer seine Füße nicht unter dem Gesäß hat, der kann nicht aufstehen, ohne sich irgendwo festzuhalten. Auch das könnt ihr vor der Reitstunde mal mit einem Stuhl probieren.

Nun gebt ihr die Hilfe zum Antraben, wobei ihr bitte nach vorn schaut, damit euch klar wird, wo ihr hinwollt. Reiter, die ständig nach unten gucken, machen nicht nur auf den Zuschauer, sondern auch auf ihr Pferd einen unentschlossenen und ängstlichen Eindruck. Sobald ihr den ersten Stoß kommen fühlt, laßt ihr euch von ihm mit nach oben nehmen. Wenn ihr Schwierigkeiten mit der Vorwärtstendenz habt, könnt ihr dabei ruhig in die Mähne fassen. Das tut dem Pferd nicht weh, und ehrenrührig ist es auch nicht.

Beim Leichttraben gibt es noch ein zusätzliches Problem: Das Traben *auf dem richtigen Fuß*. Man soll nämlich „auf dem inneren Vorderfuß und auf dem äußeren Hinterfuß" leichttraben. Das heißt, daß ihr aufsteht, wenn sich das Pferd anschickt, mit diesen Füßen den Boden zu berühren. Wann das der Fall ist, erkennt man an den Pferdeschultern, die vom Sattel aus gut zu sehen sind. Sie schwingen mit den Beinbewegungen des Pferdes abwechselnd vor und zurück. Fürs Leichttraben wichtig ist die äußere, also die der Reithallenwand zugewandte Schulter. Wenn sie vorschwingt steht ihr auf.

Vielleicht habt ihr auch gemerkt, daß in diesem Kapitel sehr selten vom Zügel die Rede war. Das liegt daran, daß ihr das Traben, einschließlich Leichttraben auf dem richtigen Fuß, möglichst an der Longe lernen solltet. Es ist schwer, den richtigen Trabsitz zu üben und gleichzeitig an der korrekten Zügelführung zu arbeiten. Dabei wird den Pferden viel zuviel im Maul herumgerissen. An der Longe bleibt ihnen das erspart. Aber auch der Reiter hat es bei der Trabarbeit an der Longe leichter. Dabei wird das Pferd nämlich ausgebunden, also künstlich in die Haltung gebracht, die es einnehmen würde, wenn ein guter Reiter es „versammelt" hätte. Es ist dann viel leichter zu sitzen.

Martina trabt leicht auf Pia.

Hier sieht man deutlich, wie die Reiterin beim Leichttraben aufsteht.

Trockenübung zum Leichttraben auf einem Stuhl: Aufstehen ...

... und hinsetzen, aufstehen und hinsetzen, aufstehen ...

Wann ist ein Pferd „versammelt"?

Der Grad der Versammlung ist, vereinfacht gesagt, der Grad der Konzentration, die das Pferd auf seinen Reiter richtet. Je nachdem, was man mit dem Pferd gerade macht, muß es sich mehr auf seinen Reiter oder auf seine Umwelt konzentrieren. Beim Dressurreiten in der Halle z. B. verlangt man vollkommene Aufmerksamkeit und Reaktion auf die feinsten Hilfen des Reiters. Von einem guten Geländepferd erwartet man dagegen, daß es mit auf die Umwelt achtet und nicht auf jede Wurzel, die vielleicht gerade auf dem Weg liegt, aufmerksam gemacht werden muß.

Ein versammeltes Pferd wird elastisch im Rücken, tritt gut unter und macht den Hals rund. Es „kommt runter", wie man im Reitstall häufig hört. Der erfahrene Reiter bringt es dazu, indem er gleichzeitig mit Kreuz und Schenkel treibt, weich in der Zügelführung ist und doch „gegenhält". Wenn ein Pferd die elegante dressurmäßige Haltung willig einnimmt, die die Grundlage für alle Dressurübungen bis hin zur „Hohen Schule" bildet, ist das ein großer Vertrauensbeweis gegenüber seinem Reiter. Wenn es so, wie es dafür nötig ist, den Kopf senkt, verzichtet es nämlich auf einen großen Teil seiner Rundumsicht. Es verläßt sich darauf, daß der Reiter schon wissen wird, was er tut, und daß er es nicht auf gefährliche Pfade lenken oder Raubtieren zum Fraß vorwerfen wird. Pferde, die sich nicht versammeln lassen, haben dieses Vertrauen nicht. Das wird auch nicht besser, wenn man sie durch die Verwendung von Hilfszügeln dazu zwingt, sich dem Reiter auszuliefern.

Als Gegenteil von Versammlung hört man oft das unfreundliche Wort *Auseinanderfallen*. Es bezieht sich auf Pferde, die unkonzentriert vor sich hinlatschen und ihren Reiter dabei freundlicherweise mitnehmen. Tatsächlich ist ein solches Verhalten des Pferdes nicht wünschenswert, denn es belastet damit seine Vorhand zu sehr und tut sich selbst nichts Gutes. Das heißt natürlich nicht, daß man jedes Pferd ständig in dressurmäßiger Haltung reiten muß. Es gibt verschiedene *Versammlungsgrade*. Sie reichen vom guten Untertreten bei freier Kopfhaltung, wie man es vom guten Freizeitpferd im Gelände verlangt, bis hin zur vollkommenen Konzentration auf die Aufgaben der hohen Dressur. Wie weit man sein Pferd versammelt, ist Sache der Situation. Im übrigen gibt es Schlimmeres als ein „auseinandergefallenes" Pferd. Das wirkliche Gegenteil von Versammlung ist Verspannung. In jedem Reiterverein gibt es Pferde, die nur mit Hilfe von Hilfszügel und äußerster Krafteinwirkung des Reiters in eine annähernd dressurmäßige Haltung gepreßt werden. Sie machen Angstaugen, schlagen mit dem Schweif, treten nicht unter, sondern trippeln und sind bretthart zu sitzen. Meist zeigen sie überstarken Vorwärtsdrang, denn sie wünschen sich nichts sehnlicher, als vor Reiter, Hilfszügel und Dressurviereck wegzulaufen. Gute Reiter nennen solche armen Tiere oft *zusammengeschraubte* Pferde, und für ihre Reiter gibt es keinen Grund, auf den Anfänger herunterzuschauen, der vielleicht noch erfolglos, aber doch immerhin ehrlich mit der Unlust seines auseinandergefallenen Schulpferdes kämpft.

Klassische Dressur verlangt ein Höchstmaß an Versammlung: Nicole Uphoff mit ihrem Pferd Rembrandt in der Piaffe.

Mehr als Schritt, Trab und Galopp – Gangpferde

Es ist eine weitverbreitete Meinung, daß die Grundgangarten des Pferdes Schritt, Trab und Galopp seien. Das stimmt nicht ganz. Tatsächlich gibt es noch zwei weitere: den Paß und den Tölt.

Paß

Eigentlich gehört der Paß, wie der Trab, zu den mittleren Gangarten. Ein ausgeprägter Passer zeigt ihn jedoch in jeder Geschwindigkeit zwischen Schritt und Galopp. In vielen Ländern schätzt man gute Passer deshalb als Rennpferde. Paßrennen unter dem Reiter haben in Island eine lange Tradition, während man die „Pacer“ in Amerika vor den Sulky spannt und Rennen austragen läßt.

Trab wie Paß sind Gangarten im Zweitakt, d.h., daß immer zwei der vier Pferdebeine gleichzeitig auffußen. Beim Trab sind das jeweils die diagonalen Beinpaare: hinten rechts und vorn links gleichzeitig, dann hinten links und vorn rechts gleichzeitig. Beim Paß fußen die lateralen Beinpaare zusammen auf. Das sind die Beinpaare, die sich auf der gleichen Seite befinden, also hinten rechts und vorn rechts gleichzeitig, dann hinten links und vorn links gleichzeitig.

In unseren Reitschulen wird Paß nicht geritten, er gilt als „unschön“ und als „Kamelgang“. Auch ist eine Versammlung im Paß nicht möglich. Hinzu kommt, daß die Gangart in mittlerem Tempo nicht sonderlich angenehm zu sitzen ist. Erst im Renntempo, wenn das Pferd zwischen dem Auffußen der Beinpaare eine Schwebephase zeigt wie beim Galopp, wird Paß interessant. Es ist ein faszinierendes Erlebnis, einen guten Rennpasser zu reiten.

Das Wichtigste am Paß ist jedoch eine weitere besondere Eigenschaft der Gangart: Sie läßt sich „brechen“.

Tölt

Wenn Paß „gebrochen“ wird, also wenn das Pferd von Natur aus oder durch geschickte reiterliche Einwirkung damit anfängt, die Beine nicht mehr gleichzeitig, sondern nacheinander aufzusetzen, entsteht eine fünfte Gangart, für die es auf der Welt viele Namen gibt. Wir kennen sie vor allem unter der isländischen Bezeichnung „Tölt“.

Tölt ist ein Viertakt mit einer Fußfolge, die genau der des Schrittes entspricht: hinten rechts, vorn rechts, hinten links, vorn links. Tölt ist keinesfalls eine Mischung zwischen Trab und Galopp, wie man manchmal hört. Vereinfacht gesagt ist er ein bis zur Galoppgeschwindigkeit gesteigerter Schritt. Tölt ist ausgesprochen gut auszusitzen und deshalb die ideale Reisegangart für den Reiter. Für das Pferd ist es allerdings recht anstrengend, lange zu tölten. Deshalb führt man in Island, wenn man längere Strecken reitet, auch immer ein oder mehrere Handpferde zum Wechseln mit.

Im Mittelalter war der Tölt in ganz Europa verbreitet und beliebt. Dann aber ging die Gangart auf dem Kontinent verloren. Hier

Isländer im Tölt . . .

. . . und im rasanten Rennpaß

Ein „Five-Gaited-American-Saddlebred“ im Slow Gait, einer eleganten Tölt-Variante

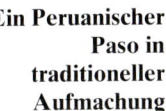

Ein Peruanischer Paso in traditioneller Aufmachung

Der Mangalarga Marchador ist eine Gangpferderasse aus Brasilien, die auch bei uns gezüchtet wird.

Renntraber vor dem Sulky in Aktion. Wenn man sie reitet, zeigen viele von ihnen aber auch Tölt oder Paß.

wollte man nämlich große, für militärische Manöver und starke Versammlung geeignete Pferde und verzichtete dafür auf die Bequemlichkeit.

Lediglich auf der Polarinsel Island züchtete man seit dem Jahre 930 die Pferde mit den angenehmen Gangeigenschaften und ließ sich dabei nicht durch kontinentale Moden beeinflussen. Beim Islandpferd blieb der Tölt erhalten, und auch seine weitere Spezialgangart, der Rennpaß, wurde sorgfältig gepflegt.

Vor ca. 30 Jahren kam man dann auch auf dem Festland wieder auf den Geschmack. Im Zuge der Freizeitreiterbewegung, die sich kleine, leichttrittige Pferde wünschte, wurden Islandpferde in großer Zahl importiert. Heute gibt es hier Nachzuchten, die denen im Ursprungsland kaum noch nachstehen.

Auch weitere töltende Pferderassen wurden inzwischen nach Europa geholt. Tölter gibt es nämlich überall in der Welt, wobei Nord- und Südamerika wohl die größte Rassenvielfalt hervorgebracht haben. Aus den Südstaaten der USA kommen der Tennessee-Walker und das „Five-Gaited-American-Saddle-Horse“, aus Mittelamerika der „Peruvian Paso“ und der „Paso Fino“, aus Brasilien der „Mangalarga Marchador“. Indien steuert das Kathiawar-Pferd bei, Afrika u.a. das Basuto-Pony, und überhaupt kennt man den Tölt in vielen Ländern auch bei Pferderassen, die bei uns als reine Dreigänger gelten, z. B. beim Araber und beim Achal Tekkiner.

Direkt vor unserer Haustür finden wir ihn bei vielen Trabern der Rennbahnen. Sie sind mit den amerikanischen „Pacers“ verwandt und zeigen oft sehr schönen Tölt. Wenn man sich ein bißchen auskennt, kann man Traber für wenig Geld kaufen, denn wenn sie den Geschwindigkeitsanforderungen der Rennbahn nicht entsprechen oder sich aus anderen Gründen nicht zum Rennpferd eignen, werden sie preiswert verkauft.

Galopp in der Reithalle.

Der Galopp wird in der klassischen Dressur als ruhige, versammelte Gangart geritten. Hier Christine Stückelberger auf Gauguin de Lully.

Der dritte Gang: Galopp

Galopp ist die Gangart, von der alle träumen, die das Reiten hauptsächlich aus dem Fernsehen kennen. Soll man dann jedoch wirklich galoppieren, hat man oft Angst davor. Schließlich weiß man ja, daß Galopp die schnellste Gangart ist, daß galoppierende Pferde oft durchgehen und daß aus Galoppsprüngen leicht Bocksprünge werden.

Das ist alles etwas übertrieben. Eure Schulpferde neigen ganz sicher nicht zu Kapriolen irgendwelcher Art, und ihr könnt den Galopp getrost als eine Gangart wie jede andere betrachten. Hat man gelernt zu galoppieren, so ist es gegenüber dem Trab sogar eine rechte Erholung. Galopp ist viel leichter zu sitzen, da er den Reiter in eine Art Schaukelbewegung bringt. Im Gegensatz zum Trab und zum Schritt ist der Galopp eine Gangart, die aus vielen aufeinanderfolgenden Sprüngen besteht. Um dabei die Kurvenlage zu sichern, kann das Pferd Links- oder Rechtsgalopp gehen. Die Fußfolge beim *Rechtsgalopp* ist folgende: links hinten, rechts hinten und links vorn, rechts vorn. Beim *Linksgalopp* ist es umgekehrt.

Machen wir doch zum besseren Verständnis erst einmal eine Trockenübung, damit ihr euch bes-

Die Fußfolge im Linksgalopp, 3. Phase: Das linke Vorderbein greift weit aus nach vorn.

ser in euer Pferd einfühlen könnt. Wahrscheinlich habt ihr alle schon mal „Pferdchen gespielt“, euch also mal wiehernd und schnaubend in einer Art von Galoppsprüngen vorwärts bewegt. Das macht nun – von mir aus auch ohne Wiehern und Schnauben – noch mal und achtet dabei auf eure Fußfolge.

Angenommen, ihr beginnt mit dem linken Fuß: Ihr hüpft damit einmal auf, verharrt ein wenig (was nur logisch ist, denn beim Pferd würden jetzt die zwei Beine aufsetzen, die euch bekanntlich fehlen) und laßt dann das Gewicht auf den rechten Fuß sinken, der weit vorgreift und anschließend vom linken Fuß gefolgt wird. Danach fängt alles von vorn an. Bewegt euch auf diese Weise ruhig mal ein paar Meter vorwärts, und versucht eine Rechtskurve. Das ist einfach, denn ihr seid ja im Rechtsgalopp. Wenn ihr dagegen durch eine Linkskurve „galoppieren“ wollt, stellt ihr fest, daß das einfacher wäre, wenn man „den Galopp wechseln“ würde, also mit dem rechten Fuß Schwung holen und hüpfen und mit dem linken weit vorgreifen. Eurem Pferd geht das genauso. Auch bei ihm erkennt man den Linksgalopp am weiten Vorgreifen des linken Vorderbeins, und beim Rechtsgalopp ist es umgekehrt.

Pia im Linksgalopp: Das linke Vorderbein greift weit aus.

Dasselbe Reiterpaar im Rechtsgalopp.

Kommen wir nun zu den Hilfen. Wie ihr eben am eigenen Leibe erfahren habt, eignet sich der Rechtsgalopp besonders für Rechtskurven und der Linksgalopp für Linkskurven. Wenn ihr also rechts herum reitet, solltet ihr auch rechts angaloppieren und umgekehrt. Auch die Hilfen für den Galopp könnt ihr euch leicht merken, wenn ihr an besagte Kurvenlage denkt. Es sind nämlich praktisch die gleichen, die ihr gebt, wenn ihr um eine Ecke reitet. Sie werden nur energischer gegeben und vom leichten Vorgehen der Hände begleitet. Betrachten wir den Wechsel vom Trab in den Rechtsgalopp einmal genauer. Also: Ihr befindet euch auf dem *Hufschlag*, der Außenspur der Reitbahn, und reitet rechts herum, *auf der rechten Hand*, wie es in der Fachsprache heißt. Natürlich ist euer Pferd nach innen gestellt, schaut also ein bißchen nach rechts. Ihr leitet nun die ganze Aktion mit einer halben Parade ein. Euer rechter Schenkel bleibt am Gurt, der linke wandert hinter den Gurt, das Gewicht wird leicht nach innen verlagert. Nun drückt ihr mit beiden Schenkeln kräftig zu, schiebt das Pferd mit dem Kreuz vorwärts und gebt die Zügel ein wenig nach. Ein gut gerittenes Pferd springt daraufhin rechts an. Bei eurem Schulpferd kann es natürlich passieren,

Die Fußfolge im Rechtsgalopp, 1. Phase: hinten links, hinten rechts und vorne rechts gleichzeitig, vorne rechts.

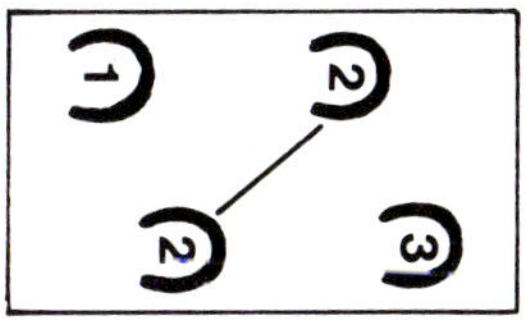

Mein Pferd geht durch – Was tun?

Durchgehen bedeutet, daß ein Pferd sich den Reiterhilfen widersetzt und hingeht, wohin es gerade möchte. Das kann es nicht nur im Galopp. Pferde, die im Trab Richtung Heimat stürmen, ohne ihre Reiter auch nur zu beachten, könnt ihr auf jeder Veranstaltung sehen. Gefährlich wird Durchgehen jedoch vor allem, wenn das Pferd im Gelände außer Kontrolle gerät. Wer das erlebt, sollte folgendes beachten:

1. Ruhe bewahren! Da kein Pferd sich wissentlich umbringen will, seid ihr auf seinem Rücken auch nicht unmittelbar gefährdet. Gefährlich wird es erst, wenn sich das Pferd einer befahrenen Straße nähert oder wenn es auf Asphalt durchgeht.

2. Versucht nicht, unausgesetzt am Zügel zu ziehen. Ein aufgeregtes Pferd bemerkt den Schmerz im Maul kaum noch, wenn ein Dauerzug erfolgt. Außerdem ist euer Sitz sicher nicht mehr so perfekt, daß er richtige Hilfengebung erlaubt. Im Gegenteil, der Anfänger neigt dazu, die Absätze hochzuziehen und sich anzuklammern, sobald sein Pferd außer Kontrolle gerät. Damit gibt er dem Pferd unabsichtlich auch noch treibende Hilfen! Besser ist es, die Nerven zu bewahren und zunächst ein wenig mit den Zügeln nachzugeben. Versucht, euch richtig hinzusetzen und dann korrekte Hilfen zum Anhalten zu geben.

3. Versucht, ob sich das Pferd nicht möglicherweise lenken läßt. Viele durchgehende Pferde lassen ihren Reiter zwar nicht mehr die Geschwindigkeit, wohl aber die Richtung bestimmen. Falls das klappt, lenkt ihr das Pferd idealerweise einen Berg hinauf oder doch zumindest auf einen Weg, der von der Straße wegführt. Im Notfall könnt ihr es auch auf einen Acker lenken. Es ist besser, ihr zieht euch den Zorn eines Bauern zu, als daß ihr einen Autounfall riskiert. Natürlich muß der Schaden, den ihr dabei verursacht, dem Besitzer des Feldes gemeldet und erstattet werden!

Wenn ihr in einer Gruppe ausreitet, und euer Pferd geht durch, so wird es sich nur selten weit von den anderen entfernen. Für die Mitreiter ist es oberstes Gebot, ihre Pferde sofort zum Stehen zu bringen, wenn jemand aus der Gruppe Schwierigkeiten bekommt.

Es gibt übrigens verschiedene Gründe dafür, daß Pferde durchgehen. Viele rennen einfach gern und sehen nicht ein, warum man den Sandweg, auf dem sonst immer galoppiert wird, heute im Schritt herunterreitet. Wenn sie ihren Willen bekommen haben, lassen sie sich am Ende des Weges meist leicht anhalten.

Gefährlicher sind da schon die, die jede Gelegenheit nutzen, Richtung Heimatstall durchzugehen. Solche Tiere findet man oft unter Verleihpferden. Pferde, die mit jedem ins Gelände geschickt werden, der zahlen kann, sind – zwangsläufig – mit allen Wassern gewaschen. Sie reagieren kaum auf Hilfen, und die vielen harten Hände haben sie unsensibel im Maul gemacht. Ein Grund mehr, derartige Verleihställe zu meiden!

Oft gehen Pferde auch durch, weil sie vor etwas erschrocken sind. Besonders bei Pferden, die selten im Gelände geritten werden, artet ein Scheuen oft in solch eine wilde Flucht aus. Hier gelten in besonderem Maße Regel 1 und 2. Wenn man selbst nicht in Panik gerät und dem Pferd beruhigend zuspricht, läßt es bald wieder „mit sich reden".

Das Reifenziehen ist eine gute Vertrauensübung für das Pferd.

Übungen wie diese sichern den Sitz und machen das Pferd scheufrei.

daß es eure noch etwas zaghaften Hilfen überhört. Hier hilft ein erneuter, energischer Versuch oder auch mal ein Klaps mit der Gerte. Bevor ihr das Ganze jedoch mit Gertenunterstützung wiederholt, solltet ihr euer Pferd aus dem flotten Trab zurückholen, in den es gefallen ist, um sich um den Galopp zu drücken. Versucht nie, ein Pferd aus dem schnellen Trab in den Galopp hineinzujagen! Das sieht nämlich zuerst mal schaurig aus, da euer Sitz spätestens ab Mitteltempo Trab jede Haltung verliert. Zudem hat es wenig Wirkung, denn nur der richtige Sitz ermöglicht richtige Hilfengebung. Außerdem sollte das Pferd in dem Moment angaloppieren, in dem ihr die Hilfen gebt, und nicht zwei oder drei Runden später! Ein Pferd ist einfacher anzugaloppieren, wenn man es in den Ecken versucht, und am besten geht es sowieso im Anschluß an eine Volte. Dann kann es auch kaum falsch anspringen, also Rechts- und Linksgalopp verwechseln.

Wenn es auch beim dritten oder vierten Versuch nicht klappt: Denkt immer daran, daß das Pferd eure Befehle nur dann ausführt, wenn ihr das, was ihr ihm sagt, auch wirklich wollt! Wenn ihr selbst euch vor dem Galopp fürchtet, wird das Pferd es merken und nicht reagieren. Bemüht euch also um Entschlossenheit!

Der leichte Sitz

In der Reitbahn wird der Galopp ausgesessen, das heißt, man bleibt fest im Sattel sitzen und treibt mit dem Kreuz. Reitet man im Gelände oder über Sprünge, so gibt es einen Galoppsitz, der für Reiter und Pferd angenehmer ist. Dieser „leichte Sitz" macht dem Pferd den Rücken frei und ermöglicht ihm, schneller und lockerer zu laufen. Seine Extremform ist der Sitz, den die Jockeys auf der Rennbahn einnehmen. Sie schweben hoch über ihren Rennern und machen sich so leicht

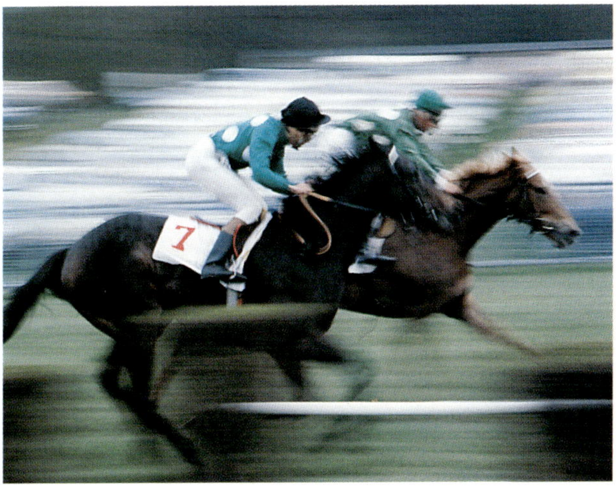

Die Extremform des leichten Sitzes: Jockeys auf der Rennbahn schweben über dem Sattel.

Heruntergefallen – Was nun?

Manche Leute meinen, man sei erst ein „richtiger Reiter", wenn man mindestens einmal vom Pferd gefallen sei. Das ist Unsinn. Herunterfallen ist unangenehm für Mensch und Pferd. Auch wenn man sich seltener verletzt, als man meinen könnte, sollte man es doch vermeiden und Pferde bevorzugen, die freundlich sind und keine Untugenden haben. Einen Reitstall mit Schulpferden, die buckeln, steigen und ihre Reiter regelmäßig absetzen, solltet ihr möglichst rasch verlassen.

Irgendwann wird es euch aber trotzdem passieren, denn auch das wohlerzogenste Pferd kann mal einen Seitensprung machen, stolpern oder euch sonstwie aus dem Takt bringen.

Viel wird über die Frage diskutiert, ob man im Fall eines Sturzes die Zügel festhalten oder loslassen soll. Im Grunde ist hier jede Diskussion

zwecklos, denn wenn „es passiert", reagiert man sowieso instinktiv. Es gibt „Loslasser" und „Festhalter", und bevor man nicht zum ersten Mal gefallen ist, kann man nicht wissen, zu welcher Gruppe man gehört. Überhaupt gibt es wenig Verhaltensmaßregeln für den Sturz vom Pferd. In der Regel geht es blitzschnell, und man findet sich auf dem Boden wieder, ehe man auch nur einen klaren Gedanken fassen kann. Das Pferd ist meistens genauso überrascht. Von wenigen Ausnahmen abgesehen, sieht es in eurem Absturz nicht mehr als ein plötzliches Absteigen, das es zwar ein wenig verwundert, aber nicht sonderlich aufregt. Draußen bleiben die meisten Pferde beim nächsten Grasbüschel stehen und warten, bis ihr wieder aufgestiegen seid. Es wäre ganz falsch, sie für eure mangelnde Sattelfestigkeit zu strafen!

Grundsätzlich sollte man immer sofort wieder aufsteigen, wenn man vom Pferd gefallen ist. Verschiebt man die Fortsetzung des Rittes auf die kommende Woche, baut man Angst auf und traut sich womöglich überhaupt nicht mehr aufs Pferd.

Der leichte Sitz im Gelände.

Klappt es nicht, so solltet ihr euch das Kapitel vom richtigen Sitz noch einmal durchlesen und die Sache mit der Welle erneut durchdenken.

Den leichten Sitz kann man übrigens nicht nur im Galopp einnehmen. Im Schritt und im Trab geht es auch. Vielleicht könnt ihr das in den Minuten des Warmreitens vor Beginn des Reitunterrichts einmal ausprobieren. Es ist eine gute Übung. Wenn das Übergehen in den leichten Sitz problemlos klappt und ihr keine Schwierigkeiten habt, in den Bügeln stehen zu bleiben, beweist das einen guten Grundsitz.

Zurück!

Die Hilfen, die man dazu braucht, ein Pferd *rückwärts zu richten*, wie es in der Fachsprache heißt, sind denen des Anhaltens ähnlich. Dort habt ihr bereits gelesen, daß ein Pferd, dessen Zügel man nach dem Stehenbleiben nicht lockert, rückwärts gehen wird.

Auch die Übung „rückwärts richten" leitet ihr mit einer halben Parade ein, die das Pferd auf etwas Neues aufmerksam macht. Nun laßt ihr eine ganze Parade folgen. Wenn euer Pferd angehalten hat, nehmt ihr erneut beide Zügel an, setzt euch tief in den Sattel und gebt Schenkelhilfen. Ihr könnt die Schenkel dabei ein wenig zurücknehmen. Normalerweise wird euer Pferd nicht rückwärts rennen, sondern

wie möglich, damit ihr Pferd vielleicht doch noch Sekunden schneller ist. Dabei verzichten sie völlig auf Knieschluß und Schenkeleinwirkung. Das macht auf einer freien, kurzen Rennstrecke nichts aus, denn hier werden ja weder Dressuraufgaben geritten, noch braucht man so viel festen Halt wie beim Reiten im Gelände. Wenn wir Normalreiter in den leichten Sitz gehen, verkürzen wir unsere normale Steigbügellänge nicht so sehr wie die Jockeys, sondern allenfalls um ein oder zwei Löcher. Wie ihr es vom Leichttraben schon kennt, stellt man sich, ohne die Lage der Füße, Unterschenkel und Knie zu verändern, in die Bügel. Wichtig ist wieder die Vorwärtstendenz. In die Mähne fassen ist erlaubt, am Zügel hochziehen verboten. Im Gegensatz zum Trab bleibt man nun stehen und federt die Bewegungen des Pferdes im Fuß- und Kniegelenk aus. Wenn man einmal richtig steht, ist das nicht schwierig.

Beim Rückwärtsrichten setzt ihr euch tief in den Sattel und nehmt beide Zügel an.

Die Schenkel sind ein wenig zurückgenommen, die Zügel stehen an: das Pferd tritt zurück.

Die Zügel müssen nachgegeben werden, damit das Pferd wieder zum Stehen kommt.

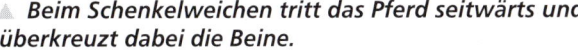

▲ *Beim Schenkelweichen tritt das Pferd seitwärts und überkreuzt dabei die Beine.*

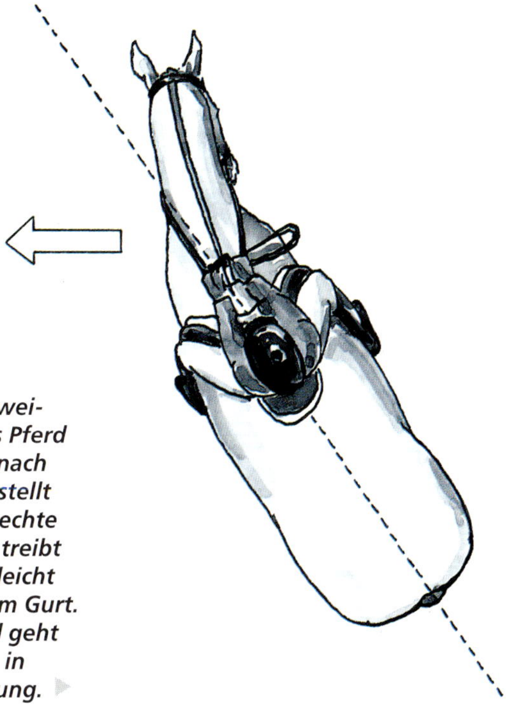

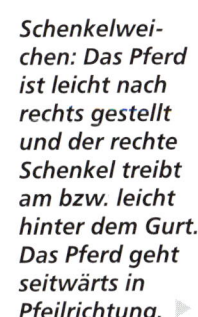

Schenkelweichen: Das Pferd ist leicht nach rechts gestellt und der rechte Schenkel treibt am bzw. leicht hinter dem Gurt. Das Pferd geht seitwärts in Pfeilrichtung. ▶

sich so gemächlich rückwärts fortbewegen, daß ihr die Schritte zählen könnt. Ihre Anzahl wird bei Turnieraufgaben bzw. von eurem Reitlehrer genau vorgegeben.

Damit das Pferd nach dem dritten oder vierten Schritt wieder aufhört, rückwärts zu gehen, gebt ihr die Zügel gefühlvoll wieder nach, verlagert euer Gewicht leicht nach vorn und lockert den Druck der Schenkel. Fangt damit so rechtzeitig an, daß das Pferd tatsächlich nach dem letzten gewünschten Schritt wieder zum Stehen kommt.

Seitwärts, bitte!

Mit dem *Schenkelweichen*, einer Übung, bei der das Pferd seitwärts tritt, lernt ihr noch eine weitere Schenkelhilfe kennen: den *Schenkel am bzw. hinter dem Gurt* als seitwärts treibende Hilfe.

Zum Schenkelweichen stellt ihr das Pferd etwas schräg zur Bande der Reitbahn. Die Zügel sind angenommen, das Pferd ist, wenn ihr es „den rechten Schenkel weichen" lassen wollt, ein wenig rechts gestellt. Ihr legt nun den rechten Schenkel an bzw. leicht hinter den Gurt. Der linke bleibt am Gurt bzw. rutscht, da er das Pferd in diesem Fall daran hindern soll, nach links auszuweichen, ebenfalls ein wenig nach hinten. Dieser Schenkel, ihr erinnert euch vielleicht, hat „verwahrende Funktion".

Ihr treibt nun energisch mit dem rechten Schenkel und könnt auch den rechten Zügel ganz leicht annehmen. Das Pferd tritt dann seitwärts.

Der rechte Schenkel treibt das Pferd seitwärts.

Der linke Schenkel liegt verwahrend am bzw. leicht hinter dem Gurt.

Mein Pferd macht nicht, was ich will!

Es steht außer Frage, daß der Reiter bei der Zusammenarbeit mit seinem Pferd die führende Rolle einnehmen muß. Wollte ich vor jeder Bundesstraße eine Diskussion mit meinem Pferd darüber anfangen, ob wir jetzt anhalten oder nicht, könnte das schlimme Folgen haben.

Wenn ein Pferd euch nicht gehorcht, obwohl es eure Hilfen verstanden hat, liegt das immer daran, daß es euch nicht ernst nimmt. Es erkennt euch nicht als ranghöher, klüger und stärker an.

Vielleicht habt ihr ja schon mal die unangenehme Erfahrung gemacht, daß euer Reitschulpferd auf eure Hilfen hin auf keinen Fall antraben wollte, sich aber sofort in Bewegung setzte, als der Reitlehrer ihm ein sanftes „Terrab, Fanny!" zurief. Überlegt in diesem Fall, ob ihr auch wirklich so entschlossen wart zu traben, wie ihr vorgabt, oder ob ihr euch im Schritt nicht sicherer gefühlt hättet. Pferde spüren eure Wünsche und Befürchtungen und vertrauen sich einem unsicheren Reiter ungern an. Wenn ihr ängstlich und unsicher seid, merkt es das übrigens selbst dann, wenn ihr die Gerte schwingt. Setzt Zwangsmittel also wohlüberlegt ein!

Nehmen wir an, ihr habt euren Befehl ernst gemeint und korrekt gegeben, das Pferd reagiert aber trotzdem nicht. In diesem Fall dürft ihr es strafen, denn ein Pferd, das seinem Reiter auf der Nase herumtanzt, gefährdet ihn und sich selbst und womöglich noch andere, unbeteiligte Menschen oder Pferde.

Das Thema „Strafe" im Reitsport ist ein schwieriges Kapitel. Einerseits kommt man ohne einen gelegentlichen Klaps nicht aus, andererseits ist es eine Tatsache, daß in den meisten Reitställen viel zu viel „gestraft", das heißt geprügelt, sporniert und am Zügel gezerrt wird. Oft kann das betroffene Pferd keinen Zusammenhang zwischen der Strafe und seinem Verhalten erkennen.

Bitte beachtet zum Thema „Strafe" folgende Regeln:

- Man straft ein Pferd mit einem scharfen Wort und einem Gertenhieb, nicht mit einer Tracht Prügel oder mehrmaligem, unbeherrschtem Sporeneinsatz. Wie kräftig der Klaps sein muß, ist von Pferd zu Pferd verschieden. Probiert es erst sanft, aber habt auch keine Scheu davor, energischer zu werden. Wenn ihr euch nicht wirklich durchsetzt, wird das Pferd euch bald erneut herausfordern.

- Versucht, immer überlegt und nie im Jähzorn zu strafen. Das Pferd kann nichts dafür, wenn ihr Ärger in der Schule hattet. Laßt ihn also nicht an ihm aus!

- Straft das Pferd nicht heute für ein Vergehen, das ihr ihm gestern noch nachgesehen habt! Wie soll es sonst wissen, was es darf und was nicht?

- Fragt immer nach der Ursache der Widersetzlichkeit! Ein junges Pferd ist oft müde und quengelig, ein Turnierpferd häufig gestreßt und ein Schulpferd gelangweilt.

- Vergeßt nie, euch nach einer Auseinandersetzung mit dem Pferd wieder mit ihm zu versöhnen. Wenn es der Aufforderung nachkommt, die es zuvor verweigerte, verdient es ein Lob!

Zusammenhänge verstehen

Wenn ihr die letzten Seiten aufmerksam gelesen und ihre Inhalte verstanden habt, so müßten euch nun alle Grundlagen der Reiterei ein Begriff sein. Ihr kennt den vorwärtstreibenden Schenkel, der am Gurt liegt, den verwahrenden und den treibenden hinter dem Gurt und ihr wißt, was es heißt, „aus dem Kreuz heraus" zu treiben. Auch die einseitigen und beidhändig gegebenen Zügelhilfen, die die anderen Hilfen unterstreichen, habt ihr kennengelernt. Damit verfügt ihr über einen „Grundwortschatz" der Sprache Reiten. Letztlich bestehen alle Aufgaben, mit denen ihr euch in der Reitschule beschäftigt und weiter beschäftigen werdet, aus verschiedenen Kombinationen dieser Grundhilfen. Wenn ihr euch das immer vor Augen haltet, wird es euch helfen, Bewegungsabläufe und ihre Zusammenhänge mit der Hilfengebung zu verstehen. Ich würde mich freuen, wenn ihr über jede neue Hilfenkombination nachdenkt und versucht, das „Warum" zu ergründen. Reitet Aufgaben ruhig einmal im Geiste durch! Wenn Tennis- und Golfspieler ständig von der Wichtigkeit ihres „mentalen Trainings" reden, sollte das den Reitern doch auch mal zu denken geben. Und versucht dabei immer auch, euch in euer Pferd hineinzudenken. Versucht zu erspüren, was es fühlt, wenn ihr ihm Hilfen gebt, wie erleichtert es ist, wenn es seine Aufgabe zu eurer Zufriedenheit gelöst hat, und wie unsicher es wird, wenn es euch nicht versteht.

Pferde sind freundliche, fühlende Wesen, die mit ihren Reitern meist viel mehr Geduld haben, als die mit ihnen. Nur wer sich das bewußt macht, ist ein wirklich guter Reiter. Wer sich einen „Freizeitpartner" wünscht, der keinen eigenen Willen zeigt, nie einen schlechten Tag hat und immer auf Anhieb reagiert, der ist mit einem Computer und der dazugehörigen Spielesammlung sicher besser bedient als mit einem Pferd!

▲ *Übungen wie diese stärken das Vertrauen zwischen Reiterin und Pferd.*

Bei allem, was wir mit Pferden tun: Lob ist wichtiger als Strafe! ▶

Die Kunst, Pferde tanzen zu lassen – Dressurreiten

Reiten ist mehr, als irgendwie von einem Punkt zum anderen zu kommen. Eigentlich weiß man das schon seit dem Altertum, als der Grieche Xenophon die erste Reitlehre schrieb. Zwischendurch geriet die Kunst, Pferde ohne Gewaltanwendung dazu zu bringen, unter dem Reiter komplizierte Übungen auszuführen, immer wieder in Vergessenheit. Die Menschen brauchten das Pferd als Transportmittel und machten sich keine großen Gedanken über seine Ausbildung. Auch ihr eigenes Können beschränkte sich oft darauf, oben zu bleiben und das Pferd mit Hilfe scharfer Gebisse im Zaum zu halten. Erst in der Zeit des Barocks und Rokokos, als adlige Herren und Damen begannen, einfach um des Vergnügens willen zu reiten, änderte sich das. Der Reitlehrer des französischen Königs Ludwig XV., François de la Guérinière, verfaßte die erste Reitlehre der Neuzeit, die das Reiten als eine Kunst zeigte. Die Klassische Dressur, die höchsten Wert auf Harmonie zwischen Reiter und Pferd legt, war erfunden!

Dressur im Alltag

Heute gehört die Vermittlung der Grundlagen der Dressur zum Lehrplan jeder Reitschule. Von der ersten Reitstunde an versucht man, den Schülern die Hilfen zur *Versammlung* des Pferdes nahezubringen. Leider tun manche Reitlehrer das mit mehr Geschrei als Geschick und vermitteln zu wenig von den Gedanken der Klassischen Dressur, die viel von Verständnis und Liebe zum Lebewesen Pferd handeln. So mißlingt es dann, die Begeisterung für den „Tanz zu Pferde" in den Reitschülern zu wecken. Sie würden nur zu gern auf die „langweiligen" Dressurstunden verzichten und gleich zum Springen oder Geländereiten übergehen.

Die Frage, ob man Dressur reiten „muß", wenn man später doch „nur" mit seinem Pferd ins Gelände möchte, wird heiß diskutiert. Tatsächlich gibt es inzwischen sehr gute Ausbildungsmethoden zum Erlernen der reiterlichen Grundlagen außerhalb der Reitbahn. Wer aber ernsthaft reiten möchte, kommt auf die Dauer nicht um eine Dressurausbildung herum. Zu ersetzen wäre sie lediglich durch eine gründliche Ausbildung im Western-Reiten. Dressurreiten (oder Reining) dient nämlich der Gymnastizierung des Pferdes und trägt auch dazu bei, die Hilfengebung des Reiters zu verfeinern. Dressur für Freizeitpferde und -reiter könnte man mit Skigymnastik vergleichen: Natürlich kann man sich ohne vorhergehende Gymnastikstunden auf die Bretter schwingen, aber bewegliche, gut vorbereitete Skifahrer haben mehr Spaß an ihrem Sport und verunglücken seltener!

Passage – Monica Theodorescu auf „Ganimedes". Gute Dressurreiter brauchen nur leichtesten Zügelkontakt.

Margrit Otto-Crepin auf „Corlandus" in der Piaffe – Trab auf der Stelle, eine Lektion der Schweren Klasse.

Claus Penquitt mit seinem Lusitano-Hengst „Vigoroso“ reitet Seitengänge (Travers) im iberischen Stil.

„Goliath“ – ein Mini-Shetlandpony zeigt die Levade der Klassischen Dressur.

Dressur ohne Langeweile

Richtig betrieben, ist Dressur alles andere als langweilig. Die adligen Herren und Damen von früher hätten sonst bald damit aufgehört. Die Reitlehrer damals mußten sich also schon etwas dazu einfallen lassen, die Stunden interessant zu machen. Im 18. Jahrhundert, als die Hofreitschule in Wien gegründet wurde, zeigte man seine Reitkunst im Rahmen von Reiterfesten und genoß das Mitmachen bei großen Quadrillen. Bunte, elegante Kleidung der Reiter und interessante Pferdefarben machten das Zusehen auch zum Vergnügen für das Publikum.

Erst als das Militär die Reitkunst vereinnahmte, bekam die Dressur den Ruf von Drill und Eintönigkeit. Alles sollte jetzt gleich aussehen, gleich ablaufen, spielerisches Reiten wich der Vorbereitung auf den Einsatz von Reitern und Pferden im Krieg. Im modernen Turniersport setzte sich diese Entwicklung fort. Ernsthafte Reiter in strengem Schwarzweiß und einfarbige Pferde bestimmen meist das Bild auf den Turnieren.

Tanzende Pferde

In den Mittelmeerländern, zum Beispiel in Spanien und in der französischen Camargue, führt man seine tanzenden Pferde heute noch gern bei Volksfesten vor. Außerdem gibt es nach wie vor Reitschulen, in denen die klassische Reitkunst gepflegt wird. Die bekannteste davon ist wohl die Spanische Hofreitschule in Wien, die mit Lipizzanerhengsten arbeitet. In Spanien gibt es eine Reitakademie in Jeréz de la Frontera, in der hauptsächlich Andalusier zum Einsatz kommen, und in Frankreich wird die „Hohe Schule“ vom „Cadre Noir“ gepflegt. Auch die Lusitanos in Portugal werden klassisch ausgebildet und heute noch beim Stierkampf zu Pferde eingesetzt. An ihrem tödlichen „Tanz mit dem Stier“ findet man als Tierfreund allerdings weniger Gefallen als an den höchst lebendigen Quadrillen anderer Ausbildungsstätten.

Große Dressur ist Ballett zu Pferde. Wie der Tanz ist sie schwer zu erlernen und verlangt schon eine gewisse „Besessenheit“. Aber egal, ob man die Teilnahme an Turnieren anstrebt oder einfach sein Freizeitpferd ein bißchen gymnastizieren will, es lohnt immer, sich mit den Grundlagen der Dressur zu beschäftigen.

Reiten drinnen und draußen

Reitbahnregeln

Wenn viele Menschen sich eine Sporthalle teilen, so geht das nicht ohne Regeln und gegenseitige Rücksichtnahme. In der Reithalle und auf dem Reitplatz ist es wie in der Turnhalle: Es gibt eine „Hausordnung", die regelt, wie man sich zu verhalten hat.

Rund um den Hufschlag

Innen, an der *Bande* der Reitbahn entlang, führt eine ausgetretene „Straße", der *Hufschlag*. An ihm entlang sind Punkte markiert, die es leichter machen, die verschiedenen *Hufschlagfiguren*, die es zu reiten gilt, an der richtigen Stelle zu beginnen und zu beenden. Es gibt *Zirkelpunkte* und *Wechselpunkte*. Außerdem ist jeweils die Mitte der langen Seite durch den *HB-Punkt* (Halbe Bahn) gekennzeichnet. Zwischen den HB-Punkten, in der Mitte der Reithalle, liegt der *Punkt X*, der Mittelpunkt der Bahn. Diese Punkte sind mit Buchstaben bezeichnet, damit sich Dressuraufgaben leichter beschreiben und aufzeichnen lassen.

Hufschlagfiguren

Es gibt ein paar Grundregeln für das Ausreiten von Hufschlagfiguren.

1. Wenn euch Hufschlagfiguren in eine Ecke führen, so wird diese *ausgeritten*, d.h., man reitet möglichst tief hinein, damit sich das Pferd richtig biegt. Es muß erkennbar sein, daß das Pferd in der Ecke stärker gebogen ist als beim Reiten auf dem Zirkel.
2. In jeder Wendung, die die Hufschlagfigur fordert, wird das Pferd gebogen. Der Sinn von Figuren wie „Schlangenlinien

Durch die ganze Bahn wechseln (rot), durch die Länge der Bahn wechseln (blau), aus der Ecke kehrt (grün), Volte (gelb).

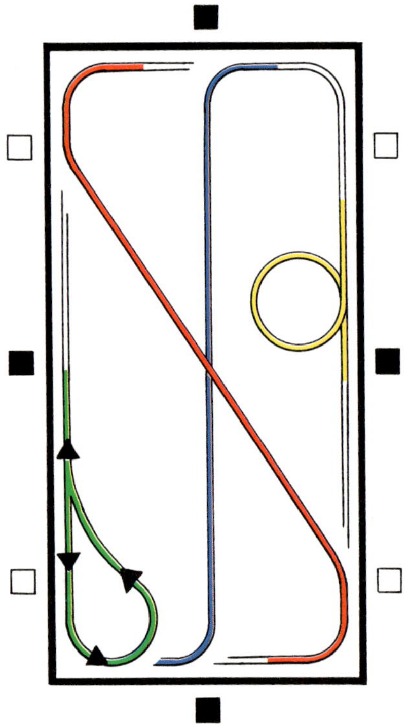

Auf dem Zirkel geritten (blau), aus dem Zirkel wechseln (grün), durch den Zirkel wechseln (gelb), ganze Bahn (rot), halbe Bahn (lila).

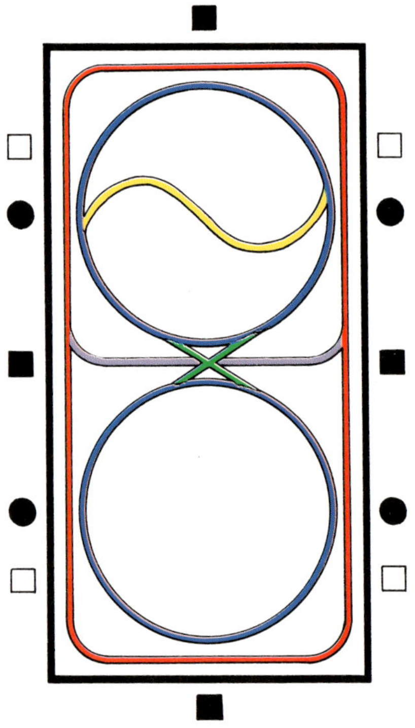

Verschiedene Schlangenlinien: einfache Schlangenlinie (rot), doppelte Schlangenlinie (blau), Schlangenlinie durch die Bahn, 3 Bogen (grün).

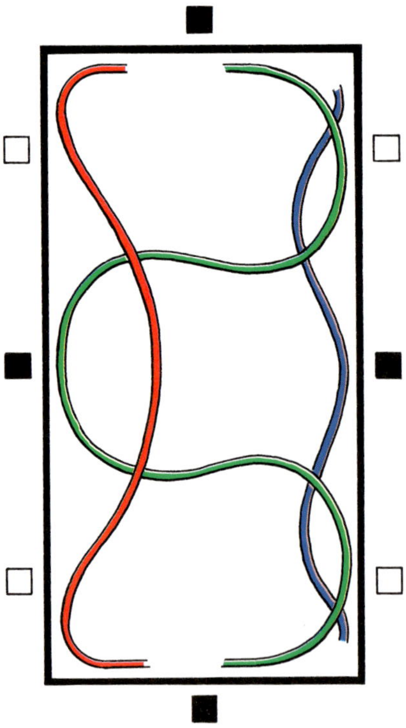

■ ***Bahnpunkte*** □ ***Wechselpunkte*** ● ***Zirkelpunkte***

„Hufschlag"

„Auf einer Hand reiten"

Im Gegenverkehr wird auf zwei Hufschlägen geritten.

durch die Bahn" liegt darin, daß die Pferde immer wieder „umgestellt" werden, sich also mal nach rechts und mal nach links biegen müssen.

3. Gerade Strecken werden auch ganz gerade geritten. Man faßt dazu den Punkt ins Auge, zu dem man hinwill, und reitet genau darauf zu. Das klingt einfach, aber es ist vielleicht die schwierigste Aufgabe überhaupt. Wenn ihr mal in eine frisch geharkte Reithalle kommt und auf die Spuren achtet, die die Reiter darin hinterlassen, werdet ihr euch wundern, wie selten jemand eine ganz gerade Linie zustande bringt.

Übrigens ... man kann sich Hufschlagfiguren besonders gut merken, indem man sie nachmalt, auf dem Schulhof abläuft oder mit dem Fahrrad nachfährt.

„Tür frei, bitte!"

Bevor man mit seinem Pferd an der Hand eine Reithalle betritt, macht man die anderen Reiter durch den Ruf „Tür frei, bitte!" auf sich aufmerksam. Man tut das auch dann, wenn nur ein einziger weiterer Reiter in der Halle ist, der sich vielleicht auch noch am anderen Ende der Bahn aufhält. Manche Pferde sind nämlich sehr schreckhaft und scheuen, wenn plötzlich die Tür aufgeht. Um sie rechtzeitig beruhigen zu können, muß ihr Reiter wissen, wann jemand hereinkommt.

Erst wenn jemand von innen mit dem Ruf „Tür ist frei!" geantwortet hat, dürft ihr die Reithalle betreten. Ihr führt euer Pferd direkt in die Bahn an eine Stelle, wo ihr wenig stört (also mehr in die Mitte, abseits vom Hufschlag). Dort könnt ihr in Ruhe nachgurten und aufsteigen, ohne andere Reiter zu behindern.

Wer hat Vorfahrt?

Viele Reitstunden beginnen damit, daß man „durcheinander reitet", d. h., jeder reitet für sich sein Pferd warm. Auch dabei gibt es jedoch „Verkehrsregeln", denn sonst würde man ständig mit anderen zusammenstoßen.

Wenn ihr euer Pferd etwa am langen Zügel im Schritt auf dem Hufschlag bummeln laßt, mahnt euch sicher gleich ein anderer Reiter mit dem Ausruf: „Im Schritt bitte den Hufschlag freimachen!" Der Hufschlag ist die „Hauptstraße" der Reithalle. Wer hier langsam reitet, hält den gesamten Verkehr auf. Trotzdem dürft ihr die Reitstunde natürlich in gelassenem Schritt beginnen. Ihr lenkt euer Pferd auf den *zweiten Hufschlag*, die „Nebenstraße", zwei Meter weiter innen.

Wenn ihr nun antrabt, könnt ihr wieder auf die „Hauptstraße" wechseln. Aber Achtung, hier herrscht Gegenverkehr! Vorfahrt haben immer die Reiter, die links herum reiten, also die Bande rechts von sich haben. Die anderen weichen ihnen auf dem zweiten Hufschlag aus. Manchmal einigt man sich auch darauf, daß immer alle in die gleiche Richtung oder, wie es in der Reitersprache heißt, *auf der gleichen Hand* reiten. Besonders in kleinen Reithallen ist das von Vorteil. Wer in diesem Fall die Richtung wechseln möchte, ruft laut: „Handwechsel bitte!". Dann machen alle so bald wie möglich kehrt.

„Abteilung bilden!"

Wenn alle Pferde warm geritten sind, fordert der Reitlehrer seine Schüler auf, sich in der Mitte der Bahn zu versammeln. Dann gibt er das Kommando: „Auf der rechten (oder linken) Hand Abteilung bilden! Anfang Susi ... dann Rebell ... Elsa ... Fürst ..." Solltet ihr nun gerade auf Susi sitzen, dürft ihr auf den Hufschlag reiten, wichtig gucken und laut „Anfang hier!" rufen. Die anderen werden sich dann hinter euch aufreihen. Gewöhnt euch rechtzeitig daran, daß der Reitlehrer euch in den nächsten 60 Minuten mit dem Namen eures Pferdes anredet. Er kann sich unmöglich alle Namen seiner Schüler merken, aber die Pferde kennt er genau!

Beim Reiten in der Abteilung ist Abstandhalten besonders wichtig. Normalerweise ist eine Pferdelänge Abstand üblich. Auch das macht man nicht nur, weil es so ordentlich aussieht, sondern hauptsächlich, damit die Pferde keinen Grund haben, nacheinander auszukeilen. Nicht jedes Pferd kann es nämlich leiden, wenn ein Artgenosse ihm seine Nase in den Schweif stößt! Haltet die Abstände also immer ein, auch wenn ihr beim Warmreiten vor der Reitstunde vorübergehend hinter einem anderen Pferd reitet, und erst recht, wenn es hinaus ins Gelände geht.

„Abteilung bilden, Anfang Amigo..."

In der Reitstunde gibt der Reitlehrer die Kommandos. Jeder sollte versuchen, die geforderten Hufschlagfiguren möglichst exakt auszureiten und sein Pferd nicht nur hinter dem Vordermann hertrotten zu lassen. Fast jede Bahnfigur wird erst begonnen, wenn der Reitlehrer das Kommando „Marsch" anschließt. Die Zeit zwischen der Nennung der Figur und diesem Signal zum Loslegen nutzt ihr, um euch und das Pferd auf die kommende Aufgabe vorzubereiten, also zum Beispiel eine Parade zu geben, die Zügel zu verkürzen oder ähnliches.

Nach der Reitstunde

Reitstunden enden meistens damit, daß der Reitlehrer euch *aufmarschieren* läßt. Das Kommando dazu heißt: „Anfang rechts (oder links) dreht, rechts (oder links) marschiert auf! Marsch!" Das bedeu-

„Eine Pferdelänge Abstand halten in der Abteilung."

„Jetzt üben wir das Aufmarschieren mit Zwischenräumen gleich noch einmal."

tet, daß der erste Reiter zur Bahnmitte hin abwendet. Auf das Kommando „Anfang halt!" stoppt er sein Pferd, und die anderen Reiter bauen ihre Pferde in einer Reihe rechts (oder links) von ihm auf. Auch dabei hält man so viel Abstand, daß jeweils noch ein Pferd dazwischen paßt. Nur wenn der Reitlehrer euch *ohne Zwischenräume aufmarschieren* läßt, haltet ihr Steigbügel an Steigbügel. Anschließend wird abgesessen.

Beim Verlassen der Reitbahn geht man genauso vor wie beim Eintreten. Ihr bittet darum, daß die anderen Reiter die Tür frei machen, und wartet auf ihre Antwortet. Dann führt ihr das Pferd hinaus.

Ausritte

Wenn ihr an einem Ausritt teilnehmt, achtet ihr bitte besonders darauf, Rücksicht auf andere Verkehrsteilnehmer und auf die Natur zu nehmen.

Es gibt viele Wege, die für Reiter gesperrt sind, und je mehr sich Spaziergänger, Bauern, Naturschützer oder Jäger über einzelne Reiter beschweren, desto öfter wird wieder ein Weg für alle verboten.

Vor dem Ausritt in einer großen Gruppe. Die Pferde tragen unter den Trensen Stallhalfter, an denen sie bei einer Rast unterwegs angebunden werden.

◄ *Freundliche Begegnung mit Spaziergängern unterwegs.*

◄ *Landwirte, die noch selber mit Pferden arbeiten, sind selten geworden.*

Wer unbedingt im Dunkeln draußen reiten will, muß dafür sorgen, gut sichtbar zu sein. ▼

Begegnungen unterwegs

Wenn man einen Fußgänger trifft, pariert man grundsätzlich zum Schritt durch und sagt freundlich: „Guten Tag". Wenn Kinder dabei sind und das Pferd streicheln möchten, könnt ihr ihnen das ruhig erlauben – natürlich nur, wenn euer Pferd nicht beißt.

Mindestens ebensooft wie Spaziergängern begegnet der Geländereiter Landwirten, die auf ihren Feldern arbeiten. Die meisten von ihnen mögen Pferde, und wenn man mit ihnen ins Gespräch kommt, erzählen sie gern von den Pferden, mit denen ihr Vater noch auf den Feldern arbeitete. Sie werden jedoch zu Recht wütend, wenn ihr über ihre frisch bestellten Felder galoppiert. Besonders bei Regenwetter hinterlassen Pferdehufe große Schäden auf Äckern und Wiesen. Bleibt also auf den erlaubten Wegen!

Die Wälder, in denen wir reiten, gehören immer zu einem Jagdrevier. Das heißt, daß ein Jäger sie besitzt oder gepachtet hat. Auch ihm werdet ihr gelegentlich im Gelände begegnen. Die meisten Jäger mögen Reiter leider nicht besonders. Sie behaupten, wir würden das Wild vertreiben. Das stimmt zwar nicht, denn die Wildtiere wissen genau, wer sie bedroht und wer nicht, aber

Mein Pferd „klebt" – Was tun?

Wenn ein Pferd sich weigert, vom Stall oder von anderen Pferden wegzugehen, nennt man das *kleben*. Diese Verhaltensweise ist immer ein Zeichen von Unsicherheit. Das Pferd hat irgendwann die Erfahrung gemacht, daß überall auf der Welt Gefahren lauern und daß Menschen nicht zu trauen ist. Es läßt sich deshalb lieber verprügeln oder spornieren, als die Sicherheit der Herde zu verlassen.

Wenn man ein Pferd, das klebt, nur einmal reitet, haben Umerziehungsversuche keinen Sinn. Wenn das Pferd auf energische Hilfen nicht reagiert, ist es besser, ihm seinen Willen zu lassen, denn höchstwahrscheinlich würde man doch erfolglos bleiben.

Gehört einem das Pferd jedoch, oder soll man es längere Zeit reiten, kann man Kleben verhältnismäßig leicht korrigieren. Man sucht sich in einem solchen Fall eine kurze Strecke aus, auf die man das Pferd jeden Tag mitnimmt. Zuerst geht man mit ihm spazieren, spricht mit ihm und gibt ihm unterwegs gelegentlich einen Leckerbissen. Wenn man sicher sein kann, daß sich das Pferd bei der ganzen Sache wohl fühlt, reitet man Teile dieser Strecke. Man steigt dazu mittendrin auf und mittendrin wieder ab und reitet auch mal ein Stück hin und zurück. Nach einiger Zeit kann man dann die ganze Strecke reiten und den Ausritt schließlich ausweiten. Erst dann kommt ein Begleiter mit einem anderen Pferd dazu, und man übt das Wegreiten von der Gruppe. Das Ganze erfordert viel Geduld, aber letztlich klappt es fast immer. Manche Pferde fallen allerdings auch noch Jahre später in die Untugend des Klebens zurück, wenn sie sich in fremder Umgebung unsicher fühlen.

davon lassen Jäger sich nicht überzeugen. Um sie nicht zu verärgern, solltet ihr Wildfütterungsplätze meiden und möglichst nicht in der Dämmerung reiten, wenn sie auf den Hochsitzen auf das Wild warten. Auch lautes Herumschreien und Kichern ist im Wald nicht erlaubt. Dann laufen die Wildtiere nämlich wirklich weg, und ihr habt euch selbst um das Erlebnis gebracht, Rehe, Füchse oder andere Tiere beobachten zu können.

Lebhafter Verkehr

Auf der Straße

Auf der Straße gelten Reiter als „Fahrzeuge". Man reitet also rechts und gewöhnlich hintereinander. Nur bei ganz großen Gruppen dürfen je zwei Reiter nebeneinander reiten. Ist man im Dunkeln unterwegs, so sind Positionslampen Pflicht. Die Abteilung – oder der Einzelreiter – soll nach hinten mit einer roten, nach vorn mit einer weißen Lampe sichtbar gemacht werden. Es gibt dazu Lampen, die man sich an den Stiefel schnallt. Außerdem tragen reflektierende Bandagen für die Pferdebeine oder Armbinden für den Reiter zur Sicherheit bei.

Eigentlich sollte man nur Pferde mit in den Verkehr nehmen, die ruhig bleiben, wenn Autos sie überholen oder auf sie zukommen. Macht trotzdem eines Schwierigkeiten, so kann man die Autofahrer um Rücksicht bitten, indem man selbst oder ein Mitreiter einen Arm hebt und die flache Hand hochhält, wie ein Verkehrspolizist. Die meisten Autofahrer sind dann freundlich und fahren langsam oder halten an. Klar, daß man sich durch Handzeichen bei ihnen bedankt, wenn die Schwierigkeiten beseitigt sind!

Dem Pferd zuliebe

Die meisten Pferde gehen lieber ins Gelände, als die immer gleiche Arbeit in der Halle zu verrichten. „Draußen" sind sie munterer und gehwilliger, aber sie scheuen auch häufiger. Darauf müßt ihr immer gefaßt sein. Nicht alle Wege eignen sich zum Traben und Galoppieren. Auf Asphalt reitet man grundsätzlich nur Schritt, und auch anderer harter, steiniger Boden wird langsam begangen. Tut man das nicht, so werden die Sehnen der Pferde übermäßig belastet. Sie schwellen an und können sogar reißen.

Auch wenn es bergab geht, solltet ihr grundsätzlich vorsichtig sein und die Beine der Pferde durch langsames Reiten schonen. Beim Bergauf-Reiten richtet man sich nach dem Trainingszustand der Pferde. Man soll sie nicht treiben, wenn sie außer Atem kommen und Anstrengung zeigen. Um die Pferde zu entlasten, geht man sowohl beim Bergab- als auch beim Bergauf-Reiten in den leichten Sitz. Schlecht trainierte Pferde führt man bergauf.

Überhaupt schadet es nicht, zwischendurch ein paar Minuten abzusteigen und mit dem Pferd zu Fuß zu gehen. Besonders auf langen Strecken ist das sehr erholsam für Reiter und Pferd.

Vom guten Ton in Stall und Weide

Noch mehr über gutes Benehmen? Ja, denn auch im Stall und auf der Weide gibt es Regeln. Nicht nur Mitreiter und andere Verkehrsteilnehmer haben ein Recht darauf, daß ihr sie höflich und rücksichtsvoll behandelt, sondern auch die Pferde.

Im Stall

1. Meistens mögen es Pferde, wenn im Stall etwas los ist, aber manchmal wollen sie auch ihre Ruhe haben. Da Boxpferde nicht einfach weggehen können, wenn es ihnen zuviel wird, gibt es in den meisten Ställen feste Ruhezeiten. Natürlich beachtet ihr diese Zeiten!

2. Pferde haben nichts dagegen, wenn ihr in der Stallgasse steht und ihnen etwas erzählt. Der Gang vor den Boxen und Ständern ist aber kein Ort, sich zu jagen, zu balgen und herumzuschreien. Pferde erschrecken

▲ *Auf langen Strecken oder an unwegsamen Stellen ist es gut, das Pferd auch einmal zu führen.*

▼ *Fremde Pferde darf man nicht füttern.*

▲ *Schreien und Toben im Stall sind verboten! Aber Gespräche sind natürlich erlaubt, denn wo läßt es sich besser fachsimpeln?*

leicht, und wenn sie in der Box stehen, können sie nicht flüchten.

3. Es kann gefährlich sein, wenn ihr von einem Pferd zum anderen geht und allen die Nasen streichelt. Ist eines krank, schleppt ihr die Erreger weiter. So nett euer Streicheln gemeint ist, laßt es lieber sein!

4. Fändet ihr es schön, wenn einige eurer Klassenkameraden etwas geschenkt bekämen, aber ihr ginget leer aus? Pferden geht es genauso. Füttert euer Lieblingspferd also möglichst nicht mit Leckerbissen, wenn seine Boxnachbarn zuschauen! Wenn die Nachbarpferde wenigstens ein kleines Stück Brot oder Möhre abbekommen, macht es den anderen nichts aus, wenn ihr euren Liebling besonders verwöhnt. Füttert fremde Pferde aber nur, wenn ihr vorher gefragt habt und es erlaubt ist.

Auf der Weide

Fast jeder freut sich über Pferde auf der Weide und sieht sie sich gern an.

Hier aber ist die Beachtung der Regeln besonders wichtig, denn Fehler können den Pferden sehr schaden. Außerdem sperrt ihr Besitzer sie sicher bald wieder ein, wenn er schlechte Erfahrungen mit der Weidehaltung macht.

Bitte lockt Weidepferde nicht an den Zaun, um sie zu füttern. Auch wenn ihr ihnen „nur Gras" abpflückt, ist das gefährlich, denn der nächste, den sie anbetteln, gibt ihnen vielleicht aus Versehen eine Giftpflanze. Außerdem können sie sich verletzen oder gegen den Zaun jagen, wenn sie sich um die Leckerbissen streiten. Auch euch können sie dabei weh tun. Wenn ein Pferd es eilig hat, einen Leckerbissen zu erwischen, bevor ein anderes kommt, beißt es leicht aus Versehen in eure Hand.

Würde es euch gefallen, wenn jemand einfach in euren Garten ginge und sich euer Fahrrad ausleiht? Sicher nicht. Auch Pferdebesitzer wollen nicht, daß ihr heimlich auf ihre Weide geht und euch womöglich noch auf eins der Pferde setzt! Wenn ein Pferd auf der Weide ist, hat es frei. Es muß sich nicht von euch reiten lassen. Viele Weidepferde sind auch noch jung und gar nicht zugeritten. Die bekommen einen Schreck fürs Leben, wenn ihr ihnen plötzlich ins Kreuz springt. Sie können euch auch herunterwerfen und verletzen. Das Reiten fremder Pferde ist ebenso verboten wie das Aufbrechen und „Leihen" fremder Autos. Wenn der Pferdebesitzer euch erwischt, bekommt ihr mit Recht Ärger!

Weidepferde soll man nicht an den Zaun locken – schon gar nicht, um sie zu füttern.

Angekommen heißt gewonnen – Distanzreiten

An diesem Sonntag sind Susanne und Andrea sehr früh aufgestanden.

„Um halb acht müssen wir zur Tierarztuntersuchung!“ hatte Susanne erklärt. „Vorher abladen, zur Meldestelle, Pferde ein bißchen herumführen, damit sie nicht so aufgeregt sind … eine Stunde müssen wir bestimmt auch fahren … Am besten bist du um sechs Uhr bei mir!“

Sehr viel geschlafen hat Andrea sowieso nicht vor ihrem ersten Distanzritt. Vierzig Kilometer weit reiten … ob Benji das aushält?

„Die Frage ist eher, ob du das aushältst“, lachte Susanne. „Benji ist schon über tausend Distanzkilometer gelaufen. Für den ist das ganz normal! Und überhaupt: Wir haben doch trainiert. Letzten Sonntag zum Beispiel – das waren fast dreißig Kilometer!“

Susanne hat gut lachen. Sie reitet schon seit Jahren Distanzritte und hat mit Benji viele Schleifen gewonnen. In diesem Jahr will sie aber ihr Nachwuchspferd Shan reiten und Andrea darf es auf Benji versuchen.

Beide Pferde steigen artig in den Pferdetransporter. Auch nach der einstündigen Fahrt wirken sie nicht aufgeregt oder verschwitzt. „Distanzpferde müssen gute Nerven haben!“ sagt Susanne.

Andrea putzt schnell noch einmal über Benjis glattes Fell, während Susanne zur Meldestelle geht. Schließlich will sie sich nicht blamieren, wenn sie ihn gleich dem Tierarzt vorführt. Eine Stunde vor einem Distanzritt, so hat ihr Susanne erklärt, werden die Pferde nämlich gründlich untersucht. Lahme oder kranke Pferde dürfen gar nicht erst starten.

Natürlich lahmen Benji und Shan nicht, als Andrea und Susanne sie der Tierärztin vorführen. Benji läßt sich nicht gern ins Maul fassen und regt sich etwas auf, als Susanne ihn zwingt, sich untersuchen zu lassen. Deshalb klopft sein Herz schneller und sein Atem geht rascher, als eine Helferin die Puls- und Atemwerte nimmt. „Der beruhigt sich auf der Strecke!“ sagt Susanne.

Die Puls- und Atemwerte der Pferde spielen beim Distanzreiten eine wichtige Rolle, denn daran erkennt man, ob ein Pferd überanstrengt wurde. In der Pause und am Ziel müssen die Werte spätestens nach 20 Minuten unter 64 Pulsschlägen und 60 Atemzügen in der Minute liegen. Ist das nicht der Fall, so scheidet das Pferd aus. Bei kurzen Distanzen, wie der, für die Andrea und Susanne sich gemeldet haben, entscheiden die PA-Werte auch mit über die Plazierung.

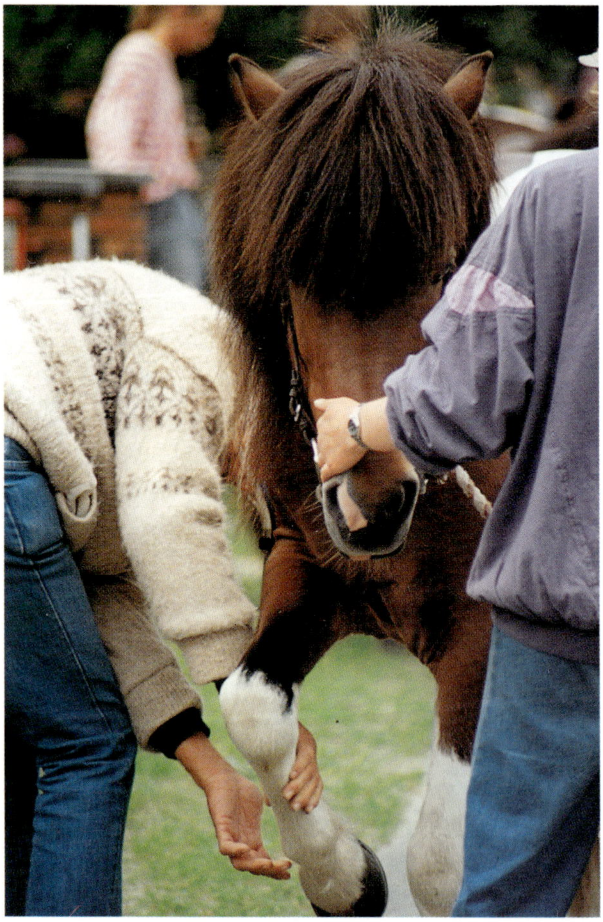

Voruntersuchung. Nur ganz gesunde Pferde dürfen starten.

Auf der Strecke

Andrea erhält eine PA-Karte, auf der die Ergebnisse der Voruntersuchung vermerkt sind. „Verlier sie bloß nicht!“ sagt Susanne. Die beiden Mädchen haben jetzt genug Zeit, ihre Pferde zu satteln und sich die Streckenkarte noch einmal anzusehen, die sie mitbekommen haben. Die Wegstrecke ist darauf vermerkt, aber viel kann man nicht erkennen.

„Egal“, meint Susanne, „die Strecke ist ja ausgeschildert. Achte auf die roten Pfeile. Die gelben zeigen die Strecke für den langen Ritt!“

Der lange Distanzritt, für den die Reiter schon vor einer Stunde gestartet sind, geht über 78 Kilometer.

„Eigentlich ist es eine Art Rennen“, erklärt Susanne, als die Mädchen zum Start reiten. „Bei den langen Ritten entscheidet nämlich die Reitzeit und nicht die besten PA-Werte. Aber untersucht werden die Pferde natürlich trotzdem. Wer sein Pferd überfordert, fliegt raus!“

„Wir müssen aber auch in einer bestimmten Zeit ankommen, nicht wahr?“ fragt Andrea, um sich noch einmal zu vergewissern, daß sie alles verstanden hat. „In drei Stunden und zwanzig Minuten oder?“

„Richtig!“ antwortet Susanne. „Wir reiten genau Tempo 5 – ein Kilometer in fünf Minuten!“

„Hauptsächlich Trab, ein bißchen Schritt und ab und zu ein kleiner Galopp!“ wiederholt Andrea, was sie gelernt hat, aber Susanne hört nicht mehr zu. Sie vergleicht ihre Uhr mit der Uhr am Start, wartet auf das „Start frei!“ und los geht es! Benji und Shan legen einen flotten Trab vor, aber Susanne findet immer noch Zeit, sich mit dem dritten Mitglied ihrer Gruppe, einem Mädchen auf einem rundlichen Haflinger, bekannt zu machen.

„Bei kurzen Distanzen startet man in kleinen Gruppen“, hat sie Andrea vorhin erklärt. „Bei langen Ritten gehen alle gleichzeitig los.“

Strecken-kontrolle. Noch 3 Kilometer!

Doris Melzer auf ihrem Araberhengst „Al Azim". Beide gehören zu den erfolgreichsten Distanzlern Europas.

Schon bald sehen die Mädchen die Fünf-Kilometer-Marke. „Wir sind schnell!" sagt Susanne zufrieden. Tatsächlich sind sie erst eine Viertelstunde unterwegs. Bei Kilometer 12 traben sie in eine versteckte Tierarzt-Kontrolle. Die jungen Leute, die den Pferden Puls und Atem messen, freuen sich diebisch, sie überrascht zu haben: „Nur so kann man Raser erwischen, die ihre Pferde auf der Strecke überfordern und dann vor den angekündigten Kontrollen Schritt reiten, bis sie sich wieder erholt haben", erklärt einer der Helfer. Auf Distanzritten ist gleichmäßiges Reiten erwünscht.

Benji hat ruhige Werte und könnte sofort weitergehen. Shan liegt im Puls etwas zu hoch, erholt sich aber rasch. Nur die Haflingerstute hat ernstliche Probleme. „Wir warten auf dich!" sagt Susanne zu dem Mädchen, das sie reitet. „Wenn wir jetzt wegreiten und das Pferd bleibt allein, beruhigt es sich nie!" erläutert sie Andrea. „Das wäre nicht fair!" Schließlich geht es weiter. Vor der angekündigten Pause bei Kilometer 20 reiten die drei etwas Schritt. Benji kommt mit ganz ruhigen PA-Werten herein.

„Paß auf, du gewinnst heute!" lacht Susanne, aber daran kann Andrea nicht glauben. Die beiden nutzen die Pause, um die Pferde abzuwaschen und etwas herumzuführen. Dann geht es wieder auf die Strecke. Erneut legt Susanne ein hohes Tempo vor. „Wenn wir in der Kontrolle wieder warten müssen, brauchen wir die Zeit!" sagt sie mit einem Seitenblick auf die Haflingerstute.

Die hat sich allerdings inzwischen eingelaufen. In der letzten Kontrolle geht alles gut.

„Gleich sind wir da!" sagt Andrea ungefähr drei Kilometer vor dem Ziel, aber Susanne sieht etwas besorgt aus. „Habt ihr in der letzten Zeit mal einen roten Pfeil gesehen?" Petra, das Mädchen mit dem Haflinger, erklärt, daß sie sich auch schon seit einigen Minuten Gedanken macht. „Sieht aus, als hätten wir uns verritten!"

„Also umkehren!" entscheidet Susanne und wendet ihren Shan. Die Mädchen überlegen, wo sie zuletzt einen Pfeil gesehen haben, und Petra studiert im Trab die

Karte. „Irgendwo ging es scharf rechts ab!“ stellt sie fest, und zehn Minuten später haben sie die Abzweigung auch gefunden. Aber jetzt haben sie nur noch neun Minuten Zeit für die letzten drei Kilometer. „Reitet zu!“ sagt Petra. „Vielleicht schafft ihr es noch ohne Zeitfehler! Meine Dicke lasse ich lieber nicht spurten, sonst kommt sie mit den PA-Werten nicht herunter!“

Susanne nickt. „Bis gleich!“ sagt sie, und dann zeigen Shan und Benji, daß die vierzig Kilometer sie nicht müde gemacht haben. Eine Minute vor der Zeit sind Andrea und Susanne kurz vor dem Ziel und können im Schritt einreiten. Nun haben sie zehn Minuten Zeit bis zur entscheidenden PA-Messung. Die Pferde werden abgesattelt und abgewaschen. Benji entspannt sich sofort, aber Shan ist etwas nervös. „Atem 24, Puls 52!“ Das bedeutet 16 Fehlerpunkte für Shan. Auch Benjis Pulswerte sind nach dem langen Galopp noch ein bißchen zu hoch. Andrea bekommt acht Fehler angeschrieben. „Es war trotzdem gut!“ sagt Susanne zufrieden. Am Hänger gibt es Wasser und Futter für die Pferde.

Nachuntersuchung – Wie hoch sind die Pulswerte?

Susanne und Andrea picknicken gemeinsam mit Petra, die ihre Melora auch gut ins Ziel gebracht hat. „Mit meinen 20 Zeitfehlern werde ich zwar nicht siegen, aber …“

„… angekommen heißt gewonnen!“ sagen Petra und Susanne wie aus einem Mund. Dieses Motto der Distanzreiterei wird hier wirklich sehr ernst genommen.

Zwei Stunden nach dem Ritt werden alle Pferde noch einmal vom Tierarzt untersucht. Pferde mit Lahmheiten, Satteldruck oder anderen Beschwerden fallen auch jetzt noch aus der Wertung. Bei Benji, Shan und Melora ist alles in Ordnung. Die Mädchen trinken eine Limo und warten auf die Plazierung.

Gegen fünf Uhr am Nachmittag ist es soweit. Die Plazierung wird bekanntgegeben: Zuerst für die Reiter und Pferde, die heute die 78 Kilometer geschafft haben.

Dann geht es weiter mit den Teilnehmern des kurzen Rittes. Der Sprecher macht es spannend und nennt die Plazierten von hinten nach vorn. So fällt zuerst Petras Name. Sie wird mit Melora Dreiundzwanzigste. Susanne wird Zehnte und strahlt wie ein Honigkuchenpferd. „Schließlich war es Shans erster Distanzritt und dann gleich unter den ersten zehn!“ Andrea wartet gespannt. Unter den ersten sechs ist sie schon mal … Sollte sie womöglich unter die ersten drei kommen? Sie betrachtet die glänzenden Pokale. Da fällt ihr Name als Vierte. Susanne und Petra jubeln und klatschen. Andrea erhält eine blaue Schleife – Susanne und Petra haben beide eine braune – und eine Stallplakette. Außerdem gibt es einen Sack Möhren als Ehrenpreis.

„Viel besser als alle Pokale der Welt!“ finden Benji, Shan und die Haflingerstute.

Ein Pferd für mich allein

Das Pflegepferd

„Mein Pflegepony ist krank, aber der Besitzer holt keinen Tierarzt ..."

„Ich habe meinem Pflegepferd Sattel und Zaumzeug gekauft, aber jetzt läßt sein Besitzer auch andere Kinder darauf reiten ..."

„Ich habe mir soviel Mühe gegeben, um Charly die Angst vor Menschen zu nehmen. Und dann kam die Tochter des Besitzers und ließ ihre halbe Klasse auf ihm reiten. Jetzt ist er wieder ganz scheu ..."

Immer wieder hört man solche und ähnliche Klagen pferdebegeisterter Mädchen. (Oder kennt ihr auch Jungen, die Pflegepferde haben?) Betrachten wir uns die Sache mit den Pflegepferden also einmal näher, um ihren Ursachen auf den Grund zu kommen!

Das Pflegepferd, wie es sich die meisten Mädchen vorstellen, ist ein hübsches und ordentlich ausgebildetes Pferd oder Pony, das sie putzen und vielleicht auch mal versorgen. Dafür dürfen sie es umsonst reiten. Putzen macht Spaß, reiten noch mehr, Pflegepferde wären demnach ein reines Glück ohne Kosten und Risiko, denn das Geld für Unterkunft, Futter, Tierarzt und Hufschmied soll ja nach wie vor der Besitzer aufbringen. Echte „Pflegepferde", also alte und kranke Tiere, die man nicht mehr reiten kann, sind weniger gefragt ...

Wer vergibt Pflegepferde?

Menschen, die sich Pferde halten, weil sie ebensogern putzen und reiten wie ihr, vergeben im allgemeinen keine Pflegepferde. Sie würden ihr Pferd, das sie viel Geld kostet und das sie sich oft nur unter Verzicht auf andere Dinge leisten können, auch nie einem Mädchen mit wenig Pferdeerfahrung anvertrauen. Brauchen sie einmal Hilfe, so springen erwachsene Freunde ein.

Pflegepferde vergeben andere Leute. Da ist zum Beispiel Herr X. Er hat seiner kleinen Tochter, die sich einmal ein Pony wünschte, ein Pferdchen zum Geburtstag geschenkt. Das steht nun hinter dem Haus auf einer handtuchgroßen Wiese und hat nichts zu tun, denn nachdem das kleine Mädchen einmal heruntergefallen war, hat es keine Lust mehr zum Reiten. Großvater, der angeblich viel über Pferde weiß, weil er im Krieg bei der Kavallerie war, hat gesagt, daß „dies Mistvieh wohl nicht zu reiten" sei, und geht auch nicht mehr auf die Wiese. Da kam es Herrn X gerade recht, daß die zwölfjährige Meike sich als Hilfe anbot. Und schon kann sie stolz herumerzählen, daß sie „ein Pflegepferd" hat.

Kleine Kinder brauchen Hilfe im Umgang mit Ponies.

Ein Pflegepferd bedeutet viel Arbeit.

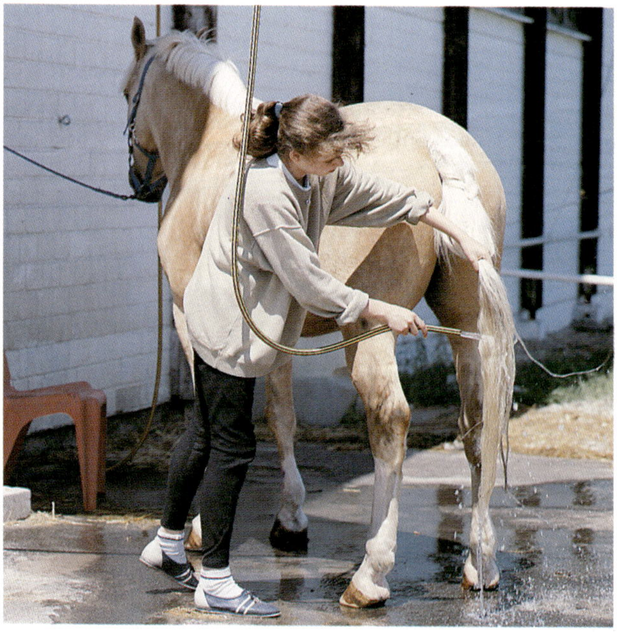

Ein Pflegepferd ist der Traum vieler reitbegeisterter Mädchen.

Ein weiterer Fall ist Frau Y. Sie hält am Stadtrand in ein paar Bretterbuden 12 Ponies. Sie versteht zwar nicht viel von ihnen, reitet auch nicht, aber findet Ponies so lieb und hat ein so gutes Herz, daß sie an keiner leidenden Kreatur vorbeigehen kann. Deshalb kauft sie auf Pferdemärkten und von zweifelhaften Händlern immer wieder „ganz arme Ponies". Mit der dadurch anfallenden Arbeit ist sie hoffnungslos überfordert, und so vergibt sie die Ponies als „Pflegepferde" an Mädchen aus der Nachbarschaft.

Wer sucht ein Pflegepferd?

Die Mädchen, die sich ein Pflegepferd wünschen, sind in der Regel keine fortgeschrittenen Reiterinnen. Wer nämlich wirklich gut reitet, der kann sich vor Berittpferden kaum retten und kriegt mit etwas Glück sogar Geld dafür, daß er sie ausbildet und bewegt. Meike und die anderen Mädchen mit Pflegepferden sind jedoch durchweg noch Anfängerinnen. Meike z. B. hat 50 Reitstunden, was noch nicht allzuviel ist, Herrn X aber gewaltig imponiert, denn, wie gesagt, in seiner Familie hat noch niemand eine Reithalle von innen gesehen.

Bei Frau Y ist Katja der Star, denn sie kann auf einen Ferienreitkurs zurückblicken. Alle anderen haben im Selbstversuch auf den Ponies von Frau Y „reiten gelernt".

Probleme mit Pflegepferden

Wer ein Pflegepferd vergibt, zumal an unerfahrene Reiter, der tut das selten aus Menschenfreundlichkeit. Im Grunde erwartet er dafür etwas von den Pflegerinnen, und zwar mehr als gelegentliches Putzen. Herr X, zum Beispiel, sucht keine Pflegerin, sondern eine Bereiterin für sein Pony. Wenn es Meike nicht gelingt, aus dem kleinen Frechdachs umgehend ein anständiges Pferd zu machen, so wird er bald ein anderes Mädchen mit der Pflege betrauen. Frau Y, deren falsch verstandene Tierliebe ihre gesamten erwachsenen Freunde bereits vergrault hat, will von ihren Mädchen Gesellschaft, benutzt sie aber auch als billige Hilfskräfte. Daß Schüler auch noch anderes zu tun haben, als bei ihr Zäune zu bauen, und daß die gesamte Arbeit rund um eine Pferdehaltung eine Gruppe 10- bis 14jähriger Mädchen einfach überfordert, versteht sie nicht. Deshalb ist Katja ihren geliebten Johnny auch schnell los, wenn sie wegen einer Klassenreise ein paar Tage wegbleiben muß. Sowohl Herr X als auch Frau Y handeln beim Umgang mit ihren Helferinnen ebenso spontan und unüberlegt wie beim Kauf ihrer Ponies. Frau Y ist zudem ständig in Geldnöten. Tierarzt, Schmied usw. kann sie sich sowieso nicht leisten und nimmt es gern an, wenn die Eltern der Mädchen etwas Geld spenden.

Wie geht es besser?

Bei der Zusammenarbeit mit Herrn X und Frau Y wird kein Mädchen glücklich. Außerdem ist der Umgang mit ihren Pferden auch noch gefährlich, denn in der Regel sind sie schlecht erzogen. Zudem sind sie meistens nicht versichert. Wenn ihr ernstlich ein Pflegepferd sucht, solltet ihr zunächst euren Reitlehrer ansprechen. Wenn er meint, daß ihr gut genug reitet und zuverlässig seid, vermittelt er euch vielleicht ein Privatpferd, das ihr in den Unterrichtsstunden reiten könnt. Viele

Aber Probleme rund ums Pflegepferd sind nicht selten.

Pferde, die in Reitställen stehen, haben zuwenig Bewegung. Es kommt auch vor, daß sich Leute ein junges Pferd zugelegt haben, ihr altes aber nicht weggeben wollen. Sie freuen sich dann oft über eine kleine Reiterin, die es liebt und unter der es leichte Arbeit tun kann. Solche Pferde sind die absoluten Glücksfälle, denn man kann eine Menge von ihnen lernen. Oft stehen sie aber nur im Winter zur Verfügung und kommen im Sommer auf die Weide. Außerdem solltet ihr eure Eltern bitten, bei der Suche nach einem Pflegepferd behilflich zu sein, indem sie z. B. eine Anzeige in einer Fachzeitschrift oder der örtlichen Zeitung für euch aufgeben. Sie sollten euch dann auch zu den Leuten begleiten, die sich melden, denn wenn Erwachsene bei der Besprechung dabei sind und Fragen nach Versicherungen, regelmäßigen Pflichten, Reitunterricht usw. stellen, ziehen sich Leute wie Herr X und Frau Y gleich zurück.

Noch besser als ein „Pflegepferd" ist aber der Abschluß einer *Reitbeteiligung* an einem Pferd im Reitstall. Dabei übernehmen eure Eltern einen Teil der Kosten für das Pferd und eure Rechte und Pflichten werden vertraglich festgelegt.

Bitte recht freundlich – Pferde fotografieren

Klick! Das soll ein Foto von Martinas Lieblingspferd werden. „Ich lasse ein Poster davon machen und hänge es in meinem Zimmer an die Wand!“

Nach der Entwicklung aber ist die Enttäuschung groß, denn leider ist Martina das Foto nicht gelungen. So geht es vielen Pferdefreunden.

Hier ein paar Tips, damit es bei eurem nächsten Film besser klappt!

Näher ran, bitte!

Die meisten eurer Pferdefotos sehen aus, als hättet ihr Angst vor Susi oder Blacky. Da ist ganz viel Himmel und Weide rund um ein winziges Pferd.

Drückt mal öfter nur dann ab, wenn das Pferd den Sucher ganz ausfüllt. Am Anfang werdet ihr ihm dabei vielleicht die Ohren oder den Schweif „abschneiden“, aber mit etwas Übung bekommt ihr Bilder, auf denen man euren Liebling auch erkennt!

Lächeln, bitte!

Pferde lächeln nicht auf Kommando. Deshalb sehen Susi oder Blacky auf euren Bildern auch oft so trübsinnig aus. Pferde mit angelegten Ohren und halb geschlossenen Augen machen sich nicht immer gut auf Fotos. Ihr müßt sie also dazu bringen, für euch die Ohren zu spitzen und freundlich zu gucken. Wenn ihr nur ihren Kopf fotografieren wollt, stellt ihr sie am besten hinter einen Zaun oder bindet sie an. Dann bittet ihr einen Helfer, ein Stück vor ihnen etwas Interessantes zu tun. Er kann zum Beispiel rufen, mit den Fingern schnipsen oder eine Möhre hochhalten. Ihr beobachtet das Pferd dabei in aller Ruhe durch den Sucher eurer Kamera und drückt ab, sobald es seine Ohren interessiert aufgestellt hat.

Ganzfotos

Ein stehendes Pferd fotografiert man am besten in „offener Stellung“, das heißt, daß das euch zugewandte Vorderbein vor, das euch zugewandte Hinterbein zurückgestellt sein sollte. Bittet wieder einen Helfer, das Pferd für euch hinzustellen. Ein angebundenes Pferd achtet nicht von selbst auf fotogene Fußstellung. Wenn der Helfer nicht mit aufs Bild soll, hilft ihm eine lange Gerte, das Pferd auf Abstand zu halten. Das geht natürlich nur dann, wenn es sich nicht vor Gerten fürchtet.

Wieder sollte das vierbeinige Fotomodell die Ohren spitzen. Der Helfer tut dazu dasselbe wie beim Kopf-Foto, aber jetzt hat er es schwerer, denn das Pferd wird versuchen, zu ihm hinzugehen, um sich anzusehen, was er da Interessantes unternimmt. Wenn es gar nicht klappt, müßt ihr einen zweiten Helfer hinzubitten.

„Nun knips doch endlich!"

Achtet auf den Hintergrund!

Nun hat man sich große Mühe gegeben, ein Pferd schön aufzustellen, und es spitzte auch tatsächlich die Ohren. Auf dem so entstandenen Bild guckt Blacky dann wirklich wie Fury, und Susi sieht aus wie gemalt. Der Blick des Betrachters fällt allerdings unweigerlich auf den knallroten, alten Putzeimer im Hintergrund, oder aus Susis Kopf ragen Äste und Strommasten. Überlegt euch also vorher, wo ihr ein Pferd fotografieren wollt und schaut, wenn die Sonne scheint, auch ein bißchen auf den Schatten, den das Pferd wirft. Beim Fotografieren nimmt man ihn kaum wahr, aber auf dem Bild kann er sehr störend wirken.

Bewegung

Nichts ist schwerer, als ein Pferd in der Bewegung, vor allem in den schnellen Gangarten, zu fotografieren. Sehr viele Aufnahmen werden unscharf, weil eine falsche Belichtungszeit gewählt wurde. Andere gelingen nicht, weil das Pferd z. B. in einer ungünstigen Trabphase „erwischt" wurde.

Grundregel für Bewegungsfotos: Selbst ganz still stehen. Wenn Pferd und Fotograf sich beide bewegen, wird das Foto sicher unscharf. Außerdem solltet ihr genau überlegen, an welcher Stelle der Bahn ihr das Pferd fotografieren wollt. Nehmt sie ins Visier und wartet, bis das Pferd vorbeikommt.

Die richtige Trabphase erwischt ihr, wenn ihr auf das von euch abgewandte Hinterbein des Pferdes seht. Drückt in genau dem Augenblick ab, in dem es nach vorn schwingt.

Beim Galopp ist es genau umgekehrt. Wenn das euch zugewandte Hinterbein weit nach vorn greift, ist es Zeit, den Auslöser zu betätigen.

Die Reitbeteiligung

In einer Reitgemeinschaft werden Kosten, Arbeit und Reitzeit geteilt.

Ein Pferd im Reitstall unterzustellen ist nicht billig. Um es regelmäßig zu bewegen, auf die Koppel zu bringen und zu pflegen, braucht man zudem viel Zeit. Viele Pferdebesitzer lösen diese Probleme, indem sie sich nach einer *Reitbeteiligung* umsehen, also jemanden suchen, der sich Kosten und Arbeit mit ihnen teilt und dafür ihr Pferd reiten darf. Wenn eine solche Abmachung funktioniert, ist sie praktisch für beide Teile. Der Pferdebesitzer wird entlastet, und der Mitreiter kommt in den Genuß eines Privatpferdes, ohne gleich die ganze Verantwortung und sämtliche Kosten einer Pferdehaltung übernehmen zu müssen. Gerade für Schüler ist die Regelung ideal: Sie können sich oft nachmittags um das Pferd kümmern, der Besitzer abends.

Wichtig ist nur immer die genaue Absprache. Fragen wie die, wer für Tierarzt, Hufschmied und Versicherung aufkommt, wie oft man reiten darf und wie es mit der Teilnahme an Turnieren oder anderen Veranstaltungen aussieht, werden in einem Vertrag zwischen dem Pferdebesitzer und den Eltern seines jungen Mitreiters festgelegt. Auf jeden Fall sollte man auch eine Probezeit ausmachen, in der Pferdehalter und Mitreiter ausprobieren können, ob sie miteinander auskommen. Auch bei Reitbeteiligungen kann nämlich manches schiefgehen ...

Frau Maier hat ihr wertvolles Dressurpferd bisher von einer Bereiterin bewegen lassen. Nun bietet sie Nicola eine Reitbeteiligung an und meint, auf den teuren Beritt verzichten zu können. Da Nicola die erfahrene Bereiterin natürlich nicht ersetzen kann, fällt es Frau Maier bald schwerer, das Pferd wie gewohnt zu versammeln und dressurmäßig zu reiten. Sie macht Nicola für „Pikeurs" Leistungsabfall verantwortlich und kündigt die Reitbeteiligung.

Frau Beck hat sich Jennys Reitkünste sehr genau angesehen, bevor sie ihr die Reitbeteiligung an ihrem „Wanderer" anbot. „Niemand außer dir darf ihn reiten!" verlangt sie und läßt das auch vertraglich festlegen. Als sie Jenny ein paar Wochen später dabei erwischt, wie sie ihre Freundin auf „Wanderer" in der Halle herumreiten läßt, kündigt sie die Reitbeteiligung sofort.

Marion reitet das Pferd von Herrn Berger und trainiert mit Feuereifer für ihr erstes Turnier. Dann organisiert der Reiterverein ausgerechnet am Turnierwochenende einen Altherrenritt in der Umgebung. Herr Berger will mit seinem Pferd teilnehmen, und Marion kann

„Kannst du sie am Dienstag reiten? Ich muß mich auf die Mathe-Arbeit vorbereiten."

das Turnier vergessen. „Fellow gehört schließlich mir!" sagt Herr Berger.

Tina hat mit Frau Scholz, Besitzerin der Stute Laura, vereinbart, daß sie das Pferd regelmäßig nach der Schule auf die Weide bringen wird. Als sie das zum dritten Mal vergißt, ist Frau Scholz mit Recht verärgert und verzichtet in Zukunft auf Tinas Beteiligung an Kosten und Arbeit.

Diese Beispiele zeigen, daß beide, Pferdebesitzer und Mitreiter, sich an die ausgemachten Rechte und Pflichten halten müssen, wenn die Zusammenarbeit klappen soll.

Wie kommt man dazu?

Manchmal kann euch euer Reitlehrer eine Reitbeteiligung vermitteln. Viele kommen aber auch über Anzeigen in der Tageszeitung zustande. Ihr könnt selbst eine Annonce aufgeben oder euch bewerben, wenn ein Pferdebesitzer auf diese Weise Hilfe sucht. Seht euch den Pferdebesitzer, mit dem ihr eine Reitbeteiligung abschließt, aber genau an, denn eins müßt ihr immer bedenken: Das Pferd, das euch hier zur Nutzung überlassen wird, bleibt sein alleiniges Eigentum. Ihr erwerbt keine Rechte an dem Tier selbst. Wenn Frau Maier „Pikeur" morgen verkauft, weil sie aus beruflichen Gründen keine Zeit mehr zum Reiten hat, oder wenn Herr Berger seinen „Fellow" beim Pferdehändler gegen ein jüngeres Pferd eintauscht, dann könnt ihr nichts daran ändern!

Ideale Pferdebesitzer sind so wie Frau Beck. Sie mögen ihr Pferd und vertrauen es nicht jedem beliebigen Mädchen an. Vor Abschluß der Reitbeteiligung werden sie eure Reitkenntnisse genau unter die Lupe nehmen. Vielleicht bestehen sie sogar darauf, daß ihr das Pferd vorerst nur im Unterricht reitet. Sie werden achtgeben, daß ihr Vereinbarungen einhaltet, aber sicher auch Verständnis für eure schulischen Pflichten haben. Vor allem aber besitzen sie meistens gut gerittene, freundliche Pferde, und ihr müßt nicht damit rechnen, daß sie sie von heute auf morgen verkaufen!

Das erste eigene Pferd

Der Kauf des ersten eigenen Pferdes ist ein bedeutendes Ereignis im Leben eines Reiters. Oft muß man jahrelang warten, bis man Gelegenheit zur Anschaffung eines Pferdes hat, denn die meisten Reiter können es sich erst nach Beendigung von Schule und Berufsausbildung leisten, ein Pferd zu halten. Schließlich ist es mit dem Kauf des Tieres ja nicht getan. Unterkunft, Futter, Tierarzt und Hufschmied verursachen laufende Kosten. Seid also nicht allzu traurig, wenn sich euer Wunsch nach dem eigenen Pferd nicht so schnell erfüllt. Es lohnt sich, zu warten und inzwischen so gut wie möglich reiten zu lernen. Je mehr man vom Reiten und von Pferdehaltung versteht, bevor man ein eigenes Pferd anschafft, desto mehr Freude hat man dann mit ihm.

Vor dem Pferdekauf

Bevor man ein Pferd kauft, muß man sich ganz sicher sein, daß man genügend Zeit dafür hat und die Verantwortung übernehmen kann. Auch sollte man sich darüber klar sein, welche Rasse es sein soll und was man damit machen will. Wenn ihr jetzt schon in verschiedenen Reitstilen „geschnuppert" und unterschiedliche Pferderassen kennengelernt habt, fällt die Wahl leichter. Bedenkt, daß sich nicht jede Pferderasse für jede Reitsportdisziplin eignet. Wenn euch also Turniererfolge wichtig sind, solltet ihr euch zum Springreiten keinen Araber und zum Distanzreiten nicht gerade einen Isländer anschaffen.

Bevor man ein Pferd kauft, macht man sich am besten eine Liste mit Erwartungen ans Pferd. Beim Probereiten versucht man dann festzustellen, ob alles stimmt, was der Verkäufer versprochen hat.

„Meinen Caletto will ich behalten."

Es lohnt sich, auf das richtige Pferd zu warten.

Eine Freundin für Gersemi

Drei Jahre lang hatte Gersemi, die kleine Araberstute, ihren Stall mit dem alten Islandwallach Barki geteilt. Leider war er vor einigen Monaten gestorben. Gersemis Besitzerin suchte nun dringend nach einem neuen Pferd. Es sollte wieder ein Isländer sein, aber diesmal eine Stute, denn sie wollte gern einmal ein Fohlen aufziehen. Als zukünftiges Familienpferd sollte die Stute menschenfreundlich und zumindest angeritten sein. Natürlich würde es nie wieder ein Pferd geben wie Barki, aber wenn sich eine Braune fände... Gespannt verfolgte Hildegard die Anzeigen in der Fachpresse und hörte sich auch bei Gestütsbesitzern um.

Aus einem Gestüt im Münsterland kam dann ein interessantes Angebot. Die siebenjährige Stute „Hnotta“ (das heißt „Nüßchen“) sollte allen Bedingungen entsprechen.

„Du mußt sie probereiten und ich fotografiere!“ sagte Hildegard, und so fuhren wir also an einem diesigen Sonntag nach Münster: Hildegard mit Ehemann, Baby und Fotoapparat und ich in Reitkleidung.

Hnotta stand noch im Auslauf, als wir ankamen. Ihre Züchterin nahm zu Recht an, daß wir sie selbst einfangen, putzen und satteln wollten. Das ist nämlich eine gute Gelegenheit, um auszuprobieren, ob ein Pferd im Umgang Schwierigkeiten macht.

Hnotta erwies sich als artig. Schließlich war sie in einem bekannten Gestüt aufgewachsen und gut erzogen worden.

Auch beim Satteln machte die kleine Stute keine Schwierigkeiten, obwohl sie noch keine großen Erfahrungen unter dem Reiter vorzuweisen hatte. Sie war vor zwei Jahren kurz angeritten worden und hatte dann erst einmal zwei Fohlen bekommen. Trotzdem zeigte sie sich beim Probereiten willig und angenehm. Ihr Ausbildungsstand

Ist Hnotta die richtige Freundin für Gersemi?

Auch das Führen klappt.

Hnotta läßt sich gut fangen und aufhalftern. Sie ist nicht kopfscheu.

– Ein Pferdekauf

entsprach den Angaben der Besitzerin.

Nachdem wir uns alle darauf geeinigt hatten, daß Hnotta die richtige Freundin für Gersemi wäre, ließen wir sie wieder in den Auslauf und gingen ins Haus, um die Einzelheiten zu besprechen. Natürlich garantierte die Gestütsbesitzerin Hnottas Gesundheit und war damit einverstanden, sie zurückzunehmen, falls sich bei der Tierarztuntersuchung etwas anderes herausstellen sollte. Da wir einen Hänger mitgebracht hatten, konnten wir die Stute sofort mitnehmen. Hildegard unterschrieb den Kaufvertrag, und Hnotta bewies ein weiteres Mal ihre gute Erziehung. Brav kletterte sie in den Pferdetransporter und stand ruhig während der zweistündigen Fahrt.

„Die beiden verstehen sich prächtig!" erklärte mir Hildegard gleich am nächsten Tag am Telefon. „Hier ist eine Ruhe im Stall, das glaubst du nicht! Hoffentlich geht beim Tierarzt nichts schief!"

Der Tierarzt, der Hildegards Pferde seit Jahren behandelt, kam gleich am Nachmittag zur Ankaufsuntersuchung. Ausführlich untersuchte er Hnottas Beine und hörte Herz und Lunge ab. Zum Glück war alles in Ordnung.

„Morgen feiern wir das!" sagte Hildegard erleichtert. Und das haben wir dann auch getan!

Wie versprochen ist Hnotta artig beim Putzen und macht keine Anstalten, zu beißen oder zu schlagen.

Ein kleiner Ausritt beweist, daß die Stute keinen Unsinn unter dem Reiter macht.

Wichtig für ein Freizeitpferd: Hnotta ist familienfreundlich.

Wo kauft man Pferde?

In der Regel liest man zunächst die Verkaufsanzeigen in einer Fachzeitschrift. Meistens findet man da reichlich Angebote von Privatleuten, die aus verschiedenen Gründen ihr Pferd verkaufen wollen oder müssen. Außerdem inserieren die meisten Züchter in diesen Blättern. Wer das erste Pferd kauft, ist mit dem Besuch eines bekannten Gestütes am besten beraten. Man hat dort die Wahl zwischen mehreren Pferden, und wenn der Züchter beim Probereiten sieht, wieviel man kann, wird er ein passendes Pferd empfehlen.

Einen Bogen machen sollte man dagegen um Händler und Pferdemärkte. Auch heute noch wird man beim Handel mit Pferden leicht übers Ohr gehauen!

Der Preis eines Pferdes richtet sich nach Rasse, Abstammung und Ausbildungsstand. Heute setzt man grundsätzlich einen Kaufvertrag auf, wenn ein Pferd den Besitzer wechselt. Wenn euch jemand ein Pferd „per Handschlag" verkaufen will, ist das verdächtig!

Wer ein Pferd verkauft, garantiert dem Käufer, daß es gesund ist. Das sollte ausdrücklich im Kaufvertrag vermerkt sein. Liegen irgendwelche gesundheitlichen Probleme wie etwa Allergien vor, so muß das dem Käufer mitgeteilt werden. Leider sind nicht alle Verkäufer ganz ehrlich. Deshalb vereinbart man am besten eine Probezeit, in deren Verlauf sich Dinge wie Heuallergien oder ähnliches herausstellen. Außerdem läßt man das Pferd von einem Tierarzt, den man kennt oder empfohlen bekommt, auf Herz und Nieren prüfen. Findet er gesundheitliche Schäden, so kann man das Pferd entweder zurückgeben oder zumindest neu über den Preis verhandeln.

Man sollte auf eine Ankaufsuntersuchung übrigens auch dann nicht verzichten, wenn man den Verkäufer des Pferdes kennt und für absolut verläßlich hält. Manchmal findet der Tierarzt nämlich gesundheitliche Mängel, die dem Besitzer noch nicht bekannt waren, weil sie dem Pferd bis jetzt noch keine Beschwerden verursachen, in Zukunft aber ein Problem werden könnten.

Wenn ihr euer eigenes Pferd dann nach Hause holt, vergeßt nicht, daß ihr hier nicht etwa ein Sportgerät gekauft habt, sondern einem Lebewesen den Umzug in ein neues Heim zumutet. Euer Pferd braucht Zeit, um sich einzugewöhnen, die neuen Menschen und die neuen Stallgefährten kennenzulernen. Plant also nicht gleich große Ausritte oder gar eine Turnierteilnahme, sondern macht euch in Ruhe mit eurem neuen Freund bekannt!

In Fachzeitschriften findet man viele Verkaufsanzeigen.

Sport- und Freizeitpferde

Deckhengst
Dunkelfuchs, geb. 1987, gekört und erfolgreich geprüft (über 100 Punkte). Material gesiegt, leichtrittig. Überragender Bewegungsablauf. **Dressurpferd!** Sieger seines Landeschampionates. 60 000 DM.
Zuschriften erbeten unter
an „Reiterjournal", Postfach 10 31 44, 7000 Stuttgart 10

2 Super-Turnier-Ponys
ideal auch für Anfänger und Turniereinsteiger.
Telefon

Deckhengst
Fuchs, geb. 1986, Stm. 167 cm. Seriensieger in Materialprüfungen und A-Dressuren. Gekört und leistungsgeprüft (104 Punkte), Sieger seines Landeschampionates. Beste Nachzucht und hohe Bedeckungsziffern im Jahr 1990.
Zuschriften erbeten unter
an „Reiterjournal", Postfach 10 31 44, 7000 Stuttgart 10

Züchter verkauft:
8jährige Stute
Stm. 168 cm, mit viel Springvermögen, unkompliziert im Umgang. Vater: Fugato/Furioso II, Mutter: Airfunk/Fax II, VB 7500 DM.
Tel.

11j. Stute
dunkelbraun, 162 cm, Holländerin, FN eingetr., das ideale, vorzüglich ausgebildete Familienpferd zum Reiten und Fahren (1- bis 4sp.), 8000 DM.
Telefon

Nachwuchspferde
für Dressur und Springen
– Ausbildung, Kommission, freier Ankauf Ihres Pferdes

S-Dressurpferd
schicker Rapp-W., rahmig, Stm. ca. 170 cm, 12 J., gesund (Röntgen o. B.) und absolut zuverlässig, geht 1. Wechsel, zu verkaufen. 30 000 DM.

Eine gründliche Untersuchung vor dem Pferdekauf.

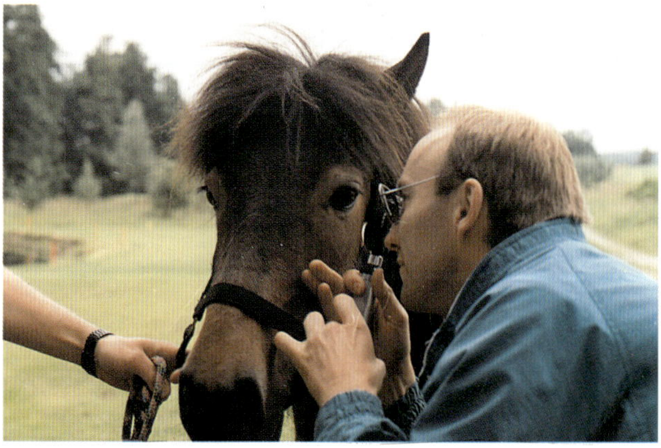

Ein Tierarzt prüft den Gesundheitszustand des Pferdes.

Reitabzeichen: Wissen schwarz auf weiß

Nicola und Conny machen Ferien auf dem Ponyhof.

„Wie sieht es denn aus mit den Reitkünsten?" fragt die Reitlehrerin vor der ersten Stunde.

„Ich kann schon reiten!" erklärt Conny.

Nicola sagt: „Ich habe das *Kleine Hufeisen*!"

Mit Connys Antwort kann die Reitlehrerin gar nichts anfangen. Sie weiß nicht, wie lange Conny schon reitet, ob sie Unterricht hatte oder nur gelegentlich auf dem Pony ihrer Freundin sitzen durfte.

Bei Nicola sieht das anders aus. Sie hat eine Prüfung abgelegt und dabei bewiesen, daß sie ein Pferd putzen und satteln und in einer Abteilung reiten kann. Die Reitlehrerin weiß nun genau, was sie von ihr erwarten kann.

Das *Kleine Hufeisen* und das *Große Hufeisen* sind die ersten von mehreren Prüfungen, in denen man zeigen kann, wie gut man die Grundlagen des Reitens und des Umgangs mit Pferden beherrscht. Sie bestehen aus zwei Teilen, einem praktischen und einem theoretischen. Im praktischen Teil reitet man vor und bewältigt beim Großen Hufeisen auch ein paar kleine Sprünge. Danach beweist man in einer mündlichen Prüfung sein Wissen rund ums Pferd. Jeder Reitlehrer, der von der Deutschen Reiterlichen Vereinigung anerkannt ist, darf die Hufeisenprüfungen abnehmen. Wer besteht, erhält eine Urkunde und ein Stoffabzeichen.

Wenn ihr weniger in der Bahn als im Gelände reitet, zieht ihr es vielleicht vor, den *Reiterpaß* zu erwerben. Dazu müßt ihr nachweisen, daß ihr draußen in allen Grundgangarten reiten könnt. Euer Pferd muß euch soweit gehorchen, daß es sich allein von der Gruppe wegreiten läßt und auch ein kleines Hindernis springt. In der mündlichen Prüfung geht es neben Grundwissen rund ums Pferd auch um Verkehrsregeln, Umweltschutz und Erste Hilfe.

Für die Abnahme des Reiterpasses kommen Richter der Deutschen Reiterlichen Vereinigung in euren Reitstall. Wahrscheinlich wird euch das ganz schön nervös machen, aber keine Angst: Euer Reitlehrer wird schon das Richtige mit euch üben! Lohn für die Mühe sind eine Anstecknadel und ein Paß, den man vorzeigen kann, wenn man zum Beispiel im Urlaub an Ausritten teilnehmen möchte.

Schließlich könnt ihr die Prüfungen für das *Kleine Reitabzeichen* oder das *Bronzene Reitabzeichen* ablegen. Dazu müßt ihr aber schon recht gut reiten können, denn es werden Spring- und Dressuraufgaben wie auf kleinen Turnieren verlangt.

Prüfungen zum Hufeisen, Reiterpaß und Reitabzeichen werden meistens im Reitverein abgelegt. Erkundigt euch danach, bevor ihr in einen Verein eintretet. Wenn es an eurem Wohnort keinen Reitstall gibt, der solche Prüfungen durchführt, könnt ihr auch Ferienkurse belegen, die darauf vorbereiten. Entsprechende Angebote findet ihr in Fachzeitschriften für Reiter und Pferdefreunde. Auch bei der Deutschen Reiterlichen Vereinigung e.V. (FN), Freiherr-von-Langen-Str. 13, 48231 Warendorf, hilft man euch gern weiter.

Auf den nächsten Seiten könnt ihr euer Reiterwissen mit einem Quiz prüfen. Ob ihr schon fit für ein Abzeichen seid?

Wer das „Kleine Reitabzeichen" erwerben will, muß schon recht gut reiten können.

Der „Reiterpaß" ist eine Prüfung für das Reiten im Gelände.

Fit für die Abzeichenprüfung?

Ein kleines Quiz rund ums Pferd

Hufeisenprüfung, Reiterpaß, Reitabzeichen – egal welche Prüfung ihr anstrebt, theoretisches Wissen ist immer gefragt. Hier könnt ihr herausfinden, wie gut ihr Bescheid wißt – und ganz nebenbei noch einiges über Pferde erfahren!

Die Hauptfragen unseres kleinen Tests prüfen Grundwissen. Wer Zusatzpunkte erringen will, bekommt dagegen manche harte Nuß zu knacken!

Achtung: Es kann jeweils eine, aber auch mehrere richtige Antworten geben.

Pferderassen, Farben und Abzeichen

1. Woran erkennt man einen Fuchs?

A. An braunem Deckhaar mit schwarzem Langhaar
B. An braunem Deckhaar mit hellerem oder gleichfarbenem Langhaar
C. An dunkler Äpfelung auf den Hinterbacken

Zusatzfrage:
Bei welchen Pferderassen gibt es ausschließlich Füchse?

A. Islandpferde
B. Haflinger
C. Zweibrücker
D. Schwarzwälder

2. Welches andere Wort gibt es für Schecke?

A. Appaloosa
B. Pinto
C. Paint Horse

Zusatzfrage:
Bei welchen Pferderassen gibt es keine Schecken?

A. Trakehner
B. Welsh Cobs
C. Andalusier
D. Shetlandponys
E. Dartmoorponys

3. Was versteht man unter „Blesse"?

A. Eine ungesunde Gesichtsfarbe
B. Ein blaßgelbes Pferd
C. Ein weißes Abzeichen auf der Stirn des Pferdes

Zusatzfrage:
Welche Begriffe gehören zu den Abzeichen am Kopf des Pferdes?

A. Flocke
B. Laterne
C. Pfanne
D. Keilstern
E. Morgenstern
F. Milchmaul

Pferdehaltung und Pflege

1. Was braucht ein Pferd, um sich wirklich wohl zu fühlen?

A. Einen warmen Stall
B. Einen regelmäßigen Stehtag
C. Täglichen Auslauf in Gesellschaft von Artgenossen

Zusatzfrage:
Welche Bezeichnungen treffen auf Pferde zu?

A. Lauftiere
B. Steppentiere
C. Schmusetiere
D. Raubtiere
E. Herdentiere
F. Einzelgänger

2. Wie hältst du Box- oder Offenstall sauber?

A. Ich miste einmal wöchentlich richtig durch.
B. Ich entferne jeden Tag die ganze Streu und erneuere sie.
C. Ich entferne jeden Tag die Misthäufchen aus Stall und Auslauf, nehme feuchte Stellen aus der Streu und fülle mit frischem Stroh auf.

Zusatzfrage:
Welche Haltungsformen sind vertretbar im Sinne einer artgerechten Pferdehaltung?

A. Reine Boxhaltung
B. Laufstallhaltung
C. Offenstallhaltung
D. Ständerhaltung
E. Boxhaltung mit mehrstündigem Auslauf

3. Was bezweckst du mit dem Putzen des Pferdes?

A. Ich möchte mein Pferd sauber haben.
B. Ich möchte mein Pferd vor der Reitstunde etwas warm massieren.
C. Ich möchte meinem Pferd etwas Gutes tun, damit es das Zusammensein mit mir genießt.

Zusatzfrage:
Welche Utensilien gehören zum Putzzeug?

A. Striegel
B. Kardätsche
C. Zahnbürste
D. Hufkratzer
E. Nagelbürste
F. Staubsauger

4. Wie oft wird ein Pferd gefüttert?
A. Mindestens dreimal am Tag, besser noch öfter
B. Zweimal täglich
C. Je nachdem, wann man Zeit hat

Zusatzfrage:
Was gehört nicht auf die Pferdespeisekarte?
A. Bananen
B. Frisches Brot
C. Kartoffeln
D. Rote Bete
E. Leinöl
F. Gras aus dem Rasenmäher

Gesunde und kranke Pferde

1. Wie hoch ist die Normaltemperatur beim Pferd?
A. 36,5 – 37° C
B. 37,5 – 38,2° C
C. 38 – 40,2° C

Zusatzfrage:
Wann mißt du vorsichtshalber Fieber?
A. Wenn mein Pferd sich ständig wälzt
B. Wenn mein Pferd nicht frißt
C. Wenn mein Pferd hustet
D. Wenn mein Pferd schwitzt
E. Wenn mein Pferd mit trüben oder glasigen Augen herumsteht
F. Wenn mein Pferd mittags flach auf der Weide liegt

2. Wie nennt man Bauchschmerzen beim Pferd?
A. Gastritis
B. Kolik
C. Infekt

Zusatzfrage:
Was solltest du tun, wenn ein Pferd unter Bauchschmerzen leidet?
A. Den Tierarzt rufen
B. Das Pferd daran hindern, sich hinzulegen und zu wälzen
C. Die Ohren des Pferdes sanft massieren
D. Das Pferd warm eindecken und herumführen
E. Versuchen, das Pferd mit allen möglichen Leckerbissen zum Fressen zu bewegen
F. Das Pferd möglichst flott longieren

3. Womit verhinderst du eine Vergiftung?
A. Ich lasse das Pferd niemals irgendwelche Pflanzen fressen, die ich nicht kenne.
B. Ich kontrolliere neue Weiden auf Giftpflanzen – auch auf solche, die in der Nähe wachsen, denn man muß damit rechnen, daß Spaziergänger sie abreißen und die Pferde damit füttern.
C. Ich verlasse mich auf den gesunden Instinkt meines Pferdes.

Zusatzfrage:
Welche Pflanzen sind giftig für Pferde?
A. Kirsche
B. Tollkirsche
C. Goldregen
D. Weißklee
E. Eibe
F. Fichte

4. Was beugt Krankheiten am sichersten vor?
A. Artgerechte Haltung und regelmäßige Gesundheitsvorsorge wie Wurmkuren und Impfungen
B. Möglichst gutes Futter und so wenig Arbeit wie möglich
C. Am besten kauft man sich ein unempfindliches Robustpferd und reitet es nur Sonntags

Zusatzfrage:
Welche Begriffe bezeichnen Pferdekrankheiten?
A. Kreuzverschlag
B. Schlaganfall
C. Mauke
D. Droste
E. Druse
F. Gnispe

Ausrüstung für Pferd und Reiter

1. Wann reitest du mit Sporen?
A. Wenn ich ein besonders faules Pferd auf Trab bringen will.
B. Wenn ich genug Reiterfahrung habe, um meine Beine ruhig zu halten, und wenn schwierigere Dressuraufgaben die Verstärkung der Hilfen fordern.
C. Gar nicht. Das ist Tierquälerei.

Zusatzfrage:
Welche Ausrüstungsgegenstände sind beim Reiten besonders wichtig?
A. Eine schicke Reitjacke
B. Ledervollbesatzreithosen
C. Die gleiche Reitweste, die Isabell Werth trägt
D. Eine sturzsichere Reitkappe
E. Geeignete Reitstiefel, mit denen ich nicht im Bügel hängenbleiben kann
F. Zweckmäßige, eher eng anliegende Oberbekleidung

2. Wann paßt ein Sattel?
A. Wenn ich mich darin wohlfühle.
B. Wenn die Sattelkammer dem Widerrist genug Freiheit gibt, und der Sattel gleichmäßig aufliegt.
C. Wenn er so richtig schön platt auf dem Pferd liegt und sich dem Widerrist anschmiegt.

Zusatzfrage:
Welche Satteltypen gibt es?
A. Dressur- und Springsättel
B. Vielseitigkeitssättel
C. Westernsättel mit verschiedenen Schwerpunkten wie z. B. Reining oder Barrel Racing
D. Damensättel
E. Spezialsättel für den Gangpferdesport
F. Spezialsättel für die Iberische Reitweise wie z. B. Portuguesa oder Española

3. Wozu braucht man ein Reithalfter (Sperrhalfter)?
A. Das gehört einfach zur Zäumung. Der Kopf des Pferdes wirkt dann nicht so lang und sieht netter aus.
B. Das sichert die Zäumung am Pferdekopf. Das Pferd könnte sie sonst abscheuern oder abschütteln.
C. Es verhindert, daß das Pferd das Maul aufreißt, um der Zügeleinwirkung zu entgehen.

Zusatzfrage:
Welche Reithalfter sind vertretbar?
A. Das Hannoversche Reithalfter
B. Das Englische Reithalfter
C. Das kombinierte Reithalfter
D. Das Mexikanische Reithalfter
E. Das Indische Reithalfter
F. Das Albanische Reithalfter

4. Braucht ein Pferd eine Decke?
A. Nicht für jeden Tag. Aber wenn es geschwitzt hat und im kühlen Stall oder im Auslauf steht, sollte es eine Abschwitzdecke tragen.
B. Ja, wenn es geschoren ist oder für Körungen, Messen oder Shows ein kurzes, glänzendes Fell behalten soll. In vielen Ländern der Welt schert man Sportpferde in der kalten Jahreszeit, damit sie bei der Arbeit nicht so stark schwitzen. Auf die Weide oder in den Auslauf schickt man sie dann unter dicken, wasserfesten Neuseelanddecken.
C. Ach was! Wildpferde brauchen auch keinen Schlafanzug. Wenn mein Pferd friert, soll es sich warmzittern.

Zusatzfrage:
Welche Ausrüstungsgegenstände brauchst du für ein normales Reitpferd?
A. Trense und Kopfstück
B. Sattel, Satteldecke und Sattelgurt
C. Stallhalfter und Abschwitzdecke
D. Auf jeden Fall ein Martingal oder Schlaufzügel zum Dressurreiten
E. Bandagen und Springglocken
F. Schweifriemen oder Vorderzeug

Reiten und Gangarten

1. Wie heißen die Grundgangarten des Pferdes?
A. Schritt, Trab, Galopp
B. Schritt, Trab, Galopp, Paß
C. Schritt, Trab, Galopp, Tölt

Zusatzfrage:
Welche der folgenden Gangarten sind Bewegungen im Viertakt?
A. Trab
B. Galopp
C. Schritt
D. Tölt
E. Running Walk
F. Paß

2. Was verstehst du unter „Leichtem Sitz"?
A. Leicht und locker durchs Gelände bummeln
B. Ein Entlastungssitz, der beim Galoppieren im Gelände und beim Springen eingenommen wird
C. Ein vereinfachter Reitstil, den man an einem Wochenende lernen kann

Zusatzfrage:
Was gehört zu den Grundregeln für den Sitz des Reiters?
A. Entspannt und ruhig sitzen
B. Geschmeidiges Mitgehen in der Bewegung
C. Der Schwerpunkt des Reiters muß mit dem des Pferdes übereinstimmen
D. Möglichst weit hinten im Sattel sitzen, damit das Pferd das Reitergewicht mit der Hinterhand aufnimmt
E. Locker im Sattel herumlümmeln. Was für mich bequem ist, gefällt auch meinem Pferd!
F. Unterschenkel möglichst weit wegstrecken. Zuviel Kontakt mit dem Reiterbein stumpft das Pferd ab.

3. Was versteht man unter „Hilfen"?
A. Bahnfiguren wie Zirkel, Volten und Schlangenlinien
B. Die körpersprachlichen Zeichen, mittels derer ich mich mit dem Pferd verständige
C. Besondere Ausrüstungsgegenstände wie Schlaufzügel, Ausbinder usw.

Zusatzfrage:
Welche Hilfen kennst du?
A. Steigbügelhilfe
B. Gewichtshilfe
C. Schenkelhilfe
D. Hüfthilfe
E. Zügelhilfe
F. Sattelhilfe

4. Was versteht ein Reiter unter einer „Parade"?
A. Aufmarsch der Kavallerie, z. B. zum Geburtstag der Königin von England
B. Extra gründliches Putzen des Pferdes vor Festtagen
C. Hilfenkombination, mit der unter anderem das Abbiegen in eine Bahnfigur eingeleitet wird

Zusatzfrage:
Welche dieser Ausdrücke bezeichnen Bahnfiguren?
A. Durch die viertel Bahn wechseln
B. Dreifache Schlangenlinie
C. Durch den Zirkel wechseln
D. In der Ecke kehrt
E. Schlangenlinien durch die Bahn, fünf Bogen
F. Durch die Länge der Bahn wechseln

Reiter und Pferd im Gelände

1. Du reitest an einer stark befahrenen Straße entlang. Wo ordnest du dich ein?
A. Ganz links wie ein Fußgänger
B. Rechts wie ein Radfahrer
C. Ich reite in der Mitte der Straße, dann sehen mich die Autofahrer und fahren langsam.

Zusatzfrage:
Was gehört zum richtigen Verhalten auf der Straße?
A. Zwei Reiter sollten hintereinander reiten.
B. Zwei Reiter reiten am besten nebeneinander, dann können die Autofahrer sie nicht übersehen.
C. Am besten bringt man die Straße möglichst schnell hinter sich, indem man flott trabt.
D. An der Straße entlang wird das Pferd grundsätzlich geführt.
E. Bei Dunkelheit müssen Reiter und Pferd beleuchtet werden.
F. Auf Asphalt reitet man grundsätzlich Schritt.

2. Wie sind Reitwege gekennzeichnet?
A. Durch ein rotumrandetes Schild, das einen Reiter zeigt

B. Durch ein blauumrandetes Schild, das einen Reiter zeigt
C. Durch ein grünumrandetes Schild, das einen Reiter zeigt

Zusatzfrage:
Wo darfst du traben und galoppieren?
A. Auf Feldwegen
B. Auf Sandwegen
C. Auf jedem Acker
D. Auf Wiesen
E. Auf unbefestigten Waldwegen
F. Auf Kies

3. Worauf achtest du beim Bergabreiten?
A. Ich reite grundsätzlich senkrecht bergab.
B. Ich lasse mein Pferd nicht eilen.
C. Ich verlagere mein Gewicht nicht nach hinten, sondern entlaste eher den Pferderücken, indem ich mich etwas vorneige.

Zusatzfrage:
Was ist sonst beim Ausritt zu beachten?
A. Wenn man Fußgängern begegnet, pariert man zum Schritt durch und grüßt.
B. An Fußgängern reitet man flott vorbei, damit sie Gelegenheit haben, die eleganten Bewegungen der Pferde zu bewundern.
C. Beim Bergaufreiten entlastet man den Pferderücken, indem man in den leichten Sitz geht. Die Hände geben in Richtung Pferdemaul nach, und es ist erlaubt, mit einer Hand um den Halsansatz des Pferdes oder in die Mähne zu fassen.
D. Bergauf wird das Pferd am besten geführt.
E. Wasserdurchquerungen probiert man nur, wenn man weiß, daß der Untergrund hier nicht sumpfig ist.
F. Bei Wasserdurchquerungen kann man sich auf den Instinkt des Pferdes verlassen.

4. Wann braucht dein Pferd einen Hufbeschlag?
A. Immer, wenn es im Gelände geritten wird.
B. Wenn es regelmäßig im Gelände mit wechselndem Untergrund geritten wird.
C. Wenn es regelmäßig im Gelände geritten wird, und ich merke, daß das Hufhorn sich abläuft und das Pferd vorsichtig auftritt.

Zusatzfrage:
Welche Alternativen zum üblichen Hufbeschlag gibt es?
A. Hufschuhe, die nur zum Reiten angelegt werden
B. Kunststoffhufschutz, der aufgeklebt wird
C. Ein Spray, welches das Hufhorn härtet
D. Plastikhufschutz, der aufgenagelt wird
E. Ein spezielles Futtermittel, das für härtere Hufe sorgt
F. Systematisches Training und ein speziell befestigter Auslaufboden führen auf die Dauer zu härterem Hufhorn

Auflösung und Auswertung

Pferderassen, Farben und Abzeichen

1. Stichwort „Füchse"
Ein Hufeisen gibt es für die Antwort B. A trifft für Braune zu, und die Äpfelung im Fell tritt bei fast allen Pferdefarben auf, wenn die Tiere in gutem Futterzustand sind.
Zusatzpunkte erhälst du für B und D. Sowohl *Isländer* als auch *Zweibrücker* gibt es in allen Grundfarben.

2. Stichwort „Schecken"
Ein Hufeisen gibt es für B, *Pinto. Appaloosa* und *Paint Horse* sind Rassenbezeichnungen. Die Tigerschecken Appaloosas entstammen ursprünglich der Zucht der Nez Percé-Indianer am Fluß Palouse. Paint Horses sind gescheckte Quarter Horses mit eigenem Zuchtbuch.
Zusatzpunkte bringen die Buchstaben B, C, und E. *Andalusier* gibt es nur in den Grundfarben, meist sind es Schimmel, Braune oder Rappen. Bei *Welsh Cobs* dominieren Braune, Rappen und Füchse. Schimmel kommen bei dieser Rasse nicht vor. *Dartmoorponys* zeigen grundsätzlich Naturfarbe: verschiedene Brauntöne mit Mehlmaul. Weiße Abzeichen sind nicht erwünscht.
Bei *Shetlandponys* hingegen gibt es alle Farben. *Trakehner* sind heutzutage zwar meist einfarbig, früher wurden jedoch auch gescheckte Trakehner gezüchtet. In Polen hat sich diese Linie bis heute erhalten.

3. Stichwort „Blesse"
Richtig ist natürlich C.
Bei dieser Frage wurde es erst bei den **Zusatzpunkten** etwas komplizierter. A, B und D bezeichnen Abzeichen. *Pfanne* und *Morgenstern* sind reine Erfindungen und statt *Milchmaul* müßte es richtig *Mehlmaul* heißen.

Pferdehaltung und Pflege

1. Stichwort „Wohlfühlen"
Ein Hufeisen gibt es für C. Häufige Bewegung in Freiheit und das Zusammensein mit gleichartigen Freunden sind für ein Pferd durch nichts zu ersetzen! Ein warmer Stall und ein regelmäßiger Stehtag in der Box sind dagegen eher gesundheitsschädlich. Wer sein Pferd nicht täglich reiten kann, läßt es besser auf die Weide, als ihm „Boxenruhe" zu verordnen!
Zusatzpunkte könnt ihr euch für A, B und E notieren. Natürlich gibt es gelegentlich auch *Schmusetiere* unter den Pferden, aber als Gattung ist ihnen doch eher das Bewegungsbedürfnis des *Lauf- und Steppentieres* und der Wunsch des *Herdentieres* nach Gesellschaft zu eigen!

2. Stichwort „Stall"
Ein Hufeisen verdient hier nur C. Tägliches Wechseln der gesamten Einstreu ist zwar lobenswert, aber teuer und aufwendig. Einmal wöchentliches Misten ist hingegen viel zu wenig. Auch wenn man jeden Tag Einstreu nachgibt, feuchten Stroh oder Sägemehl durch, und die Pferde liegen in Nässe und Mist.
Zusatzpunkte gibt es für B, C und E.

Ideal für eigentlich alle Pferderassen ist *Offenstallhaltung.* Auch in großen, gemeinsamen *Laufställen* fühlen Pferde sich wohl. Besonders empfindliche Pferde, die viel geritten werden und Zusatzfutter brauchen, verbringen auch gern die Nacht in der *Box.* Dort haben sie ihre Ruhe und können ungestört fressen. Allerdings sollten sie dann tagsüber genügend Auslauf unter dem Reiter und in Freiheit erhalten. Zehn Minuten longieren oder laufenlassen in der Reithalle genügen nicht! *Ständerhaltung,* also dauerndes Angebundensein in engen Abteilen, sollte es heute eigentlich gar nicht mehr geben!

3. Stichwort „Putzen"
Eigentlich wolltest du alle drei Buchstaben ankreuzen? Das ist richtig! Ein Hufeisen bekommst du für mindestens zwei Nennungen. Putzen ist nämlich viel mehr als nur das Sauberreiben des Pferdes. Für Pferde hat die gegenseitige Fellpflege wichtige soziale Aufgaben. Wenn ein Pferd ein anderes krault, gibt es ihm damit zu verstehen, daß es den Partner mag und in friedlicher Stimmung ist. Auch das Verhältnis zwischen Reiter und Pferd wird besser, wenn man den Vierbeiner häufig krault und putzt. Aber Achtung: wer sein Pferd beim Putzen anschnauzt, schlägt oder sonstwie schlecht behandelt, hat am Ende vielleicht ein sauberes Pferd, aber keinen Freund!
Zusatzpunkte bringen die Buchstaben A, B und D. *Zahnpflege* beim Pferd ist meist unnötig. Das regelt sich von selbst, wenn das Pferd hin und wieder Äste und Zweige von Obstbäumen zum Benagen erhält. Bei älteren Pferden sollte der Tierarzt zweimal jährlich nach Zahnhaken schauen. Allerdings können auch Pferde an Karies erkranken! Oft sind Zahnschmerzen der Grund dafür, daß sie das Gebiß nicht gern annehmen und unwillig mit dem Kopf schlagen. Süßigkeiten und Zucker als Verursacher von Karies sind deshalb auch für Pferde sehr ungesund!
Anstelle der *Nagelbürste* kommt natürlich die *Wurzelbürste* bei der Hufpflege zum Einsatz, und was den Staubsauger angeht: Selbst wenn in deinem Stall ein *Pferdestaubsauger* zur Verfügung steht, solltest du ihn nur in Ausnahmefällen einsetzen. Er entzieht dem Fell zu viel Staub und nimmt ihm damit die Möglichkeit, das Pferd gegen Kälte und Nässe zu isolieren.

4. Stichwort „Futter"
Die richtige Antwort war hier A. Pferde haben nämlich einen kleinen Magen und einen langen Darm. Sie sind dafür eingerichtet, ständig zu knabbern, aber nie große Futtermengen auf einmal zu sich zu nehmen. Zu große Portionen können daher zu Bauchschmerzen führen. Zudem sind Pferde Gewohnheitstiere. Sie lieben regelmäßige Futterzeiten.
Die **Zusatzfrage** war nicht so einfach, wie sie zunächst schien, aber sicher hast du richtig B, C und F angekreuzt. *Frisches Brot* kann im Pferdemagen gären und damit Koliken hervorrufen. *Kartoffeln* sind Nachtschattengewächse und werden ebenfalls schlecht vertragen. *Gras aus dem Rasenmäher* ist so fein gehäckselt, daß die Pferde dazu neigen, es zu schnell herunterzuschlingen. Auch das führt zu Magen- und Darmproblemen. *Leinöl* und andere pflanzliche Öle beugen dagegen Koliken vor und helfen bei der Verdauung Vitamin-A-reicher Futtermittel wie Möhren und rote Bete. *Rote Bete* ist ebenso gesund wie Möhren, aber nicht alle Pferde mögen sie. *Bananen* versorgen das Pferd auf natürliche Weise mit Magnesium. Wenn dein Pferd sie mag, solltest du ihm jeden Tag eine spendieren.

Gesunde und kranke Pferde

1. Stichwort „Fieber"
Ein Hufeisen gibt es für B.
Zusatzpunkte kannst du für B, C und E notieren. Wälzen und Schwitzen sind eher Symptome für Kolik, also Bauchschmerzen. Und ein Pferd, das in der Mittagssonne platt im Gras liegt, hält wahrscheinlich nur ein Schläfchen.

2. Stichwort „Bauchschmerzen"
Die richtige Lösung ist B, *Kolik.* Mit *Gastritis* liegst du aber auch nicht ganz falsch. Magenschleimhautentzündung kann Koliken verursachen. *Infekt* ist einfach der Sammelbegriff für alle durch Bakterien und Viren verursachten Erkrankungen.
Zusatzpunkte gibt es für A, C und D. Bei Koliken muß immer ein *Tierarzt* hinzugezogen werden. *Ohrmassieren* schafft Erleichterung, weil an den Ohrenspitzen die Akupressurpunkte für Beruhigung und Entspannung liegen. Auch Wärme trägt zur Entkrampfung bei, und leichte Bewegung kann die Darmperistaltik anregen. *Schnelles Longieren* belastet dagegen den Kreislauf und kann zum Zusammenbruch des Pferdes führen. Das Pferd sich nicht hinlegen und wälzen zu lassen, wurde früher bei Kolik empfohlen. Man glaubte, das *Wälzen* könne zur Darmverschlingung führen. Inzwischen gilt dies jedoch als veraltet. *Fressen* sollte ein Koliker auf keinen Fall. Besonders bei Verstopfung und Darmverschluß macht Futteraufnahme die Krankheit nur noch schlimmer.

3. Stichwort „Vergiftung"
Ein Hufeisen gibt es, wenn du A und B angekreuzt hast, oder wenigstens eins davon. Auf den Instinkt deines Pferdes darfst du dich bei Giftpflanzen auf keinen Fall verlassen! Wenn Pferde aufgeregt sind, schnappen sie leicht auch mal nach einer falschen Pflanze. Zudem verlieren manche Giftpflanzen ihren bitteren Geschmack, sobald sie etwas angewelkt sind. So kann es passieren, daß die Pferde sie zwar zunächst ablehnen, wenn Spaziergänger sie ihnen hinhalten. Werfen die Leute die Pflanzen aber auf die Weide, so werden sie nach einigen Stunden aufgenommen.
Zusatzpunkte gibt es für B, C und E.

4. Stichwort „Vorbeugung"
Richtig ist natürlich A. Zuviel Futter und Bewegungsmangel machen Pferde eher krank, als sie gesund zu erhalten. Und die Vorstellung, Robustpferde wie Isländer, Norweger

oder Haflinger würden nie krank, ist ohnehin irrig. Nordlandponys sind genauso anfällig für Infektionen wie andere Pferde, und auch gegen Koliken sind sie nicht gefeit. Bei wenig Bewegung neigen sie obendrein besonders zur Rehe, einer Huferkrankung, die durch zu eiweißreiche Fütterung verursacht wird.
Zusatzpunkte bringen A, C und E. *Kreuzverschlag* ist eine schwere Form von Muskelkater. Sie zeigt sich durch deutliche Bewegungsstörungen und häufig auch durch rötliche Verfärbung des Harns. Wenn der Tierarzt nicht hinzugezogen wird, kann sie tödlich enden. *Mauke* ist nicht ganz so schlimm. Es handelt sich dabei um eine Entzündung in der Fesselbeuge, die meist durch Nässe verursacht wird. Man beugt ihr vor, indem man die Fesselbeuge sauber und trocken hält, und dem Pferd auf keinen Fall den Kötenbehang rasiert! *Druse* ist eine schwere Infektionskrankheit der Atemwege, die besonders häufig junge Pferde befällt. Einen *Schlaganfall* erleiden Pferde eher selten. *Droste* ist ein Phantasiewort, und *Gnispe* bezeichnet eine Mückenart, auf deren Stiche leider viele Pferde allergisch reagieren. Sie entwickeln dann das gefürchtete *Sommerekzem*.

Ausrüstung für Pferd und Reiter

1. Stichwort „Reitkleidung"
Ein Hufeisen gibt es für B. Gute Reiter bringen faule Pferde auch mit Kreuz- und Schenkelhilfen in Schwung, oder benutzen die Gerte, um sie aufzuwecken. Sporen dienen zur Verstärkung der Schenkelhilfen in fortgeschrittenen Dressurlektionen, und selbstverständlich darf man sie nur anlegen, wenn man gelernt hat, sie gezielt einzusetzen. Dann ist ihre Verwendung aber auch gerechtfertigt und stellt keine Tierquälerei dar.
Zusatzpunkte bringen D, E und F. Schicke Reitjacken und Westen machen zwar Spaß, erhöhen die Sicherheit beim Reiten aber nicht, und auch die teuersten Vollbesatzhosen können einen schlechten Sitz nicht verbessern. Gib dein Geld also besser für eine gute Kappe, Stiefel und eine einfache, zweckmäßige Reithose aus. Schlabberlook in der Reitstunde ist nicht ratsam, da er Sitzfehler verbirgt.

2. Stichwort „Sättel"
Klar, daß du hier B angekreuzt hast! Der Sattel muß den Widerrist des Pferdes selbstverständlich freilassen. An dieser empfindlichen Körperstelle gäbe es sonst Scheuerstellen und Satteldruck.
Drei **Zusatzpunkte** erhälst du, wenn du alle Satteltypen angekreuzt hast. Für jede Reitweise gibt es Spezialsättel, und inzwischen kann man auch hierzulande alle möglichen Modelle kaufen. Selbst Damensättel, die den graziösen Seitsitz erlauben, werden wieder gebaut.

3. Stichwort „Reithalfter"
Richtig ist natürlich C.
Zusatzpunkte bringen die Antworten B, C und D. Das *Hannoversche Reithalfter* wirkt atembeengend und sollte deshalb in modernen Reitställen nicht mehr angewandt werden. Auch an den Kopf eines Isländers gehört es nicht, wenngleich die kleinen Nordländer noch oft damit geritten werden. *Indische* und *Albanische Reithalfter* gibt es nicht.

4. Stichwort „Reitausrüstung"
Ein Hufeisen bekommst du, wenn du A oder A und B angekreuzt hast. C ist natürlich Unsinn, aber es gibt tatsächlich Leute, die so argumentieren. Oft wird auch Robustpferden wie Isländern oder anderen nordischen Ponys keine Decke zugestanden. Tatsächlich können sich aber gerade Pferde mit langem Winterfell leicht erkälten, denn wenn sie ohne Decke nachschwitzen, bleibt ihr Fell bei kalter, feuchter Witterung oft stundenlang naß.
Zusatzpunkte gibt es für A, B und C. *Hilfszügel* solltest du bei einem normalen, unproblematischen Reitpferd nicht einschnallen. Ihr Wert ist ohnehin umstritten: Ein guter Reiter kommt auch bei schwierigen Pferden ohne sie aus. *Bandagen* und *Springglocken* sind bei Pferden mit normaler Beinstellung und im Rahmen einer einfachen Reitstunde oder eines Ausrittes nicht nötig. Sie schützen das Pferdebein auch nur bedingt. Besser als solche Hilfsmittel ist häufiges Ausreiten, damit das Pferd Geländeerfahrung und Trittsicherheit gewinnt. *Schweifriemen* oder *Vorderzeug* verhindern das Verrutschen des Sattels. Viele Reiter lehnen sie ab, weil sie meinen, ein richtig angepaßter Sattel säße auch ohne sie. Tatsächlich können sie aber auch bei einem gut sitzenden Sattel nützlich sein, wenn das Pferd ein bißchen zu dick ist oder so „stromlinienförmig" gebaut, daß der Sattel nach hinten rutscht.

Reiten und Gangarten

1. Stichwort „Gangarten"
Auch wenn es dich erstaunt: Die richtige Antwort ist B! Du darfst dir aber auch ein Hufeisen notieren, wenn du statt dessen A angekreuzt hast, denn die Grundgangart *Paß* wird in fast allen Reitlehren vergessen. Paß ist ebenso wie *Trab* eine Gangart im Zweitakt. Allerdings setzen dabei nicht rechtes Vorderbein und linkes Hinterbein zusammen auf und umgekehrt, sondern rechtes Vorderbein und rechtes Hinterbein gleichzeitig. Vielleicht bist du ja schon einmal auf einem Kamel geritten? Bei Kamelen ersetzt diese Gangart den Trab nämlich vollständig. Der *Tölt* ist eine gebrochene Gangart im Viertakt, die aus Trab oder Paß entsteht. Die Pferde setzen die Beine dann nicht gleichzeitig auf, sondern etwas zeitversetzt hintereinander.
Die **Zusatzfrage** war ein bißchen kniffelig, aber wer die Fußfolge der drei meistgenannten Grundgangarten kennt, konnte sich eigentlich nur mit dem Paß vertun ... Auf jeden Fall gibt es Zusatzpunkte für C, D und E. *Running Walk* ist wie der Tölt eine gebrochene Gangart zwischen Tölt und Trab. Er ist dem Schritt sehr ähnlich, denn er hat genau die gleiche Fußfolge. Gute Pferde erreichen

im Running Walk aber Geschwindigkeiten wie ein durchschnittlich schneller Traber. Die Gangart ist bei Pferderassen wie dem Tennessee Walking Horse oder dem Missouri Foxtrotter genetisch fixiert.

2. Stichwort „Sitz"

Ein Hufeisen gibt es für B. Beim *Leichten Sitz* stellt sich der Reiter leicht in den Steigbügeln auf und beugt sich ein wenig nach vorn, wobei er aber unbedingt in Übereinstimmung mit dem Schwerpunkt des Pferdes bleibt. Die Unterschenkel dürfen nicht nach hinten bzw. oben verrutschen. Besonders zum Springen oder zum Jagdreiten verkürzt man die Steigbügel um zwei bis vier Loch, damit das Einnehmen des Leichten Sitzes leichter fällt.

Zusatzpunkte gibt es für A, B und C. Zwar glauben viele Reiter, besonders im Gangpferdesport, daß auch D zutreffend ist, und legen den Sattel extrem weit hinten auf. Das belastet aber die Nieren des Pferdes. Tatsächlich wird das Pferd nur durch systematische Dressurarbeit soweit gymnastiziert, daß es sein eigenes Gewicht und das des Reiters vermehrt mit der Hinterhand aufnimmt. E ist natürlich völliger Unsinn: ein Reiter, der undiszipliniert im Sattel herumhängt, belastet das Pferd. Auch F trifft beim gutgerittenen Pferd nicht zu. Der Unterschenkel wird zur Hilfengebung gebraucht und liegt dazu leicht am Pferd an. Nur schlecht ausgebildete Pferde reagieren panisch auf die Berührung mit dem Schenkel.

3. Stichwort „Hilfen"

Richtig ist natürlich B. C bezeichnet sogenannte Hilfszügel, die mitunter angewandt werden, um junge oder verdorbene Pferde leichter an den Zügel zu bringen. Ein guter Reiter kommt aber auch ohne diese mechanischen Hilfsmittel aus.

Zusatzpunkte bringen B, C und E. In der Regel werden Schenkel-, Kreuz- und Zügelhilfen gemeinsam angewandt, um das Pferd sanft in eine Übung zu führen.

4. Stichwort „Bahnfiguren"

Ein Hufeisen gibt es für C. Eine *Parade* ist die beim Reiten eingesetzte Kombination von Zügel-, Gewichts- und Schenkelhilfen. Sie wird unter anderem angewandt, um das Pferd vor einer Übung aufmerksam zu machen und um es von einer schnelleren Gangart in eine langsamere durchzuparieren. In diesem Fall spricht man von einer *Halben Parade*. Die *Ganze Parade* bringt das Pferd zum Anhalten.

Die **Zusatzfrage** war hier schwieriger, als es auf den ersten Blick schien. Richtig waren die Antworten C, E und F. Einen *Wechsel durch die viertel Bahn* gibt es nicht, nur den durch die ganze oder die halbe. Auch *„Dreifache Schlangenlinie!"* gehört nicht zu den üblichen Kommandos in der Reitbahn. Wenn drei Bögen geritten werden sollen, so leitet der/die Reitlehrer/in das mit dem Befehl *„Schlangenlinien durch die Bahn, 3 Bögen!"* ein. Ansonsten gibt es nur *einfache* und *doppelte Schlangenlinien*. Statt *In der Ecke kehrt* muß es *Aus der Ecke kehrt* heißen.

Reiter und Pferd im Gelände

1. Stichwort „Straße"

Richtig ist B. Ein Reiter gilt als Verkehrsteilnehmer, vergleichbar mit einem Radfahrer oder Mopedfahrer. Er kann sogar ein Strafmandat bekommen, wenn er sich nicht an die Verkehrsregeln hält.

Zusatzpunkte bringen die Antworten A, E und F. Das Nebeneinanderreiten an der Straße ist nur in großen Reitergruppen erlaubt. Traben und Galoppieren auf der Straße schädigt die Sehnen und Gelenke der Pferde. Gegen ein Führen besonders junger und ängstlicher Pferde am Straßenrand ist natürlich nichts einzuwenden, es ist aber nicht zwingend vorgeschrieben.

2. Stichwort „Reitwege"

Ein Hufeisen gibt es für B. Rotumrandete Schilder kennzeichnen Wege, auf denen das Reiten verboten ist, grünumrandete gibt es nicht. Traben und galoppieren solltest du grundsätzlich nur auf Wegen mit weichem Untergrund. Ansonsten werden Sehnen und Gelenke des Pferdes überanstrengt, und obendrein besteht die Gefahr, auszurutschen. Aber auch wenn der Untergrund weich und griffig scheint, wie auf Feldern und Wiesen, ist Reiten nicht unbedingt erlaubt. Auf landwirtschaftlichen Nutzflächen würden die Hufe deines Pferdes Löcher hinterlassen und damit Schäden in der Einsaat oder der Grasnabe verursachen. **Zusatzpunkte** gibt es also nur für A, B und E.

3. Stichwort „Ausritt"

Hier hättest du wieder alle drei Buchstaben ankreuzen müssen, um ganz richtig zu liegen. Ein Hufeisen bekommst du für mindestens zwei Nennungen.

Zusatzpunkte bringen die Buchstaben A, C und E. Rücksichtsvolles Verhalten gegenüber Fußgängern ist sehr wichtig – zum einen aus Gründen der Höflichkeit, zum anderen aber auch im eigenen Interesse: Wanderverbände haben großen politischen Einfluß und konnten schon so manches Reitverbot durchsetzen. Wer Spaziergänger gegen sich aufbringt, riskiert, bald aus dem Wald verbannt zu werden! Ein Pferd bergauf zu führen ist sehr rücksichtsvoll, aber nicht grundsätzlich notwendig. Ein gut trainiertes Pferd kann auch steile Berge hinauf traben oder galoppieren, ohne Schaden zu nehmen. Wasserdurchquerungen sollten natürlich sorgfältig geplant werden. Riskiert man sie an einer sumpfigen Stelle, so kann das Pferd dadurch dauerhafte Angst vor Wasser entwickeln. Auf den Instinkt des Pferdes kann man sich hier nicht verlassen. Das Tier ist ja kein Hellseher! Außerdem wüßte man in einem solchen Fall auch nie, wann das Pferd den Einstieg in den Bach aus Vernunftsgründen verweigert, und wann es einfach keine Lust hat, der Anweisung seines Reiters Folge zu leisten.

4. Stichwort „Beschlag"

Ganz richtig ist Antwort C, aber

auch wenn du B angekreuzt hast, darfst du dir ein Hufeisen notieren. Tatsächlich brauchen die meisten Pferde einen Hufschutz, wenn sie regelmäßig im Gelände geritten werden. Nur wenige haben von Natur aus so harte Hufe, daß sie ohne auskommen. Am besten testet man dies, indem man ein neues Pferd zunächst ohne Eisen reitet, es dann aber sofort beschlagen läßt, sobald es anfängt, vorsichtig aufzutreten. Die **Zusatzfrage** war schwieriger, als es auf den ersten Blick schien! Punkte gibt es für die Antworten A, B und D. *Sprays* und *Futtermittel*, die härtere Hufe versprechen, sind zwar tatsächlich auf dem Markt, aber sie bewirken nicht so viel, als daß man sie als echte Alternative zum Hufeisen bezeichnen könnte. Auch die Behauptung, Barfußlaufen ließe sich trainieren, wird von vielen Reitern vertreten und ist sogar in Büchern nachzulesen. In der Praxis bewährt sich das aber nicht. Kein Pferdehuf ist vor Abnutzung geschützt, wenn das Pferd auf Asphalt, Kies oder auch in körnigem Sand bewegt wird.

Hinweise zur Auswertung

Wenn du deine Hufeisen und die Zusatzpunkte zusammengezählt hast, kannst du hier nachlesen, wie es mit deinen Chancen bei der nächsten Abzeichenprüfung steht. Damit es dir leichter fällt, eventuelle Lücken zu schließen, waren die Fragen nach Sachgebieten geordnet. In speziellen Büchern über Abzeichenprüfungen wirst du diese Themen wiederfinden und kannst dich dann gezielt informieren. Allerdings hat dieses Quiz nur dein allgemeines Wissen über Pferde abgefragt. Besonders bei den schwierigeren Prüfungen, wie z. B. dem Kleinen Reitabzeichen, werden zusätzlich noch Fragen zum Turniersport, zu verschiedenen Gesetzen und zum Aufbau von Reitervereinen gestellt.

17 bis 23 Hufeisen
46 bis 68 Zusatzpunkte
Alle Achtung! Du kennst dich nicht nur bei den wichtigsten Fragen rund ums Pferd aus, sondern zeigst auch ein umfangreiches Wissen in Bezug auf Einzelheiten. Sicher hast du keine Probleme beim Bestehen deiner Abzeichenprüfung.

17 bis 23 Hufeisen
23 bis 45 Zusatzpunkte
Ein wirklich schönes Ergebnis! Du interessierst dich sehr für Pferde und weißt über die wichtigsten Dinge Bescheid. Mach dir nichts daraus, wenn dir noch ein paar Einzelheiten neu waren! Das Wissensgebiet „Pferde“ ist so groß, daß jeder Reiter noch etwas dazulernen kann. Deine Abzeichenprüfung wirst du sicher bestehen.

17 bis 23 Hufeisen
0 bis 22 Zusatzpunkte
Ein gutes Ergebnis. Die wichtigsten Dinge rund ums Pferd sind dir geläufig, und nur mit den Einzelheiten hapert es noch. Hier solltest du Lücken auffüllen! Beim Bestehen deiner Abzeichenprüfung dürftest du aber trotzdem keine größeren Probleme haben.

9 bis 16 Hufeisen
46 bis 68 Zusatzpunkte
Dein allgemeines Wissen über Pferde ist schon ziemlich gut, und auch über viele Einzelheiten bist du informiert. Die letzten Lücken kannst du vor der Abzeichenprüfung sicher noch auffüllen!

9 bis 16 Hufeisen
23 bis 45 Zusatzpunkte
Du verfügst schon über ein ganz gutes Grundwissen, auch wenn es bei den Einzelheiten noch ein wenig hapert. Sicherlich hat dir dieser Test gezeigt, welche Lücken du vor der Abzeichenprüfung noch auffüllen solltest.

9 bis 16 Hufeisen
0 bis 22 Zusatzpunkte
Deine allgemeinen Kenntnisse über Pferde sind schon ganz ordentlich, aber sie gehen noch nicht sehr in die Tiefe. Bestimmt tröstet es dich, daß bei Abzeichenprüfungen weniger Einzelheiten erfragt werden, als bei diesem Test. Und schließlich hast du ja schon beim Lesen der Auflösung eine Menge dazugelernt!

0 bis 8 Hufeisen
46 bis 68 Zusatzpunkte
Was deine allgemeinen Kenntnisse über Pferde und Reiten angeht, bestehen noch einige Wissenslücken. Dafür interessierst du dich aber für alle Einzelheiten rund um dein Lieblingsthema. Sicher hilft dir dieser Test, herauszufinden, über welche speziellen Themen du dich vor einer Abzeichenprüfung noch genauer informieren mußt. Bei deinem großen Interesse an jeder Kleinigkeit rund ums Pferd fällt dir das sicher nicht schwer!

0 bis 8 Hufeisen
23 bis 45 Zusatzpunkte
Sicher beschäftigst du dich noch nicht sehr lange mit Pferden, so daß dir einige Bereiche des Themas Reiten und Pferdehaltung fremd sind. Mit Hilfe dieses Buches und auch beim Ausfüllen des kleinen Tests hast du aber bestimmt viel Neues erfahren und brennst jetzt darauf, noch mehr herauszufinden. Wenn du weiterhin viel liest und Fragen stellst, wird sicher auch aus dir bald ein Pferdeexperte!

0 bis 8 Hufeisen
0 bis 22 Zusatzpunkte
Ist das „Kosmos-Buch vom Reiten“ dein erstes Pferdebuch? Deine Wissenslücken rund um dein Lieblingsthema verraten, daß du noch ein Neuling in der Welt der Pferde bist! In der nächsten Zeit wirst du aber sicher noch viel über sie lernen und irgendwann bist du auch fit für die erste Reiterprüfung. Vielleicht haben dich die vielen Informationen in diesem Buch auch ein bißchen „erschlagen“? In diesem Fall liest du es am besten noch einmal und versuchst anschließend auch diesen kleinen Test ein zweites Mal. Bestimmt kannst du dir dann schon mehr Hufeisen und Zusatzpunkte anschreiben!

Kleines Lexikon

Wer mehr über ein Stichwort wissen will, findet im Register (S. 162) den Hinweis auf die entsprechende Seite im Buch.

Abteilung – Gruppe von Reitschülern desselben Ausbildungsstandes, die gemeinsam Reitunterricht erhalten.

Aktion – Manche Pferde heben die Beine sehr elegant an, wenn sie traben oder tölten. Man sagt dann, sie laufen mit „viel Aktion".

Anzüge (Bäume) – Die Hebel, die bei Stangenzäumungen – manchmal auch bei Trensenzäumungen und bei der mechanischen Hackamore – die Wirkung der Zügel verschärfen.

Artgerechte Pferdehaltung – Naturgemäße Haltung von Pferden, also Gruppenhaltung mit viel Auslauf.

Atmung – Normalerweise macht ein Pferd 8–10 Atemzüge in der Minute. Wenn es sich bei der Arbeit anstrengt oder aufregt, können es aber viel mehr werden.

Aufmarschieren – Aufstellung der Abteilung in der Mitte der Reitbahn nach Kommando des Reitlehrers.

Auskammern – Hineinziehen der Satteldecke in die Sattelkammer.

Aussitzen – Locker im Sattel sitzenbleiben, während das Pferd trabt oder galoppiert.

Behang – Mähne und Schweif des Pferdes, auch „Langhaar" genannt.

Blauspray – Desinfektionsspray für kleine Wunden.

Box – Geschlossener Einzelstall für Pferde.

Brauner – Braunes Pferd mit schwarzem Behang.

Cob – Englischer Ausdruck für kompakte, kalibrige Pferde um 1,50 m Stockmaß.

Cremello – Ganz helles Pferd mit blauen Augen.

Distanzreiten – Wettkampfmäßiges Streckenreiten. Man reitet dabei bis zu 100 Meilen (160 km).

„Doppelpony" – Veraltete Bezeichnung für Kleinpferde, die kräftig genug sind, um auch Jugendliche und Erwachsenen tragen zu können.

Englische Reitweise – Der Reitstil, den ihr in den meisten Reitschulen lernt.

Falbe – Helles Pferd mit schwarzem Behang.

Flehmen – Das Aufnehmen eines interessanten Geruchs mit dem sogenannten „Jakob'schen Organ". Die Pferde ziehen dabei die Nüstern hoch und recken den Hals.

FN – Deutsche Reiterliche Vereinigung (Fédération Nationale).

Fuchs – Braunes Pferd mit gleichfarbigem oder hellerem Behang.

Galopp – Gesprungene Gangart im Dreitakt.

Gangarten – Die „Grundgangarten" sind Schritt, Trab und Galopp. Bei manchen Pferderassen kommen Tölt und Paß dazu.

Gangpferde – Pferde, die neben Schritt, Trab und Galopp auch andere Gangarten, z. B. Tölt und/oder Paß gehen.

Gewichtshilfe – Die Verlagerung des Reitergewichts bringt das Pferd zum Abbiegen.

Großpferd – Jedes Pferd über 1,48 m Stockmaß.

Hackamore – Gebißlose Zäumung. Die „klassische Hackamore", die man auch „Bosal" nennt, ist pferdefreundlich. Die „mechanische Hackamore" nicht so sehr.

Handwechsel – Richtungswechsel in der Reitbahn.

HB-Punkt – Orientierungspunkt in der Reitbahn. Hilfe zum korrekten Reiten von Hufschlagfiguren. Er bezeichnet die Mitte einer langen Seite (Halbe Bahn).

Hilfen – Die Zeichen, mit denen der Reiter sich dem Pferd verständlich macht. Es gibt Kreuzhilfen, Zügelhilfen, Gewichtshilfen und Schenkelhilfen. Meistens wendet man mehrere Hilfen gemeinsam an.

Hilfszügel – Lederzeug, das dem Reiter helfen soll, ein Pferd in die Dehnungshaltung zu bringen. Besonders gebräuchlich ist das Martingal.

Hinterhand – Alle Körperteile des Pferdes, die hinter der Reiterhand liegen, besonders die Hinterbeine. Ihre Knochen entsprechen den Beinknochen des Menschen.

„Hohe Schule“ – Dressurübungen des höchsten Schwierigkeitsgrades. Man unterscheidet die Schulen auf und über der Erde.

Hufschlag – Ausgetretener Pfad rund um die Reithalle oder den Reitplatz.

Hufschlagfiguren – Vorgegebene Figuren, die auf dem Reitplatz oder in der Reithalle geritten werden.

Iberische Reitweise – Spielart der klassischen Dressur, verbreitet in Spanien und Portugal.

Isabell (Palomino) – Helles Pferd mit weißem Behang.

Kaliber – Schwere des Knochenbaus eines Pferdes. Ein Kaltblut ist z. B. ein „kalibriges Pferd“, ein Araber ist ein „leichtes Kaliber“.

Kaltblut – Kräftige Pferderassen, die zum Ziehen schwerer Lasten und für die Arbeit in Land- und Forstwirtschaft gezüchtet wurden.

Kandare – Kombinationszäumung, bestehend aus einer dünnen Trense und einer Stange, die das Pferd beide im Maul trägt.

Kleber – Ein Pferd, das sich weigert, vom Stall oder von anderen Pferden wegzugehen.

Kleinpferd – Jedes Pferd unter 1,48 Meter Stockmaß.

Kolik – „Bauchschmerzen“ beim Pferd.

Kopfstück – Zaumzeug und Zäumung.

Korrektur – Die Umerziehung eines schwierigen oder verrittenen Pferdes durch Fachleute.

Kraftfutter – Hafer oder Fertigfuttermischungen, die das Pferd mit Energie versorgen, wenn es arbeiten muß.

Kreuzhilfe – Treibende Hilfe, bei der man das Pferd durch Anspannen der Rückenmuskulatur zum stärkeren Untertreten veranlaßt.

Kreuzverschlag – Muskelerkrankung.

Leckerbissen – Gesunde Leckerbissen sind Möhren, Äpfel, hartes – aber auf keinen Fall verschimmeltes – Brot. Würfelzucker dagegen ist ungesund.

Leichte Reitweise – Pferde- und reiterfreundliche Reitweise, entwickelt im FS-Testzentrum Reken.

Leichter Sitz – Entlastungssitz, meist beim Galoppieren im Gelände eingenommen.

Leichttraben – Aufstehen und Hinsetzen im Sattel im Rhythmus des Trabes.

Longe – Lange Leine, an der man ein Pferd um sich herumlaufen lassen kann. Longiert wird beim Voltigieren, um ein Pferd zu bewegen oder im Anfängerunterricht.

Mash – Futtermischung aus gekochtem Leinsamen, Weizenkleie und Hafer.

Mineralfutter – Fertigfutter, das die Vitamin- und Mineralstoffversorgung des Pferdes sichert.

Mundstück – Stangen- oder Trensenzäumung.

Nachgurten – Festziehen des Sattelgurtes vor dem Reiten und nach dem Aufwärmen des Pferdes.

Nasenbremse – Hilfsmittel zur Beruhigung eines Pferdes durch Akupressur.

Offenstall – Ein Stall, der zum Auslauf oder zur Weide hin offen ist, so daß die Pferde selbst wählen können, ob sie drinnen oder draußen stehen wollen.

Ohrenspiel – Pferdeohren sind sehr beweglich. Ihre jeweilige Stellung läßt den erfahrenen Pferdemenschen auf ihre augenblickliche Stimmung schließen.

Pad – Englisch für „Satteldecke“.

Paint Horse – Geschecktes Quarter Horse.

Panikhaken – Verbindet Halfter und Anbindestrick und löst sich automatisch, wenn das angebundene Pferd in Panik gerät.

Parade – Zügelhilfe, die immer gemeinsam mit einer Kreuzhilfe erfolgt. Die „halbe Parade“ macht das Pferd aufmerksam, die „ganze Parade“ bringt es zum Stehen.

Paß – Gangart im Zweitakt.

Pelham – Englische Stangenzäumung, die mit zwei Zügeln geritten wird. Das sogenannte „gebrochene Pelham“ ist eine Trensenzäumung mit Anzügen.

Pinto – Schecke.

Pony – Anderes Wort für „Kleinpferd".

Puls – Normalerweise hat ein Pferd zwischen 28 und 48 Pulsschläge pro Minute. Bei Anstrengung und Aufregung erhöhen sich diese Werte.

Putzzeug – Besteht aus Striegel, Kardätsche, Wurzelbürste, Schwämmen, Hufkratzer und Mähnenkamm.

Quarter Horse – Amerikanische Pferderasse, besonders zum Westernreiten geeignet.

Rauhfutter – Heu und Stroh.

Rehe – Huflederhautentzündung.

Reitbahnregeln – „Verkehrsregeln" innerhalb der Reithalle oder des Reitplatzes.

Reitbeteiligung – Übernahme eines Teils der Haltungskosten für ein Reitpferd, das man dafür regelmäßig reiten darf. Rechte und Pflichten des Pferdebesitzers und des Mitreiters werden vertraglich festgelegt.

Reitabzeichen – Die „Freischwimmerprüfungen" des Reiters. Das erste Abzeichen, das ihr erwerben könnt, ist das „Kleine Hufeisen". Dann kommen das bronzene und das silberne Reitabzeichen. Die Beherrschung des richtigen Verhaltens im Gelände bestätigt der „Reiterpaß".

Reitgerte – Langer, mit Leder bezogener Stock, der dazu dient, die Reiterhilfen im Bedarfsfall zu verstärken.

Reithalfter – Lederzeug, das die Aufgabe hat, das Pferd daran zu hindern, sich durch Aufsperren des Mauls der Reitereinwirkung zu entziehen.

Reithose – Eine Hose, die überall da gepolstert ist, wo der Reiter mit Pferd oder Sattel in Berührung kommt.

Reitkappe – Kopfschutz des Reiters. Wichtig für eure Sicherheit!

Reitstiefel – Spezialstiefel zum Reiten aus Gummi oder Leder.

Robusthaltung – Offenstallhaltung, artgerechte Pferdehaltung. Jedes Pferd – nicht nur ein Robustpferd – kann so gehalten werden.

Robustpferde – Pferderassen, die in ihren Ursprungsländern oft noch halbwild gehalten werden, und deshalb recht widerstandsfähig und unkompliziert sind. Es stimmt allerdings nicht, daß Robustpferde nie krank werden und keinerlei Pflege brauchen!

Saftfutter – Gras, Möhren und anderes Frischfutter.

Sattel – Ermöglicht einen richtigen und bequemen Sitz auf dem Pferd. Es gibt verschiedene Sättel, die auf verschiedene Pferdesportarten zugeschnitten sind, z. B. Dressursättel, Springsättel, Westernsättel, Töltsättel und viele andere.

Satteldecke – Hilft Satteldruck zu vermeiden und schützt das Sattelleder vor Pferdeschweiß.

Satteldruck – Schwellungen und Wunden auf dem Pferderücken, die davon herrühren, daß der Sattel nicht paßt. Vergleichbar den Blasen, die wir bekommen, wenn wir Schuhe tragen, die drücken.

Sattelkammer – Der Raum, in dem Sattelzeug aufbewahrt wird, aber auch die Bezeichnung für die Aufwölbung vorn am Sattel, die verhindert, daß der Sattel am Widerrist des Pferdes aufliegt.

Schabracke – Viereckige Satteldecke.

Schenkelhilfen – Verwahrend oder treibend wirkende, mit dem Unterschenkel gegebene Hilfen. Sie können „am Gurt" oder „hinter dem Gurt" erfolgen.

Schenkelweichen – Das Pferd durch richtige Hilfen (Schenkelhilfen und Zügelhilfen) dazu bringen, seitwärts zu gehen.

Schritt – Gangart im Viertakt.

Schweifriemen – Hindert den Sattel, nach vorn zu rutschen.

Schweißmesser – Putzgerät, mit dem das Wasser aus dem Fell eines gebadeten oder abgespritzten Pferdes entfernt wird.

Sitz – Der richtige Sitz ist Voraussetzung für korrekte Hilfengebung.

Soziale Fellpflege – Gegenseitiges Kraulen von Pferden untereinander, das bei wildlebenden Pferden das Putzen ersetzt.

Sperren – Ein Pferd, das sperrt, reißt das Maul auf, um sich der Einwirkung des Gebisses zu entziehen.

Stallhalfter – Leichtes Halfter aus Leder oder Nylon, das das Pferd trägt, wenn es zum Putzen und Satteln angebunden wird. Sollte in der Box oder auf der Weide nicht dauernd am Kopf des Pferdes bleiben.

Steigbügel – Metallbügel, die dem Fuß des Reiters Halt geben. Wer Steigbügel kauft, sollte sich für Sicherheitssteigbügel entscheiden, in denen man bei einem Sturz nicht hängenbleiben kann.

Tasthaare – Lange, dicke Haare am Kinn und rund um das Maul des Pferdes. Sie dürfen nie ausrasiert oder geschnitten werden, denn sie helfen dem Pferd, seine nähere Umgebung zu erkunden.

Temperatur – Die Körpertemperatur des erwachsenen Pferdes liegt normalerweise zwischen 37,5 und 38,2 °C.

Tölt – Gangart im Viertakt, deren Fußfolge genau der des Schrittes entspricht.

Trab – Gangart im Zweitakt.

Trense – Gebrochenes Mundstück. Der Einfachheit halber wird in Reitschulen oft das ganze Kopfstück „Trense" genannt.

Turnier – Sportveranstaltung mit Pferden. Es gibt Dressur- und Springturniere, aber auch Western-Turniere und Turniere für Gangpferderassen.

Turnierpferd – Pferd, gleich welcher Rasse und Größe, das regelmäßig auf Turnieren geritten wird.

Verlesen des Schweifs – Sorgfältiges Ordnen und Lösen verklebter oder verfilzter Schweifhaare.

Versammlung – Der Grad der Konzentration, die das Reitpferd auf den Reiter richtet; Einnehmen einer runden, dressurmäßigen Haltung.

Verziehen der Mähne – Kürzen der Mähne durch Abreißen der Haare.

Vollblut – Rennpferde und Arabische Pferde mit lückenlosem Stammbaum.

Voltigieren – Turnen auf dem Pferd.

Vorderzeug – Hindert den Sattel, nach hinten zu verrutschen.

Vorhand – Alle Körperteile des Pferdes, die vor der Reiterhand liegen, besonders die Vorderbeine. Ihre Knochen entsprechen den Armknochen des Menschen.

Wallach – Ein Hengst, den man durch eine kleine Operation unfruchtbar gemacht hat.

Warmblut – Reitpferde, die im Kaliber zwischen Vollblut und Kaltblut liegen.

Wechselpunkt – Orientierungspunkt in der Reitbahn. Hilfe zum korrekten Reiten von Hufschlagfiguren, speziell zum Handwechsel durch die halbe oder ganze Bahn.

Western-Riding – Reitweise, die sich aus der Arbeit der amerikanischen Cowboys entwickelt hat.

Widerrist – Wölbung am Übergang zwischen Hals und Rücken des Pferdes. Am Widerrist wird die Größe des Pferdes gemessen.

X-Punkt – Orientierungspunkt in der Reitbahn. Hilfe zum korrekten Reiten von Hufschlagfiguren. Er bezeichnet die Mitte der Reithalle oder des Reitplatzes.

Zäumung – Das Mundstück oder die Nasenauflage, mit dessen Hilfe der Reiter dem Pferd seine Wünsche mitteilt. Trensen und Stangen wirken u. a. auf das Maul, gebißlose Zäumungen auf die Nase des Pferdes.

Zaumzeug – Das Lederzeug, das die Zäumung am Pferdekopf hält.

Zirkelpunkt – Orientierungspunkt in der Reitbahn. Hilfe zum korrekten Reiten von Hufschlagfiguren, speziell zum Reiten auf dem Zirkel.

Register

Teil Zwei

Pferde und Ponys

KOSMOS

INHALT

Dieses Pferdchen weist auf eine Reportage hin

Die Pferderassen in diesem Buch

Ich liebe Pferde

»Ich möchte noch mehr über Pferde wissen. Am liebsten möchte ich alles lernen!« Das schrieb mir kürzlich ein dreizehnjähriges Mädchen, das mein Kosmos-Buch vom Reiten gelesen hatte. Der Vorsatz ließe sich aber nur schwer verwirklichen. Es gäbe schließlich so viel zu lernen, und die vielen dicken Bücher wären so langweilig ...

Nun müssen Bücher, in denen viele Informationen über Pferde und Ponys stehen, keineswegs langweilig sein. Aber »alles über Pferde« herausfinden zu wollen, ist trotzdem ein undurchführbares Vorhaben. Selbst Pferdeexperten, die sich schon ihr ganzes Leben mit Pferden befassen, wissen längst nicht alles über sie. Gewöhnlich hat jeder ein Spezialgebiet, auf dem er sich besonders gut auskennt, zum Beispiel Pferdezucht oder Dressurreiten, Pferdeverhalten oder Fahren mit Pferden. Bei allen anderen Teilgebieten genügt ein Überblick, um mitreden zu können.

Einen solchen Überblick rund um's Pferd gibt dieses Buch. Pferderassen und ihr Ursprung, Reiten und Fahren, Sport und Spiel, ernste und heitere Themen aus der Geschichte von Mensch und Pferd – wir werden eine weite Reise durch die bunte Welt der Pferde und Ponys unternehmen. Teilweise ist es eine Zeitreise, denn wir besuchen die Urpferdchen der Eiszeit und die Streitrösser der Ritter, die starken Arbeitspferde der Bauern und die eleganten »Karossiers« der Kutschenzeit. Wir werden aber auch in viele verschiedene Länder reisen, und die unterschiedlichen Pferderassen in ihrer Heimat kennenlernen. Dabei entdecken wir viele Sportarten und alles, was man mit Pferden sonst noch unternehmen kann, vom Dressur- und Springreiten über das Reiten im Westernstil und die alte iberische Reitweise bis hin zu den spannendsten Reiterspielen. Wir werden schöne und spektakuläre Bilder von Pferden, Reiterinnen und Reitern aus aller Welt bewundern.

Wir wollen aber nicht die Augen davor verschließen, daß es nicht immer pferdefreundliche Methoden sind, mit denen man solche Höchstleistungen anstrebt. Ab und zu werden wir einen Blick »hinter die Kulissen« riskieren und Mißstände aufdecken. Tierschutz im Pferdesport ist ein wichtiges Anliegen, denn der Umgang mit Pferden ist letztlich nur schön, wenn das Pferd gern mitmacht. Ein unzufriedenes Pferd, das sich gegen den Reiter wehrt, oder ein abgestumpftes, das jeden Widerstand aufgegeben hat, kann einen wirklichen Pferdefreund nicht glücklich machen.

Ich selbst habe übrigens vier eigene Pferde. Sie leben in der Herde auf der Weide und im Offenstall, und wenn sie wollen, können sie in mein Schlafzimmer sehen, denn wir wohnen »Tür an Tür«. Geritten werden sie meist im Gelände, aber gelegentlich legen wir eine Dressurstunde ein, damit sie nicht steif werden und ihre gute Grundausbildung vergessen. Nur Glaumur, mein kleiner Fünfjähriger, der gerade erst angeritten wurde, muß ein bißchen häufiger in die Reitbahn. Die richtigen Reaktionen auf die vielen Hilfen zum Vorwärts-, Rückwärts- und Seitwärtsgehen, Antraben und Angaloppieren wollen schließlich gelernt sein! Glaumur hat dazu nicht immer Lust, denn genau wie ein Schulkind möchte er lieber die Welt erkunden, als langweilige Aufgaben zu erledigen. Als Reiterin muß ich mir dann sehr viel einfallen lassen, damit die Arbeit abwechslungsreich bleibt.

Durch die Beschäftigung mit meinen Pferden und denen anderer Reiter erfahre ich jeden Tag ein bißchen mehr über Pferde. Jedes Pferd ist anders, und es ist immer wieder spannend, seine Eigenheiten zu entdekken und es als Einzelwesen kennenzulernen. So wichtig es schließlich ist, möglichst viel über Pferde allgemein und bestimmte Pferderassen zu wissen: zu tun haben wir es letztlich mit einzelnen Pferdepersönlichkeiten. Hrifla und Kim, Blacky, Piroschka und Jarpur, das berühmte Springpferd und euer Lieblingspferd im Reitstall – jedes von ihnen ist etwas Besonderes, und das macht letztlich das Glück im Umgang mit Pferden aus!
In diesem Sinne wünsche ich euch viel Spaß beim Lesen.

Ein Fohlen kommt zur Welt

Die warme Frühlingsnacht geht zu Ende. Hinter den Hügeln geht bereits die Sonne auf und taucht den Himmel in ein rotgoldenes Licht. Für die kleine Pferdeherde auf der großen, saftigen Hangweide hat der Tag jedoch noch nicht begonnen. Schlafend liegen die Pferde im Gras oder stehen mit hängenden Köpfen herum und dösen. Nur Prinz, ein kleiner, dunkelbrauner Wallach, zeigt aufmerksames Ohrenspiel. Er ist bereit, die Herde zu warnen, falls ein Raubtier auftauchen sollte. Das ist auf den Weiden des Ponyhofes zwar nicht zu erwarten, aber wie in jedem Pferd steckt auch in Prinz die Wachsamkeit seiner wilden Vorfahren.

Da im Augenblick keine Gefahr droht, richtet sich Prinz' Aufmerksamkeit auf die weiße Stute Mona. Mona ist in dieser Nacht nicht zur Ruhe gekommen. Auch jetzt wandert sie ziellos umher, und manchmal scharrt sie mit den Hufen oder schaut nach ihrem Bauch. Ob es etwas gibt, das sie beunruhigt? Prinz richtet seinen Blick noch einmal auf die Umgebung.

Doch Mona fürchtet sich nicht vor Löwen und Tigern. Sie ist hochtragend, und an diesem Morgen wird ihr Fohlen zur Welt kommen.

Mona

Auch das Mädchen Anne hat keinen Blick für den Sonnenaufgang. Anne muß kräftig strampeln, um mit ihrem Fahrrad den Feldweg zur Hangweide zu erklimmen. Außerdem ist sie noch ziemlich verschlafen. Ihr Wecker hat schließlich schon um fünf Uhr morgens geklingelt, eine Uhrzeit, zu der man Anne niemals aus dem Bett bekommen hätte, wenn es nicht um die Ponys ginge! Aber in den letzten Tagen bricht das Mädchen alle Rekorde für Frühaufsteher. Genauer gesagt, seit Frau Moser, die Besitzerin des Ponyhofes, ihre Pferdeherde auf die Sommerweide gebracht hat.

Frau Moser hat den Umzug der Ponyherde sehr sorgfältig vorbereitet, um Probleme mit der Futterumstellung von Heu auf Gras zu vermeiden. Zuerst durften die Pferde nur ein paar Minuten nach der Reitstunde auf die Weide, dann stundenweise, und nun bleiben sie Tag und Nacht draußen.

»Nachts haben die Schulpferde Zeit, sich in Ruhe sattzufressen und von den Reitstunden zu erholen«, hat Frau Moser erklärt. »Und Mona und Tirana können auf der Weide ihre Fohlen bekommen!«

Nach Frau Mosers Meinung brauchen die Stuten keine Hilfe bei der Geburt. Beide hatten schon mehrere Fohlen und haben sie immer ohne Schwierigkeiten bekommen. Aber Anne ist sich da nicht so sicher. Sie fürchtet um ihr Lieblingspferd Mona, und hat sich deshalb entschlossen, jeden Tag vor der Schule zur Pferdeweide zu fahren und nach dem Rechten zu sehen.

Jetzt endlich ist der Hügel geschafft. Anne ist ein bißchen außer Atem, aber Herzklopfen bekommt sie erst, als sie Mona nicht unter den anderen Pferden erkennt.

»Wo ist sie nur, Prinz?« fragt sie den kleinen Wallach. Prinz ist sofort an den Zaun gekommen, als Anne ihr

Fohlengeburten gehen meistens ganz schnell

den Vorderbeinen. Das ist genau die richtige Lage! Bei der nächsten Wehe kommt das Fohlen bis zur Schulter zum Vorschein, und dann gleitet es ins Gras.

Anne wäre am liebsten zu ihm gelaufen und hätte ihm aus den Eihäuten geholfen. In manchen Gestüten machen die menschlichen Helfer das. Aber Frau Moser überläßt die Pferde bei der Geburt am liebsten sich selbst. Womöglich würde Mona also Angst haben, wenn Anne sich einmischte.

Mona liegt noch kurze Zeit still, bevor sie sich aufrichtet. Sie ist etwas erschöpft von der Geburt. Als sie sich schließlich aufsetzt, regt sich das Fohlen. Es strampelt mit den Vorderbeinen und zerreißt dabei die Eihäute. Fast sieht es aus, als wollte es schon aufstehen!

Fahrrad abstellte. Nun streckt er ihr den Kopf entgegen und kann gar nicht verstehen, warum er nicht gestreichelt wird. Statt mit ihm zu schmusen, schiebt Anne seine Nase zur Seite und späht über die im Zwielicht liegende Weide.

Inzwischen sind auch die anderen Pferde aufmerksam geworden. Die meisten blicken auf Anne und Prinz. Vielleicht hat das Mädchen Brot mitgebracht? Langsam, aber zielstrebig, setzen die Pferde sich zu Anne in Bewegung. Aber einige wenden die Köpfe auch einer Buschreihe weiter hinten auf der Weide zu. Ob Mona sich dahinter versteckt?

Kurz entschlossen klettert Anne über den Zaun. Das soll sie zwar nicht, denn Frau Moser will, daß die Pferde auf der Weide ungestört sind. Aber dies, findet Anne, ist ein Ausnahmefall. Sie läuft auf die Büsche zu. Oder sollte sie sich lieber anschleichen? Möglicherweise schläft Mona hinter den Büschen und könnte erschrecken. Vielleicht hat sie sogar schon ihr Fohlen bekommen! Ganz langsam und vorsichtig nähert Anne sich der Hecke. Tatsächlich, da steht Mona. Die Stute scharrt, und als Anne herankommt, legt sie sich hin. Sie stöhnt leise, bevor sie sich ganz auf die Seite wirft. Ihr dicker Fohlenbauch wölbt sich hoch aus dem Gras. Dann geht eine Bewegung durch ihren ganzen Körper. Sie versucht, ihr Fohlen herauszupressen.

Mona leckt ihr Kind trocken

Atemlos schaut Anne zu. Wenn nur nichts schiefgeht! Neulich hat sie einen Artikel über Fohlengeburten gelesen und ruft sich nun wieder ins Gedächtnis, was darin stand. Zuerst platzt die Fruchtblase - aber das muß schon geschehen sein, bevor Mona sich hingelegt hat. Und dann soll die Geburt höchstens eine halbe Stunde dauern. Aber was tut man, wenn nicht alles glatt geht? Während die Stute ein weiteres Mal preßt, pirscht Anne sich näher heran und hat nun gute Sicht auf Monas Hinterteil und ihren dicken Schweif. Überrascht stellt sie fest, daß schon ein Fohlenbeinchen aus der Scheide ragt! Oder sind es zwei? Anne kann es nicht genau erkennen, denn noch ist das Fohlen von den Eihäuten umschlossen. Nun wird der Fohlenkopf sichtbar! Er liegt auf

Mona begrüßt ihr Kind mit einem bubbernden Geräusch. Sie vergewissert sich, ob auch alles in Ordnung ist. Dann steht sie auf und zerreißt dabei mit einem Ruck die Nabelschnur.

Anne wundert sich, wie einfach das geht. Sie hat gelesen, man sollte sie durchschneiden und desinfizieren, aber die Ponystute weiß sicher am besten, was sie zu tun hat!

Nachdem die Nabelschnur durchtrennt ist, muß das Fohlen allein atmen, und Anne hat noch ein paar Sekunden Angst um das Pferdekind. Doch das kommt mit seiner neuen Lage gut zurecht. Mona leckt es und hilft ihm aus den Eihäuten. Erleichtert

Das Aufstehen will noch nicht recht klappen

frißt, als wäre nichts geschehen. Aber natürlich behält sie das Fohlen im Auge. Als eins der anderen Pferde sich ihm neugierig nähert, wiehert sie warnend und stellt sich dazwischen. Ob sie Frau Moser an ihr Fohlen heranläßt? Anne hat gelesen, Stuten könnten sehr böse werden, wenn ein Mensch zu ihren Kindern will. Andere Pferde lassen sie gar nicht in ihre Nähe. Fohlen brauchen etwa drei Tage, um ihre Mütter kennenzulernen. Bis diese Prägungsphase abgeschlossen ist, könnten sie die Mutterstute mit anderen Pferden verwechseln und dabei verloren gehen.

Mit Frau Moser ist es aber etwas anderes. Mona kennt ihre Besitzerin

findet Anne endlich Zeit, nach seiner Farbe zu sehen: Es ist ein kleiner Fuchs mit Stern auf der Stirn und Schnippe auf der Nase.

Auch die anderen Pferde haben das Fohlen jetzt entdeckt. Prinz wiehert, und Mona gibt Antwort. Und dann begrüßt auch der Rest der Herde ihr neues Mitglied mit lauten Rufen.

Anne weiß nicht, ob sie vor Glück und Aufregung lachen oder weinen soll, als das Kleine mit dünnem Wiehern antwortet. Am liebsten würde sie den ganzen Tag hierbleiben. Aber wenn sie rechtzeitig in der Schule sein will, muß sie jetzt aufbrechen. Schließlich will sie Frau Moser noch von der Geburt berichten. Vielleicht ist sogar noch Zeit, der Besitzerin des Ponyhofes das Fohlen zu zeigen.

Kurze Zeit später sitzt Anne neben Frau Moser im Geländewagen und sie rattern den Hügel hinauf. Sie hat Frau Moser wecken müssen, denn jetzt, da alle Pferde nachts auf der Weide bleiben, gönnt sich die Ponyhofbesitzerin etwas längeren Schlaf. Auf Annes Nachricht hin hat sie sich aber blitzschnell angezogen.

»Dann sehe ich wenigstens noch die ersten Stehversuche!«

Das Fohlen übt tatsächlich schon, auf eigenen Beinen zu stehen, aber es ist noch sehr ungeschickt. Als Frau Moser und Anne dazukommen, plumpst es gerade wieder ins Gras.

Mona steht neben ihrem Kind und

Gut gemacht!

Ein Schlückchen Milch wäre jetzt prima

Mona paßt gut auf ihr Kind auf

und hat Vertrauen zu ihr. So sind Anne und Frau Moser ganz nah dabei, als das Pferdekind schließlich aufsteht. Mit staksigen und vorsichtigen Schritten bewegt es sich um seine Mutter herum und sucht eine ganze Weile nach dem Euter. Mona bubbert erneut, und bei dem Versuch, ganz schnell zu ihr zu kommen, gerät das Kleine noch einmal aus dem Gleichgewicht und fällt ins Gras. Aber jetzt hat es den Trick heraus! Sehr schnell ist es wieder auf den Beinen und tastet sich nun erneut an Monas Euter heran. Instinktiv sucht es dabei nach einem Winkel, irgendwie müßte das Euter doch zu finden sein!

»Schau nur, Anne, es ist eine Stute!« freut sich Frau Moser. »Wie willst du sie nennen?«

»Ich?« fragt Anne. »Darf ich einen Namen aussuchen?«

»Aber ja. Du hast sie doch als erste gesehen, ihre Geburt miterlebt, und sie wird immer etwas Besonderes für dich sein. Der Name muß nur mit M anfangen, wie Mona!«

Anne schaut auf das Fohlen, das inzwischen an Monas Euter steht und schmatzend die erste Milch trinkt. Sie sieht sein fuchsrotes Fell, das die Sonnenstrahlen inzwischen fast getrocknet haben.

»Ich nenne es Morgensonne«, sagt Anne.

Morgensonne

Bunte Pferdewelt

Es hat wohl noch nie jemand gezählt, wie viele Pferderassen es auf der Welt gibt. Ganz sicher sind es Hunderte, wenn nicht gar über tausend. Aber alle haben ihre Besonderheiten, und jede einzelne hat ihre Geschichte und ihre Liebhaber unter den Menschen.

Solche prächtigen Gespanne sieht man oft auf Pferdeschauen

Schöne Kostüme gehören zum Schaureiten dazu

Für jeden etwas

Das riesige, dunkelbraune Pferd ist vor einen schweren Wagen gespannt. Früher hat man dieses Gefährt mit Bierfässern beladen, doch jetzt ist es glänzend schwarz lackiert, sauber geputzt und schön hergerichtet für die Schauvorführung. Das große Pferd soll den Wagen ruhig und gelassen über den Abreiteplatz ziehen, aber dafür ist hier alles zu neu und zu aufregend. Nervös schnaubend steht der Braune still und hat nur Augen für das kleine Shetlandpony, das gerade an ihm vorbeigeführt wird. So ein Winzling! Ob man sich davor fürchten muß?
Ein zierlicher Schimmel mit buntem Zaumzeug, dessen Reiter ein Kostüm trägt, ängstigt sich eher vor dem Bierwagen. Der Berber macht einen entsetzten Seitensprung und landet genau vor der Nase eines kleinen, kräftigen Schecken mit dicker Mähne. Zum Glück bleibt der Isländer ruhig. Aber da nähert sich noch ein Gespann. »Platz für die westfälischen Warmblüter!« Die eleganten Pferde traben schwungvoll direkt auf den Schauplatz. Die große Rassenschau hat begonnen!

Es gibt kaum eine Gegend auf dieser Erde, in der Pferde nicht als Reit- und Arbeitstiere eingesetzt werden. Aber jedes Land hat ein anderes Klima und andere landschaftliche Eigenheiten. Dem mußten sich die Pferde anpassen. So entwickelten die Pferde nördlicher Regionen ein langes und dichtes Fell. Die Pferde des Südens dagegen sind das ganze Jahr über glatt und seidig. Gebirgspferde wurden besonders trittsicher und gelassen, während Wüstenpferde Schnelligkeit und rasche Reaktionen entwickelten.

Auch die Menschen der verschiedenen Länder nahmen Einfluß auf das Aussehen ihrer Pferde. Sie hatten und haben nämlich ganz unterschiedliche Vorstellungen davon, wie ein gutes und brauchbares Pferd aussehen soll. Reitervölker brauchten zum Beispiel schnelle und wendige Pferde; möglichst leichtfuttrig und handlich im Umgang. Sehr große Pferde waren bei ihnen nicht beliebt. In Ländern, in denen mehr Landwirtschaft und Handel betrieben wurde, bevorzugte man dagegen große und starke, aber eher ruhige Pferde. Sie sollten schwere Wagen ziehen und harte Landarbeit leisten. Übersprudelndes Temperament konnte man da nicht gebrauchen. In vielen südlichen Ländern überließ man die harte Arbeit allerdings den Eseln und Maultieren. Die Pferde wünschte man sich elegant und feurig – eine Zierde auf Festen und beim Stierkampf ...

So züchteten die Menschen Pferde nach ihren Vorstellungen, aber letztlich liegt der Ursprung der Rassen noch viel weiter in der Vergangenheit. Wer mehr darüber wissen will, muß viele Millionen Jahre zurückblicken ...

Wie unterscheidet man Pferde?

Marion bekommt eine Urlaubspostkarte von ihrer Schulfreundin Iris. Darauf ist ein rotbraunes Pony, und Iris schreibt: »Das sieht genauso aus wie Deine Asla!«

Aber darüber kann Marion nur den Kopf schütteln. Das Pferd hat zwar fast die gleiche Farbe wie Asla. Doch es trägt eine große Blesse auf der Stirn, und Asla hat nur einen kleinen Stern. Außerdem ist Aslas Mähne hell und die des Ponys braun. Und Asla ist 145 cm hoch, während die Postkarte ein Shetlandpony zeigt.

Ein Blick auf das Fell genügt eben nicht, wenn man Pferde voneinander unterscheiden will. Pferdekenner achten auch auf andere Dinge:

Abzeichen – So nennt man die weißen Stellen am Kopf oder an den Beinen von einfarbigen Pferden. Die Namen der wichtigsten solltet ihr euch merken:

Größe – Die Größe des Pferdes wird in Zentimeter Stockmaß angegeben. Dazu mißt man die Widerristhöhe des Pferdes. Der Widerrist ist die knöcherne Erhebung am Halsansatz. Er wird von den vorderen Rückenwirbeln gebildet. Zum Messen der Widerristhöhe stellt man einen Stock mit in der Höhe verstellbarem, waagerechten Arm neben das Vorderbein des Pferdes. Daran kann man ablesen, wie groß es ist.

Kaliber – Das Kaliber bezeichnet das Verhältnis von Gewicht und Widerristhöhe. Einfacher gesagt, es drückt aus, ob ein Pferd einen schweren oder leichten Knochenbau, zarte oder kräftige Gelenke, eine breite Brust oder eine schmale hat. Ein kalibriges Pferd kann bei gleicher Größe mehr tragen und ziehen als ein leichteres. Es ist dafür aber meist nicht so schnell und wendig.

So mißt man das Stockmaß beim Pferd

Dieses Percheron ist ein kalibriges Pferd

Pferde unterscheiden sich auch durch die Abzeichen am Kopf und an den Beinen.

Format – Wenn ihr das Foto eines stehenden Pferdes habt, könnt ihr einen Rahmen um Körper und Beine zeichnen. Je nachdem, ob dieser Rahmen ein Rechteck oder ein Quadrat ergibt, spricht man von einem Rechteck- oder einem Quadratpferd. Ein großes, langes Pferd nennt man auch ein »großrahmiges Pferd«. Rechteck- und Quadratpferde eignen sich unterschiedlich gut für verschiedene Disziplinen der Reiterei. Ihr werdet in diesem Buch später noch mehr darüber lesen.

Das waren die wichtigsten Begriffe, mit denen Fachleute Pferde beschreiben. Es gibt aber noch mehr Unterscheidungsmerkmale. Manche Pferde haben zum Beispiel einen **starken Behang.** Das heißt, ihre Mähne und ihr Schweif sind besonders dick und üppig. Für verschiedene Rassen ist ein starker **Fessel- oder Kötenbehang** typisch. Ihre Fesselbeuge ist dann mit langen Haaren verdeckt. Außerdem gibt es Fachbegriffe für die verschiedenen Kopf- und Körperformen. Hier solltet ihr vor allem den **Hechtkopf** und den **Ramskopf** voneinander unterscheiden können, denn diese beiden Kopfformen sind typisch für ganz bestimmte Pferderassen. Ein häufig vorkommender Begriff ist auch der **trockene Kopf**. Darunter versteht man einen besonders ausdrucksvollen Kopf mit klaren Knochenkonturen und straff anliegender Haut ohne Fettpolster. Die Bezeichnung »trocken« wird häufig auch bei den Gliedmaßen angewandt und hat dort dieselbe Bedeutung.

Es gehört viel Übung dazu, Pferde auf einen Blick auseinanderzuhalten, und erst recht, sie fachkundig und mit den richtigen Begriffen zu beschreiben. Am besten hört ihr gut zu, wenn sich Pferdekenner unterhalten. Scheut euch nicht, zu fragen, wenn ihr etwas nicht versteht!

Das Pferd links ist ein Quadratpferd, das rechts ein Rechteckpferd

Bei den Shire Horses könnt ihr den Behang gut erkennen

Das kleine Araberfohlen hat einen deutlichen Hechtkopf

Pferdefarben auf einen Blick

Sicher könnt ihr einen Rappen und einen Schimmel sicher voneinander unterscheiden. Aber schon beim Fuchs und beim Braunen kann es schwierig werden, schließlich sind beides braune Pferde. Es ist aber wichtig, die Pferdefarben zu kennen und sie auch richtig zu benennen. Für manche Pferderassen sind bestimmte Farben geradezu typisch: Friesen sind zum Beispiel immer schwarz, die Lipizzaner dagegen meistens weiß. Hier deshalb die wichtigsten Pferdefarben:

Schimmel sind weiße oder grauweiße Pferde. Sie kommen immer dunkel zur Welt und werden dann allmählich immer heller, bis sie schließlich weiß sind. Ein Pferd, das bereits weiß zur Welt kommt, ist ein Albino. Hat ein Schimmel rötliche Stichelhaare im Fell, so ist er ein **Rotschimmel. Tigerschimmel** tragen schwarze oder braune Tupfen.

Schwarze Pferde nennt man **Rappen**, auch wenn sie nur im Sommer tiefschwarz glänzen und im Winter eine leichte Brauntönung aufweisen. In einem solchen Fall spricht man von **Sommerrappen.**

Ein **Brauner** ist ein braunes Pferd mit schwarzem Behang (Mähne und Schweif). Wenn man genau sein will, kann man Hellbraune, Braune, Dunkelbraune und Schwarzbraune unterscheiden. Ein braunes oder rotbraunes Pferd mit hellerem oder gleichfarbenem Behang wird **Fuchs** genannt. Auch hier könnt ihr Hellfüchse, Füchse und Dunkelfüchse unterscheiden.

Ähnlich verhält es sich bei **Falben** und **Isabellen (Palominos).** Falben sind beigefarbene bis graue Pferde mit schwarzem Behang und Aalstrich. Isabellen (Palominos) haben ebenfalls ein beigefarbenes Fell, aber Mähne und Schweif sind heller und oft schneeweiß.

Pferde gibt es in den unterschiedlichsten Farben. Hier tummeln sich ein Isabelle, ein Tigerschecke, ein Falbe, ein Schimmel, ein Rotschimmel, ein Brauner, ein Fuchs und ein Rappe. Erkennt ihr alle?

Wem fehlen hier die Worte?
Der Körperbau des Pferdes

Kaum ein Pferd gleicht dem anderen. Es gibt die unterschiedlichsten Rassen, die verschiedensten Farben, kleine und große Pferde. Bei ihrer Beschreibung hilft es, die einzelnen Körperteile genau benennen zu können.

Für jede Rasse gibt es ein eigenes Schönheitsideal und bestimmte Merkmale, die typisch sind. Um Pferde richtig beschreiben zu können, hilft es, die einzelnen Körperteile mit den richtigen Fachausdrücken genau benennen zu können.

1 Schopf
2 Genick
3 Mähne
4 Widerrist
5 Sattellage
6 Kruppe
7 Schweifrübe
8 Schweif
9 Hinterbacke
10 Sprunggelenk
11 Kötenbehang
12 Huf
13 Röhrbein
14 Knie
15 Schlauch/Euter
16 Flanke
17 Bauch
18 Ellenbogen
19 Kronrand
20 Fessel
21 Fesselkopf
22 Röhrbein
23 Vorderfußwurzelgelenk
24 Kastanie
25 Bug
26 Schulter
27 Ganasche
28 Kinngrube
29 Nüstern

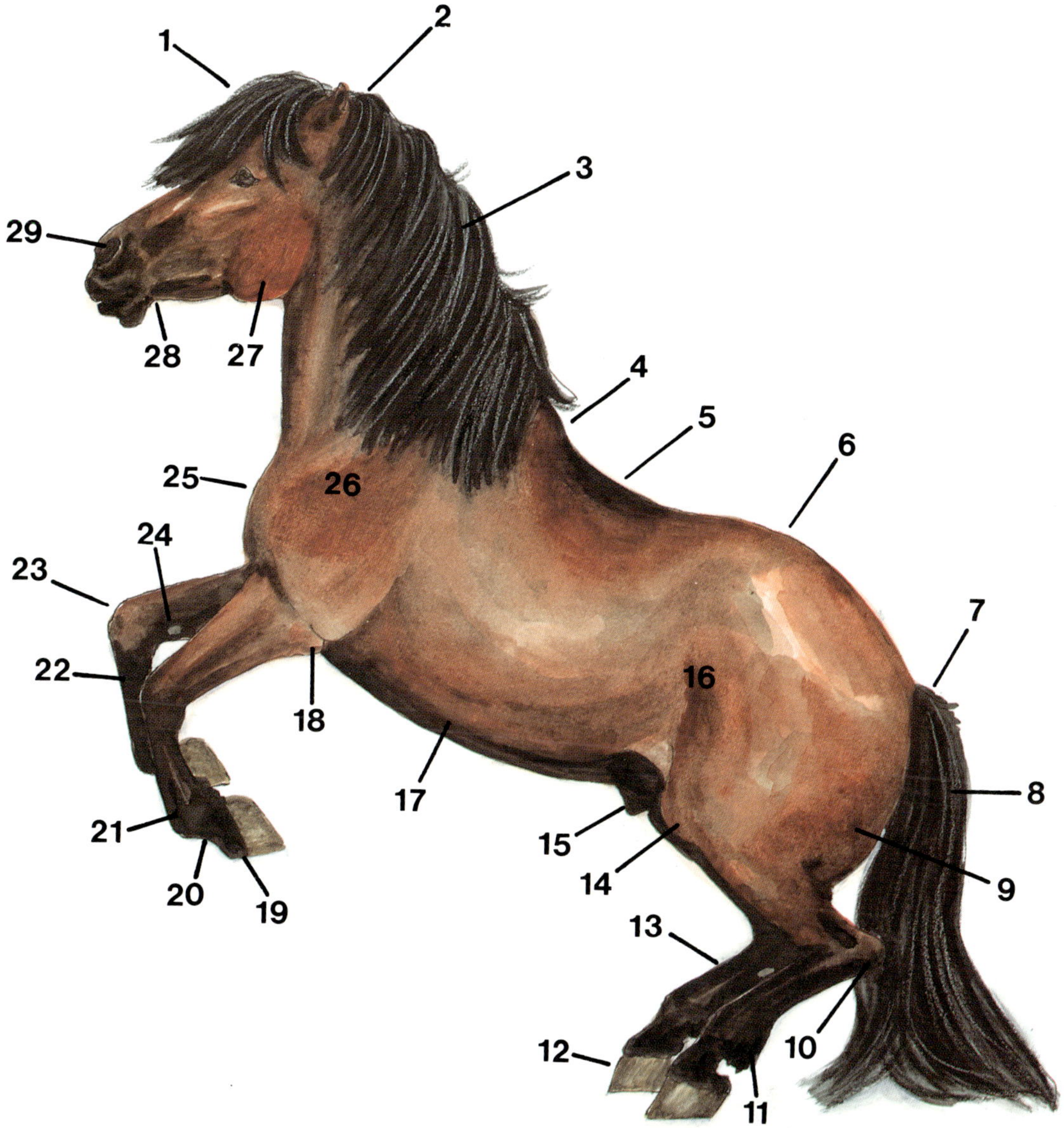

Die ersten Pferde

Der Urahn unserer Pferde lebte vor sechzig Millionen Jahren. Nein, damals gab es keine Dinosaurier mehr, aber so lange hatten die kleinen, anpassungsfähigen Säugetiere die Riesen noch nicht verdrängt.

Viel Ähnlichkeit mit dem heutigen Reitpferd hatte das Urpferdchen nicht. Der erste Wissenschaftler, der Teile seines Skelettes untersuchte, verwechselte es sogar mit einem Verwandten des Murmeltiers! Wenig später wurde der Irrtum aber entdeckt, und das kleine Tier aus dem Erdzeitalter Eozän erhielt seinen endgültigen Namen: Eohippus, das Pferd der Morgenröte. Wie das Eozän heißt es damit nach Eos, der griechischen Göttin der Morgenröte.

Esel gehören wie die Pferde zu den Equiden

Das Pferd der Morgenröte

Vor sechzig Millionen Jahren waren Nordamerika, Europa und auch Asien noch stark bewaldet. Ihr müßt euch hier Urwälder mit viel Unterholz, ähnlich dem tropischen Regenwald, vorstellen. Die meisten Pflanzenfresser unter den Tieren waren ziemlich klein und unauffällig und versteckten sich schnell im Buschwerk, wenn ein Raubtier nahte.

Das *Eohippus* mußte besonders vorsichtig sein, denn es hatte keine Zähne oder Klauen, um sich gegen Angreifer zur Wehr zu setzen. Übermäßig schnell war das kaninchen-

Auch Zebras zählen zu den Verwandten unserer Pferde

große Urpferd auch nicht. Es verfügte noch nicht über Hufe, sondern lief auf den Ballen wie ein Hund. An den Vorderfüßen hatte es vier Zehen, an den Hinterfüßen drei. Lediglich seine Tarnfarbe half dem Eohippus ein wenig weiter. Es hatte Streifen wie ein Zebra und hob sich damit kaum von seiner bewaldeten Umgebung ab. Trotzdem: Um überleben zu können, hieß es wachsam sein. Als typischer Waldbewohner war das Eohippus natürlich ein Laubfresser, und das blieb es auch, viele Millionen Jahre lang.

Dann aber änderten sich seine Lebensbedingungen. Das Land wurde trockener, und der nur hasengroße Sumpf- und Urwaldbewohner mußte schneller und damit größer werden, um seinen Feinden zu entkommen. Dabei entwickelte er auch ein größeres Gehirn. Das schäferhundgroße, immer noch gestreifte *Mesohippus* lief nun auf drei Zehen pro Bein und kam dabei auf trockenem Boden schneller voran. Es lebte übrigens im Erdzeitalter Oligozän, vor etwa 30 Millionen Jahren.

Auf dem Weg zum Huftier

Vor gut 10 Millionen Jahren wichen die Waldlandschaften langsam der Steppe. Das Pferdchen mußte sich vom Laubfresser zum Grasfresser wandeln. Kein besonderes Problem für einen Pflanzenfresser – besonders, wenn man bedenkt, wie gern unsere Pferde auch heute noch einen Bissen Laub stibitzen! Die Umstellung vom Wald auf die Steppe verlangte viel größere Veränderungen. Auf dem offenen Grasland fand das waffenlose Pferd nämlich keine Möglichkeit mehr, sich zu verstecken. Wenn jetzt ein Raubtier auftauchte, half nur noch schnelle Flucht! Dazu aber brauchte das Pferd längere Beine und schnellere Füße: Die Pferde der neuen Epoche entwickelten Ponygröße, und ihre seitlichen Zehen verkümmerten allmählich. Mit dem *Pliohippus* trat im Erdzeitalter Pliozän der erste Einhufer auf.

Steppenpferde

Vor ein bis zwei Millionen Jahren waren die Nachfahren des Pliohippus deutlich als Pferde zu erkennen. Die Wissenschaft bezeichnet diese Tiere nun mit dem lateinischen Wort »Equus«, Pferd. Auch ihre Verwandten, Esel und Zebras, werden »Equiden« genannt. Vor den Eiszeiten bevölkerten große Herden der Urpferde die Steppen Süd- und Nordamerikas, Europas und Asiens. Da damals noch eine Landbrücke zwischen Europa und Amerika bestand, konnten sie die Kontinente beliebig wechseln.

Die Pferde hatten sich der Steppe nun auch farblich angepaßt. Zwar erkannte man noch Zebrastreifen am Hals und im Kruppen- und Gliedmaßenbereich, aber die braunfalbe Steppenfarbe überwog.

Doch dann begann sich das Klima dramatisch zu verändern. In der Eiszeit und der Zeit danach prägten sich die verschiedenen Klimazonen stärker aus, und die Pferde paßten sich ihnen an. Die unterschiedlichen Lebensräume brachten die Vorfahren unserer Pferderassen hervor.

Pferde der Eiszeit

Im Verlauf der Eiszeit, vor etwa einer Million Jahren, änderte sich das Klima auf der Erde. Langsam bildeten sich die Klimazonen heraus, die wir heute noch kennen, also warm in der Gegend des Äquators und kühler, je näher man den Polen kommt. Dabei darf man sich die Landschaft der Eiszeit aber nicht als eine ständige Schnee- und Gletscherwüste vorstellen. Darin hätte wohl kein Tier lange überlebt. Es war in dieser Zeit nur erheblich kälter als heute. Mitunter kam es zu dramatischen Veränderungen. So verschoben sich durch Gletscherbewegungen ganze Erdteile. Viele Tierarten starben damals aus oder paßten sich den neuen Bedingungen an. Dabei erwies sich das Pferd als besonders geschickt. Im Laufe der folgenden Jahrhunderte entstanden vier verschiedene Pferdetypen.

Nordische Ponyrassen gehen auf das Urpony zurück

Ponys aus dem Norden

Das Überleben in den nördlichen Gegenden dieser Welt war in der Eiszeit nicht einfach. Die unwirtlichen Bergregionen waren vereist und schwer zu begehen, in den Ebenen mußten die Pferde weit wandern, um ausreichend hartes Gras zu finden.

Kleine Pferde, die weniger Futter zur Erhaltung ihres Körpergewichts brauchen, waren für diese Gebiete besser geeignet als größere. Zu schmal und knochig durften die Nordlandpferde aber auch nicht sein. Wer kein Fett auf den Rippen hat, friert schließlich schneller! So entwickelten sich die Pferde im Norden eher klein, kalibrig, mit viel Fell, Mähne und Schweifhaar als Wetterschutz ausgestattet.

Das Urpony

In den Ebenen der Nordlandschaft mit ihrem feuchtkalten Regenklima fand man vor allem das Urpony. Es war etwa 122 bis 125 cm hoch und sah den heutigen Exmoor- und Shetlandponys schon recht ähnlich. Als Pferd der Steppen- und Heidelandschaften mußte es ständig damit rechnen, von Raubtieren erspäht und gejagt zu werden, denn hier konnte es sich kaum verstecken. Deshalb blieb es stets wachsam und fluchtbereit. Es lebte in teilweise großen Herden und konnte sich so darauf verlassen, daß immer ein Artgenosse wach war, um die Herde beim Nahen eines Raubtieres rechtzeitig zu warnen.

Wurde es nicht verfolgt, bevorzugte das Urpony den Trab vor dem Galopp. Darin entwickelte es eine große Ausdauer, wenn es bei der Futtersuche weit laufen mußte. Urponys waren – genau wie ihre Nachfahren – nicht wählerisch, wenn es um Futter ging. Sie konnten sich von härtestem Gras ernähren und paßten sich auch neuen Boden- und Klimaverhältnissen leicht an.

Moderne Nachfahren des Urponys sind unter anderem die verschiedenen englischen Ponyrassen. Die meisten nordischen Ponys der Gegenwart haben sowohl Urponys als auch Tundrenponys unter ihren Vorfahren.

Nachkommen des Tundrenponys

Das Tundrenpony

In den unwirtlichsten Gegenden der Eiszeitlandschaft, den Bergregionen und Tundren des Nordens, bildete sich das Tundrenpony heraus. Es war größer als das Urpony – einzelne Tiere erreichten durchaus das Stockmaß moderner Reitpferde –, aber längst nicht so wendig und anpassungsfähig. In der Regel wanderte es nicht weit, auch wenn das Futter knapp wurde. Als optimaler Futterverwerter war das massige, grobknochige Pferd auch anspruchslos. Etwas hartes Gras oder ein paar Zweige zum Knabbern reichten ihm zum Überleben. Sonderlich munter machte diese Nahrung aber selbstverständlich nicht. Das Tundrenpony bewegte sich meist im Schritt, es war ruhig und behäbig und verließ sich bei Gefahr eher auf Tarnung als auf Flucht. Typische Nachkommen des Tundrenponys sind das Przewalskipferd und der Tarpan.

Pferde des Südens

In den südlichen Regionen der Erde war das Futterangebot während der Eiszeit erheblich besser als im Norden. Hier gab es auch in kälteren Zeiten Wald- und Graslandschaften, die später in Halbwüsten und Wüsten übergingen. In diesen Gegenden gediehen alle Tiere besser. Pflanzenfresser, wie die Pferde es waren, fanden mehr Grün, Fleischfresser hatten bessere Jagdchancen. Das waffenlose Pferd mußte deshalb seine Fluchtbereitschaft erhöhen. Das Pferd des Südens konnte sich also keinen schweren Körperbau leisten. Es brauchte eine schmale, langbeinige Gestalt und wache Sinne. Auch im Süden bildeten sich nun zwei Pferdetypen heraus, die ihre Probleme auf unterschiedliche Art lösten.

Das Ramskopfpferd

Das Ramskopfpferd sah dem heutigen Großpferd von allen Urpferdetypen am ähnlichsten. Es war zwischen 170 und 180 cm hoch, knochig, lang und schmal. Sein Lebensraum waren hauptsächlich feuchte Wald- und Hügelgebiete, die es in kleinen Gruppen bewohnte. Viel Raum zur Flucht gab es in dieser Gegend nicht, und so nutzte das Ramskopfpferd nicht nur sein gutes Spring- und Galoppiervermögen, sondern war auch schneller als andere Pferdetypen bereit, sich gegen Angreifer mit Hufen und Zähnen zur Wehr zu setzen.
Das Ramskopfpferd gilt als Vorfahr aller Vollblut- und Warmblutrassen.
Am ähnlichsten ist ihm der Berber.

Viele Großpferde haben einen Ramskopf wie ihr Vorfahr

Der Urvollblüter

Das klassische Rennpferd – zweifellos Ahne des arabischen Pferdes und verwandter Rassen – bildete sich in den Subtropen heraus. Der Urvollblüter war zierlich und schmal und erreichte höchstens mittleres Ponymaß, also eine Höhe um 1,30 m. Wie das Urpony mußte auch der kleine Renner viel Zeit bei der Futtersuche verbringen und dabei lange Strecken zurücklegen. Er lebte in Familiengruppen, deren Mitglieder sehr eng verbunden waren. Sah oder vermutete eines davon Gefahr, so setzte die ganze Gruppe zur Flucht an. Auch lange Galoppstrecken waren für die geborenen Ausdauersportler kein Problem.

Wieder in Freiheit

Przewalski-Pferde

Im Jahre 1878 entdeckte der russische Oberst Przewalski bei einer Expedition in die Mongolei eine Herde wilder Pferde. Die Tiere waren von ziemlich einheitlichem Aussehen, rotbraun bis fahlbraun, ziemlich unauffällig, mit Stehmähne und nicht sehr groß. Ihr Stockmaß bewegte sich um 140 cm. Untersuchungen des Knochenbaus, der Fellstruktur und des Verhaltens der Tiere ergaben, daß es sich hier um Vertreter einer Urpferderasse handeln mußte. Nach ihrem Entdecker nannte man sie später »Przewalski-Pferde«.

Viele tausend Jahre lang hatte das asiatische Urpferd in der Steppe zwischen Rußland und China überlebt. Aber dann ergriffen die Menschen Besitz von seinem Lebensraum. Haustierhaltung raubte den Wildpferden den Weideplatz, und die vielen militärischen Übungen in ihrem Gebiet vertrieben die Tiere. 1968 wurden die letzten in Freiheit gesehen.

Trotzdem blieben die Przewalski-Pferde erhalten, denn die Wissenschaft interessierte sich für sie. Schon kurz nach ihrer Entdeckung hatten Forscher Fohlen aus den Herden fangen lassen. Sie wollten die Wildpferde in Zoos und Freigehegen heimisch machen, um sie dort besser beobachten zu können. Zunächst fanden sich die in Freiheit geborenen Pferde nur schwer mit dem eingeschränkten Lebensraum ab, aber bei ihrer Nachzucht wurde die Zoohaltung einfacher.

Beschützt von engagierten Zoodirektoren und Privatinitiativen überstanden die Przewalski-Pferde das bewegte, letzte Jahrhundert. Besonders der Zweite Weltkrieg brachte die Rasse in Gefahr, auch im Zoo auszusterben. Doch seit 1959 bemüht man sich in aller Welt, den Bestand an Przewalskis wieder zu erhöhen.

	Przewalski-Pferd
Stockmaß	Um 140 cm
Exterieur	Großer, eher grober Kopf mit kleinen Augen und Ohren, Stehmähne ohne Stirnschopf, kurzer Hals, gerader Rükken, stabile Gliedmaßen mit kräftigen Gelenken
Farbe	Falben, rotbraun bis fahlbraun, Aalstrich, Schulterkreuz, Zebrierung
Herkunft	Mongolei
Wissenswertes	Asiatisches Urpferd, hauptsächlich in Zoos und Tierparks anzutreffen

Urwildpferd beim Sonnenbad

Nur keine Inzucht!
Das liest sich allerdings leichter, als es ist, denn die Zucht des Przewalski-Pferdes gestaltet sich sehr viel komplizierter als die anderer Rassen. Sämtliche Urpferde in der Obhut der Menschen gehen nämlich auf nur 13 Ahnen zurück.

Wenn man Inzucht, also Paarung sehr nah verwandter Pferde, vermeiden will, verlangt das besonders sorgfältige Zuchtwahl. Mitunter werden ein Hengst oder eine Stute über ganze Erdteile transportiert, um in anderen Herden Blutauffrischung zu leisten – ein gewaltiger Aufwand für die Menschen und großer Streß für die betroffenen Pferde! Inzwischen gibt es aber wieder über 1000 Przewalskis in mehr als 100 Zuchtgruppen.

Reservate
Nach 1990 haben die veränderten politischen Bedingungen in der Welt dem Urpferd ganz neue Möglichkeiten eröffnet. Der Staat Mongolei will es nun in seinem alten Lebensraum wieder neu ansiedeln und Reservate schaffen, in denen das Przewalski-Pferd in Freiheit leben kann.

Natürlich geht die Umsiedelung vom Zoo zur freien Wildbahn nicht von einem Tag auf den anderen. Die Pferde brauchen Zeit, um sich an die neue Selbständigkeit zu gewöhnen.

Seit 1992 gibt es Reservate für Przewalski-Pferde in der Nähe der Wüste Gobi und bei Ulan Bator, der Hauptstadt der Mongolei. Aber hier, in der Nähe menschlicher Ansiedlungen, tauchen schon wieder Probleme auf. Bauern und Hirten befürchten, die Pferde könnten sich über ihre Nutzflächen, ihre Weiden und Äcker hermachen. Außerdem besteht die Gefahr der Vermischung von Wild- und Hauspferden, und das wäre auf die Dauer das Ende der so mühsam erhaltenen Ur-Rasse.

So kann es dem Przewalski-Pferd passieren, daß seine Freiheit trotz vieler guter Vorsätze weiterhin durch Zäune begrenzt bleibt. Aber die dünn besiedelte Mongolei kann ihm immerhin große Reservate bieten. Das Gebiet bei Ulan Bator umfaßt allein 40 Hektar!

Ausgestorben und dann rückgezüchtet

Tarpan

Weihnachten 1879 wurde in der südrussischen Steppe die letzte Tarpanstute getötet. Die ortsansässigen Gutsbesitzer hatten Jahre gebraucht, um die Wildpferdeherden mit Gewehren, Fallen und Gift auszurotten. Sie betrachteten die Pferde als Schädlinge, die ihren Weidetieren das Futter wegfraßen. Zudem fanden die Jäger Spaß an der Vernichtung der Pferde. Auf die letzte Stute veranstalteten sie eine regelrechte Treibjagd.

Der Tarpan, nach dem Przewalskipferd wohl die älteste Pferderasse der Welt, war somit ausgestorben. Doch eine Gruppe verantwortungsbewußter Wissenschaftler wollte sich damit nicht abfinden. Nach dem Ersten Weltkrieg versuchten sie, die Pferde rückzuzüchten.

Die Rückzüchtung einer Tierrasse ist ein mühseliges und fast aussichtsloses Unterfangen. Ist eine Art nämlich einmal ausgestorben, so kann sie nie wieder reinrassig entstehen. Man kann dem ursprünglichen Typ nur möglichst nahe kommen. Dazu muß man natürlich wissen, wie der ausgesehen hat. Außerdem braucht man lebende Tiere, die ihm gleichen.

Im Falle des Tarpans standen die Zeichen hier günstig. Man kannte das Aussehen des Wildlings sehr genau: ca. 130 cm hoch, grobknochig mit geradem Rücken, graufalbes Fell in verschiedenen Schattierungen, Neigung zur Stehmähne, Zebrastreifen an

	Tarpan
Stockmaß	Um 130 cm
Exterieur	Mittelgroßer, gerader oder leicht konkaver Kopf, kurzer, starker Hals, Neigung zur Stehmähne, gerader Rücken, feine, aber sehr kräftige Gliedmaßen
Farbe	Graufalb, gelegentlich torfbraun, Aalstrich, oft Zebrierung, dunkle Beine
Herkunft	Ursprünglich Südrussland, heute Rückzüchtung in Polen
Wissenswertes	Nach dem Przewalski-Pferd die älteste Pferderasse der Welt, 1879 ausgestorben, bald danach Rückzüchtung mit Koniks

dunklen Gliedmaßen. Auch mit verwandten Tieren sah es gut aus. Vereinzelt fanden die Zoologen sogar Pferde, die nachweislich reinrassige Tarpane unter Eltern und Großeltern hatten.

In Polen gab es obendrein eine vom Tarpan abstammende Pferderasse, den Konik. Mit Vertretern dieser Rasse kreuzte man nun die direkten Tarpannachkommen und hoffte auf Exemplare, die der Ursprungsrasse in besonderem Maße glichen. Zunächst tauchten sie nur vereinzelt auf, aber indem man diese Tiere miteinander paarte, wurde der Typ immer mehr gefestigt.

Haltung in Zoos

Die rückgezüchteten Tarpane erwiesen sich als menschenbezogener und unproblematischer als die ihnen verwandten Przewalski-Pferde. Ihre Haltung und auch die Weiterzucht in Zoos macht keine Schwierigkeiten. Durch diese Anspruchslosigkeit findet man Tarpane nicht nur in musterhaften Tierparks, artgerecht gehalten in Herden und großen Freigehegen, sondern mitunter auch in kleinen betonierten Ausläufen und Ponyställen.

Doch selbst wenn alles ideal läuft: Experten befürchten infolge der Zoohaltung eine »schleichende Domestizierung« der Pferde. Das heißt, sie könnten sich über viele Generationen hinweg zunächst unbemerkt verändern und dem Hauspferd immer ähnlicher werden. Die Lösung sehen die Freunde des Tarpans auch hier wieder in der Auswilderung. Die Pferde müssen zurück in Wald, Steppe und Moor und dort in Freiheit leben.

Wildpferde müssen wild bleiben!

In den Ursprungsländern des Tarpans, in Polen und Rußland, sehen die Menschen inzwischen ein, daß auch die wilden Pferde ein Recht auf Leben und auf Erhaltung ihrer Art haben. Besonders in den polnischen Moorgebieten gibt es wieder freilebende Herden, bestehend aus ehemaligen Zoopferden. In ihnen soll der Wildtyp erhalten bleiben.

Der Tarpan sollte in Freiheit leben

Diesem Tarpan schmeckt das erste Frühlingsgras

In Gefahr

Exmoor-Pony

In den Hochmoorgebieten im Südwesten Englands müssen Autofahrer mitunter viel Geduld aufbringen. Hier haben nämlich Ponys Vorfahrt, und wenn sich so ein Exmoorfohlen entschließt, mitten auf der Straße sein Mittagsschläfchen zu halten, müssen die Fahrer sich auf längere Wartezeiten gefaßt machen.

In Exmoor leben die Nachkommen des Urponys noch in Freiheit. Seit Tausenden von Jahren hat sich ihr Verhalten und Äußeres nicht sehr geändert.

Vergleicht man Aussehen und Skelett des Exmoor-Ponys mit Knochenfunden und Höhlenzeichnungen aus der Eiszeit, so stellt man fest, daß die britische Kleinpferderasse dem Urpony fast haargenau entspricht. Der Mensch hat von der unwirtlichen Landschaft der englischen Hochmoore erst spät Besitz ergriffen, und Klima- und Landschaftsbedingungen machten es ihm auch schwer, hier andere Pferderassen anzusiedeln. Zudem entsprach der Typ des Urponys dem vom Menschen gewünschten Nutzpferd mehr als alle anderen Urpferdetypen. Das Exmoor-Pony bewährte sich bei der Arbeit vor dem Wagen, als Lastenträger und als Reitpferd für Kinder.

Exmoor-Pony

Stockmaß	120–130 cm
Exterieur	Harmonisch gebaut, mittelschwer, starker Behang, deutlich im Ponytyp stehend
Farbe	Verschiedene Braunvarianten mit Mehlmaul und heller Augenumrandung
Herkunft	England, Exmoor im Südwesten des Landes
Wissenswertes	Direkter Nachfahre des Urponys, gute Reiteigenschaften, angenehmes Temperament, ideales Kinderpony, auch für Dressur und Springen geeignet

Kleines Exmoor-Fohlen

Reitponys für die Kleinsten

Exmoor-Ponys sind robust und genügsam, dabei klug und lernwillig. Sie verfügen über ein angenehmes Temperament und gutes Gangvermögen. Bei entsprechender Ausbildung bewähren sie sich als Dressur- und Springpferde für Kinder, wobei sie ihr ausgeglichenes, freundliches Wesen für kleine Reitanfänger besonders geeignet macht. Dem kommt auch ihre relativ geringe Größe entgegen.

Touristenattraktion

Als Reitponys ist der Bestand der Rasse »Exmoor« gesichert. Den freilebenden Ponys wird das Leben aber immer schwerer gemacht. Viel Respekt vor dem Menschen haben die pfiffigen Wildlinge ohnehin schon längst nicht mehr. Warum sollten sie auch, da sich in jedem Sommer Scharen pferdebegeisterter Touristen freuen, wenn die »wilden« Ponys kommen und um Futter betteln?

Die wenigsten Besucher sehen ein, daß sie den Pferden mit ihrer Zuckertüte keinen Gefallen tun. Sie locken sie damit aus ihren angestammten, von Menschen nicht genutzten und nicht begehrten Lebensbereichen heraus und hinein in die Welt der Autos und der Landwirtschaft. Wird dem nicht bald Einhalt geboten, so ist der Bestand der letzten Urwildpferde in Freiheit ernstlich gefährdet.

Das ideale Pferd

Für den Menschen waren die Pferde der Eiszeit zunächst nur Jagdwild. Verhalten und Aussehen der Tiere interessierte die Jäger eigentlich kaum. Das änderte sich aber schnell, als sie begannen, das Pferd als Trag- und Zugtier zu nutzen. Nun war ihnen ein starkes, großes Tier lieber als ein kleines, zartes, ein schnelles angenehmer als ein langsames. Sehr bald machten die Menschen erste Versuche, Urpferde durch Zucht zu verändern.

Durch gezielte Zuchtwahl wurden kleine...

...zu großen Pferden

In der Freiheit waren die wilden Pferdeherden einer natürlichen Auslese unterworfen. Nur die stärksten und widerstandsfähigsten Tiere überlebten die harten Winter, und nur die schnellsten und wachsamsten entkamen Raubtieren lange genug, um Fohlen aufzuziehen. Auch Tarnfarbe, angepaßte Größe und die Neigung zu guter Futterverwertung bestimmten über das Überleben.

Für die Pferde im Besitz des Menschen verloren einige dieser Eigenschaften schnell an Bedeutung. Sie erhielten regelmäßig Futter und waren in der Menschensiedlung vor ihren Feinden geschützt. Welches Pferd zur Zucht eingesetzt wurde, war nicht mehr Frage des Überlebens, sondern des Gefallens. Die Menschen paarten gezielt Pferde, die von ihnen gewünschte Eigenschaften aufwiesen.

Pferde nach Wunsch

Die Menschen entdeckten bald, wie sie Aussehen und Eigenschaften der Pferde ihres Heimatlandes durch eine gezielte Zucht verändern konnten. Um das Urpony zum Beispiel etwas größer zu bekommen, paarte man eine besonders große Stute mit einem außergewöhnlich kräftigen Hengst und hoffte auf ein größeres Fohlen. Diese Methode der Zucht war sehr erfolgversprechend, aber auch sehr langwierig. Es dauerte viele Generationen, bevor ein wesentlich größeres Pferd entstand.

Eine schnellere und einfachere Lösung ergab sich, als die Menschen mit Hilfe ihrer Reit- und Fahrpferde in andere Regionen der Erde gelangten. Mit der Zähmung des Pferdes war die Reiselust des Menschen gestiegen, und unterwegs lernte er nicht nur die menschlichen Bewohner anderer Gegenden, sondern auch deren Pferde kennen. Was lag da näher als die Idee, die Urpferdetypen miteinander zu vermischen?

Es ist anzunehmen, daß die Züchter im Norden durch Kreuzung von Urpony und Tundrenpony ein größeres Pferd anstrebten und auch erhielten. Später versuchte man, die Pferde mit Hilfe des Ramskopfpferdes noch größer und leichter, durch Einkreuzung des Urvollblüters noch schneller zu machen. Einige dieser Zuchtversuche waren erfolgreich, andere scheiterten, denn mit jeder Kreuzung sehr unterschiedlicher Pferde riskiert man, schwierige oder nicht so schöne Fohlen zu erhalten.

Auch die Klimabedingungen, unter denen Menschen und Pferde lebten, setzten der Zucht Grenzen. Wenn man in nordischen Gegenden zuviel Vollblut in die heimischen Ponytypen einkreuzte, erhielt man Pferde, die mit dem naßkalten Wetter nicht zurechtkamen. Die schweren, nordischen Pferde vertrugen dagegen die Hitze in den Wüstenregionen nicht gut und kamen im weichen, tiefen Sandboden viel schlechter vorwärts als ihre leichten Verwandten.

Die idealen Pferderassen für das Reiten und Fahren in verschiedenen Regionen dieser Erde bildeten sich über Jahrhunderte der Zucht heraus, wobei Klima und Nutzungsart ihre Eigenarten und ihr Aussehen bestimmte. Man züchtete zum Beispiel schwere Typen wie die Kaltblüter zum Ziehen von Lasten, leichtere zum Reiten, besonders schnelle oder mutige für die Jagd oder für Kurierdienste. So entstanden vier neue Grundtypen von Pferden, denen man die vielen heutigen Pferderassen zuordnen kann. Jeder Typ hat seine eigenen Besonderheiten und ist ideal für bestimmte Menschen und deren Vorstellungen vom Reiten.

Enkel der Urpferde

Huzulen

Wenn es um arbeitswillige Reit- und Arbeitspferde geht, die in direkter Linie von den Wildpferden abstammen, ist als erster der Huzule zu nennen. Diese robuste Kleinpferderasse wurde im gebirgigen Gebiet der Karpaten gezielt für den Einsatz in schwierigstem Gelände gezüchtet. In der Landwirtschaft dienten die Huzulen als Arbeits- und Tragtiere, beim Militär galten sie als überaus leistungsfähige Reitpferde.

Im Erscheinungsbild kann der Huzule seine Tarpan-Ahnen nicht verleugnen. Es handelt sich vorwiegend um Falben, mausgrau bis gelblich. Letztere gehen auf einen echten Przewalskihengst aus dem Prager Zoo zurück, der in der Slowakei kurze Zeit zur Zucht eingesetzt wurde. Da gelegentlich auch Hauspferde eingekreuzt wurden – der Einsatz eines Haflingers und eines Fjordhengstes sind bekannt – kommen auch Füchse und Braune

	Huzule
Stockmaß	130–145 cm
Exterieur	Langer, trockener Kopf, kurzer, kräftiger Hals, starker Rükken, abfallende Kruppe, trockene Gliedmaßen mit kleinen Hufen
Farbe	Meist Falben, auch Braune und Füchse, keine Schimmel und Schecken
Herkunft	Karpatengebiet: Slowakei, Rumänien
Wissenswertes	Äußerst robustes und leistungsfähiges Arbeitspferd, als Reitpferd besonders geeignet für Wanderritte und Distanzritte in gebirgigem Gelände

Huzulen sind hübsche Kleinpferde

vor. Der Huzule alten Typs war mit 120 bis 130 cm Stockmaß ein ziemlich kleines Pferd. Der moderne Typ erreicht 140–145 cm.

Staatlich gelenkte Zucht

In den Ländern der Karpatenregion, vor allem Rumänien und Slowakei, hatte der Huzule bis vor wenigen Jahre große wirtschaftliche Bedeutung. Die Zucht wurde deshalb schon vor dem Ersten Weltkrieg staatlich gefördert. Meist besaßen die ortsansässigen Bauern eine oder zwei Huzulen-Stuten, die in direkter Linie auf wilde Bergtarpane zurückgingen. Die ließen sie dann von Hengsten aus dem Staatsgestüt decken, wobei sowohl ausgesuchte Huzulenhengste als auch »Veredler« anderer Rassen eingesetzt wurden. Am erfolgreichsten war dabei die Kreuzung mit polnischen Konik-Hengsten.

Neben ihrem Zuchteinsatz verrichteten die Stuten der Bauern schwerste Landarbeit, ohne Schaden zu nehmen. Viele wurden an die 30 Jahre alt, und es sind Fälle von Stuten bekannt, die über 20 Fohlen zur Welt brachten!

»Ein Huzule ist härter als Eisen!«

Diese Aussage über das robuste Kleinpferd stammt von einem Soldaten, der den Huzulen als Militärpferd kennenlernte. Als solches wurde die Rasse vorwiegend zwischen dem Ersten und Zweiten Weltkrieg gezüchtet und eingesetzt. Dabei mußten die Pferde extreme Leistungsprüfungen durchstehen. An drei Tagen hintereinander forderte man zum Beispiel 150 km Distanzritt, 50 km im Hochgebirge unter dem Reiter und 15 km Gebirgstraglast-Prüfung unter 110 kg Last. Die Pferde bewältigten diese Anforderungen bravourös und zum Teil sogar ohne Hufbeschlag.

Mit dem Siegeszug der Technik in der Landwirtschaft ging es dem Huzulen ähnlich wie vielen Arbeitspferderassen. Seit den fünfziger Jahren wurde er kaum noch gebraucht und drohte auszusterben. Dabei sind die kleinen, leichtfuttrigen und unkomplizierten Huzulen ideale Freizeitpferde. Im Westen, wo man sicher Interesse an ihnen gezeigt hätte, waren sie jedoch kaum bekannt, und in den sozialistischen Ländern gab es so gut wie keine Freizeitreiterei. Immerhin behielten die staatlichen Zuchten einige Pferde in ihren Ställen, um die Rasse am Leben zu erhalten.

Inzwischen wird der Huzule als Wander- und Distanzpferd bekannter, und auf Dauer dürfte er sich seinen Platz unter den robusten Freizeitpferden erobern. Vielleicht kennt ihr jemanden, der einen Huzulen besitzt? Schaut euch doch einmal um!

Urpferde und Pferdetypen

Die vier Grundtypen von Pferden, die durch die Zucht des Menschen entstanden, nennen wir *Warmblüter, Kaltblüter, Vollblüter* und *Ponys*. Fast alle Pferderassen sind einem dieser Typen eindeutig zuzuordnen, wobei Abstammung und Körperbau, nicht etwa die Bluttemperatur oder Blutmenge, eine Rolle spielen. Die vier Typen sind für unterschiedliche Reitweisen oder als Zugtiere gezüchtet, je nach Wunsch der Menschen, und gehen auf verschiedene Urpferdetypen zurück.

Schwer und freundlich – Kaltblüter

Das Kaltblutpferd zum Beispiel kann seinen Vorfahr Tundrenpony nicht verleugnen. Die ziemlich grobknochigen, aber starken Pferde wurden zum Ziehen schwerer Lasten und zur Mitarbeit in der Landwirtschaft gezüchtet. Wie ihre Urahnen gehen sie am allerliebsten Schritt und sind charakterlich eher ruhig und gelassen – kaltblütig eben.

Gar so plump wie das Tundrenpony sind die Kaltblutrassen aber nicht. Irgendwann muß genug Südlandpferdeblut eingekreuzt worden sein, um ihnen zu einem harmonischen Bau und einem aufgeschlossenen, freundlichen Charakter zu verhelfen. Manchen kleineren Rassen ist auch die Abstammung vom Urpony deutlich anzusehen.

Noch vor wenigen Jahrzehnten gehörten Kaltblutpferde zum Bild jeder Stadt. Sie zogen schwere Wagen – nicht umsonst sind sie besonders als »Bierwagenpferde« bekannt – und sogar Straßenbahnen. Dann wurden sie jedoch von Motorfahrzeugen verdrängt. Heute findet man ernsthaft arbeitende Kaltblüter nur noch als Planwagenpferde oder beim Holzrücken im Wald. Das leisten sie umweltfreundlicher als alle Maschinen! Kleinere Kaltblutrassen werden aber auch als Freizeit- und Familienpferde immer beliebter.

Schnell und feurig – Vollblüter
Alle Vollblutrassen stammen vom kleinen Urvollblüter ab. Ihm am ähnlichsten ist der Araber, sein direkter Nachkomme. Außer dem Araber werden nur wenige Pferderassen zu den Vollblütern gezählt. Entscheidend dafür ist nicht in erster Linie der Typ, sondern die nachgewiesene Abstammung. Früher als bei den meisten anderen Rassen wurde für die Vollblüter ein Zuchtbuch geführt. Die Beduinen der Wüste züchteten gezielt und merkten sich die Abstammung ihrer Pferde. Die Englische Vollblutzucht erkennt nur Pferde an, die auf die im ersten »General Stud Book« eingetragenen Hengste und Stuten zurückgehen.

Anerkannte Vollblüter erkennt man an zwei Buchstaben hinter ihrem Namen. Araber tragen ein OX, Englische Vollblüter ein XX. Man spricht aber auch bei Pferden, deren Abstammung man nicht kennt, mitunter von »Vollbluttypen«, wenn sie besonders edle Köpfe, trockene Gelenke und ein feuriges Temperament vorzuweisen haben.

Vielseitig – Warmblutpferde
Die meisten modernen Reitpferde gehören zu den Warmblütern. Das Warmblutpferd ist meist ruhiger und gelassener als der Vollblüter, aber lebhafter als das Kaltblut. Auch in Bezug auf die Schwere des Körperbaus liegt es zwischen Vollblut und Kaltblut. Früher züchtete man leichtere und schwerere Warmblutrassen für unterschiedliche Einsätze. In der Zeit vor der Motorisierung dienten zum Beispiel viele Warmblüter als Fahrpferde. Auf ein Gespann edler, gepflegter Warmblutpferde war man damals ebenso stolz wie heute auf ein teures Auto. Inzwischen liegt der Schwerpunkt der Warmblutzüchter aber auf der Zucht des optimalen Pferdes für den internationalen Dressur- und Springsport. Man beschränkt sich auf die Haltung des dafür am besten geeigneten Typs.

Ponys – pfiffig und robust
Ein Pferd steht im Ponytyp, wenn es über einen kleinen Keilkopf mit großen, wachen Augen verfügt und von kompakter, runder Gestalt ist. Eine dicke Mähne und ein voller Schweif gehören ebenso dazu wie kräftige, gesunde Gliedmaßen. Ponytypen gehen eindeutig auf das Urpony zurück und haben noch viele Eigenheiten mit ihm gemein. Sie sind meist gutmütig, genügsam und fleißige Trabpferde.

Meist wird das Wort »Pony« aber nicht als Typen- sondern als Größenbezeichnung gebraucht. Die meisten Menschen denken dabei an Shetlandponys und andere besonders kleine Rassen. Tatsächlich unterscheidet die Reitpferdezucht aber nicht mehr in Pony und Pferd, sondern in Großpferd und Kleinpferd. Dabei gilt jedes Pferd als Kleinpferd, das unter einem Stockmaß von 148 cm liegt. Das ungerade Maß ergibt sich aus der Übertragung einer englischen Maßangabe ins Deutsche.

Rassenvielfalt
Auch heute noch unterscheiden sich Pferderassen und -typen in Bezug auf Wetterverträglichkeit. Manche fühlen sich in südlichen Regionen, andere in nördlichen wohler. Bei der Entscheidung des Reiters für eine Pferderasse spielt das aber nur noch eine untergeordnete Rolle. Pferde werden nicht mehr schwerpunktmäßig zur Arbeit, sondern zum Ver-

Die meisten Pferde im Reitstall sind Warmblüter

Wege zum Traumpferd: Pferdezucht heute

Wie schon in der Frühzeit der Pferdezucht, gibt es auch heute zwei Möglichkeiten, auf Aussehen und Charakter einer Pferderasse einzuwirken.

Die erste und langwierigere ist die Verbesserung innerhalb der Rasse. Will man sie zum Beispiel leichter und edler, züchtet man schwerpunktmäßig mit zierlichen Exemplaren, wünscht man sie größer und kräftiger, mit schweren Vertretern der Rasse.

Vielen Züchtern dauert das jedoch zu lange. Sie wollen ihr Ziel nicht im Laufe von 10 oder 20 Jahren erreichen, sondern sofort. Durch die Kreuzung ihrer Warmblut- oder Ponystute mit einem Vollbluthengst erhoffen sie sich gleich das zierliche Traumpferdchen. Ebensogut kann die Sache jedoch schiefgehen, besonders, wenn die Rassen sich sehr voneinander unterscheiden. Dann hat man nämlich oft einen Effekt wie beim Kreuzen eines Dackels mit einem Schäferhund. Man erhält ein Tier, bei dem Knochenstärke und Gliedmaßenlänge, Rumpf-, Hals- und Kopfform absolut nicht zusammenpassen und das oftmals recht merkwürdig aussieht.

Auch charakterlich sind Kreuzungen verschiedener Rassen oft schwierig. Schließlich unterscheiden sich Pferderassen nicht nur in Bezug auf den Körperbau, sondern auch im Charakter, der sich ebenso vererbt. Passen die Anlagen von Mutter- und Vatertier nicht zusammen, so bringt das Fohlen einen schwierigen Charakter mit auf die Welt. Es ist zum Beispiel von Natur aus schreckhaft und überängstlich, oder es zeigt sich aggressiv. Als Reitpferd ist es dann oft nur bedingt geeignet, und Züchterträume erfüllt es bestimmt nicht! Der längere Weg zum Zuchterfolg ist deshalb meist der bessere.

gnügen gehalten, und wirtschaftliche Überlegungen treten in den Hintergrund. So überlegt im Norden niemand, ob ihn ein Vollblüter mehr Futtergeld kosten wird, als etwa ein Pony. Auch das Geld für wärmere Ställe oder eine dickere Winterdecke gibt man gern aus, damit man die ersehnte Pferderasse halten kann.

Daraus ergibt sich heute in der modernen Pferdeszene eine außerordentlich große Rassenvielfalt. Auf Schauen, Festivals und Turnieren könnt ihr wunderschöne Pferde aus aller Welt bewundern, und mit ihnen kamen die verschiedensten Reitweisen und auch unterschiedliche Haltungsformen, von denen ihr in diesem Buch lesen könnt.

Im Schutz der Wildbahn

Dülmener Wildpferde

Im Merfelder Bruch, einer Wald- und Heidelandschaft bei Dülmen in Westfalen, gibt es noch ein kleines Pferdeparadies. Auf 1500 Morgen naturbelassenem Land lebt hier eine Herde von etwa 200 Kleinpferden, weitgehend ungestört von den Menschen: die Dülmener Wildpferde.

Das Dülmener Wildpferd ist eine sehr alte Rasse. Sie wird im Jahre 1316 erstmals urkundlich erwähnt, aber vieles läßt darauf schließen, daß es in der Gegend um Dülmen schon sehr viel früher Pferde gegeben hat, die den heutigen glichen. Ein Geschichtsschreiber des Feldherrn Julius Caesar beobachtete bereits 55 Jahre vor unserer Zeitrechnung kleine, zottige Pferdchen in diesem Teil Germaniens.

Trotz seiner langen Geschichte gilt der Dülmener zoologisch gesehen nicht als Wildpferd. Im Laufe der Jahrhunderte haben die Pferde sich immer wieder mit domestizierten Pferden vermischt. In den letzten hundert Jahren nimmt auch der Mensch gezielt Einfluß auf die Entwicklung der Rasse. Denn wenn man dem Dülmener sonst auch jede Freiheit zugesteht – wenn es um die Zucht geht, bestimmt der Mensch!

Unter dem Schutz des Herzogs
»Der Mensch« ist im Falle der Dülmener der Besitzer ihres riesigen Freigeheges, der Herzog von Croy. Einer seiner Vorfahren nahm die Pferde 1850 unter seinen Schutz. Im Gegensatz zu den anderen vier Wildbahnen, die damals in Westfalen bestanden, wurde das Pferdeparadies im Merfelder Bruch nicht aufgelöst, sondern beständig vergrößert und dem wachsenden Pferdebestand angepaßt.

Stutenfamilien
Die Pferdeherde im Merfelder Bruch besteht aus einer Reihe von Stutenfamilien. Hengste spielen eine unterge-

ordnete Rolle, denn der Deckhengst läuft nur in den Sommermonaten mit der Herde mit, und alle Junghengste werden im Mai herausgefangen. Zu diesem Anlaß kommen immer Tausende von Zuschauern. Die kleinen Pferde werden in eine Arena getrieben, in der sich kräftige junge Burschen aus der Umgebung auf die Junghengste stürzen, um sie einzufangen und mit einem Brandzeichen zu versehen. Anschließend werden die Jährlinge in einer großen Auktion dann versteigert.

Für die jungen Pferde ist dieses Herausreißen aus der Herde zunächst ein schlimmes Erlebnis. Ihre neuen Besitzer brauchen viel Geduld und Liebe, um sie zu zähmen und in ihren Haltungsanlagen heimisch zu machen. Es ist wichtig, die jungen Hengste aus der Herde zu nehmen, damit sie nicht die Möglichkeit haben, ihre Mütter und Schwestern zu decken. Auch gäbe es Streit zwischen den vielen Hengsten. Für mehrere Herden, deren Leithengste einander aus dem Weg gehen können, ist die Wildbahn nicht groß genug.

	Dülmener Wildpferd
Stockmaß	130–140 cm
Exterieur	Gerader Kopf, mittellanger Hals, kräftiger Rumpf mit guter Schulter und Kruppe, klare Beine mit harten Hufen
Farbe	Falbfarbe, meist Graufalbe mit viel Behang, oft Wildmerkmale
Herkunft	Deutschland, Merfelder Bruch bei Dülmen, Westfalen
Wissenswertes	Uralte Kleinpferderasse, heute noch frei in der Wildbahn gehalten, robust, ausgeglichen, ideale Familienpferde

Freundliche Falben

Bei den meisten Dülmenern kann man auch Aalstrich und Schulterkreuz erkennen, die Merkmale der alten Wildrassen. Man unterscheidet den Tarpan-Typ, das sind mausgraue Falben, und den Przewalski-Typ, Dülmener Wildpferde mit eher gelbbrauner Farbe. Je nachdem, welche Farbe die in die Herde gebrachten Hengste haben, überwiegt der eine oder andere Typ. In den letzten Fohlenjahrgängen ist der Tarpan-Typ häufiger vertreten.

Freiheit in der Wildbahn

Schon bedingt durch die Aufzuchtbedingungen im Merfelder Bruch sind die Dülmener überaus harte und genügsame Pferde. Ihr Stockmaß überschreitet selten 135 cm, aber ihr Kaliber reicht aus, um auch Erwachsene problemlos zu tragen. Sorgfältig erzogen werden die Wildlinge zu besonders freundlichen und umgänglichen Pferden für die ganze Familie. Freizeitreiter und -fahrer bemühen sich in den letzten Jahren auch um ihre Zucht außerhalb der Wildbahn.

Schön für die Schau

»Laß das, Morgensonne! Ich flechte die Mähne deiner Mutter nicht ein, damit du die Zöpfchen wieder aufbeißt!« Energisch schiebt Anne das freche Fohlen beiseite.

Die kleine Morgensonne ist heute sehr aufgeregt, denn Frau Moser und Anne haben sie und ihre Mutter von der gewohnten Weide geholt.

Frau Moser hat Mona gewaschen, und jetzt flicht Anne Zöpfchen in die saubere Mähne der Stute. Auch Morgensonne ist schon gebürstet worden. Am Nachmittag findet eine große Ponyschau im Nachbarort statt, und Frau Moser will mit Mona und dem Fohlen daran teilnehmen.

Anne darf zum ersten Mal mit zu einer Pferdeschau. Frau Moser sucht in jedem Jahr ein anderes Mädchen als Helferin aus, und diesmal ist ihre Wahl auf sie gefallen.

»Na, das sieht aber gut aus!« lobt Frau Moser, als sie Monas Frisur sieht. »Was meinst du, sollen wir Morgensonnes Mähne auch einflechten?« Anne zuckt etwas ratlos mit den Schultern und schaut skeptisch auf Morgensonnes wuschcligen Schopf. »Ich weiß nicht, ob ihr das steht. Sie würde womöglich wie Pippi Langstrumpf aussehen!« Frau Moser lacht. »Dann lassen wir's lieber!«

Das lederne Fohlenhalfter, das Frau Moser ihren Pferdekindern bei besonderen Gelegenheiten anzieht, sieht an Morgensonnes Köpfchen sehr elegant aus. Auch Mona wirkt mit ihren Zöpfen wie ein ganz anderes Pferd. Anne ist überzeugt davon, die schönsten Ponys auf die Schau zu bringen.

Vor der Schau wird natürlich geputzt

Auf dem Schauplatz herrscht schon reges Treiben. Ponystuten und Fohlen der verschiedensten Rassen werden herumgeführt und den Richtern vorgestellt. Bei den Stuten geht es darum, die schönste ihrer Altersklasse zu ermitteln. Die Fohlen bekommen nach der Vorstellung ein Brandzeichen. Damit werden sie beim Pferdezuchtverband registriert und erhalten Abstammungspapiere.

Alle Züchter haben ihre Pferde feingemacht. Anne sieht eine hübsche Haflingerstute, deren lange Mähne zu einem Gittermuster verflochten ist. Eine Fjordstute trägt eine besonders interessante Frisur. Ihre Stehmähne ist außen schwarz und in der Mitte weiß. Bei den meisten Reitponys sind auch die Fohlenmähnen schon geflochten. Hoffentlich wird Morgensonne keine Punktabzüge bekommen, weil Anne sie nicht frisiert hat!

Morgensonne hüpft aus dem Pferdeanhänger und schaut gebannt auf die vielen anderen Ponys. Ein Islandfohlen, das frei neben seiner Mutter läuft, kommt zu ihr und möchte Bekanntschaft schließen. Aber Frau Moser bindet Morgensonne an Monas Bauchgurt fest, und auch der kleine Isländer wird eingefangen. Anne bemerkt, daß seine Mutter ihre Mähne offen trägt.

»Pferdefrisuren sind rassetypisch!«

erklärt Frau Moser. »Die Züchter mancher Rassen flechten das Langhaar ihrer Pferde für Schauen und Turniere ein. Bei den Isländern wäre es schwierig. Ich hätte jedenfalls keine Lust, so eine dicke Mähne in Zöpfchen zu zwingen!«

Monas Klasse ist noch nicht aufgerufen worden, und so hat Anne Zeit, ein bißchen bei der Schau zuzusehen. Im Ring - so nennt man den abgesteckten Platz, auf dem die Pferde den Richtern vorgeführt werden - sind gerade fünf dreijährige Reitponystuten. Zunächst werden sie einzeln begutachtet. Die Vorführer stellen sie vor den Richtern auf und achten dabei auf die richtige Beinstellung. Das den Richtern zugewandte Vorderbein muß vorgetreten sein, das Hinterbein nach hinten herausgestellt. Frau Moser hat Anne erklärt, man nenne das »offene Stellung«. Es ermöglicht den Richtern, alle Beine des Pferdes in Augenschein zu nehmen. Danach laufen die Pferde im Schritt und Trab eine Runde, und die Richter begutachten ihre Gänge. Anne fällt eine dunkelbraune Stute auf, die im Trab nur so über den Boden schwebt. Sie wird Siegerin ihrer Klasse, nachdem die Richter sich die Pferde noch im Vergleich angesehen haben. Dazu werden die Stuten hintereinander im Kreis geführt und dabei »rangiert«. Die Richter bitten die Vorführer so lange, die Plätze in der Abteilung zu wechseln, bis die beste Stute ganz vorn, die letztplazierte ganz hinten läuft.

Nun wird es Zeit für Anne, sich um Mona zu kümmern. Die Schau geht zügig voran, und gleich werden die Reitponystuten mit Fohlen an der Reihe sein. Anne soll Mona führen, und Frau Moser nimmt Morgensonne.

»Wenn sie nicht an die Mutter gebunden ist, bewegt sie sich freier!« erklärt die Besitzerin des Ponyhofs.

Morgensonne macht einen fröhlichen Hupfer, als sie ihrer Mutter in den Ring folgt, und die Richter lachen. Anne gibt sich große Mühe, Mona richtig aufzustellen. Das klappt sogar, aber die rundliche Mutterstute sieht natürlich nicht so elegant aus wie die gerade gezeigten Dreijährigen. Auch Morgensonne steht in der vorgeschriebenen Stellung. Sie knabbert vergnügt an Frau Mosers Gerte, während die Richter sie mustern.

Dann wird vorgetrabt. Einmal hin und zurück, das reicht für die Fohlen. Anne läßt Mona ganz langsam traben, damit Morgensonne nicht in Galopp fallen muß, um mitzukommen. Tatsächlich bleibt das Fohlen im Trab und macht schöne, lange Schritte. »Das Fohlen bekommt eine erste Prämie!« verkündet die Chefrichterin.

Anne strahlt. Na also, es ging auch ohne Zöpfchen! Aber noch dürfen Mona und Morgensonne den Ring nicht verlassen. Nach ihnen werden drei weitere Fohlen mit ihren Müttern vorgeführt. Ein kleiner schwarzer Hengst sticht besonders hervor. Er ist schon sehr gut entwickelt und zeigt weite Bewegungen.

Als alle Fohlen vorgetrabt haben, wird auch in dieser Klasse rangiert. Anne und Frau Moser führen ihre Pferde zunächst an dritter Stelle, der kleine Hengst geht hinten. Nun bitten die Richter seine Besitzerin, mit ihm ganz nach vorn zu kommen. Anne ist enttäuscht. Soll Morgensonne wirklich nur vierte werden?

»Und die Nummer 18 an zweite Stelle!« ruft die Richterin. »Das sind wir!« sagt Frau Moser. Sie führt Morgensonne nach vorn und Anne folgt mit Mona. Dann ist die Rangierung beendet, und die Richter rufen die beiden erstplazierten Fohlen in die Mitte, um dem Publikum ihre Entscheidung zu begründen. Anne hört etwas von »edlem Kopf« und »schöner Oberlinie«, »weiten, freien Bewegungen« und »lebhaftem Temperament«.

Frau Moser lächelt zufrieden.

Nun endlich können sie mit Morgensonne zum Brennwagen gehen.

»Wird es sehr wehtun?« fragt Anne ängstlich, als der Brennmeister sich dem Fohlen mit dem glühenden Eisen nähert.

»Ein bißchen!« meint Frau Moser, »Aber der Nutzen des Brandzeichens überwiegt den Schmerz. An dem Brand und der Nummer kann man Morgensonne wiedererkennen, falls sie mal gestohlen wird. Es weist sie als Pferd mit Papieren aus, und wenn jemand versucht, sie ohne Abstammungsnachweis zu verkaufen, sollte der Käufer wissen, daß hier etwas faul ist.»

Morgensonne macht einen erschrockenen Seitensprung, als das Brenneisen ihren linken Hinterschenkel trifft. So eine unfreundliche Behandlung ist sie von Menschen nicht gewöhnt! Zum Glück ist Mona da, um sie zu trösten. Ein Schluck Milch aus dem Euter der Mutter läßt das Fohlen den Schmerz schnell vergessen. Gleich danach kommt es wieder zu Anne, um sich kraulen zu lassen.

»Das hat ja gut geklappt!« sagt Anne, nachdem sie die Pferde verladen haben und heimwärts fahren. »Aber ich fand Morgensonne doch noch etwas schöner als den kleinen Hengst!«

»Das muß auch so sein!« lacht Frau Moser. »Die eigenen Pferde sind immer die schönsten!«

Du bist die Schönste!

Menschen und Pferde

Das Pferd war lange Jahre Arbeitspartner des Menschen

Heute wollen wir das Pferd zu unserem Freund haben

Vor etwa 6000 Jahren wurden Pferde domestiziert. Das heißt, unsere Vorfahren fingen sie ein, hielten sie in Ställen und vermehrten sie gezielt, indem sie mit den besten Hengsten und Stuten züchteten. Seitdem ist die Geschichte von Menschen und Pferden untrennbar verbunden.

Ein Streifzug durch die Geschichte

Das Zusammensein mit dem Pferd brachte dem Menschen nie etwas anderes als Vorteile. Vom ersten Zusammentreffen an wußten unsere Vorfahren die Gutmütigkeit und Kraft des Tieres für sich zu nutzen. Doch nicht immer gereichte das Zusammenleben mit dem Menschen auch zum Vorteil des Pferdes. Zwar bot ihm das Leben in menschlicher Obhut Schutz vor seinen natürlichen Feinden, es sicherte ihm sein Futter und seine Versorgung. Andererseits gingen Menschen oft nicht gerade feinfühlig mit ihren vierbeinigen Partnern um. Gutmütigkeit und Einsatzwille der Pferde wurden häufig ausgenutzt. Man sperrte die geduldigen Tiere in dunkle Ställe, überforderte sie bei der täglichen Arbeit und zog sie als Kavalleriepferde in die menschlichen Kriege und Streitigkeiten hinein.

Unser anschließender Ausflug in die Geschichte von Menschen und Pferden wird deshalb nicht immer eine gemütliche Reise. Die Wanderung auf den Spuren der Pferde wird uns durch viele Länder und Kulturen führen, zu zufriedenen und weniger zufriedenen, liebevoll behandelten und vernachlässigten Pferden. Wir werden Reiter kennenlernen, die ihre Pferde ernst nahmen und sich viele Gedanken darüber machten, wie sie geritten werden konnten, ohne Schaden zu nehmen. Aber auch dunkle Zeiten und Orte, in denen Liebe und Einfühlsamkeit durch Peitsche und Sporen ersetzt wurden, werden an unserem Weg liegen. Doch am Ende dieser Reise finden wir Pferd und Reiter an der Schwelle zu einer neuen Entwicklung. Jetzt, da die Technik die Arbeitspferde, Zug- und Kriegspferde überflüssig gemacht hat, wird die Beziehung zwischen Pferd und Mensch nicht mehr durch harte Notwendigkeiten beeinflußt. Mit unseren Sport- und Freizeitpferden brauchen wir kein Geld zu verdienen, unser Überleben in Krieg und Frieden ist nicht mehr von ihnen abhängig, und es gibt keine Hungersnöte mehr, die sie mit uns teilen müssen. Unsere modernen Sport- und Freizeitpferde werden nur noch zu unserer Freude und unserem Vergnügen gehalten. Wir sind im Alltag nicht mehr auf sie angewiesen, aber immer noch für sie verantwortlich. Diese Verantwortung gegenüber dem Pferd sollten wir Reiter sehr ernst nehmen, denn heute fehlt es uns erstmalig weder an Zeit, noch an Mitteln, bei Ausbildung, Behandlung und Haltung auf ihre Bedürfnisse und Wünsche einzugehen. Dunkle, miefige Ställe, Einzelhaltung des Herdentieres Pferd und kurzes, gewaltsames »Einbrechen« statt liebevoller Ausbildung sollten endlich der Vergangenheit angehören.

So fing es an

Die ersten Menschen, die mit Pferden in Kontakt kamen, dachten noch nicht an Reiten und Fahren. Sie sahen die verhältnismäßig großen, kräftigen Pferde vor allem als Nahrungsmittel: Ein erjagtes Pferd, das bedeutete viel Fleisch für den Stamm!

Die Jagd auf die schnellen Steppentiere gestaltete sich aber alles andere als einfach. Die Menschen mußten sich schon in Gruppen zusammentun, um eine Pferdeherde zu hetzen. Mitunter griff man dabei zu Tricks, die aus heutiger Sicht ziemlich unfair erscheinen. So trieb man die Herde zum Beispiel über eine Klippe oder in eine Schlucht, um dann die verletzten Pferde zu töten.

Vorratshaltung

Irgendwann muß dann ein findiger Jäger auf den Gedanken gekommen sein, die großen, friedfertigen Grasfresser lebendig zu fangen und mit in die Siedlung zu nehmen. Auch dabei wird er Nahrungsbeschaffung, oder besser gesagt Vorratshaltung, im Sinn gehabt haben.

Es begann in Eurasien

Wahrscheinlich wurden die ersten Pferde in der eurasischen Steppenzone zwischen Ukraine und Mongolei domestiziert. Hier gab es riesige Pferdeherden, die im Aussehen dem Przewalski-Pferd nahekamen, also kräftiger und massiger waren als etwa das Urpony. Für die Menschen am Rand der Steppengebiete gehörten sie zu den bevorzugten Fleischlieferanten.

Ideale Haustiere

Als man die Tiere dann erst einmal in der Siedlung hatte, entdeckte man ihre vielen Vorteile als Haustiere. Ihre Robustheit machte sie pflegeleicht, durch ihre Friedfertigkeit gestaltete sich der Umgang mit ihnen unproblematisch. Offensichtlich begann man schon etwa 4000 Jahre vor unserer Zeitrechnung, Pferde zu reiten.

Die ersten Nachweise einer Pferdehaltung durch den Menschen entdeckte man in der Ukraine, am westlichen Ufer des Flusses Dnjepr. Hier fand man die Reste menschlicher Siedlungen, die vermutlich zwischen 4300 und 3500 vor unserer Zeitrechnung entstanden sind.

Es handelte sich dabei um bäuerliche Siedlungen. Die Menschen betrieben wohl Ackerbau, und die große Zahl der aufgefundenen Rinder-, Schaf- und Schweineknochen weist auch auf Viehzucht hin. Das Besondere an dieser Siedlung war aber die Vielzahl an Pferdeknochen. Offenbar ernährten sich die Menschen von Dereiwka zu einem großen Teil von Pferdefleisch – und das, obwohl es in der bewaldeten Gegend kaum Wildpferde gegeben hat. Man muß die Pferde also in der Steppe gefangen und anschließend mit in die Siedlung genommen haben.

Der Hengst von Dereiwka

Noch etwas anderes war auffällig in der Siedlung von Dereiwka. Erstmalig fand man hier nämlich ein Pferdefell, das in einem »Heiligtum« über ein Holzgerüst gelegt und offensichtlich als Gottheit verehrt worden ist. Ähnliche Aufbauten kannte man bereits von verschiedenen Ausgrabungsorten im vorchristlichen Europa, aber diese Kultstätten gehörten stets zu viel jüngeren Kulturen.

Natürlich befaßten sich sofort viele Wissenschaftler mit dem sensationellen Fund. Da neben dem Fell auch der Kopf und die Wirbelsäule erhalten waren, konnte man genau bestimmen, um was für ein Pferd es sich handelte. Offensichtlich hatten die Menschen der Kupferzeit einen sieben- bis achtjährigen Hengst den Göttern geopfert. Zur Altersbestimmung sah man sich natürlich seine Zähne genau an – und stellte überrascht fest, daß sie Abnutzungserscheinungen aufwiesen, die es beim Wildpferd nicht gibt. Der Hengst von Dereiwka mußte ein Mundstück getragen haben!

In der Nähe des Pferdeschädels fanden sich dann auch zwei durchbohrte Geweihstücke. Möglicherweise dienten sie als Seitenteile einer Trense.

Hatte man hier das erste Reitpferd entdeckt? Oder doch eher ein Fahrpferd? Letzteres ist unwahrscheinlich, denn das Rad wurde in der Gegend des Fundortes erst etwa 500 Jahre später bekannt.

Die ersten Reiter

Der Besitz von Reitpferden muß das Leben der Menschen im alten Dereiwka wesentlich verändert haben. So können sie die Tiere zum Beispiel bei der Jagd und zum Lastentransport eingesetzt haben. Das machte die

Pferde wurden schnell zum Partner des Menschen

Nahrungsversorgung des Stammes einfacher und sicherer. Die Bevölkerung konnte wachsen und die Siedlungen vergrößern.

Der erreichbare Bewegungsraum, man könnte sagen das »Revier« eines Menschen, vergrößert sich etwa um das sechsfache, wenn ihm ein Reitpferd zur Verfügung steht. Das riesige, eurasische Steppengebiet war plötzlich keine unüberwindliche Barriere mehr. Die Reiter von Dereiwka werden zu längeren Ausflügen in die Umgebung aufgebrochen sein. Das ermöglichte Handel mit anderen Stämmen, aber auch Raubzüge. Kurze Zeit nach der Entdeckung der Reiterei am Dnjepr schlossen sich andere bäuerliche Gemeinschaften zu größeren Siedlungen zusammen. Höchstwahrscheinlich taten sie das, um sich gemeinsam gegen die schnelleren und militärisch überlegenen Reiter verteidigen zu können.

Pferde gleich Reichtum

Pferde bedeuteten also einen kostbaren Besitz. Wer in der Lage war, sie zu züchten und zum Reiten abzurichten, war anderen gegenüber deutlich im Vorteil. Damit schuf das Pferd Unterschiede zwischen den Menschen, die oft Neid und Streitigkeiten zur Folge hatten.

Die Menschen früher fingen ihre Pferde in der Steppe

Pferde als Kultobjekte

Der Hengst von Dereiwka war nicht das einzige Pferd, das im Verlauf der Geschichte eine Rolle in der Religion der Menschen spielte.

Schon die ersten Felszeichnungen, auf denen Pferde abgebildet wurden, dürften kultischen Zwekken gedient haben. Der Schamanenpriester zeichnete sie an die Höhlenwände, um die Geister der Pferde zu bannen. Damit hoffte er, den Jägern zu mehr Beute zu verhelfen, aber auch, die Kraft und Schnelligkeit des Pferdes auf sie zu übertragen.

Später, als Pferdehaltung, Reiten und Fahren zur Selbstverständlichkeit geworden waren, konnte man sich nicht vorstellen, daß die Götter ohne Pferde zurechtkämen. Wenn die Sonne über den Himmel wanderte, so mußte sie von Pferden gezogen werden. Die Germanen stellten sich dazu zwei Schimmel vor, gefahren von der Sonnengöttin Sol. Die Griechen meinten, der Sonnengott ziehe das Gestirn mit einem Streitwagen über das Firmament.

Stürmte es, so nahmen die Isländer an, die Götter unternähmen einen wilden Ausritt mit donnernden Hufen. Im bewegten, schäumenden Meer sah man die Mähnen unzähliger dahinjagender Pferde.

Besonders Reitervölker statteten jeden ihrer wichtigen Götter mit einem eigenen, wundersamen Reitpferd aus. Bekannt ist zum Beispiel der achtbeinige Hengst Sleipnir des germanischen Gottes Odin.

Manchmal hielten auch die Menschen Pferde zu Ehren der Götter. Dem Frühlingsgott Freir weihte man zum Beispiel heilige Haine, in denen nur Schimmel gehalten wurden. Diese Pferde hatten meist ein sehr gutes Leben, das dann aber leider gewaltsam endete. Zum Schluß wurden sie nämlich fast immer dem Gott geopfert. Egal, ob zur Segnung einer Eheschließung, zur Erlangung von Kriegsglück oder vor Antritt einer Schiffsreise – besonders bei unseren germanischen Vorfahren war die Opferung eines oder mehrerer Pferde Teil des Rituals.

Es war auch in vielen Ländern üblich, gefallenen Helden ihre Pferde mit ins Jenseits zu geben, glaubte man doch, sie könnten ihnen dort weiter als Reittiere dienen. Erst die Griechen brachen mit diesem Brauch. Statt die Pferde des Gefallenen zu töten, veranstalteten sie am Begräbnistag Kampfspiele zu Ehren der Götter und des Toten und teilten sein Streitwagengespann dem Sieger zu.

Frühe Könner im Sattel

Während sich in der Ukraine und Mongolei sehr früh die Reiterei durchsetzte, entwickelte sich im südlichen Europa und Ägypten eher das Fahren. Hier tauchte das domestizierte Pferd auch viel später auf. Als Zugtiere für Streitwagen werden Pferde um 2200 vor unserer Zeitrechnung zum ersten Mal erwähnt.

Als die Griechen und die Hethiter, ein Volk, das etwa von 1700 bis 1200 vor unserer Zeitrechnung in Kleinasien lebte, mit dem Reiten und Fahren begannen, gingen sie die Sache sehr systematisch an. Um 1400 entstanden die ersten Anleitungen zur Ausbildung von Pferden.

Zunächst griff dabei ein Mann namens Kikkuli zur Feder. Er lebte im 14. Jahrhundert vor der Zeitenwende im Mitannireich, einem Land, das Gebiete des heutigen Mesopotamien, Syrien und Israel umfaßte. In hethitischer Sprache verfaßte Kikkuli einen Bericht über Fütterung, Pflege, Haltung und Training von Streitwagenpferden. Man kann seine Ansichten dazu heute noch nachlesen. Der Text ist in moderne Sprachen übersetzt und enthält viele Anweisungen, die immer noch gelten.

Hier eine kleine Kostprobe aus Xenophons Buch:

»Tritt dem Pferd niemals im Zorn entgegen! Der Zorn ist etwas Unüberlegtes, und wir müssen es später oft bereuen, wenn wir ihm nachgegeben haben. Wenn ein Pferd vor etwas scheut, und nicht darauf zugehen will, muß man ihm zeigen, daß da nichts Furchtbares ist, schon gar nicht für ein so beherztes Pferd. Falls das jedoch mißlingt, berühre man selbst den Gegenstand, der ihm so furchtbar erscheint, und führe das Tier mit Güte hin. Wer es durch Schläge zwingen will, macht es nur noch scheuer.«

Das gilt auch für das Buch des Griechen Xenophon, der etwa 430 bis 355 Jahre vor unserer Zeitrechnung die erste Reitlehre verfaßte. Xenophon legte großen Wert darauf, die Pferde nicht als seelenlose Nutztiere zu betrachten. Er forderte die Leser seiner Schrift »Über die Reitkunst« nachdrücklich auf, sich in ihre Pferde hineinzudenken und Verständnis für ihr Wesen aufzubringen. Zwangsmaßnahmen lehnte der erste Reitlehrer der Geschichte ab, und er hatte auch schon herausgefunden, wie man ein Pferd reiten kann, ohne es zu überfordern und damit frühzeitigen Verschleiß zu riskieren. Seine Ausführungen über Versammlung und leichte Hilfengebung erinnern an die iberische Reitweise. Sie wurden wohl auch von iberischen Meistern der Reitkunst übernommen. Die Bewohner des heutigen Spanien, Portugal und Südfrankreich sollen ihre bis heute bewunderte Reitkunst schon lange vor der Zeitenwende entwickelt haben.

Pferde sind sensible und stolze Tiere

Die Pferde der Ritter

Solange es keine Autos und Traktoren gab, gehörten Pferde zu den kostbarsten Gütern, die ein Mensch besitzen konnte. Das Pferd half dem Bauern bei der Landarbeit und zog die Waren des Händlers zu seinen Kunden. Es trug den Soldaten in den Krieg und erhöhte seine Überlebenschance damit erheblich. Unzählige Pferde ließen ihr Leben in den meist unsinnigen Streitereien der Menschen, und nur wenige waren dabei durch eine Rüstung geschützt wie die Pferde der Ritter.

Wenn wir an den Kämpfer zu Pferde denken, so haben wir meist den Ritter in glänzender Rüstung vor Augen. Spannende und romantische Geschichten ranken sich um die Zweikämpfe der lanzenbewehrten Männer. In unserer Phantasie – und in einschlägigen Spielfilmen – spielen sie sich meist vor einer mittelalterlichen, prächtigen Burganlage ab, und in aller Regel geht es um die Gunst einer wunderschönen Frau.

Ganz so aufregend und romantisch wird das Mittelalter aber kaum gewesen sein. Das Leben auf der Burg, zwischen Liebesliedern und Ritterspielen war eher die Ausnahme. Die meisten Menschen des 12. bis 15. Jahrhunderts führten ein eher schweres und arbeitsreiches Dasein

So freundlich ging es zur Ritterzeit wohl nicht zu

Farbenprächtige Kostüme für Roß und Reiter

als Bauern und Handwerker. Streit, Kampf und Abenteuer suchten sie keineswegs, sondern sie sehnten sich nach einem ruhigen Leben. Wenn es aber doch zum Krieg kam, so waren Rüstung und Pferd alles andere als selbstverständlich. Das fing schon damit an, daß nur adlige Jungen im Alter zwischen 12 und 14 Jahren ihre »Schwertleite«, also die Erhebung in den Ritterstand feiern konnten. Der Ritterstand war erblich. Aber auch für die Adligen war der Erwerb von Rüstung und Schlachtroß oft eine Kostenfrage. Pferdezüchter und Rüstungsschmiede ließen sich gut bezahlen, und der Landadel mußte häufig sparen oder seinen Bauern deftige Steuererhöhungen zumuten, wenn er seine Söhne standesgemäß ausstatten wollte. Die Bauern ließen sich das nur gefallen, weil ein starker Ritter auf der Burg sie im Kriegsfall schützte. Frauen und Kinder zogen sich bei einem Angriff hinter die Burgmauern zurück, und die Männer stellten sich als Streitmacht hinter ihren Grafen oder Herzog. Als gemeine Soldaten zogen sie dabei zu Fuß in den Krieg – nur Ritter saßen auf dem Pferd und wurden damit zu den Begründern des deutschen Wortes »Reiter«.

Nur Hengste waren ritterwürdig

Bis ins Mittelalter hinein wurden überwiegend Kleinpferde als Reitpferde genutzt. Die Pferde des Südens standen im Typ des Arabers und Berbers, die des Nordens in dem des modernen Isländers oder Norwegers. Sowohl die einen wie die anderen waren robust, leichtfuttrig und arbeitswillig und wurden mit der Landarbeit sowie dem Tragen normalgewichtiger Menschen spielend fertig.

Das änderte sich, als die Krieger anfingen, sich mit schweren Eisenrüstungen gegen Pfeile und Lanzenstiche des Feindes zu wappnen. Auf einmal brauchte man größere und vor allem schwerere Pferde, die das Gewicht der Rüstungen tragen konnten. Schon die Rüstung des Pferdes, mit der Kopf und Hals, Flanken- und Kruppenregion geschützt wurden, wog einschließlich Sattel und Steigbügel bis zu 180 Pfund! Dazu kam der ähnlich schwer ausgestattete Ritter. Die Pferde der Ritterschaft mußten demnach die Kraft eines schweren Kaltbluts aufweisen – zudem sollte ihre Größe und Masse abschreckend wirken. Für große und starke Pferde wurde darum auch viel Geld bezahlt. In Deutschland bevorzugte man Pferde aus Jütland und Brabant, in England die Vorfahren des heutigen Shire-Horses und Clydesdales.

Meist bevorzugte der Ritter Hengste vor Stuten und Wallachen. Das war einmal eine Sache der Ehre, da ein Hengst einfach mehr hermachte. Zudem waren die männlichen Tiere eher bereit, sich kopflos und »feurig« in die Schlacht zu stürzen. Bei der Wahl der Mittel, sie dazu zu bringen, war der Ritter im übrigen nicht zimperlich. Zur Zeit des Mittelalters waren die Lehren des Xenophon längst vergessen …

Beherrschung des Pferdes
Was der mittelalterliche Ritter auf seinem Pferd anstellte, hatte mit Reitkunst nicht viel zu tun. Um geschmeidig mit in die Bewegung zu gehen und Schenkel- und Gewichtshilfen sinnvoll einzusetzen, war der Held einfach zu unbeweglich. Die Eisenteile seiner Rüstung – Harnisch, Halsberg, Schurz, Arm- und Beinschienen, Eisenschuhe und Kampfhandschuh – machten ihm sogar selbständiges Aufsteigen unmöglich. Dank der unflexiblen Beinschienen stand er mehr im Sattel als er saß, vorwärtstreibende Hilfen kannte er nur in Form von Sporenstichen. Dabei waren spitze Radsporen an der Tagesordnung.

Die Zügelführung des Ritters verlief einhändig, denn die rechte Hand wurde ja zum Führen der Lanze gebraucht. Dabei bearbeitete man die Pferdemäuler mit scharfen S-Kandaren. Alles zielte auf »Beherrschung« des Streithengstes durch pure Kraft.

Lancelots Unterwäsche
Das alles war weder für das Pferd noch für den Reiter sonderlich bequem. Das Pferd trug Maul- und Flankenverletzungen davon, aber dem Ritter mag es kaum besser gegangen sein. Die schwere Rüstung dürfte an den verschiedensten Teilen seines Körpers Druckstellen hinterlassen haben, so sehr er sich auch bemühte, sich durch wattierte Unterkleidung und daunengepolsterte Sättel dagegen zu schützen. Stellt man sich das einmal genauer vor, so verliert die Ritterromantik einiges an Reiz!

Aber bevor nun all unsere Ritter- und Burgfräulein-Träume der Vorstellung von Sir Lancelots langen Unterhosen und der Druckstellen im Maul seines Streithengstes weichen, machen wir lieber einen Sprung in ein pferdefreundlicheres Zeitalter. Unsere nächste Station ist die Zeit des Barocks, in der adlige Damen und Herren ihre Pferde tanzen ließen … .

Edle Streitrösser
Shire Horses

Gewaltige, dunkelbraune Tiere vor blankgewienerten, historischen Braureifahrzeugen – so kennen wir das Shire Horse, die größte Pferderasse der Welt. Tatsächlich wurden die gewaltigen englischen Kaltblüter noch vor knapp 100 Jahren schwerpunktmäßig als Fahrpferde eingesetzt, die selbstverständlich auch schwere Bierfässer transportierten. Einige Traditionsbrauereien halten auch heute noch Shire Horse-Gespanne und stellen sie zu Werbezwecken auf Schauen und Messen vor. Aber Zugarbeit ist bei weitem nicht alles, was ein Shire Horse leisten kann. Ursprünglich wurden die Pferde-Riesen zum Reiten gezüchtet.

Große Pferde machten Eindruck
Im Mittelalter gehörte England zu den Zentren der Ritterkultur. Noch heute erzählt man sich Geschichten um große Könige wie Artus und die Ritter seiner Tafelrunde.

Diese adligen Reiter galt es angemessen beritten zu machen, denn was ist schon ein Ritter ohne Roß?

	Shire Horse
Stockmaß	Ab 185 cm, oft über 2 Meter
Exterieur	Großrahmiges Kaltblutpferd, harmonisch gebaut, oft Ramskopf, hohe Aufrichtung, starker Kötenbehang
Farbe	Häufig braun mit großen, weißen Abzeichen und weißen Beinen, aber auch Schimmel und Rappen
Herkunft	Großbritannien
Wissenswertes	Das Shire Horse ist die größte Pferderasse der Welt. Sie wurde ursprünglich für die Reiterei der Ritter gezüchtet, ist aber eher als Bierwagenpferd für britische Traditionsbrauereien bekannt. Heute wird das Shire Horse von Liebhabern zum Reiten und Fahren gehalten. Man spricht seinen Namen übrigens nicht »Scheir«, sondern »Schah«

Es wurden kräftige Pferde gebraucht, die obendrein gefährlich und beeindruckend aussahen. Für möglichst große Tiere mit hoher Aufrichtung wurden die besten Preise bezahlt.

In ihrem Bemühen um das ideale Streitroß zogen britische Züchter Pferde, die zwar groß und schwer, aber harmonisch gebaut waren und bessere Reiteigenschaften aufwiesen als die meisten Kaltblüter des europäischen Festlandes. Sie wurden zu den Vorfahren der Rassen Shire Horse und Clydesdale.

Als Brauereipferde sind Shire Horses bekannt

Kraft und Schönheit

Nach dem Ende der Ritterzeit fand das Shire Horse hauptsächlich als Zugpferd Verwendung. Seine gewaltigen, raumgreifenden Bewegungen sind schließlich nicht sehr gut zu sitzen, und es entsprach auch nicht gerade dem Idealbild der britischen Oberschicht von einem Reit- und Jagdpferd. Seine Kraft und seine Ausstrahlung machten es jedoch zum Stolz eines jeden Fuhrbetriebes, und auch zum »Treideln« – dem Flußaufwärtsziehen von Frachtkähnen – wurde es häufig eingesetzt. Im 19. Jahrhundert fanden sich dann neue Aufgaben im Verkehrsbereich. Shire Horses zogen die ersten Busse und Straßenbahnen auf den britischen Inseln.

Wie den meisten anderen Kaltblutund auch den schweren Warmblutrassen drohte dann mit dem Aufkommen von Autos und Traktoren das Aussterben. Aber zum Glück wollten die Brauereien ihre traditionellen Bierwagenpferde erhalten. Heute werden Shire Horses von Liebhabern der Rasse gehalten und weitergezüchtet. Man sieht sie oft als Fahrpferde, aber auch wieder unter dem Sattel.

Hallo Kleiner!

Vielfalt

Übrigens gab und gibt es Shire-Horses nicht nur in dunkelbraun mit weißen Abzeichen, obwohl diese Farbe überwiegt. Sehr häufig finden sich auch repräsentative Rappen und sehr hübsche Schimmel. Auffällig bei allen Shire Horses ist der starke Kötenbehang. Außerdem bestechen die Riesen durch einen äußerst freundlichen Charakter.

Tänzer des Barocks

Mit der Erfindung der Feuerwaffen verlor der schwer gepanzerte Streiter zu Pferde allmählich seine Bedeutung. Das schwere, kaltblutähnliche Pferd wich damit wendigeren und leichttrittigeren Pferden. Dabei kam man schnell auf die Idee, diesen Pferden beizubringen, den Reiter im Kampf zu unterstützen. Sie sollten zum Beispiel auf Kommando steigen und um sich schlagen. Die Hilfen dazu mußten Reiter und Pferde aber zunächst lernen, und so entwickelten sich erste höfische Reitschulen.

Die bekannteste davon wurde 1532 in Neapel gegründet. Man arbeitete mit spanischen »Genetten«, das sind Nachfahren der berühmten iberischen Pferde und Vorfahren des heutigen Andalusiers, Lipizzaners und anderer »barocker« Rassen. Sie eigneten sich besonders gut für die Dressurausbildung, die zu Anfang übrigens mit sehr rohen Hilfen arbeitete. Zwang und Brutalität gehörten an der Neapolitanischen Reitschule zur Tagesordnung, aber je mehr Reiten zur Mode wurde und je mehr Menschen Interesse an Pferden entwickelten, desto schneller änderte sich das. Im Laufe des 16. Jahrhunderts wurde die Dressur immer mehr zum Selbstzweck. Der Adel Europas fand Gefallen an den präzisen Bewegungen der Pferde in den Dressurlektionen. Besonders die Schulen über der Erde – Levade, Capriole, Courbette und andere – waren ja nicht nur nützlich im Kampf zu Pferde, sondern sahen vor allem toll aus. Damit wurden die Reitschulen zu Treffpunkten der jungen Adligen. Reitmeister wie Antoine de Pluvinel entdeckten die sanfteren Ausbildungsmethoden und Reitweisen Xenophons neu. Man wollte sich nicht mit dem Pferd streiten, sondern seine natürliche Anmut und Arbeitsfreude erhalten. François Robichon de la Guérinière, Reitlehrer des französischen Königs, schrieb 1733 ein bahnbrechendes Werk über die Reitkunst, das bis heute Grundlage jeder dressurmäßigen Pferdeausbildung ist oder zumindest sein sollte.

Wer träumt nicht von solchen Kostümen!

Reiten mit Freude und Verstand

Auch Frauen fanden jetzt Zugang zu den Reitschulen. Endlich wurde nicht mehr mit roher Kraft, sondern mit Technik und Verstand geritten, und darin standen sie den Männern wirklich nicht nach! Die adligen Damen, von Dienstboten umsorgt und von Langeweile geplagt, dürften großen Anteil an der Entstehung eines neuen Freizeitvergnügens der Barock-Zeit gehabt haben – dem Schau- und Quadrillereiten.

Pferdekarussels

Was man gelernt hat, will man auch zeigen. Die Dressurreiter des Barocks dachten sich deshalb Möglichkeiten aus, ihre wohlausgebildeten Pferde einem Publikum vorzuführen. Bald gab es an keinem Fürstenhof Europas mehr ein Fest ohne Reitvorführung. Dazu kleideten sich Damen und Herren in aufwendige, bunte Kostüme, die Pferde wurden mit edlem Sattelzeug geschmückt. An großen Höfen nahmen manchmal hundert und mehr Reiter an den Vorführungen teil. Besonders prunkvoll gestalteten sich die »Pferdekarussels«, kunstvoll ausgedachte Quadrillen, die einem Formationstanz zu Pferde glichen. Einen kleinen Eindruck davon vermitteln uns heute noch die Vorführun-

Ein Friese in der Levade

Piaffe – Das Pferd tritt auf der Stelle

gen der Spanischen Hofreitschule und des französischen Cadre Noir. Sie zeigen die im Barock entwickelten Figuren und Schulsprünge zu passender Musik, aber die prächtigen Kostüme der Männer und Reitkleider der Frauen muß man sich dazudenken.

Reithallen

In der Anfangszeit der Dressurreiterei war das Reitviereck kleiner als heutzutage. Man ritt die Pferde langsam und stark versammelt, die Genetten waren kürzer und kompakter als das moderne Warmblut. Mit dem Aufkommen des Quadrillereitens wurden allerdings größere Plätze gebraucht. Außerdem wünschten die adligen Schaureiter sich überdachte Plätze, denn im Regen wirkt das schönste Kostüm nicht. Also entstanden die ersten, großen Reithallen. Ein besonders schönes Beispiel dafür ist die Reitbahn der Spanischen Hofreitschule in Wien.

Der Cadre Noir

Cadre Noir bedeutet auf französisch »Schwarzer Kader«. Der Name bezieht sich auf die schwarzen Uniformen, die die Mitglieder dieser berühmten Reitergruppe tragen.

Der Cadre Noir wurde 1814 in Saumur gegründet, und zunächst ging es dabei wie damals üblich um die Ausbildung von Reitern und Pferden für das Militär. Aus diesem Grunde zog man die besten Reiter des Landes zusammen, damit sie ihre eigene Reitkunst vervollkommnen und junge Reiter und Pferde ausbilden konnten. Auch heute noch treffen sich die Meister der französischen Reitkunst zu diesem Zweck. Meist arbeiten etwa 25 Mitglieder des Cadre Noir in Saumur, zwei bis drei werden jährlich ausgewechselt. Neben ihrer Ausbildungsarbeit zeigen sie auf großangelegten Showveranstaltungen ihr Können, die denen der anderen großen Ausbildungsinstitute vergleichbar sind. Der Cadre Noir arbeitet jedoch nicht mit typischen Barock-Pferden, sondern mit französischen Warmblütern.

Stars der Hofreitschule
Lipizzaner

Im Grunde kann man jedes Pferd so ausbilden, wie die Adligen des Barock es sich wünschten. Bei entsprechendem Training können alle Pferde an leichter Hand versammelt geritten werden. Manche Pferderassen bringen aber mehr Begabung für die Klassische Reitkunst mit als andere. Deshalb bevorzugten die Reiter der Europäischen Fürstenhöfe von vornherein iberische Pferde, denn in Spanien und Südfrankreich hatte ihre Reitweise eine lange Tradition.

Nur wenige Zeit später begann man aber auch im übrigen Europa, geeignete Pferde für die höfische Reiterei zu züchten. Im Zuge dieser Bewegung entstand 1580 schließlich das Hofgestüt Lipica bei Triest, das heute zu Slowenien, damals zum österreichischen Kaiserreich gehörte.

In Lipica kreuzte man die alte Karster Landrasse mit spanischen und neapolitanischen Pferden, um repräsentative Tiere für die Fürstenhöfe zu erhalten. Schimmel wurden dabei stets bevorzugt, und so entwickelte sich schließlich eine Rasse, in der fast nur weiße Pferde vorkommen. Man nannte die eleganten, mittelgroßen Pferde nach ihrer Zuchtstätte Lipizzaner.

	Lipizzaner
Stockmaß	150–155 cm
Exterieur	Kompakter Bau, hohe Aufrichtung, oft Ramskopf
Farbe	Fast ausschließlich Schimmel
Herkunft	Slowenien, Gestüt Lipica; Österreich, Bundesgestüt Piber
Wissenswertes	Lipizzaner sind außerordentlich begabte Dressurpferde. Sie wurden speziell für die Klassische Reitkunst gezüchtet und sind durch die Spanische Hofreitschule in Wien weltbekannt

Alle Lipizzaner kommen dunkel zur Welt

Berühmte Hengstlinien

Lipizzaner werden bis heute in sechs Stammlinien gezüchtet, die die Namen berühmter Hengste aus dem 18. Jahrhundert tragen: Pluto, Conversano, Maestoso, Favory, Neapolitano und Siglavy. Dabei war Siglavy der einzige Hengst von nicht-spanischer Abstammung. Bei ihm handelte es sich um einen 1816 importierten Araberhengst, und seine Nachkommen sind allgemein etwas leichter gebaut als die der anderen Linien. Zu welcher Hengstlinie ein männliches Fohlen gehört, erkennt man übrigens schon an seinem Namen. Lipizzaner erhalten den Namen ihres Vaters als »Vornamen« und den der Mutter als »Zweitnamen«. So heißen sie dann zum Beispiel: Neapolitano Deflorata oder Favory Blanca.

Nachzucht für die Hofreitschule
Weltweite Berühmtheit erlangte der Lipizzaner durch die Hofreitschule in Wien. Das österreichische Kaiserhaus setzte die weißen Hengste besonders gern für seine höfischen Reitvorführungen ein. Auch die bekannte Kaiserin Sissi besaß zwei Lipizzaner und ritt sie dressurmäßig, obwohl sie sonst eher für Jagdpferde schwärmte.

Heute kommt der Nachwuchs für die Hofreitschule aber nicht mehr aus Lipica, sondern aus dem österreichischen Bundesgestüt Piber. Die jungen Hengste werden mit drei bis vier Jahren nach Wien gebracht und dort auf ihre Begabung für die Hohe Schule getestet. Eignen sie sich nicht dafür, so werden sie verkauft. Geeignete Pferde durchlaufen in Wien eine sehr lange und sorgfältige Ausbildung. Da Lipizzaner zu den spätreifen Rassen gehören, werden sie erst mit etwa sieben Jahren zu ernsthafter Arbeit herangezogen. Nach dem Einsatz in der Hofreitschule kehren sie irgendwann als Deckhengste nach Piber zurück. Übrigens gibt es nicht nur weiße Hengste in der Hofreitschule. Grundsätzlich steht mindestens ein Rappe oder Brauner zwischen den Schimmeln.

Weiße Hengste und mehr
In der Hofreitschule in Wien finden ausschließlich Hengste Verwendung. Sie eignen sich besser als Stuten und Wallache für die klassische Dressurausbildung. Außerdem würde es viel Unruhe in den Stall bringen, wenn Stuten zwischen den Hengsten ständen. Solange die Pferde in der Dressurausbildung sind, sollen sie sich ausschließlich auf die Arbeit und nicht auf die Liebe konzentrieren. Lipizzanerstuten sieht man häufiger angespannt vor der Kutsche als unter dem Reiter. In Piber erhalten sie meist eine Ausbildung als Fahrpferde.

Im Umkreis von Lipica wurde der Lipizzaner auch stets als Arbeitspferd genutzt. Sein freundlicher Charakter und seine kräftige Statur machten ihn zum vielseitigen Helfer der örtlichen Landwirte.

Die Capriole, ein Sprung der Hohen Schule

Damen im Sattel

Verfolgen wir die Geschichte von Reitern und Pferden, so könnten wir zu der Ansicht kommen, es hätten immer nur Männer auf den stolzen Rössern gesessen. Das ist natürlich nicht wahr. Zu allen Zeiten haben sich auch Frauen mit Pferden beschäftigt. Zwar ritten sie nicht mit ihnen in den Krieg und fanden deshalb selten Erwähnung in Urkunden und Geschichtsbüchern. Aber selbstverständlich mußten sie mit den Fahr- und Arbeitspferden fertig werden, wenn ihre Männer auf Abenteuer auszogen. Und sie kamen hervorragend mit ihnen zurecht! Alte Reitmeister wie Peter Spohr rühmten sogar ausdrücklich die weibliche Hand für Pferde. Er erwähnt in einem Buch über schwierige Pferde, daß verdorbene Kavalleriepferde oft umgänglich und freundlich wurden, sobald Mädchen oder Frauen sich um sie kümmerten.

Bei allen Reitervölkern saßen die Mädchen ebenso selbstverständlich zu Pferde wie die Jungen. Sie mußten die Wanderungen der Stämme schließlich mitmachen, und das ging nur, wenn man sich mit Kind und Kegel auf eines der Pferde schwang.

Eleganz im Damensattel

Seßhafte Völker sahen ihre Frauen dagegen nicht gern im Sattel. Allzugroße Selbständigkeit der Damen war hier nicht erwünscht, und Pferde vergrößern bekanntlich den Aktionsradius und machen damit unabhängig. Das Reiten der Damen im Herrensitz wurde deshalb schon früh als »unzüchtig« verschrieen. Die Frauen mußten dazu schließlich die Beine spreizen, die Röcke rutschten hoch ... all das war noch zu Anfang unseres Jahrhunderts kaum mit der Schicklichkeit vereinbar. Wollte die Dame trotzdem mit auf den Ausritt, so ging das allenfalls im Seitsitz. Hier blieben die Beine züchtig geschlossen, und der Kavalier, dem die Schöne die Ehre ihrer Begleitung zukommen ließ, hatte sich stets auf der ihnen abgewandten Seite des Pferdes zu halten. Eine versehentliche Berührung der Damenbeine wäre ein grober Schnitzer gewesen!

Der Damensattel

Der Seitsattel soll im 12. Jahrhundert für eine böhmische Prinzessin namens Anna erfunden worden sein. Er bestand zunächst nur aus einem mit einer Lehne versehenen Reitkissen und einem Brettchen als Fußbank. Da man darauf recht unsicher saß, wurden den Frauen hauptsächlich töltende und paßgehende Pferde, die sogenannten »Zelter«, zugeteilt.

Auf die Dauer mochten die Frauen sich mit einer so unsicheren Sitzkonstruktion jedoch nicht abfinden. Spätestens zur Zeit des Barocks wollten die Reiterinnen nicht mehr »mitgenommen werden«, sondern elegante Pferde gekonnt vorstellen. Dazu benutzten sie einen Seitsattel, wie ihn Katharina von Medici im 16. Jahrhundert konstruiert hatte. Der »moderne« Sattel wies ein Horn auf, über das die Reiterin das rechte Bein legen konnte, während das linke Halt im Steigbügel fand. In diesem Sitz konnte sie auch gut geradeaus schauen, und wenn die Dame die Reitkunst beherrschte, sah all das sehr elegant und graziös aus.

Sportlich orientierte Reiterinnen kannten nun auch kein Halten mehr. Der neue Sitz ermöglichte Galopp und Trab, und beherzte Frauen wagten sogar mehr oder weniger hohe

Sprünge. Die bekannteste Reiterin im Damensattel war die österreichische Kaiserin Sissi, die damit schwerste Jagden in England und Irland bestritt. Ihre enormen Ausgaben für Jagd Pferde belasteten die Staatskasse in hohem Maße und sorgten mitunter für Unzufriedenheit im Volk. Jagdreiten im Damensattel war natürlich sehr gefährlich, denn bei einem Sturz konnte man leicht im Steigbügel hängen bleiben. Besonders viele Unfälle gab es, wenn eine Reiterin mit Pferd zu Fall kam. Ein rechtzeitiges Lösen aus den teilweise sehr komplizierten Horn- und Sitzkonstruktionen war kaum möglich.

Viele Frauen lehnten den »züchtigen Sitz« auf dem unsicheren Sattel denn auch ab. Besonders Damen von etwas zweifelhaftem Ruf und frühe Frauenrechtlerinnen zogen den Herrensattel vor.

Träume aus vergangenen Zeiten

Heute erfährt der Damensattel in Freizeitreiterkreisen eine kleine Renaissance. Viele Reiterinnen, die der Klassischen Dressur frönen oder Gangpferde besonders effektvoll vorstellen möchten, schaffen sich alte Damensättel oder Nachbauten an und nähen oder kaufen sich die dazu passenden Kostüme. Besonders in England gibt es ganze Reitclubs, die die Tradition des Reitens im Seitsattel fördern und den entsprechenden Reitstil unterrichten. Das Reiten im Damensattel ist im übrigen nicht halb so schwer zu erlernen, wie es aussieht. Seine Hörner ermöglichen einen sehr festen Sitz und die veränderte Hilfengebung begreift eine einigermaßen routinierte Reiterin schnell. Auch das Pferd lernt im allgemeinen schnell, seine Reiterin im Seitsitz zu tragen. Man sollte allerdings ein ruhiges und voll ausgebildetes Pferd wählen, das sich mit der neuen Situation leichter abfindet.

Kompliziert gestaltet sich für die moderne, an Selbständigkeit gewöhnte Reiterin eher das Aufsteigen: ohne die helfende Hand eines Mannes ist es schwierig und sieht ganz und gar nicht graziös aus!

Wunderschöne Kostüme gehören dazu

Es sieht schon ein bißchen gefährlich aus

Gespanne zum Staunen

Von jeher wurden Pferde nicht nur geritten, sondern auch vor den Wagen gespannt. Viele Völker kannten das Pferd jahrhundertelang nur als Wagenpferd. Andere nutzten Pferde als Zugtiere, bevor sie überhaupt das Rad kannten. Bei den Indianern wurden die Pferde zum Beispiel vor Schleppen gespannt. Die Squaws beluden sie mit ihrem Hausrat und ihren Zelten aus Büffelfellen, setzten meist noch ein Kleinkind auf die Ladung und führten das Zugpferd mit ihrer Habe durch die Prärie. So wurden die Wanderungen der Stämme ohne Wagen und Straßen möglich. Auch schlittenartige Konstruktionen zum Gütertransport waren bei vielen Völkern in Gebrauch.

Krieg und Frieden

Ein Pferd im Geschirr zieht mehr, als es tragen kann, und zudem kann mit der Anspannung von zwei oder mehr Pferden die Kraft der Tiere gekoppelt werden. Für Landwirtschaft und Handel betreibende Völker waren Zugpferde deshalb lebenswichtig. Nur Nomadenvölker, die mit wenig Gepäck reisten, kamen allein mit Reitpferden aus.

Für uns ist es kaum noch vorstellbar, wie sehr das Zugpferd noch vor hundert Jahren das Leben der Menschen bestimmte. Die Arbeit der Gespanne hatte zum Beispiel Einfluß auf die Entstehung von Ortschaften. Führte ein häufig genutzter Fuhrweg über einen Berg, so mußte davor ein Rasthaus entstehen, damit die Pferde sich vor der Anstrengung ausruhen konnten. Dort siedelten sich auch Fuhrleute an, die Pferde zum Vorspannen vermieteten. Dazu wurden zwei Leihpferde zusätzlich vor einen sonst zweispännig gefahrenen Wagen gespannt und halfen, ihn den Berg hochzuziehen. Oben wurden sie wieder ausgespannt und der Fuhrmann verabschiedete sich. Natürlich war das Leben an einem solchen Rastplatz auch günstig für das Geschäft eines Schmiedes,

Hübsch geschmückt

Ein Paßgespann – Beide Pferde sehen sich ganz ähnlich

eines Gastwirts und eines Gemischtwarenhändlers, und auf die Dauer siedelten sich immer mehr Familien dort an. Auf dem Lande bestehen viele der so gewachsenen Dörfer bis heute.

Aber das Fahren mit Pferden beschränkte sich nicht auf den Einsatz im Frieden. Insbesondere die Griechen und Ägypter setzten schon im Altertum Streitwagen gegen ihre Gegner ein. Dazu wurden zwei bis vier hochblütige Pferde gemeinsam vor einen sehr leichten Wagen gespannt und zogen Krieger und Wagenlenker in die Schlacht. Natürlich fuhr man dazu nicht gerade langsam, und die Pferde dürften einander zu rasenden Galoppaden angestachelt haben. Um sie trotzdem zu kontrollieren, brauchten die Lenker schärfste Zäumungen und betätigten sie mit harter Hand.

Bei den Römern wurde dann schon häufiger geritten, und das »Nachfolgegerät« des Streitwagens diente mehr sportlichen Zwecken und der Repräsentation bei Triumphmärschen. Wagenrennen waren bei den römischen Zirkusspielen eine der Hauptattraktionen. Man fuhr vier schnelle Pferde vor einem Streitwagen und war dabei nicht zimperlich. Rüde Schlägereien der Wagenlenker, Karambolagen und tödliche Unfälle gehörten zum Alltag. Schließlich ging es, genau wie bei heutigen Autorennen, um viel Geld! Das Volk wettete auf die Gespanne, und die Fahrer strichen bei Siegen hohe Summen ein. Die Besitzer der Rennställe verdienten meist nicht so viel. Es war eher Prestigesache für reiche Bürger und Senatoren, einen Rennstall zu unterhalten.

Arbeit und Show

Während Bauern und Handwerker ihre Fahrpferde für die tägliche Arbeit brauchten und sie höchstens sonntags zu einer Ausfahrt nutzten, hielten reiche Leute sich zu allen Zeiten Prunkgespanne. Mitunter gab es ein ganzes Heer von Pferdepflegern und Kutschern, die nichts anderes zu tun hatten, als Pferde und Kutschen für die Ausfahrt des Herrn oder der Dame des Hauses bereit zu halten. Pflegeanweisungen für Kutsche und Geschirr füllten noch im vorigen Jahrhundert ganze Bücher. Alles sollte glänzen und blitzen, wenn man sich in der Öffentlichkeit zeigte.

Natürlich hielt sich die Oberschicht keine schweren Arbeitspferde. Vor ihre Kutschen wurden leichte, elegante Warmblüter gespannt. Dabei bevorzugte man selbstverständlich Paßgespanne, also zwei, vier oder mehr Tiere, die sich möglichst ähnlich sahen. Angespannt wurden sie meist mit Sielen- oder Brustblattgeschirren, da sie nur vor leichten Wagen auf gut befahrbaren Straßen eingesetzt wurden. Arbeitspferde trugen dagegen ein Kumtgeschirr, das eine größere und günstigere Auflagefläche hat, und sich deshalb für schwereren Zug eignet.

Besonders bei den nervösen und hochblütigen Warmblutgespannen gehörten Scheuklappen zur unerläßlichen Ausstattung. Sie dienten vor allem dazu, den Pferden die Sicht auf die Fahrpeitsche zu nehmen. So konnte der Kutscher ein langsameres Pferd antreiben, ohne das andere zusätzlich nervös zu machen.

Eleganz um jeden Preis?

Andere Geschirrteile, die man oft bei den schicken Gespannen der Reichen fand, waren nicht so pferdefreundlich. So war zum Beispiel noch um die Jahrhundertwende der sogenannte Aufsatzzügel gebräuchlich, der das Pferd zwang, den Kopf unnatürlich hoch zu tragen. Die englische Buchautorin Anna Sewell schrieb in ihrem berühmten Buch »Black Beauty« mit viel Elan gegen diese Tierquälerei an. Sie erreichte damit die Ächtung und das Verbot der Zäumung zumindest in ihrem Heimatland.

Noch vor hundert Jahren gehörte Fahren zum Alltag

Vor der Erfindung des Rades spannte man Pferde vor schlittenähnliche Konstruktionen

In Traber- und Gangpferdekreisen ist der Aufsatzzügel (heute »Over-Check« genannt) aber nach wie vor verbreitet. Man sieht ihn vor allem bei Trabrennen und bei Vorführungen des American Saddle Horses.

Tradition

Allen Schattenseiten zum Trotz – ein bißchen trauern wir Pferdefreunde der Zeit der Prunk- und Arbeitsgespanne doch noch nach. Ein kleiner Trost ist da, daß viele europäische Königshäuser heute noch edelste Kutschen und Gespanne unterhalten. Bei besonderen Anlässen können wir sie im Fernsehen bewundern. Die Bürger der holländischen Hauptstadt haben dieses Vergnügen übrigens regelmäßig: Die traumhaften Friesengespanne ihrer Königin werden täglich vor historischen Kutschen auf öffentlichen Straßen bewegt.

Imponierend und anhänglich

Friesen

Frieslands schwarze Perlen – So bezeichnen die Freunde des Friesenpferdes ihre Lieblinge. Die schweren, schwarzen Pferde mit ihrem üppigen Behang fallen auf, wo immer man sie sieht, egal, ob sie sich imposant vor der Kutsche oder elegant unter dem Reiter präsentieren.

Friesenpferde wurden früher entlang der gesamten Nordseeküste gezüchtet, in Nordfriesland (Dänemark), Ostfriesland (Deutschland) und der Provinz Friesland in Holland. Besonders im holländischen Landesteil wurde die friesische Kultur mit eigener Sprache und eigener Tracht gepflegt, und das Friesenpferd betrachtete man stets als wichtigen Bestandteil dieser Lebensart. In Holland liegt auch heute noch die züchterische Hochburg des Friesen. In Leeuwarden finden regelmäßig die zentralen Hengstkörungen und großen Friesen-Festivals statt, die jährlich Tausende von Besuchern anlocken.

	Friese
Stockmaß	160–165 cm
Exterieur	Schweres Warmblutpferd mit hoher Aufrichtung und viel Behang, hohe, ausdrucksstarke Bewegungen
Farbe	Ausschließlich Rappen
Herkunft	Friesland, u. a. Nordfriesland, Niederlande
Wissenswertes	Der Friese gehört zu den barocken Pferderassen. Allen Modeströmungen zum Trotz wurde er in Friesland bis heute rein erhalten und bietet seit über 100 Jahren ein sehr einheitliches Erscheinungsbild. Sowohl vor dem Wagen als auch unter dem Reiter einsetzbar, gute Dressurveranlagung

Pechschwarze Friesen

Barockpferde

Das Friesenpferd ist eine sehr alte Rasse. Ebenso wie der Lipizzaner entstand sie zur Zeit des Barocks, als repräsentative, dressurveranlagte Pferde mit viel Aufrichtung und hoher Aktion gefragt waren. Auch beim Friesen ist der damalige Einsatz spanischer Pferde in der Zucht mit Stuten aus der Region heute noch erkennbar. Inzwischen wird die Rasse aber seit über 100 Jahren völlig rein gezüchtet. Dabei achtet besonders der holländische Zuchtverband streng auf die Orientierung am alten Typ und bemüht sich, die alten Linien zu erhalten. Der Friese ist deshalb in Farbe, Bau und Bewegungsablauf erstaunlich einheitlich. Während er früher in den verschiedensten Farben gezüchtet wurde, kommen heute nur noch Rappen ins Zuchtbuch. Schon ein weißer Fuß macht ein Fohlen in strengen Züchteraugen zuchtuntauglich.

Die Hengstkörungen in den Leeuwarden gehören übrigens zu den strengsten der Welt. Nur etwa zwei von 150 Hengstanwärtern pro Jahr können vor den Augen der Richter bestehen und erweisen sich den Anforderungen der folgenden Reit- und Zugprüfungen gewachsen. Während ihres ganzen Lebens als Hengst müssen sie dann jährlich auf Neue vorgestellt werden, und wenn ihre Fohlen den Idealvorstellungen der Zuchtkommission nicht entsprechen, werden sie schnell wieder »abgekört«.

Nur diesem rigorosen Festhalten an Traditionen ist es zu verdanken, daß der Friese im Verlauf des 19. und 20. Jahrhunderts nicht mit Vollblütern gekreuzt und »veredelt« wurde, wie viele andere Warmblutrassen. Sehr lange war der Typ des Barockpferdes mit seinen hohen, aber wenig raumgreifenden Bewegungen im Sport nämlich nicht erwünscht. Noch heute halten viele Menschen den Friesen für ein Kaltblutpferd, das zum Reiten weniger geeignet ist. Er gehört aber zu den Warmblutrassen.

Ideale Freizeitpferde

Während turnierorientierte Dressurreiter nach wie vor andere Warmblutrassen bevorzugten, wurde der Friese Mitte des 20. Jahrhunderts besonders als Freizeit- und Familienpferd wiederentdeckt. Überall in Friesland entstanden Fahrklubs, in denen man den Umgang mit dem Traditionsroß erlernen konnte, und auch als Reitpferde kamen die schwarzen Perlen zu neuen Ehren. Im Zuge der Freizeitreiterbewegung kam neues Interesse am Klassischen Dressurreiten auf. Hervorragend gerittene Friesen erschienen auf Schauen und Messen, und plötzlich konnten die Züchter die Nachfrage aus dem In- und Ausland kaum noch befriedigen.

Freunde des Friesen als Freizeitpferd schätzen nicht nur seine Schönheit und Dressurveranlagung, sondern auch sein gelassenes, angenehmes Temperament und seine Sensibilität. Die großen Schwarzen finden schnell eine enge Beziehung zu »ihrem Menschen« und freuen sich über Familienanschluß.

Großvaters Pferde

»Mein Vater liebte seine Pferde. Die wurden immer schön geputzt und gestriegelt, und jeden Abend, bevor er ins Bett ging, guckte er nochmal in den Stall, ob alles in Ordnung ist.«

Viele Großmütter und -väter können heute noch so von ihrer Kindheit auf dem Land erzählen. Ohne die schweren Warmblüter oder Kaltblutpferde ging schließlich nichts auf dem Bauernhof. Die Pferde arbeiteten auf den Feldern, brachten die Ernte herein, und sonntags machte der Bauer sie fein und spannte sie vor die Kutsche. Dann zogen sie die Familie zur Kirche, bevor die Sonntagsruhe auf der Weide begann.

Ein schweres, aber gutes Leben

Die Pferde der meisten Bauern hatten sicher ein angenehmeres Leben als die feinen Kutschpferde in der Stadt. Natürlich mußten sie schwer arbeiten, aber wenn das Tagewerk getan war, trieb man sie oft durch die Pferdeschwemme, um den Schweiß abzuwaschen und ließ sie dann auf die Weide. Bewegungsmangel und Langeweile, die beiden großen Probleme moderner Reitpferde, kannten sie sicher nicht.

Kaltblutpferd vor der Egge

Schwere und leichte Pferde

Je nachdem, ob er mit schwerem oder leichtem Boden zu tun hatte, bevorzugte der Landwirt kräftige Warmblüter oder Kaltblüter, kleinere oder größere Pferde. In verschiedenen Regionen entstanden so spezielle Arbeitspferderassen, die alle vom Aussterben bedroht waren, als der Siegeszug des Traktors einsetzte. Aber auch Pferderassen, die wir heute nur noch als Reitpferde kennen, fanden noch vor fünfzig oder sechzig Jahren Verwendung in der Landwirtschaft. Die Pferde meines Urgroßvaters stammten zum Beispiel von Trakehner Pferden ab.

Kleine Pause

Ein Job für die Dicken

»Und vorwärts!« Ein kurzer Ruf tönt durch den Wald und das schwere Kaltblutpferd setzt sich in Bewegung. Es muß seine ganze Kraft einsetzen, um den langen Baumstamm vom Fleck zu bekommen, den man mit dikken Ketten an den Zugsträngen seines Kumtgeschirrs befestigt hat. Jetzt endlich bewegt sich der Stamm. »Und nach rechts!« ruft der Leinenführer. Der Holzstamm darf sich nirgendwo verkanten, wenn er zwischen den Bäumen bewegt wird. Das Pferd wendet seinem Herrn aufmerksam die Ohren zu und schwenkt nach rechts ab. Es braucht dazu keine weiteren Hilfen. Als erstklassig ausgebildetes Rückepferd hat es gelernt, nur auf Stimmkommandos zu reagieren.

Holzrücken ist Präzisionsarbeit

Waldarbeit mit Pferden – noch vor wenigen Jahren galt das als ebenso veraltet wie Ackerbau mit Gespannen. Wie bei jeder anderen Arbeit waren die »Pferdestärken« auch bei der Holzgewinnung durch Motorkraft ersetzt worden. Die schweren Kaltblutrassen, die man früher extra für die Rückearbeit hielt und züchtete, waren vom Aussterben bedroht.

Doch dann stellte sich heraus, daß der Wald den Einsatz von Motorfahrzeugen übelnahm! Ein Traktor im Wald fährt dicke Spuren in den weichen, empfindlichen Boden und beschädigt damit die Wurzeln der Bäume. Vorsichtiges Umfahren der anderen Bäume, um einen gefällten Baum abzuholen, ist kaum möglich, und wenn es doch klappt, so schlägt der Stamm beim Wegziehen oft an andere Bäume und verletzt sie.

Anders ausgedrückt: Mit Maschinen funktioniert eigentlich nur Kahlschlag, und dagegen liefen Umweltschützer mit Recht Sturm.

Links oder rechts?

Umweltfreundliche Waldarbeit

In den letzten Jahren besinnt man sich bei der Waldarbeit folglich wieder auf die »Dicken«, die schweren Kaltblutrassen. Mit ihnen ist es möglich, auch Einzelstämme abzutransportieren, ohne die Umgebung des gefällten Baums wesentlich zu beeinflussen. Brave, gut ausgebildete Rückepferde sind wendig und umsichtig im Wald. Ihre Hufe hinterlassen keine häßlichen Spuren im Waldboden, und nicht einmal das Wild wird langfristig verscheucht, denn es betrachtet die Pferde nicht als Feinde.

Heute werden an vielen Orten wieder Kaltblüter als Rückepferde gehalten und gezüchtet. Mitunter arbeiten die Pferde den meisten Teil des Jahres im Tourismusbereich, indem sie Planwagen, Kutschen oder Schlitten ziehen, und werden nur saisonweise im Wald eingesetzt. Auf jeden Fall schafft die Besinnung auf umweltfreundliche Waldarbeit neue »Arbeitsplätze« für die freundlichen Dicken und erhält uns damit viele Kaltblutrassen, die fast schon verloren geglaubt waren.

Gutmütige Riesen

Belgische Kaltblüter

Viele alte Pferdeleute sprechen niemals vom »Kaltblut«, wenn sie über die schweren Arbeitspferde ihrer Jugend erzählen. Die starken Pferde heißen bei ihnen schlicht »Belgier«, egal ob sie im Rheinland, in Niedersachsen oder wirklich im Nachbarland Belgien gezogen wurden. Tatsächlich gibt es kaum eine Kaltblutrasse, in die niemals Belgier eingekreuzt wurden. Als die Arbeitskraft der Kolosse auf vier Beinen noch gefragt war, galten Belgische Kaltblüter nämlich als begehrte Vererber von Kraft und einem freundlichem Charakter.

Belgier gehören zu den größeren Kaltblutrassen. Sie erreichen oft ein Stockmaß von 170 cm und ein Gewicht von 800 bis 1000 Kilo! Dabei präsentieren sie sich keineswegs temperamentlos. Die meisten Belgier haben schwungvolle Gänge und zeigen sich sehr arbeitswillig. Wie alle anderen Pferde brauchen auch sie regelmäßige Bewegung, um nicht übermütig zu werden. Heute gibt es aber kaum noch Aufgaben, die ein solches Muskelpaket auslasten. Selbst Planwagenfahrten und Rückearbeiten lassen sich ebensogut mit kleineren und leichteren Kaltblutrassen erledigen, und auch als Freizeitpferd haben die Riesen keine Zukunft. Wer möchte schon ein Familienpferd mit eimergroßen Hufen und einem Appetit, der die Heuvorräte nur so hinschmelzen läßt?

Belgisches Kaltblut

Stockmaß	165–175 cm
Exterieur	Mächtiger Kaltblüter mit meist kleinem Kopf und kurzen, starken Beinen, sehr gut bemuskelt
Farbe	Meist Rotschimmel, Falben und Rotfalben
Herkunft	Belgien, Flandern
Wissenswertes	Der Belgier, auch Brabanter genannt, war noch vor 100 Jahren ein in ganz Europa beliebtes Arbeitspferd. Fast jede Kaltblutrasse wurde von ihm beeinflußt. Heute gibt es für das extrem schwere Pferd wenig Einsatzmöglichkeiten

Belgier als Fischereipferd

Wechselvolle Geschichte

Noch vor 100 Jahren sah das anders aus. Da machten sich die belgischen Rotschimmel, Falben und Rotfalben zum Beispiel als Zugpferde für Omnibusse und Straßenbahnen in ganz Europa beliebt. Sie wurden sogar nach Amerika und Kanada exportiert.

Heute dagegen führt man die freundlichen Dicken in Belgien und Frankreich oft einer traurigen Verwendung zu: Die meisten von ihnen landen beim Schlachter. Diese »Hauptnutzungsart« klingt für uns Pferdeliebhaber hart, aber in vielen Ländern Europas hat der Verzehr von Pferdefleisch eine lange Tradition. Die Nachfrage ist da, ob wir es schön finden oder nicht, und es ist sicher besser, man ißt einheimische, speziell gezüchtete Schlachtpferde, als ausgediente Reitpferde, die auf Schlachttiertransporten durch halb Europa gekarrt wurden.

Spaß mit Belgiern

Richtige Jobs für die Kaltblüter finden sich ab und zu noch in den Freilichtmuseen ihres Ursprungslandes. Hier erhält man den Belgier als Bestandteil des nationalen Erbes, und setzt die Pferde vor Planwagen mit Museumsbesuchern sinnvoll ein.

Es ist ein echtes Erlebnis, eines der schweren Pferde mit wehender Mähne über eine Weide toben oder seine geballte Kraft im Geschirr einsetzen zu sehen. Auf Schauen und Messen erregen die Belgier daher immer wieder die Begeisterung des Publikums.

Lebhaft und hübsch

Schwarzwälder Füchse

Man hört das Klingeln der Schlittenglocken schon von weitem. Das muß auch so sein, denn ein Schlittengespann nähert sich ansonsten fast lautlos, und die Spaziergänger und Skilangläufer könnten erschrecken, wenn plötzlich die Pferdeköpfe neben ihnen auftauchten.

So aber gehen alle zur Seite und bleiben stehen, um die lebhaften Pferde vor dem Schlitten zu bestaunen: kleine, kräftige Kaltblutpferde mit dunkelrotbraunem Fell und langem, hellem Behang – Schwarzwälder Füchse.

Schwarzwälder Fuchs

Stockmaß	145–155 cm
Exterieur	Leichte Kaltblutrasse mit edlem, trockenem Kopf, kurzem Hals und Rücken, dabei kräftig und muskulös
Farbe	Füchse in allen Schattierungen, häufig Dunkelfüchse mit hellerem, oft weißem Behang
Herkunft	Deutschland, Schwarzwald
Wissenswertes	Schwarzwälder Füchse sind relativ kleine, freundliche Gebirgspferde, die auch nachdem das Kaltblut seine traditionelle Rolle als Arbeitpferd verloren hatte, schnell neue Aufgaben im Freizeit- und Tourismusbereich fanden

Genügsam und wendig

Schwarzwälder Füchse gehören zu den leichteren und beweglicheren Kaltblutrassen. Die Rasse entstand ursprünglich aus der Vermischung des Norikers mit bodenständigen Pferden der Schwarzwaldregion. Ihre Vertreter liegen in Größe und Kaliber etwa zwischen Haflinger und Noriker. Offensichtlich wurden die Pferde gezielt leichter gezüchtet als andere Kaltblutschläge, um die Wendigkeit bei der Waldarbeit und auf den schwierigen Saumwegen des Gebirges zu erhalten. Auch wird der Bergbauer genügsame Pferde, die im Sommer mit Weidegang und im Winter mit Heufütterung auskamen, schwerfuttrigen vorgezogen haben. Heute kommt das der Rasse sicher zugute. Zwar waren auch die Schwarzwälder Füchse kurzzeitig vom Aussterben bedroht, aber die Besitzer der letzten Hengste und Stuten konnten leicht zur Weiterzucht motiviert werden.

Schwarzwälder Füchse haben Zukunft!

Oft sieht man Schwarzwälder Füchse vor so schmucken Kutschen

Vielseitig einsetzbar

Neue Einsatzmöglichkeiten für die Schwarzwälder Füchse ließen sich ziemlich schnell finden. Für ein Kaltblut sind sie nämlich äußerst vielseitig: schick vor der Kutsche und im Winter vor dem Schlitten, kräftig und willig beim Holzrücken und nicht einmal zu schwer zum Reiten.

Besonders in ihrem Ursprungsland Baden-Württemberg sind die leichten Kaltblüter folglich häufig zu sehen. Und falls ihr mal als Besucher in den Schwarzwald kommt, solltet ihr euch die stilvolle Kutsch- oder Schlittenfahrt mit den traditionellen Arbeitspferden der Region auf keinen Fall entgehen lassen!

Lieblinge der Bergbauern

Freiberger

Wenn man den eleganten, meist hellbraunen Pferden ihre Kaltblutahnen ansieht, so allenfalls an ihren kräftigen Hälsen und ihrem lockigen, vollen Behang. Auch die ruhige, gelassene Ausstrahlung der Freiberger Pferde zeugt noch von ihrer Abstammung von reinen Arbeitspferden. Ansonsten ist die Umwandlung des Freibergers vom Arbeitspferd des Bergbauern zum vielseitig einsetzbaren Reit- und Fahrpferd voll gelungen. Der Schweizer Zuchtverband hat dazu keine Mühen und Kosten gescheut. Um den Bestand der Freiberger-Rasse zu sichern, wurde sie ein wenig leichter und rittiger gezüchtet, ohne ihre typische Ausstrahlung zu verlieren.

Der Freiberger ist im Schweizer Jura zu Hause, einer Gebirgslandschaft mit teilweise sehr steilen Hängen und Felsformationen. Der Bergbauer brauchte hier ein absolut zuverlässiges Pferd für die Arbeit an den oft schwierigen Hanglagen. Nicht zu schwer, unkompliziert und leistungswillig sollte es sein, dabei wendig und robust.

So entstand der Freiberger durch die Kreuzung bodenständiger Arbeitspferde mit Vertretern anderer Warmblut- und Kaltblutrassen. Die Gebirgsrasse wurde so erfolgreich, daß schnell auch die Armee auf sie aufmerksam wurde. Schweizer Kavalleristen patrouillierten in den unwegsamen Bergen stets auf Freibergern, und auch heute noch bestehen kleine Einheiten, die diese Pferde zu Spezialaufgaben im Gebirge einsetzen.

Vorsichtige Veredelung
Die Zucht des Freibergers wird staatlich stark gefördert. Der Zuchtverband ist sehr daran interessiert, dem bäuerlichen Züchter Absatzmärkte für seine Fohlen zu erhalten und neu zu schaffen. Dazu lenkt man die Zucht durch die Aufstellung sorgfältig ausgewählter Deckhengste im Eidgenössischen Gestüt Avanches, die dann

Heute ähnelt der Freiberger mehr dem Warmblut

Flott beim Wagenrennen

	Freiberger
Stockmaß	Ab 150 cm
Exterieur	Kräftiges Pferd mit geradem Kopf und trockenen Gliedmaßen
Farbe	Braune und Füchse, oft mit weißen Abzeichen
Herkunft	Schweizer Jura
Wissens-wertes	Der Freiberger hat sich vom einst mittelschweren Arbeitspferd zum leichteren Freizeitreit- und -fahrpferd gewandelt. Er ist von angenehmem, ausgeglichenem, Charakter und dank seiner Trittsicherheit besonders ideal zum Reiten im Gelände

auf die Deckstellen im ganzen Land verteilt werden. In den letzten Jahren wurde der Freiberger mit Hilfe von Einkreuzungen etwas leichter gezüchtet: weg vom Arbeitspferd, hin zum Reitpferd. Dazu stellte der Zuchtverband schwedische Warmbluthengste und Trakehner zur Verfügung.

Freizeit- und Familienpferde

Seine Trittsicherheit und sein guter Charakter machen den Freiberger besonders für Freizeit- und Wanderreiter interessant. Auch viele Fahrer finden Freude an dem mittelgroßen, ansehnlichen Pferd. Da Freiberger von recht einheitlichem Aussehen sind, meist Füchse oder Braune in verschiedenen Schattierungen, ist es für Fahrbegeisterte einfach, Paßgespanne zusammenzustellen.

Freiberger sind inzwischen auf vielen Schauen und Pferdemessen zu sehen, oft erkennbar an einer etwas gewöhnungsbedürftigen Frisur: In der Schweiz ist es Tradition, ihnen die üppige Mähne für Schauen und Körungen fast vollständig abzurasieren!

Pferde in fröhlichen Farben

Noriker

Die Pferdeherde sieht aus, als hätten vergnügte Kinder zum Pinsel gegriffen und die gelassenen Kaltblüter mit Farbtupfen gesprenkelt. Schon die kleinsten Fohlen tragen braune oder schwarze Flecken zur Schau, und manche haben dazu noch schwarze »Mohrenköpfe«.

Genug Geduld, um als Leinwand zu dienen, hätten die freundlichen Noriker Pferde sicher aufgebracht, aber ihre Tupfen sind selbstverständlich nicht angemalt, sondern zieren ihr Fell von Natur aus. Die Stuten und Fohlen, die hier am Tegernsee die Hangweiden bevölkern, gehören zu einer Noriker-Farbzucht. Man versucht mit großem Erfolg, die fast ausgestorbenen Tigerscheck-Linien wiederzubeleben.

Bekannt seit der Römerzeit

Die getupften, mittelschweren Kaltblutpferde gehören zu einer sehr alten Rasse. Schon zur Zeit Karls des Großen wurden die kräftigen Arbeitspferde in Urkunden erwähnt. Sie haben ihren Namen von der römischen Provinz Norikum, dem heutigen Kärnten.

Bereits im Mittelalter war die enorme Arbeitskraft der Noriker an den gebirgigen Hängen Kärntens sehr geschätzt. Die dortigen Bauern züchteten einen schweren Landschlag für die harte, anspruchsvolle Zugleistung in den Tälern und einen leichteren für die Arbeit im Gebirge, die größere Wendigkeit und Trittsicherheit erforderte. Auch als Reitpferd wurde der Noriker genutzt. Die Ritter des Mittelalters mochten seine Kraft und sein angenehmes Temperament.

Zur Zeit des Barocks wurden dann Andalusier- und Neapolitanerhengste mit stolzen hübschen Norikerstuten gekreuzt, um repräsentative Reit- und Fahrpferde zu erhalten. Einige dieser Hengste brachten dabei die damals sehr beliebte Tigerscheckung mit in die Norikerzucht.

Die ersten Gestüte

Im 16. und 17. Jahrhundert nahmen die Erzbischöfe von Salzburg den Noriker unter ihren Schutz. Auf ihren Gütern brauchten sie ständig gute Pferde und fanden es preiswerter, sie zu züchten, als sie zu kaufen. Die hübschen Noriker gingen vor den Kutschen der Erzbischöfe oder wurden als Begleitpferde geritten. So wurden bereits 1575 die ersten Noriker-Gestüte im Land Salzburg gegründet. Seit 1688 wird die Rasse rein erhalten.

Im 19. Jahrhundert gingen die Gestüte in den Besitz des österreichischen Staates über, der die Noriker-Zucht bis heute fördert.

Bunt getupft ist halb gewonnen

	Noriker
Stockmaß	150–160 cm
Exterieur	Kräftiges Kaltblutpferd mit kurzem Hals und Doppelmähne, gespaltene Kruppe, trockene, starke Beine mit wenig Kötenbehang. Häufig Ramskopf, der auf die Andalusierahnen schließen läßt
Farbe	Oft Füchse mit hellem Langhaar oder Braune, zunehmend Tigerschecken und »Mohrenköpfe«
Herkunft	Österreich, Kärnten
Wissenswertes	Sehr alte Rasse, die in Österreich seit der Römerzeit gezüchtet wird. Der Noriker findet heute noch Verwendung in der Land- und Forstwirtschaft, wird aber auch als Freizeitpferd immer beliebter

Bis heute unentbehrlich

Natürlich blieb auch die Zucht des Norikers von der Mechanisierung in der Landwirtschaft nicht völlig unbeeinflußt. Auf den extrem steilen Hängen ihrer Heimat werden sie jedoch bis heute als Landarbeitspferde eingesetzt. Der Einsatz von Maschinen wäre hier aufwendiger und teurer als die Pferdekraft. Ebenso ist es in der Forstwirtschaft. Der österreichische Staat vergibt Prämien für die Anschaffung von Kaltblütern für umweltfreundliches Holzrücken, wovon der Noriker profitiert.

Aber auch die Freizeitreiterei hat die schweren Pferde aus den Bergen entdeckt. Die anspruchslosen und gutartigen Dicken mit ihrem für Kaltblüter außergewöhnlichen Galoppiervermögen finden zum Beispiel im Voltigiersport neue Aufgaben. Tigerschecken werden auch gern im Zirkus aufgenommen und erfreuen sich dort großer Beliebtheit bei kleinen und großen Zuschauern.

Sein Haupteinsatzgebiet hat der Noriker jedoch im modernen Fahrsport, sowohl bei Freizeit- als auch bei anspruchsvollen Turnierfahrern. Und selbstverständlich sind die schönen Kutschen und Schlitten, von denen aus die Kärntner gern Touristen ihre Heimat zeigen, oft mit den heimischen Norikern bespannt. Eine Kutschfahrt mit den hübschen Pferden ist immer ein ganz besonderer Spaß.

Pferde im Wilden Westen

Auf dem amerikanischen Kontinent war das Pferd kurz vor der Eiszeit ausgestorben. Es kam erst mit den spanischen Eroberern der »Neuen Welt« zurück. So nannte man damals Amerika, obwohl es für die Menschen, die dort bereits lebten, natürlich keineswegs »Neuland« war. Das Land hatte eine eigene Geschichte, eigene Traditionen und Kulturen.

Eroberern wie Hernando Cortez, der 1519 mit einem kleinen Heer und 16 Pferden in Mexiko landete, war das allerdings völlig gleichgültig. Offiziell wollte er den Bewohnern des Landes das Christentum bringen. Tatsächlich ging es aber mehr um Gold. Man vermutete sagenhafte Goldschätze im Besitz der Inka-Könige und Tempel und ließ nichts unversucht, ihrer habhaft zu werden. Dabei waren die Pferde ein Trumpf in den Händen der Eroberer. Zunächst flüchteten die Verteidiger nämlich panisch beim Anblick eines Reiters. Die Verschmelzung des Menschen mit dem unbekannten »Monster« konnte nur auf Zauberei beruhen!

Als die Inkas schließlich besiegt waren, prägte Cortez den Satz: »Nach Gott verdanken wir unseren Sieg zunächst den Pferden!«

Dabei zählten die Pferde – allen großen Worten zum Trotz – zu den Verlierern seines Feldzugs. Die meisten von ihnen starben bei den Gefechten, denn als die Inkas erst einmal erkannt hatten, daß die »Monstren« sterblich waren, griffen sie die Reiter tapfer an.

Wie die Indianer zu ihren Pferden kamen

Nach Cortez kamen noch viele Eroberer, aber auch friedliche Siedler aus Europa auf den neu entdeckten Kontinent. Sie alle brachten Pferde aus ihrer Heimat mit, und wie sich herausstellte, bot Amerika ideale Bedingungen für ihre Haltung.

Besonders in den Prärien des Westens gab es unendlich viel Gras und ein Klima, mit dem die Pferde gut zurecht kamen. Den Schutz des Menschen brauchten sie hier nicht, und so kehrten entlaufene Pferde nur selten wieder zu ihren Besitzern zurück. Neben den gewaltigen Büffelherden, die die Ebenen von jeher bevölkerten, streiften bald große Pferdeherden herum – und fanden schnell Freunde und Besitzer unter den Prärie-Indianern.

Geborene Reiterinnen und Reiter

Für die Kultur der Indianer-Stämme hatte das Auftauchen des Pferdes zum Teil weitreichende Bedeutung. Viele Stämme, zum Beispiel die Cheyenne und die Sioux, waren ursprünglich seßhaft und hatten Ackerbau betrieben. Nun wurden sie zu nomadisieren-

Für die Arbeit der Cowboys waren Pferde lebenswichtig

den Kriegern und Jägern. Dabei entwickelten die Indianer ein besonderes Geschick, mit Pferden umzugehen. Ihr Glaube lehrte sie, die Gaben der Götter behutsam zu behandeln, und ihre Naturverbundenheit ließ sie zu einer freundlichen und selbstverständlichen Beziehung zu ihren Pferden finden. So entwickelten sie zum Beispiel nie einen Sattel. Geritten wurde auf bloßem Pferderücken oder auf Dekken. Die Jungen und Mädchen wuchsen praktisch auf dem Pferd auf und gelangten so automatisch zu einem festen und sicheren Sitz. Auch die Zäumungen der Indianerponys waren leicht. Oft reichten Lederbändchen um den Hals oder den Unterkiefer der Pferde, um sie in jeder Situation zu kontrollieren.

Natürlich waren Pferde für die Indianer sehr wertvoll. Man betrachtete sie unter anderem als Handelsware. Wollte ein junger Mann heiraten, so mußte er der Familie der Squaw mehrere Pferde abtreten, die er durch Raub oder Jagd gewann. Der »Pferdeklau« bei verfeindeten Stämmen war ein beliebtes, aber gefährliches Spiel. Wer hier erfolgreich war, galt als großer Krieger, doch die jungen Indianer bezahlten ihre Raubzüge auch oft mit dem Leben.

Auf dem Treck

Indianer waren tollkühne Reiter

Pferde der Weißen

Das Pferd in Amerika verhalf den Ureinwohnern einerseits zu einem angenehmen Leben, aber andererseits erleichterte es den weißen Siedlern den Einfall in ihr Land.

Aus den eingeführten Pferden verschiedener Rassen formten sich langsam neue, den Bedingungen des neuen Landes besser angepaßte Typen. Die Siedler im Westen bevorzugten zum Beispiel Tiere, die dem »Stock-Typ« entsprachen: das sind kleine und drahtige Quadratpferde, geeignet für die Arbeit mit Rindern auf den großen Farmen. So entstanden allmählich die klassischen, amerikanischen Pferderassen, die heute, mit dem Siegeszug des Western-Riding, auch wieder auf dem Kontinent zu finden sind. In späteren Kapiteln dieses Buches wird von ihnen und den Westernreitern noch die Rede sein.

Gefährten der Indianer
Appaloosas

Die Vorfahren des Appaloosas kamen zusammen mit den spanischen Eroberern Südamerikas in die »Neue Welt«. Unter ihren Andalusiern fanden sich nämlich auch bunte Tigerschecken, die damals in ganz Europa sehr beliebt waren.

Auch die Ureinwohner des neuen Kontinents fanden sofort Gefallen an den schönen Pferden. So gingen den Spaniern immer mal wieder Tiere »verloren«. Zum Teil entliefen sie, zum Teil wurden sie aber auch gestohlen. Auf jeden Fall fanden sie irgendwie den Weg in die Prärie, denn unter den wilden Pferdeherden des amerikanischen Westens tauchten plötzlich Tigerschecken auf.

Ein Indianerstamm, die Nez-Percé, die am Fluß Palouse in Gebieten des heutigen Washington, Oregon und Idaho beheimatet waren, begeisterte sich besonders für diese auffallend gesprenkelten Pferde. Seine Mitglieder fingen sie gezielt ein und begannen, mit ihnen zu züchten.

Hohe Ansprüche

Pferdezucht war für die indianischen Jäger auf die Dauer günstiger und einfacher als das Einfangen der wilden Mustangs. Die bei ihnen geborenen Fohlen brauchten sie nicht erst noch zu zähmen, sondern konnten gleich mit ihrer Erziehung zum Reit- und Jagdpferd beginnen. Dabei verlangten sie sehr viel von ihren besten Pferden: Die Tiere sollten dem Menschen bedingungslos vertrauen, Wildtieren gegenüber furchtlos sein und sich nur durch Schenkel- und Gewichtshilfen lenken lassen. Zum Jagen mit Pfeil und Bogen mußte der Reiter schließlich beide Hände frei haben.

Die Nez-Percé waren bei der Abrichtung ihrer Pferde sehr erfolgreich. Erzählungen zufolge wurden die meisten Pferde völlig frei gehalten und kehrten auf bloßen Pfiff ihres Reiters aus dem Gelände zurück – wer träumt davon nicht?

	Appaloosa
Stockmaß	145–160 cm
Exterieur	Quadratpferd mit guter Bemuskelung und kleinem, edlem Kopf mit breiter Stirn
Farbe	Charakteristisch sind Tigerscheckung, »Krötenmaul« und Ringaugen, aber es gibt auch einfarbige Appaloosas
Herkunft	Amerika, Gebiet der Nez-Percé-Indianer im heutigen Washington, Oregon und Idaho
Wissenswertes	Der Appaloosa wurde von den Nez-Percé-Indianern am Fluß Palouse gezüchtet, bis der Stamm vertrieben wurde. Seit 1938 erneute, planmäßige Zucht in Amerika und später in aller Welt. Appaloosas sind freundliche, lernwillige Pferde, geeignet für die verschiedensten Disziplinen des Reitsports

Appaloosas sind oft wunderschön gezeichnet

»A Palouse«
Die weißen Siedler im Gebiet der Nez-Percé gaben den bunt gesprenkelten Indianerpferden schließlich einen Rassenamen. Ein Pferd vom Fluß Palouse war »A Palouse«, und daraus wurde schließlich der »Appaloosa«.

Die Indianerkriege setzten der Pferdezucht dann ein Ende. 1877 traten die letzten 300 Nez-Percé-Indianer die Flucht nach Kanada an. Ihre Pferde sollten auf Befehl der US-Armee getötet werden, da man hoffte, die Indianer würden ohne Pferde seßhaft und leichter kontrollierbar.

Nur wenige Appaloosas überlebten diesen Versuch, eine ganze Rasse auszulöschen. Sie flohen in die Berge, wo sie sich, vom Menschen ungestört, wieder vermehrten.

Neue Freunde
60 Jahre später fanden dann die Weißen Interesse an der alten Rasse. 1938 wurde der Appaloosa-Horse-Club gegründet, und man machte sich im ganzen Land auf die Suche nach verbleibenden Exemplaren. Die Produkte der neuen Zucht fanden schnell Freunde. Man schätzte ihre ungewöhnliche Farbe, aber auch ihren freundlichen Charakter und ihre Lernwilligkeit.

Inzwischen gehört der bunte Appaloosa zu den bekanntesten und verbreitetesten Pferderassen der Welt. In Amerika nutzt man ihn nicht nur zum Westernreiten, sondern er eignet sich ebenso zum Dressur- und Springreiten. Im Zirkus werden Appaloosas teilweise bis zur Hohen Schule ausgebildet. Die meisten Freunde haben die sympathischen Tigerschecken aber unter den vielen Freizeitreitern in aller Welt. Auch bei uns kann man sie immer öfter auf Schauen und in allen Disziplinen des Western-Turniersports bewundern.

Appaloosas sind sehr freundliche Pferde

Farbige Vielfalt
Pintos

Die Indianer des Westens liebten farbige Pferde. Hatten die Tiere nicht von Natur aus Flecken, so malte man sie vor Jagden und Kriegszügen an – zum Teil, weil man das schön fand, zum Teil zur Tarnung. Schecken oder Tigerschecken hatten besonderen Wert und wurden einfarbigen Tieren vorgezogen. Pintos gelten deshalb heute noch oft als »Indianerponys«.

Dabei stammt der Name der Schecken eigentlich aus der spanischen Sprache. Er kommt von »pintado«, was »gefärbt« bedeutet. Ob der Name erst in Mexiko geprägt wurde, oder ob die Spanier ihn schon für die bunten Pferde des Barocks gebrauchten, läßt sich heute nicht mehr klären.

Zur farbenfrohen Zeit des Barocks waren gescheckte Fahr- und Dressurpferde sehr beliebt. Damals fanden sich in vielen Pferderassen Schecken, die wir heute nur noch einfarbig kennen, zum Beispiel unter Andalusiern, Friesen oder Oldenburgern.

Später verloren die Europäer die Lust an der Farbe. Als die bunten Hofkarussels aus der Mode kamen, gelangten Reiterei und Pferdezucht erneut unter den Einfluß des Militärs. Das schätzte die Einförmigkeit: Genau wie alle Soldaten die gleiche Uniform trugen, sollten auch die Pferde alle gleich aussehen und sich gleich bewegen. Schecken und mehrgangveranlagte Pferde wurden deshalb aus der Zucht genommen.

Spaß an Farbe
Überall auf der Welt gab es aber immer wieder Menschen, die eine bunte Vielfalt der Uniformität vorzogen. So fanden sich stets begeisterte Käufer für die wenigen, verbleibenden Schecken. In Amerika schlossen sie sich dann 1956 zu einem Verband zusammen. Die »Pinto-Horse-Association« wurde gegründet, und man eröffnete gleich ein Zuchtbuch für Pintos.

Verschiedene Typen

Da die darin registrierten, gescheckten Pferde verschiedensten Rassen angehörten, konnte man selbstverständlich kein einheitliches Zuchtziel formulieren, sondern einigte sich auf die Einteilung in fünf Typen. Da ist zunächst das *Pinto-Pony*, das alle Pferde bis 148 cm Stockmaß umfaßt. Dann gibt es den *Hunter-Typ*, der etwa dem Warmblut entspricht. Dazu gehören zum Beispiel die polnischen Trakehner-Schecken. Leichter ist der *Pleasure-Typ*. Hier werden gescheckte Pferde mit Araberausdruck eingetragen. Am häufigsten sieht man hierzulande Pintos im *Stock-Typ*, also Pferde, die für das Westernriding besonders geeignet sind. Zuletzt wäre der *Saddle-Typ* zu erwähnen, das gescheckte Gangpferd. Es hat heute auch einen eigenen Zuchtverband und wird unter Spotted Saddle Horse (geschecktes Gangpferd) als eigene Rasse geführt. Das American Saddle Horse wird auf der Basis von Tennessee Walking Horses und Missourie Foxtrotters gezüchtet und soll Tölt oder Walk gehen. Es findet seit 1992 auch in Europa immer mehr Freunde und ist häufiger zu sehen.

Verbreitet in aller Welt

Wer hierzulande Pintos hält und züchtet, braucht sie nicht mehr beim amerikanischen Zuchtverband registrieren zu lassen. Die meisten europäischen Länder haben inzwischen eigene Pinto-Verbände. Die Stutbücher sind noch offen und jeder Schecke kann hier eingetragen werden. Auch einfarbige Fohlen dieser Pferde erhalten in der Regel noch Pinto-Papiere, da sie das Scheckgen in sich tragen und weitervererben können. Das heißt, ihre Fohlen könnten wieder bunt gescheckt sein und wie echte Pintos aussehen.

Pintos sind auch nicht mehr ausschließlich unter Westernreitern zu sehen, sondern finden Liebhaber im konventionellen Reitsport. Moderne Dressurrichter brechen endlich mit den militärischen Traditionen und plazieren gutgerittene Schecken trotz der »Unruhe«, die ihre Farben angeblich ins Dressurviereck bringen.

	Pinto
Stockmaß	Je nach Typ zwischen 115 und 170 cm
Exterieur	Entscheidend für die Eintragung als Pinto ist die Scheckung. Ansonsten variiert das Aussehen nach Typ
Farbe	Schecken, manche Zuchtverbände tragen aber auch einfarbige Fohlen aus Scheckeltern als Pintos ein, da sie das Farbgen in sich tragen und vielleicht weitervererben
Herkunft	Die Idee einer Pinto-Zucht kommt aus den USA, die registrierten Pferde aus verschiedenen Ländern
Wissenswertes	Pintos sind Produkte einer Farbzucht. Man hat den Schecken einen einheitlichen Namen gegeben, damit ihre Zucht ernstgenommen und erhalten wird

Freundschaft

Neue Wege zur Partnerschaft

Wir sind fast in der heutigen Zeit angekommen, und damit beinahe am Ende unseres kleinen Streifzuges durch die wechselvolle Geschichte von Mensch und Pferd. Wir sind den Zweibeinern und Vierbeinern durch Krieg und Frieden gefolgt und haben einige der Höhen und Tiefen ihrer Beziehung miterlebt, einer Beziehung, die in der Mitte des 20. Jahrhunderts abrupt zu enden schien.

Der Siegeszug des Motors

Nach dem Zweiten Weltkrieg begann in Bezug auf Landarbeit, Personen- und Warenbeförderung endgültig der Siegeszug des Motorfahrzeugs. Im Krieg war es noch einmal zu einem traurigen Höhepunkt des Pferdesterbens für menschliche Heldenträume gekommen. Millionen von Kavallerie- und Artilleriepferden starben mit ihren Reitern auf den Schlachtfeldern Europas. Danach wurden die berittenen Einheiten aber endgültig abgeschafft. Nur zu Repräsentationszwekken leisten sich noch einige Länder uniformierte Reiter auf elegant ausgestatteten Pferden.

Auch in der Landwirtschaft wurde plötzlich kein Pferd mehr gebraucht. Traktoren waren leistungsstärker und brauchten nicht regelmäßig gefüttert zu werden. So gaben die meisten Bauern ihre Pferde ab und schafften sich Maschinen an.

In den Städten wichen die Kutschen und schweren Wagen unwiderruflich dem Automobil und dem LKW. Das Pferd schien vom Aussterben bedroht.

Sport

Besonders in der Großstadt fanden jetzt nur noch wenige Menschen einen Zugang zum Pferd. Zwar gab es nach wie vor Reitpferde, aber die waren in speziellen Haltungsanlagen am Stadtrand zusammengefaßt. Ihre Unterbringung in Reitställen war teuer, und ein eigenes Pferd kam somit nur für wohlhabende Bürger in Frage. Reiten wurde dadurch zum Hobby der Reichen, das Pferd zum Prestigeobjekt. Reiten diente auch nicht mehr in erster Linie der Fortbewegung und der Freude mit und am Pferd, sondern es galt als Sport. Alles zielte darauf ab, das Pferd möglichst erfolgreich auf hochklassigen Dressur- und Springturnieren zu zeigen und danach seine Siegesschleifen bei den Reiterfreunden herumzuzeigen.

Struppige Pferde aus dem Norden

Aber die Sehnsucht der Menschen nach Pferden und einer echten, liebevollen Beziehung zu ihnen ließ sich nicht einfach abtöten. Natürlich sind Autos praktischer, aber wiehern sie etwa, wenn man in die Garage kommt?

Besonders Mädchen und Frauen hatten wenig Spaß an der seelenlosen Technik. Sie wollten Pferde, und wenn die eleganten Turnierpferde der Reitställe unerschwinglich waren, so mußten eben andere her! Sie brauchten ja nicht groß und glatt, springfreudig und übertemperamentvoll zu sein.

Die Erfüllung des Traums kam mit der Einführung der ersten Isländer. Die Schriftstellerin Ursula Bruns hatte ihre Liebe zu den genügsamen Pferden der Polarinsel entdeckt und darüber geschrieben. Hier waren Pferde, die keine Reithallen und Boxenställe, keine Profi-Pferdepfleger und kein superteures Sattelzeug brauchten. Natürlich fielen sie unter den Begriff »Pony«, aber sie konnten auch erwachsene Reiter mühelos tragen. »Pony« wurde das Zauberwort der ersten Freizeitreiter. Später sprach man von »Robustpferden« oder »robusten Kleinpferden«. Wichtig aber war vor allem eins: Isländer, Norweger,

Pferde brauchen Gesellschaft

Mit Pferden leben

Neue Haltungsformen brachten neue Freunde

Freiwilliger Gehorsam

Haflinger und die verschiedensten anderen Rassen und Kreuzungen konnte man sich leisten, konnte sie am Stadtrand auf Weiden, in alten Ställen auf Bauernhöfen, im Notfall im Schuppen im eigenen Garten unterbringen und selbst versorgen. Der Kontakt zum Pferd beschränkte sich nicht nur auf das Reiten, sondern man konnte sich auch um seine Pflege kümmern.

Neue Haltungsformen und Reitweisen

Argwöhnisch betrachtet von den stolzen Turnierreitern begannen die neuen Pferdehalter mit dem Bau von Offenställen und Ausläufen. Mit der Idee, Pferde nicht mehr als Arbeitstiere oder Sportgeräte zu halten, sondern ausschließlich aus Liebe und Begeisterung, kam auch die Beschäftigung mit neuen Haltungsformen. Pferde sind Lauftiere und brauchen viel mehr Bewegung als einen gelegentlichen Ausritt. Konnte man sie also wirklich in enge Ställe sperren? Sie sind Herdentiere, die ständigen Kontakt zu Artgenossen brauchen. Ist Einzelhaltung also vertretbar im Sinne des Tierschutzes? Die neuen Pferdehalter wollten ihre Pferde zufrieden und glücklich, nicht einfach nur versorgt sehen. Über die Beschäftigung mit ihren Eigenheiten, ihrer Pflege und Fütterung wurden viele Freizeitreiter zu echten Pferdeexperten. Sie fanden auch bald heraus, daß artgerechte Haltung, Offenstall- und Auslaufhaltung nicht nur bei robusten Ponys funktioniert, sondern praktisch bei jeder Pferderasse.

Und da die Freizeitreiter nun schon Haltung und Versorgung radikal reformiert hatten, begannen sie auch nach anderen Reitweisen zu forschen. Behutsames Vorgehen beim Einreiten, vorsichtiger Umgang mit Zwangsmitteln, Interesse an den Reitstilen und Techniken anderer Länder wurden zu den Zielen der Freizeitreiterbewegung.

Vielfalt hat Zukunft

Heute sind Freizeitreitertreffen und -festivals geprägt von einer außerordentlichen Vielfalt von Pferderassen und Reitweisen. Alte Gangpferderassen haben neue Freunde gefunden, die Klassische Dressur des Barocks wird wiederbelebt, Westernreiter zeigen Pferde am langen Zügel: Wer sein Pferd mit Liebe ausgebildet hat und ihm Vertrauen entgegenbringen kann, dem gehorcht es ohne Zaum und Zügel, nur mit einem Drahtring oder einem Bändchen um den Hals ...

Die ersten Freizeitpferde

Isländer

»Wie laufen die denn?« Dieser Frage verwirrter Großpferdereiter mußten sich die ersten Besitzer von Isländern auf dem Kontinent mehr als einmal stellen. Und dabei waren sie so stolz darauf, eine Bewegungsbesonderheit wiederentdeckt zu haben: Die struppigen Kleinpferde aus dem Norden zeigten Tölt und Paß!

Strenge Auslese

Die weichen Gangarten Tölt und Paß waren in der früheren Zeit nichts Ungewöhnliches. Bilder und Wandteppiche des Mittelalters zeigen ganz selbstverständlich Paßgänger und Tölter. Auf dem Kontinent verschwanden diese Gangarten jedoch mit dem Aufkommen des großen, schweren Ritterpferdes.

Den Siedlern auf Island war die Größe ihrer Rösser dagegen egal. Hauptsache, man kam schnell und bequem von einem Ort zum anderen. Tölt und Paß wurden folglich gepflegt. Und gleichsam nebenbei schufen die isländischen Züchter ein Pferd von äußerster Robustheit. Futter und geschlossene Ställe waren auf der unwirtlichen Insel von jeher knapp. Die Zuchtpferdeherden hatten draußen in den Bergen zu überwintern, und das überlebten nur die härtesten und gesündesten Tiere.

»Sagenhafte« Pferde

Die Isländer waren immer begnadete Märchenerzähler. Es gibt unzählige Sagen und Legenden um das kleine, kompakte Pferd der Polarinsel. Nicht alle beruhen jedoch auf der Wahrheit. So ist die oft gehörte Behauptung, das Islandpferd sei seit dem Jahr 930 reingezogen, nicht richtig. Das isländische Einfuhrverbot für Pferde zur Vorbeugung gegen Seuchen besteht erst seit 1939.

Aber auch wenn im Laufe der Geschichte norwegische, dänische und sogar römische Pferde an der Entstehung der Rasse teilhatten, ist das Ergebnis sehr einheitlich. Selbst weniger versierte Pferdeleute erkennen Isländer meist auf den ersten Blick!

Islandpferd

Stockmaß	132–146 cm
Exterieur	Kompaktes, kräftiges Kleinpferd mit viel Behang, oft viel Aufrichtung und abfallender Kruppe
Farbe	Alle Grundfarben, aber auch viele außergewöhnliche Farbvarianten, zum Beispiel »windfarben«
Herkunft	Island
Wissenswertes	Isländer sind kräftige, wetterfeste Robustpferde, die mühelos Erwachsene tragen. Ihre besondere Gangveranlagung macht sie zu bequemen, bewegungsfreudigen Reitpferden für die ganze Familie

Isländer auf dem Kontinent

Die Einführung der ersten Islandpferde auf dem Kontinent läutete den Siegeszug der Freizeitreiterbewegung ein. Die gehfreudigen Robusten waren ideale Familienpferde, machten jeden Spaß mit und wurden heiß geliebt.

Nach kurzer Zeit begann man aber, die besonderen Gänge der Pferde in den Mittelpunkt der Betrachtung zu stellen. Man perfektionierte das Reiten im Tölt und Paß, und bald wurde der Ruf nach Turnieren laut. Dabei waren die ersten Islandpferdetreffen noch echte »Familienfeiern«, bei denen der Wettkampf eine Nebenrolle spielte. Doch wie in jedem Sport wurden die Reiter bald vom Ehrgeiz erfaßt. Die Bewegungen der Tölter wurden immer spektakulärer, die Rennpasser immer schneller und temperamentvoller.

Sportpferde

Heute bestimmt eine kleine Gruppe von Berufsreitern und -züchtern Zucht und Turnierwesen rund um's Islandpferd. Spektakuläre Gänge und Leistungsvermögen stehen im Mittelpunkt, die spätreifen Robustpferde, die eigentlich erst mit fünf Jahren erwachsen und reitbar sind, werden immer früher unter den Sattel genommen und teilweise hart angefaßt.

Doch zum Glück für die Rasse gibt es immer noch Freizeitreiter, die ihre Isländer um ihrer selbst willen schätzen und ihr geliebtes Familienpony gegen keinen Sieger der Welt eintauschen möchten!

Schulpferd – Ein harter Job

»Darf ich heute Nico haben, Frau Moser? Ach bitte, er ist doch mein Lieblingspferd!«

»Aber du hattest ihn schon in der letzten Woche. Diesmal bin ich dran, nicht wahr, Frau Moser?«

»Kriege ich Sunna?«

»Ich möchte so gern Florestan. Er ist so süß.«

Vor der Reitstunde werden die Schulpferde verteilt, und jedes Mädchen hat besondere Wünsche. Frau Moser, die Reitlehrerin, kann sich kaum Gehör verschaffen. Dabei steht ihre Einteilung schon fest:

»Melanie – Florestan, Jenny – Sunna, Anne – Nico. Nicole nimmt die neue Stute und Katharina Jimmy.«

»Ach, nicht schon wieder den blöden Jimmy!« beschwert sich Katharina. »Den krieg ich nicht vorwärts! Immer muß ich dieses Faultier reiten!«

»Na na, Katharina!« tadelt Frau Moser. »Jimmy ist doch ein tolles Pferd. Ich reite ihn immer gern, wenn ich die Ausritte führe. Hast du mal überlegt, ob es vielleicht an dir liegt, wenn er nichts macht?«

Satteln gehört zur Reitstunde

»An mir? Wo ich mich jedesmal abstrampele wie verrückt, wenn ich ihn reite?« Katharina ist empört.

»Stell dir mal was vor, Katharina.« sagt Frau Moser ruhig und setzt sich auf einen Strohballen. »Und ihr anderen Mädchen auch. Stellt euch mal vor, ihr wäret – na, sagen wir Zimmermädchen in einem Hotel, in dem viele ausländische Gäste absteigen. Die Gäste sind alle nett. Sie wollen freundlich zu euch sein, und versuchen, Deutsch zu sprechen. Aber das klappt noch nicht immer so ganz. Einer sagt zum Beispiel zu dir: Katharina, öffne die Tür. Das tust du ganz brav, aber du kriegst trotzdem einen Rüffel, denn er hat gemeint, du sollst das Fenster öffnen. Der nächste sagt: Katharina, bring mir Pasta! Er möchte gern Nudeln essen. Aber du verstehst: Basta! Hör auf mit dem Aufräumen! Und hinterher beschwert sich der Gast bei deinem Chef, weil du sein Zimmer nicht ordentlich geputzt und sein Essen nicht gebracht hast. Würde der Job dir Spaß machen?«

Dressur auf dem Reitplatz

»Natürlich nicht!« wettert Katharina. »In dem blöden Hotel würde ich gar nichts mehr machen!«

»Ach? Und weshalb beschwerst du dich dann, wenn Jimmy sich genauso verhält? Der ist nämlich auch gründlich sauer, wenn du ihm nicht richtig sagst, was er machen soll, und ihn dann bestrafst, wenn er Fehler macht. Reiten ist eine Sprache, Katharina, wie Deutsch oder Englisch, nur daß sie mit Zeichen arbeitet, statt mit Worten. Jimmy kann diese Sprache ganz gut, und er will mir gern helfen, sie dir beizubringen. Aber wenn du ihm falsche Zeichen gibst, versteht er nicht, was du meinst, und irgendwann schaltet er auf stur.«

»Eigentlich verständlich!« meint Melanie. »Wenn man es so betrachtet, ist Schulpferd ein ganz schön harter Job.«

»Einer der härtesten, die ein Pferd haben kann!« sagt Frau Moser ernst. »Aber ein paar Vorteile hat er auch. So langweilen Schulpferde sich nicht so oft wie viele Privatpferde. Im Schulpferdestall ist immer was los, aber manche Privatpferde kommen nur einmal am Tag aus der Box. Außerdem werden die Reitschüler ja nicht mit den Schulpferden allein gelassen. Wir Reitlehrer passen auf, daß es nicht zu viele Mißverständnisse gibt.«

»Hier haben die Schulpferde es auch gut!« fügt Nicole hinzu. »Höchstens drei Stunden Arbeit am Tag und die ganze Nacht auf der Weide, davon können andere nur träumen. In dem Reitstall, in dem ich vorher war, kamen die Schulpferde, außer zum Unterricht, nie aus der Box.«

»Deren Stimmung wird auch entsprechend schlecht gewesen sein!« meint Frau Moser. »Wenn Schulpferde nie ausspannen können und kein Privatleben haben, sind sie meistens unleidlich mit den Reitschülern und buckeln oder beißen. Dafür habe ich sogar Verständnis. Ich möchte auch nicht den ganzen Tag eingesperrt sein und nur rausgelassen werden, um euch Reitunterricht zu geben!«

Die Mädchen lachen und holen ihre Pferde. Auf Frau Mosers Ponyhof müssen alle ihre Pferde selbst satteln

Ich möchte, daß wir uns verstehen!

und zäumen. Das ist ihr sehr wichtig. Anfängern hilft sie natürlich dabei, aber Anfänger werden hier sowieso besonders intensiv betreut. Frau Moser läßt ihre Schüler so lange an der Longe reiten, bis sie locker und angstfrei sitzen. Dann gewöhnen sie sich gar nicht erst an, den Pferden wehzutun, indem sie sich an den Zügeln festhalten.

Frau Moser erlaubt ihren Schülern auch nicht, mit Sporen zu reiten.

»Meine Pferde gehen alle gut vorwärts, wenn man sie richtig reitet!« sagt Frau Moser. »Solange ihr das nicht könnt, lassen sie es langsam angehen, und das ist auch gut so. Wenn sie unter jedem Anfänger losrennen würden, würdet ihr viel öfter herunterfallen!«

Weil heute schönes Wetter ist, führen Katharina und die anderen Mädchen ihre Pferde auf den Außenplatz. Bei Frau Moser wird nur in der Halle geritten, wenn es regnet. Und nun geht es richtig los. Die Pferde werden im Schritt und Trab gelöst, und dann versucht Frau Moser, ihren Schülerinnen beizubringen, wie man eine Vorhandwendung reitet. Sie erklärt ausführlich, aber trotzdem klappt es nicht bei allen. Katharina möchte schon zur Gerte greifen, als Jimmy auch beim dritten Versuch nur rückwärts geht. Aber dann überlegt sie sich das. Hat Jimmy die Übung nicht neulich bei Anne problemlos erledigt?

»Entschuldige, Jimmy!« sagt Katharina. »Ich glaube, ich sollte lieber noch mal ins Lexikon gucken!«

Sport+Spass mit Pferden

Wer Pferde nur aus dem Fernsehen kennt, wird oft annehmen, man könnte mit ihnen nicht viel mehr unternehmen, als über Hindernisse zu springen oder Dressurküren zu reiten. Der tatsächlichen Vielfalt des Pferdesports wird das aber keinesfalls gerecht.

Viele Menschen nehmen mit ihren Pferden an Turnieren teil

Pferdespiele bringen Spaß und Abwechslung in den Alltag

Bunte Vielfalt Pferdesport

Egal, ob man Turniersport oder weniger leistungsorientiertes Freizeitreiten bevorzugt, die Möglichkeiten, mit Pferden zusammenzusein, mit ihnen gemeinsam zu lernen, zu arbeiten oder einfach Spaß zu haben, sind heute fast unbegrenzt.

Leider haben junge Reiterinnen und Reiter nur selten die Möglichkeit, all die Sportarten auszuprobieren, von denen auf den nächsten Seiten die Rede sein wird. Nur wenige Reitanfänger können sich zum Beispiel aussuchen, ob sie lieber in einer konventionellen Reitschule oder etwa einem westernorientierten Stall Unterricht nehmen wollen, ob sie mehr Spaß daran hätten, auf großen oder kleinen Pferden Reiten zu lernen. Ungewöhnliche Reitweisen werden selten auf Schulpferden unterrichtet und man muß schon sehr viel Glück haben, wenn man ausgerechnet in der Nähe des eigenen Wohnorts eine Reitschule findet, in der man verschiedene Pferderassen kennenlernen kann und in der es anderes zu entdecken gibt, als Dressur- und Springreiten im konventionellen Stil.

Trotzdem gibt es heute immer mehr Möglichkeiten, zumindest mal einen Blick über den Zaun zu riskieren. Vielleicht findet in der Nähe eures Wohnortes mal ein Westernturnier oder ein Islandpferdeturnier statt. Oder ein Gestüt, das sich der Zucht einer besonderen Pferderasse widmet, veranstaltet einen Tag der offenen Tür. Manchmal organisieren Reitställe oder Sportverbände auch Informationstage zu verschiedenen Reitweisen, oder es gibt eine Pferdemesse in der nächsten, größeren Stadt. Solche Anlässe sind ein gutes Ziel für einen Familienausflug, denn die bunten Schaunummern begeistern nichtreitende Familienmitglieder oft eher als die doch ziemlich gleichförmig ablaufenden Turnierprüfungen.

Wenn euch bei einer solchen Schau die eine oder andere Reitweise besonders anspricht, könnt ihr euch meist an Info Ständen der Gestüte oder Interessenverbände informieren, die die Pferde vorgestellt haben. Oft gibt es die Möglichkeit, die neue Reitsportdisziplin im Rahmen eines Ferienkurses kennenzulernen.

Und falls das alles nicht klappt, kann man immer noch träumen. Denn auch wenn junge Reiter ein »irgendwann« vor die Überlegung setzen müssen: Für den Umgang mit Pferden gibt es keine Grenzen. Man kann mit Pferden leben, die Reithalle mit ihnen verlassen und sie am langen Zügel über Wiesen und Waldwege reiten. Und mit Geduld und Liebe können manche Menschen sie sogar zum Tanzen bringen ...

Das Pferdeballett des Fredy Knie

Die Manege ist in goldgelbes Licht getaucht, und zwölf weiße Hengste scharen sich darin um ihren Ausbilder. Auf ein leichtes Heben und Senken des Stöckchens in seiner Hand, ein ruhig ausgesprochenes Kommando beginnen sie zu tanzen. Hintereinander traben, Drehung, aufschließen zu Paaren, gemeinsame Drehung, aufschließen zu vieren, zu einem galoppierenden Stern aus Pferden, schließlich ein elegantes Steigen. Das alles im Takt der Musik und völlig zwanglos. Den Pferden ist die Freude an ihrer Arbeit deutlich anzusehen. Beifallheischend wenden sie sich zum Schluß dem »Dirigenten« ihres Balletts zu: Fredy Knie jun., Mitglied einer der berühmtesten Zirkusfamilien. Die Kunst im Umgang mit Pferden hat er von seinem Vater gelernt. Fredy Knie sen., geboren 1920, gehört nicht nur zu den Altmeistern der Zirkusreiterei, sondern hat auch dem Dressursport entscheidende Anstöße gegeben.

Fredy Knie sen. ist im Zirkus aufgewachsen. Man sagt, er saß schon auf dem Ponyrücken, als er kaum laufen konnte. Zunächst fand der Knabe die Reiterei aber eher langweilig. Bis er zum ersten Mal auf einem ausgebildeten Dressurpferd der Spitzenklasse saß. Mit neun Jahren begann er seine Karriere als Zirkusreiter.

Der Portugiese Daobo trabt auf der Stelle

»Jüngster Schulreiter der Welt«

»Schulreiter«, so nennt man in der Zirkussprache einen Reiter, der Pferde in der klassischen Dressur vorführt. Fredy Knie konnte das bereits mit zwölf Jahren! Aber auch ihm war die Kunst natürlich nicht in die Wiege gelegt. Neben Talent gehörten viel Übung und Arbeit dazu, bis der Junge in einem berühmten Londoner Zirkus als »jüngster Schulreiter der Welt« Premiere feiern konnte.

Liebevolle Ausbildung

Schon früh begann Fredy Knie sich für gewaltlose Pferdeausbildung zu interessieren. Als Kind erlebte er noch mit, wie Zirkuspferde mit Sporenstichen und Schlägen »dressiert« wurden, fand aber keinen Gefallen an diesen brutalen Methoden. Nicht nur, daß sie seiner Liebe zu den Pferden widersprachen, sie brachten auch nicht den gewünschten Erfolg. Ein gezwungenes, geprügeltes Pferd verliert an Ausdruck und arbeitet mit sichtbarem Widerwillen. Das aber stört das Bild, auf das es im Zirkus besonders ankommt. Zum Glück fand Fredy einen Lehrer, der seine Träume vom liebevollen Umgang mit Pferden teilte. Der Ungar Michael Schmitt brachte ihm bei, bei jeder richtigen oder falschen Reaktion des Pferdes nach dem »Warum?« zu fragen. Waren die Ursachen eines Fehlverhaltens erst erkannt, so ließen sie sich meist ganz leicht beheben. Schnell merkte Fredy Knie, wie gern seine Pferde nach der neuen Methode mitarbeiteten. Im Laufe der Jahre baute er diese Methode aus und bildete zahlreiche Zirkusreiter, aber auch sportlich orientierte Dressurreiter, darin aus.

Nur keine Langeweile!

»Das Schlimmste für ein Pferd«, sagt Fredy Knie, »ist die Langeweile, 23 Stunden am Tag in einen dunklen, stickigen Stall gesperrt zu sein.«

In seinem Zirkus läßt er folglich nichts unversucht, um den Pferden Abwechslung zu bieten. Auch auf Tourneen stehen sie nicht in Ständern, sondern in hellen Boxen mit Kontakt zu den Nachbarn, im Winterquartier gibt es zusätzlich Ausläufe. Dreimal

Tanzende Pferde

am Tag wird gearbeitet, viermal gefüttert, im Stallgang ist immer etwas los. So oft wie möglich arbeitet Fredy Knie seine Pferde draußen. Wenn eben möglich, wird ausgeritten. Wenn die Schaunummer steht und von allen Pferden beherrscht wird, läßt man sich in der Morgenarbeit etwas betont anderes einfallen. Fredy Knie rät dies auch jedem Dressursportler: Nicht immer dieselben Aufgaben abspulen, sondern Abwechslung, wo immer es geht!

Hengste unter sich

Im Zirkus der Knies, dem Schweizer Nationalzirkus, gibt es nur Hengste. Das ist einmal der Fall, weil die meisten in der Manege geforderten Lektionen ihren Ursprung im natürlichen Hengstverhalten haben, und von Hengsten deshalb besonders leicht gelernt werden. Vor allem liegt der Sache aber eine schlimme Erfahrung Fredy Knies zugrunde. Im Zweiten Weltkrieg hatte das Militär all seine Stuten und Wallache beschlagnahmt und in den Krieg geschickt.

»Nie wieder nehmen die mir ein Pferd weg!« schwor sich Fredy Knie und arbeitete fortan nur noch mit Hengsten, an denen das Militär kein Interesse hatte.

Im Zirkusleben schafft das übrigens eher Erleichterung als Probleme. In reinen »Junggesellenställen« vertragen sich Hengste meist sehr gut. Streitigkeiten und Hengstmanieren werden ja erst interessant, wenn man Stuten damit imponieren kann!

»Sichtbar gemachte Liebe«

Auch nach über fünfzig Jahren Arbeit mit Pferden erinnert sich Fredy Knie an kein Lieblingspferd. Von jedem einzelnen seiner Pferde hat er gelernt, die Besonderheiten jedes »Stars«, aber auch jedes »Gruppentänzers« im Gedächtnis behalten.

Heute führt Fredy Knie sen. seine Pferde nicht mehr selbst in der Manege vor. Meist besorgen das sein Sohn Fredy Knie jun. und seine Enkelin Geraldine Katharina. Bei der Morgenarbeit im Winterquartier des Zirkus könnt ihr den Altmeister aber immer noch in Aktion sehen. Zuschauer sind hier willkommen, denn Fredy Knie hat bei seiner Arbeit nichts zu verbergen. Dressur, so sagt er, muß sichtbar gemachte Liebe sein. Wer wirklich etwas von Pferden versteht, braucht keine Zwangsmaßnahmen, sondern überlegt, wie man den Tieren das Lernen erleichtern kann: »Man erzieht ja auch kein Kind mehr mit Schlägen, die Zeiten sind vorbei. Wir haben doch unseren Kopf!«

Pferde schön präsentieren

Viele Reitschüler werden es nicht gern hören, aber Dressur ist die Grundlage jeder guten Reiterei. Auch wenn man »nur« im Gelände reiten will und von Wanderritten träumt – es macht einfach mehr Spaß, wenn das Pferd gelernt hat, willig mitzumachen, in schöner Haltung zu laufen und die Hilfen des Reiters genau zu beachten. Auch das Pferd fühlt sich wohler, wenn es seine Grundausbildung in der Dressur erfolgreich durchlaufen hat. Dann weiß es nämlich besser, wie man einen Reiter trägt, ohne sich übermäßig anzustrengen, und es läuft lockerer und freudiger. Vereinfacht gesagt sind Dressurübungen Gymnastik für das Pferd.

Dressur ist die Grundlage für jegliches Reiten

Wie man einen Reiter trägt, ohne sich anzustrengen ...
Natürlich können Pferde auch ohne vorhergehende Gymnastizierung geritten werden. Genau wie wir Menschen einen Tennisschläger gebrauchen können, ohne Trainerstunden gehabt zu haben. Wenn wir das aber öfter tun, holen wir uns wahrscheinlich eine Sehnenscheidenentzündung, denn mit ziemlicher Sicherheit finden wir die richtige Technik nicht heraus.

Das Pferd bekommt beim Reiten ohne Grundausbildung leicht Rückenschmerzen, und auf die Dauer leiden auch seine Beine unter der falschen Belastung. Dabei sind vor allem die Vorderbeine betroffen. Hat das Pferd nicht gelernt, sich unter dem Reiter richtig zu bewegen, so müssen sie die Hauptlast des zusätzlichen Gewichts tragen. Bei richtigem Training dagegen übernehmen das die kräftigeren Hinterbeine.

Der Rücken als Brücke
Wenn ihr an den Pferderücken unter dem Reitergewicht denkt, so müßt ihr euch eine Brücke vorstellen, die sich zwischen Vorder- und Hinterbeinen aufwölbt. Denkt dabei an einen schönen, festen Brückenbogen, und nicht an eine Hängebrücke! Das Pferd soll ja nicht unter dem Reiter in die Knie gehen und schwanken, sondern ihn leicht und federnd tragen. Dazu muß es den Rücken eher aufwölben, die Rückenmuskulatur muß sich straffen und damit einen festen Sitz bieten. Das Pferd erreicht das, indem es unter dem Reiter eine ganz bestimmte Haltung einnimmt. Entweder es streckt Kopf und Hals nach vorwärts-abwärts, oder es richtet Kopf und Hals elegant auf. Ersteres ist einfacher und wird deshalb von jungen Pferden erwartet. Auch bei reinen Geländepferden genügt diese »Dehnungshaltung«. »Aufrichtung« wird erst von erwachsenen Dressurpferden gefordert.

Als Reiter oder Reiterin muß man dem Pferd helfen, in diese richtige Haltung zu finden. Es weiß schließlich nicht von Natur aus, wie es mit dem zusätzlichen Gewicht im Rücken am besten fertig wird, und wenn man es selbst herumexperimentieren läßt, findet es nicht immer die richtige Lösung sondern schadet sich selbst.

Falls ihr ausprobieren wollt, welche Erleichterung ein Pferd empfindet, wenn es lernt, den Reiter richtig zu tragen, macht doch mal Versuche mit einem Rucksack! Zunächst legt ihr ihn an und geht gebückt und krumm damit herum. Und dann streckt ihr euch und richtet euch gerade auf ...

Die richtigen Hilfen, das Pferd zur Streckung und Aufrichtung zu bewegen, lernt man im Dressurunterricht. Dabei muß es nicht das sportlich orientierte Training im Reitstall sein. Auch Westernreiter bringen ihren Pferden bei, sich richtig zu tragen, und die Freunde der Klassischen Dressur üben das Ganze meist erst vom Boden aus.

Stellt euch den Pferderücken als eine nach oben gewölbte Brücke vor

Bei der Ausbildung spielt die Arbeit an der Doppellonge eine große Rolle

Klassische Dressurpferde

Andalusier

Die Reitkunst der alten Iberer, der historischen Bewohner Spaniens, Portugals und Südfrankreichs, war schon zur Zeit der Römer bekannt. Diese frühen Könner im Sattel ritten ihre Pferde bereits in Versammlung und achteten auf leichte Hilfengebung. Bei der Pferdezucht legten sie Wert auf ein Pferd, das dieser Reitweise entgegenkam. Schon damals dürften ihre Pferde dem heutigen Andalusier geähnelt haben.

Die spanische Rassebezeichnung für den Andalusier ist sehr klangvoll: »Pura Raza Española«, Reine Spanische Rasse. Ihre Vertreter sind für die Klassische Reitkunst besser geeignet als alle anderen Pferde. Die »barokken Pferderassen«, wie etwa der Lipizzaner und der Friese, wurden ausnahmslos vom Andalusier beeinflußt. Zur Zeit des Barocks waren spanische Pferde nämlich hochbegehrt in Europa, und wer einen edlen Hengst hatte, setzte ihn gern zur Zucht mit bodenständigen Stuten ein.

Bodenarbeit als Grundlage

Die meisten Dressurübungen kann man im Vorfeld vom Boden aus einüben. So legt die Klassische Dressur zum Beispiel großen Wert auf Seitengänge, denn sie schulen die Beweglichkeit des Pferdes. Schon bevor das Pferd geritten wird, lernt es, sie auf Kommando und leichtes Touchieren mit der Gerte zu zeigen.

Die richtige Haltung wird meist zuerst an der Longe geübt. In den meisten Reitställen läßt man das Pferd dazu ständig um den Ausbilder oder die Ausbilderin herumtraben und galoppieren. Dabei trägt es Ausbindezügel oder Schlaufzügel, mit deren Hilfe es die richtige Haltung finden soll. Leider übertreiben es dabei viele Ausbilder und schnallen die Zügel zu fest, so daß das Pferd nicht selbst herausfinden kann, wie es am angenehmsten ist, sondern in die richtige Haltung gezwungen wird. Das ist dann, als ob man euch und euren Rucksack in ein Stützkorsett packt. Oft wird durch solche Methoden das Gegenteil von dem erreicht, was der Ausbilder wollte: statt den Zügel freudig anzunehmen, lernt das Pferd, sich dagegen zu wehren.

Klassische Dressurreiter ziehen der Arbeit an der einfachen Longe meist die Doppellonge vor. Damit kann das Pferd gelenkt werden, wie später vom Sattel aus, und statt Hilfszügel zu benutzen hält der Ausbilder oder die Ausbilderin die Zügel selbst in der Hand. Diese Methode ist sehr viel angenehmer und abwechslungsreicher für das Pferd, denn es muß nicht ständig im Kreis laufen, sondern wird über den ganzen Platz geführt oder darf sogar mit seinem Ausbilder ins Gelände. Von Ausbilder und Ausbilderin verlangt sie aber eine Menge Kondition, denn er oder sie läuft schließlich mit!

Kommt es dann zum Anreiten, so sind Reiter und Pferd beweglich und gut trainiert – keine schlechte Ausgangslage für gemeinsame Arbeit!

Vertrauen und Verständnis

Bei der Dressurarbeit mit Pferden geht es nicht um »Abrichtung«, sondern um die Vermittlung einer Sprache, die im Laufe der Ausbildung immer komplizierter wird. Zuerst lernt das Pferd die Hilfen zum Antreten und Anhalten, zum Wenden und Wechseln der Gangart. Später kommen dann kompliziertere »Redewendungen« dazu, bis hin zur Piaffe und Passage. Gute Ausbilder und Ausbilderinnen bereiten sich dabei auf jede Unterrichtsstunde vor wie ein guter Lehrer. Sie überlegen, wie sie eine Hilfe am einfachsten vermitteln können und bemühen sich, ihre Schüler nicht zu ängstigen und zu überfordern.

Ist die Arbeit so auf Vertrauen und Verständnis aufgebaut, arbeitet das Pferd gern und willig mit. Und verblüfft dabei manchen Zuschauer durch Dressur in Freiheit . . .

Reinzucht im Kloster

Als barocke Pferde an den Fürstenhäusern Europas aus der Mode kamen und der Trend zum größeren Rechteckpferd mit Renn- und Springveranlagung ging, machten auch die Spanier Kreuzungsversuche mit ihrer angestammten Rasse. Während man in Militärgestüten und bei Privatzüchtern ausprobierte, wie sich Andalusierblut mit Vollblut oder größeren Warmblutschlägen vertrug, hielten lediglich die Kartäusermönche in der Gegend von Sevilla und Cordoba an der Reinzucht fest. Ihnen ist zu verdanken, daß die alten Blutlinien der edlen Rasse bis heute erhalten wurden.

Geborene Tänzer

Wie alle barocken Pferderassen bestechen Andalusier durch ihre hohen, akzentuierten Bewegungen und ihre stolze Aufrichtung. Ihr gesamter Körperbau kommt dem versammelten

	Andalusier
Stockmaß	150–160 cm
Exterieur	Klassisches Barock-Pferd mit hoher Aufrichtung, quadratischem, harmonischem Bau und kräftigen, trockenen Gliedmaßen. Gerader Kopf, mitunter Neigung zum Ramskopf
Farbe	Oft Schimmel, aber gelegentlich auch Rappen, Isabellen und andere Farben
Herkunft	Spanien, Andalusien
Wissenswertes	Der Andalusier war zur Zeit des Barocks ein Lieblingspferd Europas. Die Zucht der Kartäusermönche erhielt den damals beliebten Pferdetyp bis heute. Er findet nun als Freizeitpferd für höchste Ansprüche neue Aufgaben

Reiten und der Arbeit auf der Hinterhand entgegen. Besonders Hengste lernen auch schwierigste Lektionen der Hohen Schule besonders leicht und gern.

Zur Zeit des Barocks fielen die spanischen Pferde obendrein durch Farbvielfalt auf. Tigerscheckung und andere ungewöhnliche Farbvarianten waren besonders begehrt. Heute finden sich weniger Farbtupfer unter den Andalusiern. Besonders häufig sind Schimmel, wobei junge Pferde traumhafte Grau- oder Braunschimmelvarianten zeigen können, oft zusammen mit einer langen, bereits schneeweißen Mähne. Relativ häufig findet man auch braune Andalusier, seltener Rappen oder Isabellen.

Tradition und Schattenseiten

Hauptzuchtgebiet des Andalusiers ist heute noch Südspanien, wobei Cadiz, Sevilla und Cordoba die Schwerpunkte bilden. Aus den Gestüten dieser Region kommen auch die Pferde für die Königlich Andalusische Reitschule in Jerez de la Frontera, wo man die Reitweise der iberischen Caballeros, die »Doma Vaquera«, pflegt und bewahrt.

Das ist leider nicht überall in Spanien der Fall. Nicht jeder Reiter bringt genügend Geduld und Liebe auf, um ein Dressurpferd in mehr als 10jähriger Arbeit zur Perfektion zu führen. Es wurden andere, schnellere, aber weniger elegante Methoden gefunden, um möglichst schon dreijährige Junghengste zum Piaffieren und zum Spanischen Schritt zu bringen. Für so ausgebildete Pferde, mit denen man auch auf Ferias, den farbigen spanischen Straßenfesten, glänzen kann, wird schließlich viel Geld bezahlt. Wie sehr die Pferde unter den oft brutalen Ausbildungsmethoden gelitten haben, erkennt der Laie nicht. Schnell ausgebildete, junge Andalusier werden übrigens oft ins Ausland exportiert. Die Käufer brauchen dann viel Liebe und Geduld, um den Pferden neues Vertrauen zum Menschen einzuflößen.

Ein ausdrucksvolles Gesicht

Auch Andalusierfohlen haben Hunger

Glanz in der Arena

Lusitanos

Der weiße Hengst galoppiert direkt auf den wütenden Stier zu, und der Reiter schwenkt seine Banderillas, bunt geschmückte, harpunenartige Stangen. Der so gereizte Stier setzt zum Angriff an, und dem Publikum stockt der Atem. Aber der elegante Lusitano-Hengst weicht mit einer kleinen, tänzerischen Seitwärtsbewegung aus. Der Stoß der Stierhörner geht ins Leere ...

Stierkampf zu Pferde ist ein aufregendes Schauspiel, wenn auch nicht jedermanns Sache. Für die Spanier und Portugiesen gehört das mehr oder weniger blutige Spektakel zu einer Tradition, die sie nicht missen möchten, aber für Tierfreunde aus anderen Ländern erscheint es oft sinnlos und gefährlich. Ob es dem Stier wirklich lieber ist, im Kampf als auf dem Schlachthof zu sterben? Die Spanier sind davon überzeugt und legen dem Tier gegenüber sogar eine gewisse Fairness an den Tag: Der Stier kommt mit blanken Hörnern in die Arena und hat so die Chance, sich ernsthaft zu verteidigen. In Portugal entschärft man die Hörner des Stiers durch Lederfutterale und tötet ihn nicht in der Arena. Hier ist der Stierkampf nur noch ein Kampfspiel, ein nicht ungefährlicher Tanz eines sorgfältig ausgebildeten Lusitano-Hengstes mit dem hochaggressiven Stier.

Übung für den Kampf mit dem Stier

	Lusitano
Stockmaß	150–160 cm
Exterieur	Feines, barockes Pferd mit viel Ausstrahlung, dem Andalusier nah verwandt. Oft sehr lange, lockige Mähne besonders bei Hengsten, hohe Bewegungen
Farbe	Schimmel vorherrschend
Herkunft	Portugal, südliche Landesteile
Wissenswertes	Wie der Andalusier geht der Lusitano auf die schon zur Römerzeit berühmten Pferde der Iberer zurück. Er ist ideal für die Klassische Reitweise und brilliert in seinem Ursprungsland vor allem im Stierkampf zu Pferde, in den alle wichtigen Lektionen der HohenSchule eingebaut werden

Hohe Schule für den Kampf

Der portugiesische Lusitano ist seinem spanischen Verwandten, dem Andalusier, sehr ähnlich. Beide Rassen gehen auf die Pferde der Iberer zurück und eignen sich optimal für die Ausbildung in der Hohen Dressur. In Portugal perfektioniert man die Übungen der Hohen Schule in erster Linie für den Stierkampf. Nur auf Gewichts- und Schenkelhilfen sollen die Hengste Seitengänge, Pirouetten, Passage und Schulsprünge zeigen. Die Ausbildung in dieser Kunst muß abgeschlossen sein, bevor man beginnt, mit einer Stierattrappe zu üben. Auch mit zahmen Stieren, Kühen und Jungstieren wird geprobt, bevor der Hengst zum ersten Mal in die Arena darf. Sein Reiter ist schließlich nicht daran interessiert, ihn unnötigen Gefahren auszusetzen. Meist reicht nämlich eine Verletzung, um ein jahrelang trainiertes Pferd künftig unbrauchbar für den Stierkampf zu machen. Es fürchtet sich dann vor dem Stier und wagt sich nicht mehr in die Arena.

Unbezahlbare Experten

Hat ein Lusitano-Hengst die lange und schwierige Ausbildung zum Stierkampfpferd durchlaufen, so ist er praktisch unbezahlbar. Ein solches Pferd wechselt auch nur selten den Besitzer und findet so gut wie nie den Weg ins Ausland.

Nur durch Zufall und Glück gibt es hier gelegentlich Ausnahmen. So erstand Claus Penquitt seinen wunderschönen Lusitano-Hengst Vigoroso, nachdem das Pferd von einem Stier verletzt und für die Arena unbrauchbar geworden war.

Edle Pferde für den Freizeitreiter

Ebenso wie der Andalusier ist in den letzten Jahren auch der Lusitano zum Traumpferd des anspruchsvollen Freizeitreiters geworden. Seine hohe Sensibilität, seine Intelligenz und sein freundliches Wesen machen ihn zum idealen Partner beim Erlernen und Ausüben der Klassischen Reitweise. Es ist aber auch beim Kauf eines Lusitanos besser, ein rohes Pferd zu wählen und es selbst auszubilden, als ein schnell und unsensibel zurechtgerittenes zu erstehen. Selbst das »geborene Dressurpferd« braucht einige Jahre, bis Grundschule und Hohe Schule durchlaufen sind.

Lusitanos sind edle Pferde

Kunststücke für die Zuschauer

Der Shagya-Araber Lucky schiebt sich schnell vor alle anderen Pferde, als seine Besitzerin Nathalie Penquitt mit Besuchern den Auslauf betritt. Er freut sich über die Gäste, denn sicher wird er ihnen seine Kunststücke zeigen dürfen. Am liebsten möchte er gleich loslegen mit dem Hinlegen und dem Spanischen Schritt, und am lustigsten sieht es aus, wenn er die Vorderbeine auf Kommando graziös überkreuz stellt. Zügel- oder Gertenhilfen braucht er dabei nicht mehr. Lucky und seine Chefin sind Meister der Freidressur.

Lucky zeigt gern seine Kunststücke

Douché, der cremefarbene Andalusier, folgt seinem Herrn Horst Becker freudig auf den Reitplatz. Hier werden Halfter und Führstrick abgenommen und der Hengst kann sich frei bewegen. Er strebt nun aber keinesfalls den grasbewachsenen Rändern des Platzes zu. Statt dessen umrundet er seinen Ausbilder fröhlich im Trab und Galopp und zeigt auf Kommando Seitengänge. Auch Levade und Piaffe bindet er gern in die Schau ein.

»Ich verstehe einfach nicht, warum der nicht wegläuft!« sagt eine Zuschauerin erstaunt.

»Ganz einfach«, erklärt Douchés Besitzer. »Der findet mich spannender als alles andere!«

Freidressur – bis vor wenigen Jahren sah man sie eigentlich nur im Zirkus, perfektioniert von Meistern wie Fredy Knie. In der letzten Zeit finden aber immer mehr Freizeitreiter Spaß an der Sache. Sie nehmen sich viel Zeit für die liebevolle Ausbildung ihrer Pferde und freuen sich dann über deren bereitwilliges Mittun. Für ältere Pferde oder sehr kleine Ponys, für die es sonst kaum noch etwas zu tun gibt, bedeutet Freidressur eine willkommene Abwechslung vom Alltag auf der Weide. Schließlich sind Pferde für Abwechslung immer dankbar und wenn man sie auch noch belohnt …

Beweis für gewaltlose Ausbildung

Wenn Pferde sich präsentieren wie Lucky und Douché, so ist das ein Beweis für eine pferdegerechte, auf Verständnis und Vertrauen basierende Ausbildung. Besonders in der Iberischen Reitweise legt man viel Wert auf die freie Arbeit am langen Zügel, und die Meister dieser Reitkunst konnten ihre Pferde schon immer ohne jegliche Hilfsmittel vorstellen. Auch Douchés Besitzer beruft sich auf diese Tradition, während Nathalie

Penquitt ihre ersten Tricks in einem Zirkus erlernte. Beide zeigen ihre Kunst gern auf Schauen und Messen rund um's Pferd – vielleicht begegnen sie euch ja einmal.

Eigentlich ganz einfach!
Im Grunde beruht Freidressur auf ganz einfachen Prinzipien. Man bringt einem Pferd eine Übung bei, wozu durchaus Hilfsmittel eingesetzt werden können. Die Arbeit an der Aufgabe muß allerdings immer Spaß machen, und sie muß mit vielen Belohnungen verbunden sein. Hat das Pferd dann wirklich begriffen, was es tun soll und kennt es die Kommandos, die über Stimme oder Körpersprache erfolgen, zeigt es die Übung gern auch ohne Zaum und Zügel. Pferde, die Menschen als freundliche, vertrauenswürdige Wesen kennengelernt haben, freuen sich, wenn sie etwas vorführen und sich damit ein Lob verdienen können. Sie zeigen dann auch Übungen, die dem Fluchttier Pferd an sich wesensfremd sind. Es zeugt von enormen Vertrauen zum Reiter oder Vorführer, wenn ein Pferd sich auf unbekannten Plätzen und vor Hunderten von Zuschauern hinlegt und vielleicht sogar erlaubt, daß ein Mensch sich über es legt.

»Wenn man ein Pferd richtig behandelt, macht es alles gern!« sagt Fredy Knie.

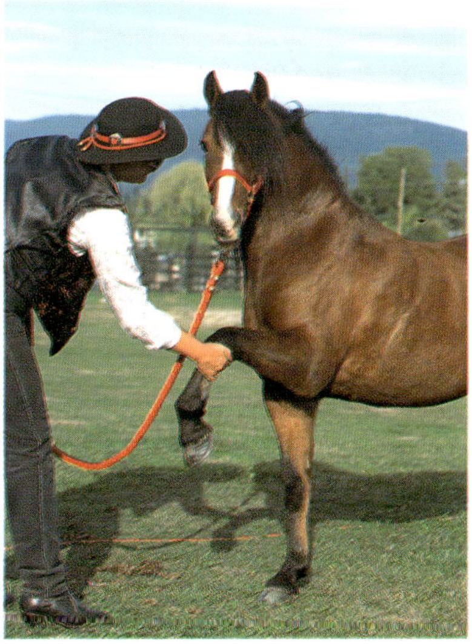

Bei richtiger Vorbereitung spielt jedes Pferd gern mit

Orientalische Schönheiten

Shagya-Araber

Die unvergleichliche Schönheit des Arabischen Vollbluts reizt viele Reiter und Fahrer. Aber so manchem ist der Original-Araber ein wenig zu klein und zart gebaut. Zum Ansehen wunderschön – aber als Reitpferd für einen großgewachsenen Europäer?

So dachten auch die Kavalleristen des österreichisch-ungarischen Kaiserreichs – und zogen daraus züchterische Konsequenzen. Auf dem ungarischen Staatsgestüt Bábolna entstand der Shagya-Araber: ein etwas größeres, kalibrigeres Reit- und Fahrpferd im arabischen Typ.

Das Gestüt Bábolna wurde 1789 gegründet. Ungarn gehörte damals zum österreichischen Kaiserreich. Es hatte als Pferdezuchtland eine große Tradition und bot sich somit als Zucht- und Aufzuchtgebiet für edle Pferde an. In Bábolna wurden, ebenso wie in anderen Staatsgestüten wie Radautz und Topolcianky, arabische Deckhengste aufgestellt, mit denen der einheimische Stutenstamm veredelt werden

	Shagya-Araber
Stockmaß	Um 155 cm
Exterieur	Elegante Pferde, deutlich im Typ des Arabers stehend, dabei aber kalibriger, größer und großrahmiger
Farbe	Vorwiegend Schimmel, aber auch andere Farben möglich und bei Reitern und Züchtern sehr beliebt
Herkunft	Ungarn, Staatsgestüt Bábolna und andere Staatsgestüte des österreichisch-ungarischen Kaiserreichs
Wissenswertes	Araber-Kreuzungsrasse, die aus der Überlegung heraus entstand, ein größeres, vielseitigeres Pferd im Arabertyp zu schaffen. Das gelang durch die Anpaarung von Araberhengsten mit ungarischen Halbblutstuten

Shagya-Araber sind nervenstarke Reitpferde

sollte. Nach Bábolna gelangte dabei der Hengst »Shagya«, der später der neuen Rasse seinen Namen gab.

Durchschlagend gutes Erbgut

Shagya machte sich bald einen Namen durch besonders gute Vererberqualitäten. Mit den robusten, ungarischen Stuten brachte er elegante Fohlen im Arabertyp, die aber deutlich kalibriger und großrahmiger als ihr Vater wurden. Auch andere hervorragende Vererber brachten die neue Zucht in Schwung. Bekannt sind neben Shagya vor allem O'Bajan und Gazal. Um den Arabertyp zu halten, brachte man später möglichst wenig Fremdblut in die neue Rasse ein. Statt dessen paarte man gezielt großrahmige, starke Stuten mit entsprechenden Hengsten. Inzwischen wird der Shagya-Araber seit etwa 200 Jahren rein erhalten, wobei aber das Einkreuzen von Vollblut-Arabern erlaubt ist.

Schönheit und Kaliber

Je nachdem, ob ein Shagya-Fohlen aus einer reinen Shagya-Linie stammt, oder zum Beispiel zwei Vollblut-Araber unter seinen Großeltern hat, steht es mehr oder weniger im orientalischen Typ. Meist haben Shagyas keinen so deutlichen Hechtkopf wie viele Araber. Außerdem sind sie deutlich größer und entsprechen eher den europäischen Vorstellungen von einem Reitpferdetyp.

Während der Vollblut-Araber in erster Linie zum Rennen gezüchtet wurde, bietet sich der Shagya für unterschiedliche Reit- und Fahrdisziplinen an. So ist seine Spring- und Dressurveranlagung zum Beispiel höher, und ein gutes Shagya-Gespann ist der Traum jedes Fahrers. Shagya-Araber brillieren auch im Distanzsport und als Familienpferde. Im Gegensatz zu anderen, mit weniger züchterischer Überlegung und Geschick geschaffenen Araberkreuzungen, ist der Shagya nämlich auch temperamentsmäßig gelungen. Er hat das lebhafte Temperament, die Menschenbezogenheit und Gutmütigkeit seiner Vollblutahnen übernommen.

Shagya-Araber werden heute nach wie vor in Ungarn und Österreich gezüchtet, daneben aber auch in anderen europäischen Ländern wie Deutschland, Polen, Rumänien und der Tschechoslowakei.

Ein stolzer Hengst

Ein Hengst, eine Rasse

Morgan Horses

Morgan Horses sind mittelgroße, vielseitig einsetzbare Pferde. In Amerika gelten sie als die Freizeitpferde schlechthin. Das Besondere an der Rasse: Alle ihre Vertreter gehen auf einen einzigen Deckhengst zurück!

Der Stammvater der Morgan-Horses war alles andere als ein verwöhntes Zuchtpferd. Von seiner Herkunft ist nur bekannt, daß er 1789 einem Mann namens Justin Morgan zur Begleichung von Schulden übergeben wurde. Justin Morgan lebte in Springfield, Massachusetts, ging aber dann mit dem kleinen Hengst, den er »Figure« nannte, nach Vermont. Justin Morgan war krank und verarmt. Insofern hatte er weder Lust noch Möglichkeit, den dunkelbraunen Zweijährigen zu schonen. Figure mußte für sein Futter arbeiten, und zwar hart.

Das änderte sich auch nicht, als Morgan kurz darauf starb. Sein Hengst wanderte von Hand zu Hand und verrichtete jede Arbeit, die anfiel: Reitpferd, Zugpferd, Ackergaul – »Justin Morgans Pferd«, wie Figure inzwischen allgemein genannt wurde, hatte zu parieren. Abends setzte man ihn dann noch als Deckhengst ein. Der kräftige Hengst belegte gegen geringe Gebühr alle möglichen Stuten. Dabei beweis er schnell durchschlagende Vererberqualitäten. Seine Kinder glichen ihm auf's Haar, er vererbte sein kompaktes, muskulöses Gebäude und seine ungeheure Leistungsfähigkeit. Mit solchen Fohlen züchtete man natürlich gern weiter, und so wurde der kleine, nur 140 cm messende Morgan zum Stammvater einer ganzen Rasse, der ältesten Pferderasse Amerikas.

Freundlich und vielseitig

Das moderne Morgan Horse ist etwas größer und leichter als sein berühmter Ahnherr. Im Allgemeinen liegt sein Stockmaß um 150 cm. Ansonsten sind Morgans Merkmale aber immer noch unschwer zu erkennen. Die stol-

Morgan Horse

Stockmaß	Um 155 cm
Exterieur	Kompaktes, muskulöses Pferd mit sehr charakteristischem Kopf, trockenen Gliedmaßen und viel Behang
Farbe	Vornehmlich Braune und Füchse
Herkunft	Nordamerika
Wissenswertes	Alle Morgan Horses gehen auf einen einzigen Hengst zurück, den man nach seinem ersten Besitzer Justin Morgan getauft hatte. Morgan war ein äußerst leistungsfähiges Pferd und überzeugte auch durch seinen guten Charakter. Seine Nachkommen sind sehr vielseitige und angenehme Reit- und Fahrpferde

ze Halshaltung seiner Nachkommen, ihre kräftigen, gesunden Beine und ihr angenehmer Charakter machen sie zu sehr begehrten Pferden. Morgan Horses, besonders die Hengste Woodbury, Sherman und Bulrush, nahmen auch entscheidenden Einfluß auf die Entstehung anderer amerikanischer Pferderassen. So führen zum Beispiel Saddler, Quarter Horses und Tennessee Walkers Morgan-Blut. Der 1860 nach England importierte Hengst Shepherd F. Knapp gehörte zu den Begründern der Rasse Hackney, und auch die Zucht des Renntrabers konnte lange Zeit nicht auf die Einkreuzung der kleinen, kompakten Morgans verzichten. Ethan Allen, Figure's Urenkel, war um 1850 der schnellste Traberhengst der Welt.

Morgan-Horses werden in Amerika geritten und gefahren. Sie sind überaus beliebte Freizeitpferde, brillieren aber auch auf Shows. Die enorme Vorhand-Aktion, die sie dabei teilweise zeigen, ist sowohl angezüchtet als auch künstlich erzeugt.

Man sieht Morgans überaus erfolgreich auf Western-Turnieren, bei Distanzritten und Dressur- und Springprüfungen, aber auch als geduldige und sanfte Partner für Behinderte bei therapeutischen Reitprogrammen.

Morgans im Staatsdienst

Morgan Horses sind aus der Geschichte Amerikas nicht wegzudenken. Viele Erzählungen ranken sich um ihren Einsatz beim Treck nach Westen und beim Zug der Glücksritter, die zur Zeit des Goldrauschs nach Californien gingen. Natürlich waren die vielseitigen und belastbaren Morgan-Horses auch stets beliebte Kavalleriepferde. Im Bürgerkrieg machten sie die Vermonter Kavallerie berühmt.

Doch auch im Frieden kann der Staat auf ihre Mithilfe nicht verzichten. Sehr viele Polizeipferde in Amerika gehören der Rasse Morgan an, und unter den berühmten Rangers in amerikanischen und kanadischen Nationalparks dienen die kleinen Athleten dem Schutz der Natur.

Morgans in Europa

In Europa ist das Morgan-Horse noch nicht sehr verbreitet. Die hohen Kosten für die Einfuhr aus Amerika und Kanada treiben seinen Preis in die Höhe. Bekanntestes Morgan-Horse in unseren Breiten ist die Dunkelfuchsstute »Canadian Amber«. Unter ihrer Reiterin Nathalie Penquitt präsentiert sie sich auf Messen und Festivals als ideales Freizeitpferd und vertritt ihre Rasse damit auf's Beste.

Canadian Amber

Alte Rasse mit Geschichte
Trakehner

Kaum eine Warmblutpferderasse ist so legendärumwoben wie der Trakehner . Die Entstehung der Rasse im Pferdeparadies Trakehnen und der Verlust des berühmten Gestüts am Ende des Zweiten Weltkriegs bietet immer wieder Stoff für schöne und traurige Geschichten.

Das legendäre Hauptgestüt Trakehnen wurde 1732 gegründet. Die weitläufigen Weiden Ostpreußens erschienen dem damamligen Preußenkönig Friedrich Wilhelm I. als ideale Aufzuchtstätte für die Reitpferde seiner Soldaten. Zudem hatte die bäuerliche Pferdezucht in Ostpreußen lange Tradition. Der König nahm mit Recht an, daß hier nur ein Hengstdepot mit wertvollen Vererbern fehlte, um wirklich außergewöhnliche Fohlen zu erzeugen. Die Landwirte der Gegend besaßen damals hauptsächlich Pferde der Landrasse »Schweiken«. Die kräftigen, urwüchsigen Tiere vererbten dem späteren Trakehner Härte und Robustheit. Die Gestütsleitung Trakehnens wünschte sich die Reitpferde aber etwas größer und edler, und so wurden zunächst orientalische Pferde, später Englische Vollbluthengste zur Veredelung eingesetzt. Die Bauern nahmen das Angebot des Hauptgestüts gern an. Stolz erschienen sie mit dem Nachwuchs zum Brennen auf Trakehnen. Der Elchschaufelbrand auf dem rechten Hinterschenkel galt als Gütezeichen für erstklassige Reit- und Arbeitspferde.

Trakehner

Stockmaß	160–165 cm
Exterieur	Edle, elegante Warmblüter mit trockenen Köpfen und Gliedmaßen, oft besonders lange Ohren oder »Schlappohren«
Farbe	Alle Grundfarben, in polnischen Linien auch Schecken
Herkunft	Ursprünglich Ostpreußen, heute Weiterzucht in Deutschland, Rußland und Polen
Wissenswertes	Die Rasse entstand auf dem ostpreußischen Hauptgestüt Trakehnen aus der Kreuzung der Landrasse »Schweiken« mit orientalischen und englischen Vollbluthengsten. Sie ist besonders für's Dressur- und Springreiten geeignet

Edles Warmblut
Überall in Deutschland schätzte man die Trakehner als harte, einsatzbereite Reitpferde, geeignet für Dressur, Springen und Jagdreiten – und natürlich als Kavalleriepferde. In Friedenszeiten ging es ihnen dabei hervorragend. Die Reitkunst der deutschen Kavallerieoffiziere ist bis heute berühmt, und die Versorgung der Pferde durch ihre Burschen war vorbildlich. Im Krieg sah das natürlich anders aus. Hier brauchten die Trakehner ihre Härte um Kälte und Nässe, Hunger und Angst zu überstehen.

Das Ende Trakehnens
Gegen Ende des Zweiten Weltkrieges stand das russische Heer vor den Toren Trakehnens. Die Gestütsleitung entschloß sich, mit den besten Zuchtpferden die Flucht nach Westen zu wagen. So trieb man die Hengste, Stuten und Fohlen auf den langen Treck durch den eisigen, ostpreußischen Winter. Nur wenige überlebten diese Prüfung. Von den insgesamt 40 000 Mutterstuten, die ganz Ostpreußen vor dem Krieg beherbergte, schafften es nur tausend in den Westen!

Neuer Anfang
Mit diesen verbleibenden Tieren begann die Nachkriegszucht in Westdeutschland. Sie war schnell erfolgreich, denn nur die besten und belastbarsten Pferde hatten die Flucht überlebt. Bald setzten sich Trakehner Warmblutpferde vor allem im Dressursport an die Spitze.

Aber auch in Rußland und Polen wurden die Trakehner weitergezüchtet. Die edlen Warmblüter aus dem Osten machen heute vor allem dadurch von sich reden, daß hier auch die recht seltenen Trakehner-Schecklinien bewahrt wurden.

Trakehner- Nachwuchs

Auch Trakehner spielen gerne

Könner im Dressurviereck

Die Pferde traben und galoppieren über die Weide. Voller Freude an der Freiheit zeigt eine junge Stute ihre ganze Schönheit: Ihre Trabbewegungen werden federnder und erhabener, ihr Hals rundet sich, und sie scheint über die Erde zu schweben. Dabei ist ihr Schädel hoch erhoben und flattert stolz im Wind. Zwei junge Wallache beginnen einen spielerischen Kampf. Sie erheben sich auf die Hinterhand, werfen sich herum und schlagen nacheinander aus. Die Stute tänzelt elegant seitwärts an ihnen vorbei und dreht herausfordernd den Kopf nach ihnen. Einer der beiden folgt ihr, ebenfalls im erhabenen und imponierenden Trab.

Die gleichen Bewegungen wie diese freien Pferde zeigen uns gut ausgebildete Dressurpferde unter dem Reiter. Da schwebt ein edler, brauner Wallach durch's Dressurviereck: *Passage*. Nach der Ecke geht er zu Seitengängen über: *Schulterherein* oder *Travers*. Ein Lipizzanerhengst erhebt sich effektvoll zur *Levade*, springt plötzlich hoch und schlägt kräftig aus: *Capriole*. Wie alle Dressurlektionen sind auch die Schulsprünge der Klassischen Dressur den natürlichen Bewegungen der Pferde abgeschaut.

Jede über die Grundausbildung eines Reitpferdes hinausgehende Dressur zielt darauf, die natürlichen Anlagen des Pferdes zur vollen Entfaltung zu bringen. Es geht nicht darum, ihm Bewegungen beizubringen, die ihm von Natur aus nicht gegeben sind. Als Dressurreiter möchten wir diese nur auf Kommando abrufbar machen. Dabei begnügt sich der moderne Sportreiter mit einer Perfektionierung der Grundgangarten und dem Zeigen von Piaffe und Passage, während der Könner der klassischen Reiterei auch die Schulsprünge trainiert. Alle berufen sich jedoch auf die grundlegenden Reitlehren von Pluvinel und Guérinière, von denen früher schon die Rede war.

Erste Turnierstarts

Einer vollendeten Dressur geht immer eine sehr langwierige Ausbildung von Reiter und Pferd voraus. In den Reitställen fängt man deshalb klein an und unterrichtet die Reitschüler zunächst darin, die Grundgangarten abzufordern und Bahnfiguren zu reiten.

Bahnfiguren sind festgelegte »Routen« in der Reitbahn, die auf Kommando des Reitlehrers exakt geritten werden müssen. Im Wesentlichen bestehen sie aus Kreisen und Wendungen. Es wird abwechselnd auf einer Kreisbahn und geradeaus geritten, und so mancher Reitschüler wundert sich, wie schwierig es ist, ein Pferd

Natürliche Bewegungen...

...werden in der Dressur abrufbar gemacht

fachgerecht »um die Kurve« zu reiten. Das Pferd soll sich dabei nämlich biegen, das heißt, es soll in seiner Körperhaltung der Kreisbahn folgen, während auf den geraden Strecken zwischendurch sauberes Geradeausgehen gefordert ist.

Wer es schafft, die einfachsten Bahnfiguren sauber zu reiten, kann auch schon an ersten kleinen Dressurprüfungen teilnehmen. Hier achten die Richter schwerpunktmäßig auf die Korrektheit der Bahnfiguren und den Sitz des Reiters. Die Haltung des Pferdes geht erst später in die Bewertung ein, spielt dann aber eine große Rolle.

Aufgaben für Fortgeschrittene

Das richtig ausgebildete Dressurpferd soll Losgelassenheit, Versammlung und Aufrichtung zeigen, das heißt, es soll bei möglichst ausgeglichenem Gemütszustand in schöner Haltung laufen und sein Gewicht sowie das des Reiters mit der Hinterhand aufnehmen. Wie weit es dabei zur Perfektion gelangt, hängt nicht nur von der Fähigkeit seines Ausbilders ab, sondern auch von der individuellen Begabung und dem Körperbau des Pferdes. Ideale Voraussetzungen dafür bringen barocke Pferderassen mit. Ihr quadratisches Gebäude erleichtert das Unterschieben der Hinterhand. Im modernen Dressursport arbeitet man aber lieber mit Warmblütern, deren lange, schwebende Gänge ge-

Die Passage in der klassischen Dressur

schätzt werden. Ihre Versammlung ist oft schwieriger zu erreichen.

Dressurrichter achten auf perfekte Anlehnung. Im Dressursport werden die Pferde nämlich nicht wie in der Klassischen Dressur am losen Zügel geritten, sondern es soll eine ständige Verbindung zwischen Reiterhand und Pferdemaul bestehen, die das Pferd freudig annimmt. In der Praxis tut es das nicht immer. Besonders, wenn beim jungen Pferd versucht wurde, durch Hilfszügel schnell eine perfekte Haltung zu erzielen, geht das Pferd oft gegen den Zügel oder verkriecht sich »dahinter«, um den Zug an der Trense nicht zu spüren.

In den höheren Dressurklassen werden die Grundgangarten des Pferdes in verschiedenen Tempi, also Geschwindigkeitsgraden, verlangt. Das Pferd soll seine Trab- und Galoppsprünge auf die Hilfen des Reiters hin verlängern oder verkürzen. Jetzt kommen auch enge Wendungen und Seitengänge, später Piaffe, Passage und Galoppirouette hinzu. Wer bei den entsprechenden Turnierprüfungen mitmachen will, braucht sehr viel Reitunterricht und ein besonders veranlagtes und gut ausgebildetes Pferd.

Bei den ersten Dressurprüfungen geht es hauptsächlich um den Sitz des Reiters

Wir gehen zum Turnier

»Links wird er nicht richtig angaloppieren. Bestimmt nicht! Wir werden uns entsetzlich blamieren!« Katharinas Stimme klingt, als wäre sie jetzt schon Letzte geworden. Dabei hat das Turnier noch gar nicht angefangen, und Jimmy sieht gar nicht aus, als hätte er alles vergessen, was mit Linksgalopp zu tun hat.

»Wenn du dir das lange genug einredest, wird es womöglich wirklich so kommen!« lacht Frau Moser. Die Reitlehrerin hat heute morgen vier Mädchen und vier Ponys zum Turnierplatz gefahren, und muß sich Katharinas Sorgen schon den ganzen Tag anhören. Zum Glück hat sie gute Nerven.

»Jimmy kann die Dressuraufgabe doch im Schlaf!« versucht Melanie zu trösten. »Du hast sie schließlich mit ihm geübt. Aber Florestan hat die Hindernisse noch nie gesehen. Er scheut garantiert vor der knallroten Mauer! Und außerdem sehen wir unordentlich aus. Florestans Zöpfchen lösen sich jetzt schon auf, und ich habe nicht mal eine richtige weiße Reithose!« Frustriert schaut Melanie auf die anderen Mädchen und Jungen auf dem Abreiteplatz. Die meisten von ihnen reiten eigene Pferde, große, elegante Warmblüter, perfekt hergerichtet für's Turnier. Auch die Reiterinnen und Reiter sehen aus wie aus dem Ei gepellt. Die Mädchen aus Frau Mosers Ponyreitschule wirken da fast ein bißchen exotisch, obwohl alle ihr Bestes getan haben, um wie richtige Turnierreiterinnen auszusehen. Sie tragen helle Reithosen und haben die Ponys gewaschen, gebürstet und eingeflochten.

»Man gewinnt nicht mit der Reithose und den saubersten Zöpfchen in der Mähne, Melanie!« erklärt Frau Moser energisch. »Und jetzt hört endlich auf, euch verrückt zu machen, ihr habt die besten Pferde auf dem ganzen Platz! Sitzen die Startnummern alle richtig? Anne, du mußt deine hinten am Sattel festmachen, an Monas kleinem Kopf wirken sie sonst wie Scheuklappen!«

Anne steigt rasch ab und versucht, die Startnummern von Monas Reithalfter zu lösen. Hätte sie doch nur um ein größeres Pony gebeten! Mona ist das kleinste Pferd auf diesem Turnier, und sieht auch sonst nicht so edel aus wie die anderen. Sie ist noch ziemlich rundlich nach der Fohlengeburt im Frühjahr und scheint etwas nervös zu sein, weil sie Morgensonne heute allein lassen mußte. Oder überträgt sich nur Annes eigene Aufregung auf die kleine Stute?

Frau Moser hilft Anne, die Startnummern richtig an Monas Sattel zu befestigen.

»Und jetzt müßt ihr auch los, die Jugendreiterprüfung fängt gleich an. Viel Glück, Katharina und Anne!«

Turnieratmosphäre

Letzte Anweisungen für Katharina und Jimmy

In leichtem Trab reiten die Mädchen zum Dressurviereck, wo sich die Teilnehmer der Prüfung versammeln. Jugendreiterprüfungen werden in der Abteilung geritten, und zwei Mädchen streiten sich um das Vorrecht, an erster Stelle zu reiten.

»Meine Carina macht einfach längere Schritte als eure Ponys!« erklärt das eine, das auf einer eleganten, großen Stute reitet.

»Die kann sie aber verkürzen, wenn du richtig reitest!« bemerkt das andere Mädchen. Es sitzt auf einem zierlichen Reitponywallach, für den es etwas zu groß ist. »Mein Pedro mag nicht hinten gehen. Da pullt er!« Anne und Katharina sehen sich an und grinsen ein bißchen schadenfroh. Ihre Ponys gehen an jeder Stelle in der Abteilung gleich gut.

Im Dressurviereck erscheint jetzt eine junge Frau mit einer Starterliste und ruft die Teilnehmer der Prüfung auf. Zwölf Mädchen und Jungen machen mit. Ob die Richter da wirklich jeden Reiter im Blick behalten?

Zunächst reiten die Teilnehmer durcheinander, Anne und Katharina achten darauf, ihre Pferde in fleißigem Schritt am langen Zügel gehen zu lassen und keinen anderen Reiter zu behindern.

»Abteilung bilden!« kommt dann die Stimme der jungen Frau, die auch die Aufgabe vorlesen wird.

»Anfang hier!« Das ist die Reiterin auf der schönen Carina. Sie hat das Mädchen mit Pedro damit überrumpelt und setzt sich an die Tete. Die anderen reihen sich hinter ihr ein.

Anne reitet an fünfter Stelle, Katharina an achter. Jimmy guckt etwas nervös nach Mona. Vielleicht hätten sie hintereinander bleiben sollen.

Nach einer Runde Schritt lassen die Richter die Teilnehmer antraben. Anne achtet sorgfältig darauf, auf dem richtigen Fuß leichtzutraben. Katharina irrt sich zuerst, verbessert sich dann aber sofort. Vielleicht haben die Richter es ja nicht gesehen.

Die Richter brauchen lange, um sich bei dieser großen Abteilung ein Bild zu machen. Doch schließlich heißt es aussitzen und Hand wechseln. Die kleine Mona muß sich anstrengen, um mitzukommen, und schneidet ein bißchen die Ecke, aber Jimmy wechselt perfekt durch die ganze Bahn.

Die Richter beurteilen jetzt den Sitz der Reiter im Trab. Dabei geht es wieder endlos geradeaus. Gewissenhaft reitet Anne jede Ecke ordentlich aus, obwohl sich Monas Abstand zum Vorreiter dadurch immer wieder vergrößert. Jimmy hat da keine Probleme. Er ist ein großes Pony und kommt gut mit.

Jetzt endlich sind wieder Bahnfiguren an der Reihe. Die Richter lassen aus dem Zirkel wechseln und eine doppelte Schlangenlinie reiten.

»Abteilung Galopp marsch!«

Jetzt geht's los!

Ein Blick auf den Abreiteplatz

Linksgalopp! Katharina schummelt ein bißchen und galoppiert nicht sofort an, sondern erst in der nächsten Ecke. Da ist es leichter für Jimmy, in den richtigen Galopp zu finden. Es klappt auch sofort. Mona dagegen macht erst zwei falsche Schritte, aber Anne merkt es gleich, pariert sie durch und galoppiert noch einmal an. Jetzt ist es richtig. Die Mädchen können sich ganz auf ihren Sitz konzentrieren. Nach drei Runden wird durchpariert und die Hand gewechselt. Den Rechtsgalopp wollen die Richter als Einzelaufgabe sehen. Ein Reiter nach dem anderen galoppiert an und reitet einmal rund um die Bahn. Jetzt zeigt sich, welches Pferd sich nur an seinem Vorderpferd orientiert hat. Viele Pferde galoppieren allein nicht so gut an oder stürmen zu schnell los. Mona und Jimmy verhalten sich aber beide vorbildlich. Die kleine Mona muß sich jetzt nicht beeilen und kann in ihrem eigenen, ruhigen Tempo die Runde beenden. Das macht sicher einen guten Eindruck! Anne flüstert ihrem Lieblingspferd ein Lob zu, als die Aufgabe beendet ist.

Nun noch eine Runde Schritt, dann lassen die Richter aufmarschieren. Nach kurzer Beratung werden fünf Reiter zur Plazierung aufgerufen. Anne und Katharina sind beide dabei!

»Auf dem fünften Platz sind Anne Siedler und Mona!« erklärt die Richterin, und Anne erhält eine rote Schleife.

Katharina ist dritte geworden. Stolz klopft sie Jimmys Hals, während die Richterin ihm eine weiße Schleife ansteckt.

Nachdem auch das erste und zweite Pferd mit Schleifen versehen sind, setzen alle ihre Pferde zur Ehrenrunde in Galopp.

»Na also!« sagt Frau Moser, als die Mädchen glücklich aus dem Viereck kommen. »Jetzt müssen nur noch Nicole und Melanie heil durch den Springparcours!«

Anne und Katharina versorgen ihre Ponys und binden sie am Hänger an. Mit Mona und Jimmy kann man das bedenkenlos machen, aber bei vielen anderen Pferden scheint es nicht zu gehen. Anne und Katharina ernten ein paar neidvolle Blicke von Mädchen und Jungen, die ihre Turnierpferde die ganze Zeit herumführen müssen.

Vor dem Springparcours warten Melanie und Florestan. Nicole reitet Prinz noch warm.

»Ich verreite mich bestimmt!« sorgt sich Melanie.

Frau Moser seufzt und geht nochmal mit ihr den Parcours durch. Zuerst der Oxer, dann die Tripelbarre, zweifache Kombination, Mauer und ein letzter, kleiner Steilsprung. Es ist wirklich nicht schwer zu merken.

»Aber unterschätz' den Steilsprung nicht!« warnt Frau Moser.

Melanie wird aufgerufen und galoppiert an, als eine Glocke erklingt.

Florestan, ein lebhafter kleiner Brauner, geht den Oxer schwungvoll an und fliegt über die Trippelbarre. Die Zweifache ist von den Abmessungen etwas ungünstig für das Pony, aber Florestan ist flexibel und schafft es. Nun die Mauer. Florestan denkt nicht daran zu scheuen. Melanie atmet jetzt sicher auf. Sie treibt ihr Pony an, um eine gute Zeit herauszureiten - und nimmt die Wendung vor dem letzten Steilsprung etwas zu knapp! Florestan kommt vor dem Hindernis fast ins Rutschen. So kann er nicht springen! Erschrocken bleibt er

Wird Florestan es schaffen?

Aufstellung vor den Richtern

Herzlichen Glückwunsch, Prinz!

stehen. Melanie muß nun noch einmal anreiten, und jetzt achtet sie darauf, ihr Pony ganz korrekt vor den Sprung zu bringen.

Drei Fehlerpunkte für Melanie und Florestan.

»Das hätte nicht sein müssen!« meint Frau Moser, schenkt sich aber den Rest der Standpauke, als sie Melanies Gesicht sieht. Das Mädchen weiß genau, was es falsch gemacht hat.

Trotzdem liegen sie und Florestan gar nicht schlecht in der Gesamtwertung. Bisher hat es nur zwei fehlerfreie Ritte gegeben, alle anderen hatten mindestens vier Fehlerpunkte. Aufgeregt beobachtet Melanie die letzten drei Reiter. Bei dem ersten von ihnen tritt das ein, was sie ursprünglich befürchtet hat. Sein großes, braunes Pferd verweigert dreimal vor der Mauer. Die zweite Reiterin fängt gut an, beschleunigt ihr Pferd dann aber vor der Kombination zu stark und muß auch einen Abwurf in Kauf nehmen. Nun sind nur noch Nicole und Prinz am Start.

»Los, Prinz, wir schlagen sie alle!« flüstert Nicole ihrem Pony zu. Sie ist eine sehr ehrgeizige Reiterin, genau das, was Prinz braucht. Der kleine Schecke ist nämlich manchmal etwas träge. Nun treibt ihn Nicole aber energisch an, und er galoppiert rasch los. Die Sprünge nimmt er wie ein Gummiball. Prinz hat viele Welsh-Ponys unter seinen Ahnen und ist ein sehr guter Springer. Wenn Nicole am Steilsprung nur nicht denselben Fehler macht wie Melanie!

Das tut sie jedoch nicht. Nicole nimmt den Bogen extra weit und treibt Prinz erneut an. Der kleine Wallach fliegt über den Sprung und beeilt sich jetzt noch einmal richtig, um ins Ziel zu kommen.

Nicole ist knallrot im Gesicht und völlig außer Atem, als sie das Pony anhält.

»Null Fehler und die beste Zeit für Nicole Junge und Prinz!« Das ist der erste Platz.

»Wir haben gewonnen!« schreit Nicole und umarmt ihr Pony.

Auch Melanie ist zufrieden. Trotz ihres Patzers hat sie den vierten Platz. Sie bekommt eine blaue Schleife und Nicole eine goldene. Aber Anne und Katharina sind sich einig, daß weiß und rot viel schöner sind. Sie brennen darauf, ihre Schleifen auf dem Ponyhof herumzuzeigen.

»Na, wollt ihr immer noch andere Reithosen und andere Pferde?« fragt Frau Moser.

Internationale Sieger
Deutsche Warmblutpferde

Die Nummer 19 im Auktionskatalog, eine dunkelbraune Stute namens »Pretty Woman«, findet allgemein großes Interesse. Während ein Bereiter sie abwechselnd im schwebenden Trab und leichtem Galopp durch die Reithalle gehen läßt, steigern sich die Gebote in schwindelnde Höhen.

Schließlich bleiben nur noch zwei Bieter übrig, ein Schweizer und ein Brasilianer. Sie liefern sich ein Preisduell, das der Auktionator noch anstachelt: »Zum ersten für die Schweiz ... Zum zweiten ... nein, da kommt noch ein Gebot aus Brasilien!«

Das Ehepaar aus Brasilien bekommt schließlich den Zuschlag. Pretty Woman wird eine lange Reise antreten ...

Elite-Auktion in einem deutschen Pferdezuchtgebiet. Neben den Vertretern berühmter inländischer Dressur- und Springställe sind Interessenten aus der ganzen Welt angereist, um eins der jungen Verkaufspferde zu ersteigern. Zwei Dressurpferde gehen in die Schweiz, ein Springpferd in die Niederlande, und ein Japaner umarmt glücklich einen großen Fuchs. Offensichtlich hat sich der weite Weg für ihn gelohnt, und er hat sein Traumpferd gefunden!

Warmblutpferde aus deutschen Zuchtgebieten haben international einen hervorragenden Ruf. Im großen Dressur- und Springsport sind sie sogar die erfolgreichsten Pferde der Welt und werden inzwischen in den entlegensten Winkeln der Erde nachgezüchtet. Sogar in den klassischen Zuchtgebieten für Western-Pferde in den USA und in Kanada trifft man mitunter auf einen Wegweiser zum Hannoveraner-Gestüt.

Deutsches Warmblut

Stockmaß	165–175 cm
Exterieur	Mittelschweres Rechteckpferd mit gut ausgebildetem Hals, mittellangem Rücken, schräger Schulter, geradem, trockenem Kopf
Farbe	Füchse, Rappen, Braune und Schimmel
Herkunft	Deutsche Zuchtgebiete
Wissenswertes	Die Pferdezucht in Deutschland hat eine lange Tradition. Die verschiedenen Zuchtgebiete lieferten bis zum Zweiten Weltkrieg Warmblüter für verschiedene Einsatzbereiche. Nach dem Krieg spezialisierten sich alle Zuchtgebiete auf die Sportpferdezucht und vereinheitlichten das Zuchtziel. Besonders erfolgreich im Sport sind Hannoveraner und Westfalen

Einheitliche Zuchtziele

In Deutschland liegt die Pferdezucht in der Hand verschiedener Pferdestammbücher. So nennen sich die Zuchtorganisationen, die Westfalen, Hannoveraner, Hessen oder eine der anderen »Warmblutrassen« betreuen. Das Wort »Rassen« steht hier in Anführungszeichen, weil die betreuten Pferde nicht wirklich zu verschiedenen Rassen gehören. Ihre unterschiedlichen Namen gehen auf Zeiten zurück, in denen die Zuchtziele für das Deutsche Reitpferd noch nicht vereinheitlicht waren, und orientieren sich auch an den jeweiligen Bundesländern. Das Brandzeichen verrät also in erster Linie, ob das Pferd im Norden oder Süden des Landes geboren wurde. Über seine Abstammung gibt es nicht unbedingt Auskunft, denn die Stammbücher arbeiten zusammen. Wer möchte, kann zum Beispiel seine Hessenstute von einem Hengst aus Westfalen oder Brandenburg dekken lassen.

Gut betreute Zucht

Wenn man sich trotzdem noch zu keinem gemeinsamen Verband zusammengeschlossen hat, so gibt es dafür durchaus vernünftige Gründe. Die Zuchtorganisation im eigenen Bundesland ist für den einzelnen Züchter ein-

Der berühmte Rembrandt ist ein Westfale

Ein gekörter Hengst

fach näher als eine, die ihren Sitz vielleicht 800 Kilometer entfernt hat. Deutsche Züchter haben es nie sehr weit zum Fohlenbrennen, zur Hengstkörung oder einer Zuchtschau. Sie sind über das Hengstangebot im eigenen Bundesland besser informiert, als sie es über den deutschen Gesamtbestand jemals sein könnten, finden leicht Ansprechpartner unter anderen Züchtern und fachkundige Beratung. Das System hat sich hervorragend bewährt, und es gibt keinen Grund, davon abzugehen. Außerdem haben die alten Namen Tradition. Wer möchte schon ein »Deutsches Warmblut«, wenn er auch einen Hannoveraner, Westfalen oder Zweibrücker haben kann?

Der Baden-Württemberger
Die Württemberger Warmblutzucht wurde stets schwerpunktmäßig vom Haupt- und Landgestüt Marbach an der Lauter betrieben. Nachdem man zunächst ein eher grobes Wirtschaftspferd züchtete, setzte man später Anglo-Normänner und vor allem Trakehner ein, um die Zucht zu veredeln und in Richtung »Sportpferd« zu wandeln. Der moderne Baden-Württemberger ist oft etwas kleiner als die meisten deutschen Reitpferde, er liegt im Stockmaß um 165 cm. Trotzdem ist er erfolgreich im Dressur- und Springsport. Die optimalen Aufzuchtbedingungen mit Herdenhaltung in Marbach machen ihn weiterhin zu ei-

Wir mögen Dich

Viele Warmblüter sind gute Polizeipferde

nem empfehlenswerten, robusten und ausgeglichenen Freizeitpferd.

Das Bayerische Warmblut
Die bayerische Pferdezucht gehört zu den ältesten in Deutschland. Bekannt war vor allem der Rottaler, ein schweres Warmblut, das sich als Reit- und Wagenpferd gleichermaßen eignete. Es wurde bereits im Mittelalter geschätzt. Gegen Ende des 18. Jahrhunderts wünschte man sich dann ein leichteres Pferd für militärische Zwekke und kreuzte Halbblüter und iberische Pferde ein. Später züchtete man mit westfälischen und hannoverschen Hengsten Pferde mit Dressur- und Springveranlagung. Neben der Sportpferdezucht bemühen sich Freizeitreiter aber auch um die Wiederbelebung der uralten Rasse des Rottalers.

Der Brandenburger/ Mecklenburger
1787 wurde in Neustadt an der Dosse das Friedrich-Wilhelm-Gestüt gegründet, es ist bis heute das Zentrum der Brandenburger und Mecklenburger Warmblutzucht. Zuchtziel war ein vielseitiges, vor allem für die Kavallerie nutzbares Reit- und Fahrpferd. Man kreuzte dazu englische Halbblüter und Araber mit bodenständigen Stuten und arbeitete oft mit dem berühmten Gestüt Trakehnen zusammen. Auch Achal-Tekkiner wurden als Veredler eingesetzt. Nach dem Zweiten Weltkrieg machte die DDR-Füh-

rung Neustadt zum »volkseigenen Gestüt«, auf dem man durch Einkreuzung von Hannoveranern, Trakehnern und Vollblütern das Edle Warmblut züchtete. Heute präsentieren sich die Pferde im eleganten, leichten Warmbluttyp mit besonders viel Charme und Ausstrahlung.

Der Hannoveraner

Im Jahre 1714 heiratete der Regent des Kleinstaates Hannover die Königin von England, und Hannover wurde Mitglied des Britischen Königreichs. Das führte zum Import vieler englischer Voll- und Halbblutpferde nach Norddeutschland und ihrer Kreuzung mit bodenständigen Pferden. Der Hannoveraner entsprach somit schon dem Typ des edlen Dressur- und Springpferdes, als andere Zuchtgebiete gerade erst mit der Zuchtumstellung begannen. Hannoveraner Hengste brachten ihren Typ in viele andere deutsche Zuchtlinien ein. Das Landgestüt Celle züchtete erstklassige Reit- und Kavalleriepferde, und die Kavallerieschule in Hannover war berühmt für ihre hervorragend ausgebildeten Pferde und ihre guten Reiter. In der Springpferdeausbildung arbeitete sie früh nach den Lehren des Federico Caprilli. Heute gehören Hannoveraner zu den erfolgreichsten deutschen Sportpferden.

Junge Warmbluthengste

Hessisches Warmblut

Auch das hessische Landgestüt Dillenburg besteht bereits seit 1770. Wie in allen anderen Zuchtgebieten züchtete man zunächst Wirtschaftspferde, wobei viel mit Hengsten oldenburgischer und ostfriesischer Blutführung gearbeitet wurde. Bei der Umstellung zur Sportpferdezucht nahmen hannoversche und westfälische Hengste großen Einfluß auf den Typ, später griff man auf Holsteiner und Oldenburger zurück, um das Pferd etwas kalibriger zu machen.

Der Holsteiner

Das Zuchtgebiet Holstein ist seit dem Mittelalter bekannt und wurde von den jeweiligen dänischen und norddeutschen Herrscherhäusern gefördert. Im 18. und 19. Jahrhundert schätzte man die damals eher schweren Pferde mit ihrer hoher Aktion in ganz Europa als angenehme Reit- und Wagenpferde. Der französische Reitmeister Guérinière rühmte ihre Begabung für die Klassische Dressur. Heute züchtet man den Holsteiner allerdings ganz im Sinne des Deutschen Reitpferdes: Leichter und im Hinblick auf einen erfolgreichen Einsatz im Dressur- und Springsport.

Komm, spiel mit mir!

Der Oldenburger

Auch der Oldenburger war schon im 15. Jahrhundert bekannt und wurde zur Zeit des Barocks als schweres, aber edles Reitpferd geschätzt. Da-

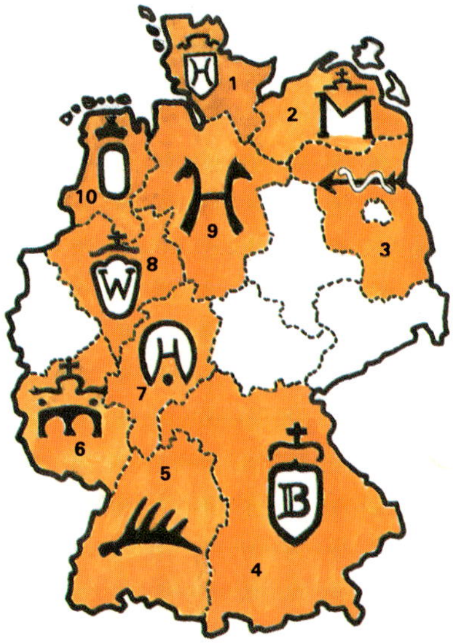

Auf dieser Karte seht ihr die Brandzeichen der Deutschen Warmblutpferde

1. ***Schleswig-Holstein***
2. ***Mecklenburg-Vorpommern***
3. ***Berlin-Brandenburg***
4. ***Bayern***
5. ***Baden-Württemberg***
6. ***Rheinland-Pfalz – Saar***
7. ***Hessen***
8. ***Westfalen***
9. ***Hannover***
10. ***Oldenburg***

Hannoveraner

Die Stute »Feine Dame« in der Vielseitigkeitsprüfung

mals wurden häufig altfriesische Pferde, englische, dänische und iberische Pferde eingekreuzt, um einen barocken Typ zu erhalten. Im 19. Jahrhundert veränderte man die Rasse im Hinblick auf ein schweres Wagen- und Wirtschaftspferd. In den letzten Jahrzehnten erfolgte aber auch beim Oldenburger die Umstellung auf den modernen Sporttyp. Die kräftigen Pferde sind vor allem beim Springen erfolgreich.

Der Westfale

Westfalen kann eine besonders lange Pferdezuchttradition aufweisen. Schon zur Römerzeit züchtete man hier Reit- und Fahrpferde, und in den Moor- und Waldgebieten gab es kleine, wilde Pferde wie zum Beispiel das Dülmener Wildpferd.

Bis zum Zweiten Weltkrieg war zudem auch die rheinisch-westfälische Kaltblutzucht berühmt. Die Warmblutzucht nahm eigentlich erst danach ihren Aufschwung, war aber sofort ausgesprochen erfolgreich. Mit Hilfe von Trakehnern, Hannoveranern und Vollblütern entstand ein in aller Welt beliebtes und auch sehr erfolgreiches Dressur- und Springpferd. Viele der westfälischen Pferde wurden mit ihren Reitern schon Welt- und Europameister in beiden Disziplinen.

Der Zweibrücker

Der Zweibrücker hat seinen Namen vom Herzogtum Zweibrücken, das früher auf dem Gebiet des heutigen Rheinland-Pfalz-Saar bestand. Das Stammgestüt Zweibrücken wurde 1755 gegründet, und man züchtete schwerpunktmäßig mit orientalischen Hengsten und englischen Stuten. In der Folgezeit litt das Gestüt jedoch sehr unter den Kriegswirren: In den napoleonischen Kriegen entführten die Franzosen Pferde, später, in den Befreiungskriegen, die Preußen und Österreicher. Die verbleibenden Pferde waren nicht die besten, und so gab es erst einen Aufschwung, als die Bayern 1890 finanziell aushalfen. Auf Trakehner-, Hannoveraner- und Westfalenbasis züchtet man heute Freizeit- und Sportpferde.

Ideal für jedes Alter
Welsh-Ponys

Wenn im Ponyclub ein Reitturnier stattfindet, hat Mrs. Miller immer alle Hände voll zu tun. Zunächst muß sie John, ihren Jüngsten, durch die Führzügelklasse bringen. Bei dieser Turnierklasse für die ganz Kleinen wird das Pony von einem Erwachsenen geführt, und die Richter achten dabei nicht nur auf die Einwirkungen des Kindes, sondern auch auf den Pflegezustand des Ponys und auf die ordentliche Turnierkleidung von Mutter und Kind. Letzteres stellt für Mrs. Miller oft das größte Problem dar. Es ist fast ein Ding der Unmöglichkeit, den fünfjährigen Johnny daran zu hindern, seine schöne Reithose schmutzig zu machen!

Wie gut, daß wenigstens das Pony sehr zuverlässig ist. Pittypat, die weiße Welsh Mountain-Stute, kennt die Aufgaben der Führzügelklasse schon in- und auswendig. John ist schließlich das dritte Kind der Familie Miller, dem sie die Anfänge des Reitens beibringt.

Nach der Führzügelklasse starten die Reiterspiele – in England »Mounted Games« genannt. Mrs. Millers Tochter Clara und ihr Welsh B-Pony Starlight mischen hier kräftig mit, und während die Mutter noch das Kleid für's Kostümreiten ordnet, haben die beiden schon drei Schleifen eingeheimst. Zuletzt muß der ältesten Tochter, Judy, Mut gemacht werden. Judy startet in diesem Jahr zum ersten Mal mit ihrem neuen Pferd. Der Welsh C-Wallach Gawen ist erst vier Jahre alt, und Judy hat ihn selbst ausgebildet.

Die Millers sind eine typische englische Pony-Club-Familie. Reitunterricht für Kinder auf Ponys hat auf den britischen Inseln eine lange Tradition, und es gibt viele Ponyrassen, unter denen Eltern und Kinder wählen können. Besonders beliebt und vielseitig sind dabei die Welsh-Ponys, die in verschiedenen Größen gezüchtet werden. Man teilt sie in »Sektionen« ein: A, B, C und D.

	Welsh-Pony
Stockmaß	Je nach Sektion zwischen 120 und 148 cm
Exterieur	Während das Welsh-Mountain-Pony klar im Ponytyp steht, sieht das Welsh B-Pony eher wie ein kleiner Vollblüter aus. Welsh-Ponys im Cob-Typ sind wieder kalibriger mit kräftigen Beinen, hoher Aufrichtung und einer lockigen Mähne
Farbe	Alle Grundfarben vertreten, besonders beim Welsh C auch Isabellen und Falben, aber keine Schecken
Herkunft	Britische Inseln, Wales
Wissenswertes	Ideale Reitpferde für Kinder und Jugendliche. Besonders in Großbritannien schätzt man das Welsh Mountain-Pony als Einsteigerpferd, das Welsh-B als Turnierpferd und das Welsh Pony im Cob-Typ als kompaktes, vielseitiges Freizeitpferd für die ganze Familie. Die Ponys aller Sektionen sind auch gut für den Fahrsport geeignet

Das Welsh-Mountain Pony

Die Ponys der Sektion A sind die Zwerge der Welsh-Familie. Diese kleinen, kompakten Ponys sind seit Jahrhunderten heimisch im Bergland von Wales. Trotz ihrer geringen Größe von etwa 120 cm zeigen sie raumgreifende Gänge und immer gutes Springvermögen. Sie werden vor allem als »Einsteigerponys« für kleine Kinder geschätzt, sind aber auch anspruchsvolle Fahrpferde.

Reitponys der Sektion B

Das Welsh-Pony der Sektion B ist ein elegantes Reitpony, das im Vollblut-Typ steht. Diese kleinen Pferde bringen viel Temperament mit, und sein Reiter oder seine Reiterin sollte daher schon über einige Erfahrung im Umgang mit Pferden verfügen. Ideal sind die Welsh B-Ponys als Turnierponys für Kinder, sie eignen sich für Dressur und Springen. Ihr Stockmaß liegt zwischen 130 und 137 cm.

Welsh C – Ponys im »Cob-Typ«

Als Welsh C bezeichnet man ein Pony, das aus der Anpaarung eines Welsh A- oder B-Ponys mit einem Welsh-Cob hervorging. Welsh-Cobs, auch Welsh Sektion D genannt, sind die größten Welsh-Ponys. Es sind kräftige, kalibrige Reit- und Fahrpferde, die mühelos auch Erwachsene tragen. Ihren Nachkommen vererben sie ihren starken und harmonischen Körperbau und ihre hohe Aufrichtung. Die Köpfe der Ponys im Cob-Typ sind meist klein und fein, der Behang üppig und lockig.

Welsh-Ponys haben oft sehr hübsche Gesichter

Hohe Sprünge mit Pferden

Der moderne Springsport hat seine Wurzeln in der Reiterei des Militärs und der Jagdreiterei. Sowohl im Krieg als auch auf der Jagd konnte man sich nicht darauf verlassen, überall gut begehbare Wege vorzufinden. Man mußte sein Pferd schon einmal querfeldein lenken und Baumstämme, Bäche oder Zäune überwinden.

Das wollte geübt sein, und so begann man schon früh in der Geschichte der Reiterei, künstliche Hindernisse zu bauen und die Pferde darüber zu reiten. Am Anfang wird man dabei nicht sehr auf den Stil geachtet haben – »Hauptsache hinüber« war die Devise. Das änderte sich, als das Reiten zum Sport wurde. Die ersten, die sich Gedanken über einen speziellen Springsitz machten, waren die Engländer. Sie sprangen bevorzugt auf Jagden hinter dem lebenden Hirsch oder Fuchs, und wenn man dabei herunterfiel, war das nicht ungefährlich. Also entwickelten sie einen möglichst »sicheren« Springsitz. Sie setzten sich fest in den Sattel, neigten den Oberkörper nach hinten und drückten die Beine in den relativ langen Steigbügeln gestreckt nach vorn. Für die Pferde war dieser Sitz alles andere als angenehm. Der Reiter behinderte ihren Bewegungsablauf und fiel ihnen in den Rücken.

Dabei ist Springen ohnehin keine Lieblingsbeschäftigung von Pferden. Die Überwindung von Hindernissen gehört nicht zu ihrem natürlichen Verhaltensrepertoire. Stellt man ihnen frei, ob sie springen oder einen Sprung umgehen wollen, so wählen sie fast immer letzteres. Wenn ein Pferd unter dem Reiter trotzdem springt, so tut es das aus Zwang oder als Folge einer langen, überlegten Ausbildung, die Springfreude und -sicherheit zum Ziel hat. Darum bemühte sich gegen Ende des letzten Jahrhunderts ein italienischer Offizier namens Caprilli. Dem war nämlich aufgefallen, daß häufig gesprungene Kavalleriepferde zu frühem Verschleiß neigten, und überlegte nun, wie man dem abhelfen konnte.

Springfreude fördern

Wenn wir heute von Federico Caprilli hören, so hauptsächlich im Zusammenhang mit dem von ihm entwickelten, neuen Springstil. Der Caprilli-Sitz erlaubte dem Reiter, in der Bewegung des Pferdes mitzugehen ohne sie zu behindern. Dazu schnallte man die Bügel kürzer, setzte den Fuß sicher in den Steigbügel, um ein festes Fundament zu haben, und ging während des Sprungs bei vorgeneigtem Ober-

Bereit für die Führzügelklasse

Der Springsport entwickelte sich aus der Jagdreiterei

Im Springsport geht es über hohe Hürden

Freiwillig springen Pferde nur selten

körper »in die Hocke«. Die Hände konnten dabei vorgehen und dem Pferd den Kopf freigeben. Das Pferd sprang eleganter und kam leichter über höhere Hindernisse.

Der andersartige Sitz war jedoch nicht alles, was Caprillis neue Methode auszeichnete. Mindestens ebenso wichtig war die sensible Hinführung des Pferdes zur Springfreude. Statt es einfach über ein Hindernis zu peitschen, wurde es mit kleinen Sprüngen und gymnastizierenden Übungen langsam und systematisch auf den Einsatz als Springpferd vorbereitet. Caprilli hatte damit sensationelle Erfolge. 1902 stellte er einen Hochsprungrekord von 2,08 m auf, um die Richtigkeit seiner Methode zu beweisen. Ohne Absicht wurde er damit zu einem der Begründer des »Schneller, höher, weiter«-Prinzips, das den heutigen Springsport für viele Reiter ausmacht.

Springsport

Das moderne Parcoursspringen entwickelte sich aus dem Versuch, die englische Jagdreiterei für Zuschauer interessant zu machen. Damit nicht nur die Reiter, sondern auch das Publikum auf ihre Kosten kamen, verlegte man Ende des 19. Jahrhunderts die beliebten Querfeldeinrennen auf einen Rundkurs und schließlich auf kleinere, speziell angelegte Plätze.

Heute ist der Springsport die publikumswirksamste Pferdesportart überhaupt. Viel leichter als zum Beispiel beim Dressursport kann der Zuschauer hier den Stand des Wettbewerbs nachvollziehen, denn es geht nicht um den Reitstil, sondern nur darum, ob das Pferd fehlerfrei über die Hürden kommt.

Für die Pferde im Springsport hat dieses Reglement verhängnisvolle Folgen. Die pferdefreundliche Reiterei Federico Caprillis war nämlich schnell vergessen, als es erst einmal um Rekorde, Meistertitel und hohe Gewinnsummen ging. Zwar orientiert man sich heute noch ansatzweise an dem von ihm geprägten Sitz, aber in Vollendung beherrscht kaum noch einer der modernen Springreiter Caprillis Kunst.

Wenn ihr ein Springturnier oder ein im Fernsehen übertragenes Springen einmal aufmerksam verfolgt, so werden euch die groben Fehler der Reiter auch dann auffallen, wenn ihr noch zu den Reitanfängern gehört. Selbst die »Großen im Sattel« reißen hemmungslos an den Zügeln, fallen ihren Pferden ins Kreuz und traktieren sie mit scharfen Gebissen und Sporen. Auch die Ausbildungsmethoden, denen die meisten Springpferde heute unterworfen werden, hätte Caprilli abgelehnt. In der Regel werden

Der korrekte Springsitz ist sehr wichtig

die Pferde zu früh und mit Gewalt ans Springen herangeführt. Oft peitscht man schon junge Tiere beim »Freispringen« brutal über die Sprünge in der Reithalle.

Ein schlechtes Licht auf den modernen Springsport wirft auch die immer wieder aufflammende Diskussion über das »Barren« als zulässige Ausbildungsmethode. Man barrt ein Pferd, indem man ihm eine Stange gegen das Röhrbein schlägt, während es über ein Hindernis springt. Das Pferd wird also bestraft, obwohl es sich angestrengt und den Sprung richtig taxiert hat. Beim nächsten Mal wird es die Beine noch höher heben – und wahrscheinlich trotzdem einen neuen Schlag erhalten. Solche unfairen Ausbildungsmethoden irritieren das Pferd und zerstören letztlich seine Seele. Kein wirklicher Tierfreund kann sie ernstlich gutheißen oder entschuldigen!

So geht es auch

Besinnung auf alte Werte

Zum Glück sind die Lehren Caprillis noch nicht bei allen Reitern vergessen. Hierzulande kämpft vor allem der alte Reit- und Springlehrer Rolf Becher mit Elan für eine Wiederbelebung der alten Schule. Seine »Chiron-Bewegung« ist nach einer Gestalt aus der griechischen Sage benannt. Der Zentaur Chiron war halb Pferd und halb Mensch, und auch die Chiron-Springreiter wollen wieder zu einer Einheit zwischen Pferd und Mensch im Springparcours finden. Um die Sportwelt auf sich aufmerksam zu machen, zeigen sie Übungen wie die Überwindung auch hoher Hindernisse ohne Zaumzeug und Zügel und lassen ihre furchtlosen Pferde über witzige Hürden wie gedeckte Tische oder einen Wasserstrahl setzen.

Wirklich durchsetzen wird sich ihre neue, alte Methode zur Schulung von Springpferden aber sicherlich erst, wenn entsprechend ausgebildete Reiter und Pferde auf großen Springturnieren siegen.

Temperamentvolle Athleten

Anglo-Araber

Das große, edle Pferd tänzelt nervös, bevor sich ihm das Tor zum Springparcours öffnet. Seine Reiterin redet ihm gut zu, aber sie braucht trotzdem viel Kraft, um den Wallach im ruhigen Galopp zu halten, bis der Start frei wird. Da endlich ertönt die Startglocke. Der Anglo-Araber verlängert seine Galoppschritte. Kraftvoll und doch leichtfüßig geht er das erste Hindernis an und fliegt hinüber. Seine Reiterin, eine junge Französin, lenkt ihn mit leichter Hand. Mit etwas Glück wird sie dieses Springen gewinnen. Wenn ihr das Temperament und die Nervosität ihres hochblütigen Pferdes keinen Strich durch die Rechnung machen …

Wie viele moderne Sportpferderassen entstand auch der Anglo-Araber aus gezielten Kreuzungen alter, bewährter Pferderassen. In seinem Fall kreuzte man arabische mit englischen Vollblutpferden und hoffte, dadurch Pferde mit besonders viel Leistungsbereitschaft, Härte und Ausdauer zu erhalten. Tatsächlich ist der Anglo-Araber ein elegantes und zudem sehr leistungsstarkes Sportpferd mit hervorragender Dressur- und Springveranlagung. Er ist kalibriger als die Ausgangsrassen und ähnelt im Exterieur eher dem edlen Warmblut als dem Vollblut. Hier war die Vermischung zweier Rassen sehr erfolgreich.

Anglo-Araber

Stockmaß	155–165 cm
Exterieur	Nobles, feingliedriges Rechteckpferd, meist im Typ des leichten Warmbluts
Farbe	Alle Grundfarben vertreten, Schimmel häufig
Herkunft	Frankreich, Polen
Wissenswertes	Anglo-Araber entstammen der Kreuzung von Arabern mit englischen Vollblutpferden. Sie müssen mindestens 25 % Araberblut führen. Anglo-Araber sind begabte Sportpferde mit hohem Temperament. Viele Vertreter der Rasse haben sich besonders im großen Springsport einen Namen gemacht

Französische Zucht

Die Hauptzuchtgebiete des Anglo-Arabers liegen in Frankreich und in Polen. In Frankreich begann man schon im Jahr 1835 mit den ersten Kreuzungsversuchen zwischen den Vollblutrassen und züchtet bis heute erfolgreiche Renn- und Turnierpferde. Dabei muß der französische Anglo-Araber mindestens 25% Araberblut führen. Zur Unterscheidung von anderen Vollblut- und Warmblutrassen tragen die Anglo-Araber ein X hinter ihrem Namen.

Heftiges Temperament

Die schnelle Züchtung hervorragender Sportpferde durch Kreuzung alter Rassen forderte auch beim Anglo-Araber ihren Preis. Wie bei anderen Kreuzungsprodukten sind es Temperamentsprobleme, die den Pferden und ihren Reitern das Leben schwer machen. Als Nachkommen der ohnehin schon lebhaften und sensiblen Vollblutrassen neigen Anglo-Araber zu einem übermäßigem Vorwärtsdrang und manchmal auch zur Schreckhaftigkeit. Sie brauchen deshalb geduldige, einfühlsame Reiter und Pfleger, die ihre Nervosität auffangen. Im Springparcours wird ihr Temperament aber oft noch angeheizt und dann mit scharfen Gebissen gebremst.

Im Freizeitbereich finden sich im deutschsprachigen Raum eigentlich nur wenige Anglo-Araber, dazu ist die Rasse nicht genügend verbreitet. In Frankreich und England sieht das aber ganz anders aus. Besonders in Großbritannien sind die leichten, sensiblen Pferde bei reiterfahrenen Mädchen und Frauen sehr beliebt, die mit ihnen auch meist gut zurechtkommen und oft erfolgreich an Turnieren teilnehmen.

Sportlich wie die Großen
Deutsche Reitponys

Der Reitponywallach Sonnyboy sieht einfach hinreißend aus. Er ist ein kleiner Brauner von leichtem, aber sehr harmonischem Körperbau. Sein Kopf wirkt fast so edel wie der eines Arabers, aber er hat den spitzbübischen Blick und die dichte Mähne eines Ponys. Berit kann es kaum erwarten, Sonnyboy endlich wieder reiten zu dürfen. Wie schön wäre es, ihn als eigenes Pferd zu haben! Aber Sonnyboy gehört Manuela, einem kleinen Mädchen aus der Anfängerabteilung. Berit darf nur mit ihm arbeiten, damit er ruhiger und gefügiger wird. Das Pony hat nämlich ein etwas stürmisches Temperament, und damit ist Manuela, die noch nicht so gut reitet, überfordert ...

Bei der Entstehung der Rasse »Deutsches Reitpony« hatten die Zuchtverbände das Vorbild des »British Riding Pony« im Auge. Man wollte ein Turnierpferd für Kinder schaffen, das dem großen Warmblutpferd so ähnlich wie möglich sieht. Es sollte raumgreifende Gänge zeigen und über ein möglichst gutes Springvermögen verfügen.

Deutsches Reitpony (DRP)

Stockmaß	130–148 cm
Exterieur	Elegantes, kleines Pferd im Warmbluttyp
Farbe	Alle Grundfarben, selten Schecken
Herkunft	Deutschland
Wissenswertes	Das Deutsche Reitpony wird in den verschiedenen deutschen Zuchtgebieten als Kinderreitpferd gezogen. Die Rasse entstand auf der Basis von robusten Ponystuten, englischen Reitponys und Arabern. DRPs werden schwerpunktmäßig im Spring- und Dressursport eingesetzt

Bin ich nicht hübsch?

Diese Zuchtziel sollte durch die Kreuzung einheimischer Ponystuten mit englischen Reitponyhengsten erreicht werden. Auch Araberhengste wurden zur Veredelung eingesetzt, obwohl sie etwas groß für die Ponyzucht sind. Die Stuten, die man in den sechziger Jahren in Deutschland vorfand, waren oft recht klein und standen im Shetlandpony- oder Fjordpferdetyp. Ihre Nachkommen mit Araberhengsten blieben deshalb im erwünschten Stockmaß unter 148 cm.

Hohes Temperament

Durch die Arabereinkreuzung erhielt man schnell den angestrebten Ponytyp. Viele Reitponys sehen dem Vollblut heute noch ähnlicher als dem Warmblut und bestechen durch ihr elegantes Gebäude und ihre schwebenden Gänge.

Viel schwieriger gestaltete sich die Zucht in Bezug auf den Charakter. Als Kinderreitpferd sollte die neue Ponyrasse über ein möglichst ausgeglichenes Gemüt verfügen, aber das wurde durch die vielen Araber im Stammbaum nicht unbedingt gefördert. Auch das Deutsche Reitpony war eine im Temperament eher schwierige Rasse. Inzwischen hat sich das etwas gebessert, denn man züchtet nun hauptsächlich mit Reitponyhengsten, und der Vollblutanteil in der Rasse sinkt. Die meisten Deutschen Reitponys brauchen aber immer noch erfahrene Reiterinnen und Reiter.

Erfolgreich im Sport
Für Kinder, die das Anfängerstadium überwunden haben, gibt es jedoch kaum ein besseres Sport- und Turnierpony als die kleinen Warmblüter aus deutschen Zuchten. Wie ihre großen Verwandten zeigen sie außerordentliche Dressureignung und Springbegabung. Beim Freispringen überwinden sie lässig Hindernisse, deren Höhe ihr eigenes Stockmaß erheblich übersteigt. Ihre Züchter führen das gern vor, obwohl es der Gesundheit der meist leicht gebauten Tiere nicht gut tut. Überforderung führt bei Reitponys ebenso zu frühen Verschleißerscheinungen der Beine wie bei den großen Sportpferden.

Reitponys im Freizeitsport
Kalibrigere Exemplare des Deutschen Reitponys sieht man auch unter erwachsenen Reitern. Hier sind sie besonders im Distanzsport erfolgreich. Die langen Strecken kommen ihrem oft hitzigen Temperament entgegen, und ihre Puls- und Atemwerte sind meist genausogut wie die ihrer arabischen Vorfahren.

Verschiedene Brandzeichen
Die Zucht des Deutschen Reitponys wird von den Zuchtverbänden der verschiedenen Bundesländer betreut. Verschiedene Brandzeichen weisen auf das Land hin, in dem die Pferde gezogen wurden.

Erfolgreich im Turniersport – Deutsche Reitponys

Von Märchen und Quadrillen

Viele Reiter haben Freude daran, ihr Pferd auf Turnieren vorzustellen und Schleifen zu gewinnen. Aber auch reines Schaureiten kann einen Riesenspaß machen. Quadrillen in bunten Kostümen, Einzelvorführungen von ungewöhnlichen Pferden und Reitweisen oder die Entführung des Publikums in andere Reiterländer … der Phantasie der Schaureiter sind keine Grenzen gesetzt.

Bunte Quadrillen begeistern die Zuschauer

Quadrillen
In den meisten Reitställen gibt es Reiter, die zu Weihnachten oder als Schaueinlage beim Vereinsturnier gelegentlich eine Quadrille einüben. Dazu werden in der Abteilung genau bestimmte Hufschlagfiguren zu einer ausgewählten Musik geritten. Die Reiter lassen die Pferde mal hinter- und mal nebeneinander gehen, mitunter trennt sich die Abteilung und die beiden Gruppen kreuzen effektvoll in der Mitte der Reitbahn. Je mehr Reiter mitmachen, desto interessantere Figuren können geritten werden.

Im Grunde ist Quadrillereiten angewandte Dressurreiterei. Wie die Reiter des Barocks zeigt man das, was man gelernt hat, in festlichem Rahmen.

Eine wichtige Rolle spielt dabei die Musikauswahl. Bei einer guten Quadrille ergänzen sich Musik, Kostüme und Choreographie zu einem Gesamtvergnügen für den Zuschauer. Dabei kann die Musik durchaus fetzig sein! Viele junge Quadrillereiter bevorzugen Rock- und Pop-Musik vor den althergebrachten Märschen.

Können effektvoll vorgeführt
Das Pferd folgt seiner Reiterin fast völlig »nackt« in den Schauring. Statt Sattel und Zäumung trägt es nur ein rotes Bändchen um den Hals. Trotzdem möchte es aber offensichtlich ge-

Märchenhafte Kostüme

ritten werden. Es legt sich vor seiner Herrin hin und fordert sie zum Aufsteigen auf. Dann zeigen die beiden zu fröhlicher Musik eine kleine Dressuraufgabe!

Claus Penquitt sitzt mit Sattel, aber ohne jegliche Zäumung auf seinem Araberhengst.

»Reiten ist ganz einfach!« erklärt er den Zuschauern. »Wenn ich die rechte Augenbraue hebe, geht er Rechtsgalopp, jetzt hebe ich die linke, und er springt um!«

Auf absolut unsichtbare Hilfen seines Reiters wechselt der Hengst den Galopp, traversiert und zeigt andere Aufgaben der gehobenen Dressur.

Das Publikum applaudiert begeistert. Wieder sind Tausende von Zuschauern von sanfteren, gewaltlosen Reitweisen überzeugt worden.

Natürlich hätten diese Reiter ihre Kunst auch auf einem Turnier zeigen können. Der Auftritt im Schauprogramm macht ihnen aber einfach viel mehr Spaß.

Für viele Zuschauer ist es viel amüsanter, den Connemara-Wallach Golden Dandy durch Reifen springen zu sehen oder ihn beim Seilspringen zu beobachten, als eines der üblichen Parcoursspringen zu verfolgen. Und Hohe Schule, mal nicht von edlen Lipizzanern, sondern von Mini-Shetlandponys gezeigt, reißt jeden zu Begeisterungsstürmen hin.

Träume aus anderen Welten

Die Reiter schreien laut auf und schießen Platzpatronen ab, aber ihre buntgeschmückten Berber nehmen den Krach gar nicht zur Kenntnis. Die temperamentvollen Pferde brennen darauf, gleich loszustürmen und mit ihren Reitern maurische Reiterkämpfe nachzuahmen.

Eine Reiterin läßt ein Falkenweibchen fliegen und das Publikum versinkt in den Träumen vom Zelter des Mittelalters. Gleich darauf zeigt ein Reiterpaar in historischen Kostümen das Pferdeballett des Barocks. Eine Gruppe von Islandpferdereitern nimmt die Zuschauer mit auf einen Ritt durch das unwirtliche Hochland der Polarinsel. Tennessee Walking Horses gleiten zur Musik aus »Vom Winde verweht« durch die Halle und beschwören Südstaatenromantik …

Schaureiten kann und will Reiter und Zuschauer zum Träumen anregen. Es bringt Vielfalt und Farbe in den Reitsport. Wenn ihr also ein eigenes Pferd habt, oder wenn euer Reitlehrer oder eure Reitlehrerin für neue Ideen aufgeschlossen ist, dann denkt euch doch selbst mal eine Schaunummer aus! Bunte Quadrillen oder ein Märchenspiel, bei dem Reiter und Pferde als Darsteller wirken, kommen beim Weihnachtsreiten oder auf dem nächsten Turnier bestimmt gut an!

Perfekte Show – »Pegasus« in der Reitbahn

Pferde der Mauren

Berber

Als die Ritter des Mittelalters zum Kreuzzug aufbrachen, um die Mauren aus ihren heiligen Stätten zu vertreiben, trafen sie auf Reiter und Pferde, deren Aussehen und Kampftechnik im völligen Gegensatz zu der ihren standen.

Die wendigen und hervorragend geschulten Berber-Pferde unter ihren von keiner Rüstung beschwerten Reitern boten keine Angriffspunkte. Ihre blitzschnelle Galoppade, die Wendungen aus dem Stand, plötzliches Stoppen und ebenso rasches Wiederantreten brachten die eher unbeweglichen Ritter völlig aus der Fassung.

Falkenjagd als Schaubild

Bis weit ins 17. Jahrhundert hinein wurden Berber praktisch nur im Krieg eingesetzt. Die engen Beziehungen zwischen ihrer Heimat Nordafrika und Frankreich brachte dann aber einige von ihnen in die Reitschulen der barocken Fürstenhöfe, wo sie schnell Freunde fanden. Die Pferde erwiesen sich als freundlich, gelehrig und gut geeignet für die Klassische Reitkunst.

Harte, gelassene Pferde

Der häufige Kriegseinsatz des Berbers ließ ihn zwangsläufig zu einem ausdauernden, leistungsstarken Pferd

	Berber
Stockmaß	Ca. 155 cm
Exterieur	Mittelgroßes, schmales Pferd im Vollbluttyp, trockener Kopf, mitunter Neigung zum Ramskopf, beim alten Typ oft starker, gebogener Hals, trockene, starke Gliedmaßen, oft abfallende Kruppe
Farbe	Alle Grundfarben, besonders häufig Schimmel
Herkunft	Nordafrika, Algerien
Wissenswertes	Sehr alte Rasse, von den Beduinen Nordafrikas hauptsächlich bei Kriegen und Überfällen eingesetzt, äußerst leistungsfähig und robust, dabei nervenstark. Heute als vielseitiges Freizeitpferd geschätzt

mit eisernen Nerven werden. Im Gegensatz zu den verwandten Araberstämmen setzten die Beduinen Nordafrikas im Krieg vor allem Hengste ein. Nur wer die Strapazen der Beutezüge überlebte, ging später in die Zucht.

Berber heute

In früheren Zeiten fanden Berber vor allem infolge von Kriegswirren den Weg nach Europa. Immer wieder wurden Hengste als Kriegsbeute importiert und nahmen dann Einfluß auf europäische Pferderassen.

Heute bringt man Berber als Freizeitpferde übers Meer, vor allem nach Frankreich und Deutschland. In Frankreich kreuzt man sie häufig mit Arabern, um ein geeignetes Pferd für lange Distanzen zu erhalten. In Deutschland schätzt man den Berber eher reinrassig und bildet ihn häufig in der Klassischen Reitweise aus. Dafür sind Berber des »alten Typs« besonders geeignet, Pferde mit mächtigen, geschwungenen Hälsen und hoher Aktion im Trab und Galopp.

Der neue, orientalische Typ des Berbers kann die Einkreuzung von arabischem Vollblut nicht verleugnen. Er ist eleganter, schmaler und zeigt mehr Raumgriff.

Beide Typen zeichnen sich durch weiche Gänge, Rittigkeit und Gelehrigkeit aus. Die harten Pferde der Wüste sind aber durchaus selbstbewußt, und besonders Hengste benötigen einen Reiter oder eine Reiterin, der oder die sich nicht auf der Nase herumtanzen läßt!

Seltenheit: Berberstuten

Mit der Zucht des Berbers außerhalb des Ursprungslandes ist es bislang noch nicht weit her. Das liegt in erster Linie am Mangel an Stutenimporten. Im Ursprungsland des Berbers dienen fast ausschließlich Hengste als Reitpferde, von denen man sich leichter trennt als von den wertvollen Zuchttieren. Die wenigen in Europa vorhandenen Stuten werden aber von ihren Besitzern eifrig zur Zucht genutzt, so daß inzwischen auch europäische Nachzucht zu sehen ist.

Dramatisch – Der Auftritt des Berberhengstes

Die kleinsten Stars
Mini-Ponys

Das kleinste Pferd der Welt ist der argentinische Falabella. Seine Züchter und Besitzer legen dabei größten Wert darauf, daß es sich bei dieser Zwergrasse nicht um ein Pony, sondern um ein Pferd handelt. Die Rasse entstand, indem man über mehrere Generationen hinweg stets die kleinsten Exemplare einheimischer Pferderassen miteinander paarte. Ihre Vertreter sind sehr teuer und in Europa äußerst selten.

Häufiger sieht man hierzulande das Mini-Shetlandpony. Auch diese Pferdchen entstanden durch sorgfältige Auswahl und überlegte Anpaarung, aber die Züchter hatten es viel leichter als ihre argentinischen Kollegen. Schließlich gehörte schon die Ursprungsrasse zu den Winzlingen der Pferdewelt.

Die Gefahr bei der Züchtung des Mini-Shettys ist stets, »Dackelpferde« mit überlangem Rücken und sehr kurzen Beinen zu erhalten. Shetlandponys neigen zu diesen Exterieurproblemen, zumal, wenn sie nicht aus besten Zuchtlinien stammen und während der Aufzucht knapp gehalten werden. Der unvorteilhafte Bau sieht dann nicht nur komisch aus, sondern begünstigt Rückenprobleme.

Ernsthafte Züchter des Mini-Shettys haben diese Schwierigkeiten aber längst überwunden. Durch Einkreuzung des leichteren, amerikanischen Shetlandponys erreichte man elegante, harmonisch gebaute Ponys, die vom Falabella-Pferdchen kaum zu unterscheiden sind. Sie werden in den verschiedensten Farben gezüchtet und besonders Palominos, Schecken und Tigerschecken finden immer neue Liebhaber.

Pferde für die Wohnstube?

»Diese Pferde kann man im Wohnzimmer halten!« jubelte einmal eine Frauenzeitschrift in einem Bericht über Falabella-Pferde in Österreich. Für die kitschige Reportage hatte man die Ponys auch tatsächlich ins Wohnzimmer geholt und zwischen Sofa und Zimmerpalme plaziert.

Wirkliche Pferdefreunde finden das nur albern! Mini-Ponys sind keine Spielzeuge, sondern Pferde wie alle anderen. Um sich glücklich zu fühlen, brauchen sie Gesellschaft, Auslauf und Beschäftigung. Aber was macht man mit einem so kleinen Pferd?

Lieblinge jeder Schau

Die Ponyfreunde vom Mini-Gestüt »Max und Moritz« in Herford und Hermann Wetehof, Mini-Züchter aus Bielefeld, haben ihre Antwort darauf längst gefunden. Ihre Kleinstpferdchen werden gefahren und am langen Zügel dressurmäßig gearbeitet. Hermann Wetehof bringt schon seinen Fohlen mit viel Liebe und Geduld Kunststückchen bei, die sie dann auf Messen und Schauen vor Publikum zeigen dürfen. Die kleinen Pferde zeigen sich dabei sehr gelehrig und sind mit Feuereifer bei der Sache.

	Mini-Pony
Stockmaß	40–60 cm
Exterieur	Sowohl beim Falabella-Pferd als auch beim Mini-Shetlandpony ist ein harmonischer Körperbau erwünscht. Beide stehen eher im Pony-Typ, obwohl man beim Falabella-Pferd ein vollblutähnliches Aussehen anstrebt
Farbe	Alle Farben, auch Schecken und Tigerschecken
Herkunft	Argentinien, Shetlandinseln
Wissenswertes	Mini-Ponys entstanden durch sorgfältige Zuchtwahl. Beim Falabella-Pony paarte man solange kleine Pferde, bis man das geringe Stockmaß erreichte, beim Mini-Shetty griff man auf möglichst kleine Exemplare der Rasse Shetlandpony zurück

Die kleinsten Pferde der Welt

Herbstzeit – Jagdzeit

Wenn es einen Sport mit Pferden gibt, der wirklich allen Beteiligten – Reitern, Pferden und Hunden – Spaß macht, so ist es das Jagdreiten. Hierzulande fühlen sich nicht einmal Füchse, Rehe und andere Bewohner des Waldes davon beeinträchtigt. Jagden auf dem europäischen Festland sind längst unblutige Veranstaltungen.

Die traditionelle Zeit für Schlepp- und Hubertusjagden ist der Spätsommer und Herbst. Das geht noch auf die Zeit zurück, in der man lebende Tiere verfolgte und dabei die Schonzeiten zu beachten hatte. Außerdem besteht im Spätsommer der große Vorteil, die Jagd über Stoppelfelder führen zu können. Im August und September können so auch Reitvereine Jagden veranstalten, deren Gelände sonst keine Gelegenheit zu langen Galopps in der Gruppe bietet.

Stelldichein

Wie alle Reitsportdisziplinen hat auch das Jagdreiten seine speziellen Fachausdrücke. Den Treffpunkt zur Jagd nennt man zum Beispiel »Stelldichein«. Die Reiter werden dort vom Jagdherren oder der Jagdherrin mit einem Bügeltrunk begrüßt und dürfen sich ins Jagdbuch eintragen. Natürlich besteht auch die Möglichkeit, die Pferde vor der Jagd warmzureiten. Beim Stelldichein erkennt man schon, ob diese Jagd hauptsächlich von erfahrenen Jagdreitern besucht wird, oder ob es sich eher um »Sonntagsreiter« handelt, die einmal im Jahr Jagdatmosphäre schnuppern wollen. Man sieht das an den verschlissenen oder neuen roten Jagdröcken der teilnehmenden Herren, aber vor allem an den Pferden. Erfahrene Jagdpferde sind aufmerksam, bleiben aber ruhig und gelassen, bis das Jagdhorn erschallt. Die Pferde der »Hallenreiter« fallen dagegen durch Nervosität auf.

Handelt es sich um eine echte Schleppjagd, so kann man beim Stelldichein auch die Hunde beobachten.

Die Hunde können den Start kaum erwarten

Im schnellen Galopp geht es los

Stelldichein auf dem freien Feld

Es gibt Schleppjagdvereine, die zur Wahrung der Tradition Jagdhundemeuten halten, betreuen und das ganze Jahr über trainieren. Sie reisen dann mit der Meute und einer Anzahl erfahrener Pferde und Reiter an, um die Jagd zu führen. Viele Reitvereine veranstalten aber auch nur Hubertusjagden ohne Hunde und bestimmen »Fuchs« und »Master« aus eigenen Reihen.

Dem »Fuchs« auf der Spur

Als man Jagden früher noch hinter lebenden Tieren ritt, nahmen die Hunde irgendwo im Wald die Spur eines Fuchses oder eines Hirsches auf und folgten ihr dann querfeldein. Die Reiter bemühten sich dabei, die Meute ja nicht aus den Augen zu verlieren und hetzten das Wild gemeinsam mit den Hunden so lange, bis die Meute es schließlich aufspürte.

Heute bringt man auf diese Art keine Wildtiere mehr zur Strecke. Statt dessen wird ein guter Reiter mit einem schnellen Pferd zum »Fuchs« bestimmt und erhält einen prächtigen Fuchsschwanz an die Schulter angesteckt. Bei Schleppjagden legt er eine Spur aus Heringslake, und die Hunde folgen dieser »Schleppe«. Bei Hubertusjagden bleibt der »Fuchs« in Sichtweite der Reiter und wird von ihnen querfeldein verfolgt. Am Schluß dieser Jagden erfolgt meist ein »Fuchsschwanzgreifen«, bei dem man dem »Fuchs« die Trophäe abjagen muß. Wer es als erster schafft, ist Sieger der Jagd.

Bei der Schleppjagd wird kein Sieger ermittelt. Hier endet alles festlich mit dem Blasen des »Halali« und der rituellen Fütterung der Hunde, dem »Curée«. Jeder beteiligte Reiter erhält einen »Bruch«, einen Zweig, den man früher in das Blut des erlegten Fuchses tauchte, und einen Jagdknopf. Hat man davon genügend gesammelt, um ein Jackett zu bestükken, darf man sich einen roten Rock zulegen. Frauen bleiben von diesem Brauch allerdings ausgeschlossen. Die Jagdreiterin startet traditionell im dunklen oder allenfalls in einem karierten Jackett.

Jagdregeln

Ansonsten sind die Damen bei der Schleppjagd aber gleichberechtigt und reiten auch häufig mit. Die Teilnahme von Frauen an Jagden, auch hinter dem lebenden Fuchs und Hirsch, hat eine lange Tradition. Schon bei der Falkenjagd im Mittelalter waren die hübschen Burgfräulein gern gesehen.

Heute findet man Frauen oft an der Spitze eines Jagdfeldes, einer Position, die traditionell der »Master« einnimmt. Am Master oder der »Mistress« vorbeizureiten, gilt als eine der Todsünden auf Reitjagden. Wer ihn oder sie überholt, hat vom abendlich stattfindenden Jagdgericht entsprechende Strafen zu erwarten. Meist erschöpfen sich die aber in ziemlich witzigen Aufgaben, wie zum Beispiel dem Herunterschlucken eines Eßlöffels voller Haferflocken! Das ist dann ein großer Spaß für alle teilnehmenden Reiter.

Das Verhalten auf Reitjagden ist genau reglementiert. Das muß auch so sein, denn wenn alle durcheinander reiten würden, käme es sicher viel häufiger zu Unfällen. So ist es zum Beispiel wichtig, seine Position im Jagdfeld immer zu halten und stets geradeaus zu reiten, damit man andere Reiter nicht schneidet.

Neben dem Master oder der Mistress achten die »Pikeure«, die seitlich des Jagdfeldes reiten, auf die Einhaltung der Regeln.

Springen

Wer sich an einer Reitjagd beteiligt, sollte ein routinierter Reiter sein und ein gehorsames, gut konditioniertes Pferd haben. Jagden führen oft über 10 bis 20 Kilometer, und es wird fast ausschließlich galoppiert.

Überdurchschnittliches Springvermögen der Pferde ist aber für die Jagd nicht notwendig. Zwar mußte man früher, als man dem Fuchs oder Hirsch noch querfeldein folgte, auch gefährlichen Hindernissen gewachsen sein, aber auf heutigen Jagden kann man praktisch jeden Sprung umgehen.

In der Regel wird die Gruppe von vornherein in zwei »Felder« aufgeteilt, ein springendes und ein nicht springendes. Daher kann man auch als Kleinpferde- oder Robustpferdereiter eine Reitjagd besuchen, ohne eine Überforderung des Pferdes durch zu hohe Hindernisse fürchten zu müssen. Ein eher ängstlicher Reiter sollte sich die Teilnahme aber trotzdem gut überlegen. Auf Reitjagden wird zügig bergauf und bergab geritten, auch im zweiten Feld! Pferde und Reiter sollten die Spurts in der Gruppe genießen. Wenn der Reiter sich fürchtet und dem Pferd verzweifelt im Maul hängt, hat niemand etwas davon! Am besten ist es, wenn man sich eine Reitjagd zuerst einmal anschaut, ehe man sich entscheidet, selbst teilzunehmen.

Manchmal geht es auch durch's Wasser

Die Hundemeute

Unerschrockene Springer

Irish Hunter

Der Fuchs windet sich geschickt unter dem Stacheldrahtzaun durch. Das kleine Tier läuft um sein Leben, denn es wird von einer ganzen Meute Jagdhunde verfolgt. Die mittelgroßen, gefleckten Beagles machen vor dem Zaun natürlich nicht halt. Sie springen teils hinüber, teils folgen sie dem Fuchs darunter hindurch. Auch die Reiter, die der Hundemeute folgen, hält der Stacheldraht nicht auf. Todesmutig wirft sich der große braune Wallach des Masters über den Zaun. Zwischen dem Stacheldraht und seinem Irish Hunter bleiben mindestens fünfzig Zentimeter Luft. Die anderen Pferde springen mit demselben Elan. Doch jetzt hat der Fuchs den Wald erreicht und verschwindet in einem Brombeerdickicht. Die Hunde setzen ihm ohne zu Zögern nach. Aber in den stacheligen Sträuchern holen sie sich wunde Nasen und lassen schnell vom weiteren Verfolgen der Fährte ab. Selbst die Reiter verhalten ihre Pferde. Im Sprung ist das Dickicht nicht zu nehmen und hindurchgaloppieren kann man schon gar nicht. Resigniert wendet der Master sich ab

Irish Hunter

Stockmaß	162–175 cm
Exterieur	Eher quadratisches, gut proportioniertes Pferd, kompakt und gut bemuskelt, kräftige, klare Gliedmaßen
Farben	alle Grundfarben
Herkunft	Großbritannien, Irland
Wissenswertes	Der Irish Hunter ist eine Gebrauchskreuzung, meist aus Irish Draught Stuten mit Vollblut-Hengsten, aber oft auch Kaltblut und Pony-Beimengung. Entscheidend war immer sein erstklassiges Springvermögen, Geländegängigkeit und Ausdauer bei der Reitjagd

Hunter in Irland

und weist die Hunde an, eine neue Fährte zu suchen. Der Fuchs hat Glück gehabt. Wenigstens für diese Jagd ...

In England und Irland gehört die Reitjagd von jeher zu den beliebtesten Sportarten des Landadels. Auf den britischen Inseln werden auch heute noch Jagden hinter lebendem Wild geritten.

Für diese Ritte querfeldein braucht man überdurchschnittlich gute und mutige Springpferde, die vor keinem Zaun und keiner Mauer zurückschrekken. Die Pferde müssen stark und geländegängig, ausdauernd und temperamentvoll sein. Das alles ist dem britischen Jagdreiter wesentlich wichtiger als ein guter Stammbaum. So entstand der Irish Hunter als Gebrauchskreuzung.

Vollblut-, Kaltblut- und Ponyahnen
England und Irland sind bekannt für ihre Ponyzuchten. Die größeren Rassen, wie Connemara und Welsh Cob, wurden und werden nicht nur im Reitsport für Kinder, sondern auch als Reitpferde für Erwachsene eingesetzt. Oft erweisen sie sich dabei als überragende Jagdpferde. Um sie etwas größer und damit noch geeigneter für das Springen im Gelände zu machen, paart man sie häufig mit Vollblutpferden. Aber auch schwere Großpferdestuten und sogar Kaltblutstuten werden in England und Irland mit englischen Vollblütern gekreuzt, um Hunter, also Jagdpferde, zu erhalten. »Hunter« ist nämlich das englische Wort für »Jäger«.

Bei der Hunter-Zucht zählt nichts anderes als die Eignung zum Springen und Jagen. Statt sie nach dem Exterieur zu beurteilen, teilt man die Pferde in Gewichtsträgerklassen ein. Gezielt züchtet man Hunter für die Leichtgewichte, Mittel- und Schwergewichte unter den Reitern. Jeder soll ein Pferd reiten, das von Größe und Kaliber her zu ihm paßt.

Todesmutige Pferde
Ein guter Hunter zeichnet sich neben all seinen anderen Eigenschaften vor allem durch einen außergewöhnlichen Mut aus. Im Jagdfieber setzen die großen, kräftigen Pferde über jedes Hindernis. Neben einer Grundausbildung, bei der Springen im Gelände zu den Schwerpunkten gehört, ist dafür natürlich der Herdentrieb verantwortlich. Im Jagdfeld, beim genüßlichen Rennen mit der Gruppe, gehen die Pferde selbst Sprünge an, die sie sonst sicherlich meiden würden. Sie nehmen dann all ihre Kraft zusammen, um hinüber zu kommen. Trotzdem ist diese Art der Jagdreiterei nicht gerade ungefährlich. Unfälle kommen relativ häufig vor und werden als Begleiterscheinung des Sports in Kauf genommen.

Neben der Jagdreiterei werden Irish Hunter auch beim Parcoursspringen und in der Vielseitigkeit eingesetzt. Sie sind in beiden Disziplinen international erfolgreich.

Familienpferde
Welsh Cobs

Wenn die Züchter und Reiter des Welsh Cobs ihre Pferderasse auf einer Schau vorstellen, ist Vielfalt angesagt. Die kleinen, kräftigen Pferde brillieren als Aktionstraber, Dressurpferde, im Westernreitsport und vor der Kutsche. Zudem gehen sie selbst höhere Hindernisse mutig an und sind auch für Jagden geeignet. Dabei sind die kompakten Pferde mit ihren charakteristischen Ponyköpfen, ihren langen, oft gelockten Mähnen und ihrer stolzen Aufrichtung auch optisch ansprechend. Trotz ihrer relativ geringen Größe von 145 bis 150 cm wirken sie selbst unter großen und schwergewichtigen Reitern nicht fehl am Platze.

Familienpferde mit Tradition
Welsh Cobs sind die größten Vertreter der Welsh-Pony-Gruppe. Sie werden auch Welsh-Ponys der Sektion D genannt. Dabei überschreiten große Tiere mitunter das Ponymaß um einige Zentimeter, aber das hat hier keine Wertminderung zur Folge.

Welsh Cobs sind in Wales und Umgebung seit dem Mittelalter bekannt. Schon damals schätzte man die schnellen, besonders trabstarken Pferde als Arbeits-, Zug- und Reitpferde.

	Welsh Cob
Stockmaß	145–150 cm
Exterieur	Kräftiges, kompaktes Pferd im Ponytyp, aber mit feinem, kleinem Kopf, hoher Aufrichtung und viel Ausdruck. Meist starker Behang, auch Fesselbehang
Farbe	Dominierend sind Rappen, Braune und Füchse. Isabellen und Falben kommen vor und sind beliebt, Schecken gibt es nicht
Herkunft	Großbritannien, Wales
Wissenswertes	Der Welsh Cob oder Welsh-Pony Sektion D ist ein ideales Reit- und Fahrpferd für alle Einsatzbereiche. Er hat als vielseitiges Familienpferd eine lange Tradition und wird heute besonders von Freizeitreitern geschätzt

Auch weniger begüterte Bauern konnten sich die robusten und genügsamen Tiere leisten und nutzten sie auf vielfältige Art. Als Familienpferd war der Cob Helfer bei der Landarbeit, Jagdpferd und Reitpony. Dazu sah er repräsentativ aus, wenn man ihn am Sonntag zu Ausflügen oder Trabrennen vor den Wagen spannte. Kreuzte man Welsh Cobs in kleinere Pferderassen ein, sorgten sie für Ausdruck und Kaliber, und gemeinsam mit Vollblütern erzeugten sie viele erfolgreiche Hunter.

Freunde in ganz Europa

Heute finden vor allem Freizeitreiter Freude an den schicken Robustpferden aus Wales. Sie werden inzwischen in vielen europäischen Ländern nachgezüchtet und von Kindern und Erwachsenen, Reitern und Fahrern geschätzt. Welsh Cobs sind arbeitswillig und temperamentvoll, beweisen ebenso große Eignung für die konventionelle Dressur und auch für die klassische Dressur und fallen dabei stets durch ihren angenehmen und ausgeglichenen Charakter auf.

Ein toller Welsh Cob

Reiten wie auf Wolken

Die Reiter der kleinen, lebhaft vorwärts tänzelnden Pferde tragen helle Reithosen, bunte Ponchos und Sombreros. Zwei von ihnen halten jeweils ein gefülltes Wasserglas in der Hand, und der dritte hat sich seins gar auf den Kopf gestellt. Aber obwohl sich die Pferde im Trabtempo bewegen, geht beim Durchqueren der Reitbahn kein Tropfen verloren! Die Reiter zeigen auf traditionelle Art, wie erschütterungsfrei man auf ihren Pferden sitzt. Es sind Peruanische Pasos, und ihren weichen Gang nennt man »Pasollano« oder einfach »Tölt«.

Wie viele andere Pferderassen aus Europa und Nord- und Südamerika gehören Peruanische Pasos zu den Gangpferden. Neben oder anstatt der bekannten Gangarten Schritt, Trab und Galopp zeigen sie eine oder mehrere zusätzliche Bewegungsvariationen. Meist handelt es sich dabei um Viertaktgangarten, bei denen die Pferdebeine wie beim Schritt nacheinander auffußen. Die Gangarten sind auch ebenso leicht zu sitzen wie der Schritt. Man kommt nur schneller vorwärts.

Die vierte Grundgangart

Im Reitstall lernt ihr Schritt, Trab und Galopp als die drei Grundgangarten des Pferdes kennen. Tatsächlich gibt es jedoch eine vierte, die bei Urwildpferden sicher ebenso verbreitet war. Es handelt sich um den Paß.

Gangpferde sind sehr bequem zu reiten

Paß ist wie der Trab eine Gangart im Zweitakt. Jeweils zwei Pferdebeine fußen also gleichzeitig auf. Beim Trab sind das die diagonalen Beinpaare: hinten links und vorn rechts gleichzeitig, dann hinten rechts und vorn links gleichzeitig. Im Paß werden dagegen die lateralen Beinpaare gleichzeitig bewegt: vorn rechts und hinten rechts gleichzeitig, dann vorn links und hinten links gleichzeitig. Ihr könnt diese Gangart oft bei Hunden beobachten. Charakteristisch ist sie außerdem bei Kamelen.

Bei den meisten Pferderassen ist Paß unerwünscht. Das hat verschiedene Gründe, unter anderem den, daß Paßgänger nicht gut dressurmäßig zu reiten sind. Paß sieht auch weder graziös aus, noch bietet er besondere Bequemlichkeit für den Reiter. Im eher dressurorientierten Europa versucht man deshalb seit Hunderten von Jahren, Paßveranlagung wegzuzüchten.

Beim Paß fußen jeweils zwei Pferdebeine gleichzeitig auf

Auf Pasos sitzt man fast erschütterungsfrei

Gangarten liegen genau zwischen Trab und Paß und sind von allen am schönsten anzusehen und zu sitzen. Der *Walk* entspricht dabei ziemlich genau dem Bewegungsablauf des Schrittes. Wie beim Schritt sind hier immer drei Beine auf dem Boden und eins in der Luft. Beim *Tölt* ist eins am Boden und drei sind in der Luft. Dem Reiter vermittelt der Walk ein Gefühl des Gleitens. Der Tölt ist rasanter und läßt das Gefühl aufkommen, man säße im ruhenden Zentrum vieler rotierender Pferdebeine. Schon die alten Isländer müssen diesen Vergleich entdeckt haben. Sie stellten Sleipnir, den töltenden Hengst ihres Gottes Odin, als Pferd mit acht Beinen dar.

In Ländern, bei denen es dem Reiter weniger auf »Pferdeballett« ankam, sondern mehr auf das Überwinden langer Strecken, trennte man sich nicht so leichtfertig von Pferden mit Paßveranlagung. Gekoppelt mit dem »überflüssigen« Paß ist nämlich oft die Veranlagung zu bequemen anderen Gangarten. Verfügt ein Pferd sowohl über Trab als auch über Paßveranlagung, so kann es eine dieser beiden Gangarten »brechen« und kommt in den Tölt!

Tölt ist eine schnelle Viertaktgangart

Viertaktvarianten

Eine Zweitaktgangart zu brechen bedeutet, die Beinpaare nicht mehr gleichzeitig aufzusetzen, sondern einen Huf nach dem anderen auf den Boden zu bringen. So entsteht eine Viertaktgangart.

Je nachdem, wie ein Pferd veranlagt ist, zeigt es diese besondere Bewegungsvariante vielleicht schon als Fohlen auf der Weide oder aber erst infolge reiterlicher Einwirkung allmählich. Letztere sollte darin bestehen, das Pferd in geduldiger Arbeit während seines Ausbildung zu versammeln und es damit zum besseren Gebrauch der Hinterhand anzuregen. Das Prinzip ist dabei das gleiche wie beim Dressurreiten. Das Pferd richtet sich stärker auf, wird vorn leichter und hebt die Beine höher. Durch seine spezielle Veranlagung wechselt das Gangpferd zusätzlich den Takt der Gangart.

Takt

Viertaktgangarten werden meist unter der Bezeichnung »*Tölt*« zusammengefaßt. Darunter lernte man sie kennen, als sie mit dem Islandpferd zurück auf den Kontinent kamen. Kenner unterscheiden neben dem Tölt aber noch andere Gangvarianten, und zwar nicht nur optisch, sondern auch am Takt. Hört man zum Beispiel ein »1-2 3-4«, so liegt der Viertakt noch recht nah an der Ausgangsgangart Paß oder Trab. Wird dabei der Paß gebrochen, so nennt man das »*Saddle-Gait*«. Bricht das Pferd den Trab, so heißt die Viertaktvariante »*Foxtrott*«. Ein gleichmäßiges »1-2-3-4« spricht für *Tölt* oder *Walk*. Beide

Sport

Tölt und Walk sowie die anderen Viertaktgangarten waren ursprünglich sogenannte Gebrauchsgangarten. Man wünschte sich ein möglichst bequemes Pferd, um lange Strecken ohne große Anstrengung reiten zu können. Heute ist das Gangpferdereiten dagegen zur Turnierdisziplin geworden. Gewinner wird das Pferd, das besonders taktklar und mit möglichst hohen und spektakulären Bewegungen läuft. In Europa ist dabei besonders der Islandpferdesport zu nennen. Gangprüfungen für andere Mehrgangrassen sind erst im Aufbau. In anderen Ländern hat der Gangpferdesport mehr Tradition.

Islandpferdereiter sind oft auf Turnieren zu sehen

Sanfte Pferde aus dem Süden

Tennessee Walking Horses

Ein kleines, fuchsfarbenes Stutfohlen und seine Mutter bilden das Begrüßungskomittee. Mit freundlich gespitzten Ohren nähern sie sich den menschlichen Besuchern und wollen gestreichelt werden. Die anderen Pferde – Füchse, Isabellen, Rappen, dazu zwei Stuten in faszinierenden Grauschattierungen und ein Schecke – haben in einem Wäldchen Schutz vor der Mittagssonne gesucht. Doch plötzlich wird ihnen klar, daß sie hier etwas verpassen könnten. Stuten und Fohlen setzen sich in Bewegung ... und zeigen damit auch dem weniger pferdekundigen Besucher, was das Besondere an ihnen ist. Sie wechseln nämlich nicht vom Schritt zum Trab, bevor sie endlich im Galopp auf die Besucher zukommen. Statt dessen beschleunigen sie zu immer rascherem Schritt, werden schneller ohne Übergänge. Schon ganz junge Fohlen nähern sich mit nickenden Köpfchen und zeigen damit das charakteristische Bild ihrer Rasse.

In Amerika gibt es riesige Arenen zur Präsentation des Saddlers und Tennessee-Walkers in ihren Spezialgangarten. Die Turniere sind in Bezug auf Öffentlichkeitsinteresse mit den hiesigen großen Springturnieren vergleichbar. Die Konkurrenz ist hart und die Preisgelder sind hoch.

Schattenseiten

Das führt leider oft zu Auswüchsen, die den Gangpferdesport ebenso fragwürdig machen wie den Springsport. Viele Ausbilder erarbeiten die Viertaktgangart heute nicht mehr mit Geduld und Reitkunst, sondern bringen die Pferde mit künstlichen Mitteln dazu, die Vorderbeine extrem zu heben. Das harmloseste Mittel dazu ist das Anlegen von Springglocken oder der Beschlag mit geringfügig schwereren Eisen. Das Pferd wird damit dazu gebracht, die Vorderbeine etwas länger am Boden zu lassen und so den Paß zu brechen. Schlimmer sind die vielfältigen Methoden, dem Pferd Schmerz in den Vorderbeinen zu erzeugen. Es hat dann Angst, sie auf den Boden zu setzen und übernimmt sein Gewicht und das des Reiters wunschgemäß mit der Hinterhand. Da diese aber nicht dafür trainiert ist, erzeugt das schlimmen Muskelkater und frühen Verschleiß.

Europäische Gangpferdereiter beteuern oft, diese Methoden zur schnellen Abrichtung von Gangpferden wären auf die USA beschränkt. Kritischen Zuschauern bleibt aber nicht verborgen, daß die Pferde auch hierzulande im Blitztempo geschult werden und schon als junge Pferde Leistungen zeigen, die sich früher erst nach vielen Jahren Training einstellten.

Auch im Damensattel sitzt man gut auf einem Walker

Südstaatenromantik

Tennessee Walking Horse

Stockmaß	148–170 cm
Exterieur	Feingliedriges Pferd im Typ des Vollblüters, kleiner Kopf mit spitzen Ohren, kräftige Hinterhand, breite Kruppe, feste Hufe und volles Langhaar
Farbe	Alle Farben, auch Schecken und andere ungewöhnlichen Farben möglich und erwünscht
Herkunft	Südstaaten der USA, Hauptzuchtgebiet Tennessee
Wissenswertes	Der Tennessee Walker ist eine sogenannte Kunstrasse, die im letzten Jahrhundert geschaffen wurde, um die Besitzer großer Plantagen angemessen beritten zu machen. Ihre Besonderheit ist der »Walk«, eine äußerst bequeme Viertaktgangart

Pferde der Plantagen

Die Rasse »Tennessee Walking Horse« entstand in den Südstaaten der USA. Im 19. Jahrhundert gab es hier riesige Baumwollplantagen, die reichen Pflanzern gehörten. Die regelmäßige Kontrolle dieser Besitztümer erforderte lange Ritte. Dazu wünschten sich die Plantagenbesitzer ein bequemes, umgängliches und repräsentatives Pferd. Um dies zu schaffen, züchteten sie eine Kunstrasse aus Plantation Horse, Standard-Traber, Saddler und Morgan Horse. Um höheres Temperament und Arbeitswillen zu erhalten, wurden außerdem Englische Vollblüter eingekreuzt. So entstand ein schnelles und ausdauerndes Pferd, zu dessen Charakteristika neben den besonders weichen Gangarten eine hohe Scheufestigkeit gehört. Ein Stutbuch für Tennessee Walker besteht in den USA seit 1939, und weltweit sind über 250.000 Pferde darin registriert.

Langmähnig und freundlich

Die Hauptauswahlkriterien für Tennessee Walkers waren immer ihre Gangarten und ihr Charakter. Die körperliche Erscheinung der Pferde ist deshalb nicht einheitlich. Von alten Fotos her kennt man den Walker als sehr großes, oft äußerst muskulöses Pferd. Heute dominiert dagegen der »Pleasure-Typ«, ein kleineres, feingliedriges Pferd im Typ des Vollblüters.

Das Bemerkenswerte am Tennessee Walking Horse ist sein besonderer Gang, der Walk. Auf englisch bedeutet *walk* »gehen«, im Unterschied zu *jog* – »laufen, traben«. Auf den menschlichen Sportler übertragen, verhalten sich Walker und Traber zueinander wie »Geher« und »Jogger«. Der Geher beschleunigt aus dem langsamen Schritt ohne erkennbaren Übergang, der Jogger »trabt an«.

Aus dem Schritt wechselt der Tennessee Walker zum *Flat Walk,* einem sehr fleißigen Schritt im regelmäßigen Viertakt. Die Hinterhand tritt dabei so weit unter, daß sie zwischen den Vorderhufen aufkommt. Die Geschwindigkeit kann sich dann bis zum *Running Walk* steigern, bei dem gute Pferde durchaus mittleres Trabtempo erreichen. Charakteristisches Erkennungsmerkmal des Walks ist das rhythmische Kopfnicken, durch das er mühelos vom Tölt anderer Gangpferderassen zu unterscheiden ist.

Galopp wird beim Walker als *Canter* geritten, also langsamer und rollender als gewohnt. Auch im Galopp soll das Pferd bequem, locker und leichttrittig sein.

Walker in Europa

In Europa ist das Tennessee Walking Horse noch nicht sehr verbreitet, findet aber immer mehr Interesse unter anspruchsvollen Freizeitreitern. Die größte Zuchtstätte liegt in Deutschland.

Tennessee Walker sind leichttrittige Pferde

Sie trotzen Schneesturm und Regen

Die Fuchsstute hebt ihren langbemähnten Kopf aus dem schon herbstlich gelben Gras. Sie scheint unter ihrem gewaltigen Stirnschopf kaum hervorlugen zu können, aber offensichtlich nimmt sie jede Bewegung der Menschen und ihrer Reitpferde wahr. Wachsam spitzt sie die Ohren und wendet sich ab, als die Reiter näher kommen. Mit ihr setzt sich der Rest der Herde in Bewegung und trabt zunächst langsam, dann etwas flotter den Hügel hinauf in die Berge. Die Leitstute Skjona und ihre Herde wollen nichts mit Menschen zu tun haben. Die isländischen Zuchtstuten schätzen ihre Freiheit, auch wenn sie einige Entbehrungen mit sich bringt.

Winter im Hochland

Jon Sigmundson und sein Sohn Sigurd sind an diesem Tag nicht gekommen, um ein Pferd mitzunehmen. Das herbstliche Eintreiben der künftigen Reitpferde ist schon vor einem Monat geschehen, und die jungen Stuten und Wallache haben sich auf Jons Hof bereits eingelebt. Heute nutzen Jon und Sigurd nur das schöne Wetter zu einem Ausritt. Sie wollen die Zuchtstutenherde noch einmal besuchen, bevor der Winter die Wege ins Hochland unpassierbar macht.

Sobald es schneit, werden die Pferde völlig sich selbst überlassen sein. Sie werden Winterstürmen, Schnee und Eisregen trotzen und sich ihr karges Futter unter dem Schnee hervorscharren müssen. Wie ihre Vorfahren seit vielen hundert Jahren überwintern Jons Zuchtstuten und Jungpferde in der Freiheit der Berge.

Zum Glück sind Skjona und die anderen gut gerüstet für den Winter. Sämtliche Stuten sind rundlich und haben bereits ein bauschiges Winterfell entwickelt. Bestimmt werden sie gut über die kalte Jahreszeit kommen, aber sicher kann der Züchter natürlich nicht sein. Immer wieder kommt es vor, daß schwache Stuten oder Jungpferde durch Unfälle in den Bergen ums Leben kommen oder die extremen Temperaturen nicht aushalten. Nur die besten und härtesten Pferde überleben den Winter im Hochland und bringen im nächsten Jahr Fohlen zur Welt. Diese natürliche Auslese hat das Islandpferd zu einer der robustesten Pferderassen der Welt gemacht.

Jungpferdeaufzucht

Nachdem Jon und Sigurd die Stutenherde gesehen haben, machen sie sich auf die Suche nach den Jungpferden. Die Ein- bis Dreijährigen grasen nicht weit von ihren Müttern entfernt an einem Hang, der noch saftiges Gras bietet. Sie lassen die Reiter aber nicht so nah herankommen wie Skjona und die anderen Stuten. Beim ersten Erkennen stieben sie davon. Die Erinnerung an das Pferdetreiben, bei dem man die Vierjährigen eingefangen hat, ist noch zu frisch.

Jon und Sigurd lachen über die flüchtenden Pferde. Sie finden es ganz selbstverständlich, daß sich die Jungpferde vor ihnen fürchten. Es ist Tradition in Island, die Pferde ganz frei und vom Menschen unbeeinflußt aufwachsen zu lassen. Erst mit vier Jahren werden sie eingefangen und ans Haus geholt. Im Winter gewöhnt man sie an den Menschen, im folgenden Frühling an Sattel und Zaumzeug. Viele Züchter beginnen neuerdings, die Pferde früher anzureiten, um sie schneller verkaufen zu können. Jon ist aber entschlossen, sich nicht anzupassen. Die lange Zeit der Aufzucht hat sich seit Jahrhunderten bewährt. Fünfjährig angerittene Islandpferde sind langlebiger und gesünder als Pferderassen, die man schon mit drei unter den Sattel nimmt.

Pferde am Haus

Als Jon und Sigurd heimkehren, sehen sie ihre Jungpferde schon auf der Hausweide. Noch wächst hier ein wenig Gras und die kleinen Wildlinge können etwas Freiheit genießen. Im Winter sieht es für die Reitpferde weniger gut aus. Stallraum ist knapp auf Jons Hof, und so müssen die Reitwallache und auch die jungen Pferde viel in Ständern stehen. In langen Reihen werden sie nebeneinander angebunden und nur zur Arbeit herausgeholt, wenn das Wetter es erlaubt. Auf diese Art werden die Jungpferde im Winter sehr schnell zahm. Damit der Übergang nicht zu plötzlich kommt, übt Sigurd aber schon jeden Tag das Einfangen, Aufhalftern und Anbinden mit den jungen Pferden.

Die Herde lebt frei und unabhängig vom Menschen

Jeder Sonnenstrahl wird genossen

nungen. Freydis zeigt schon an der Hand einen klaren Tölt und ist äußerst lebhaft und lernwillig. Wenn das unter dem Sattel so weitergeht, wird Sigurd sie sicher im nächsten Sommer auf dem Landestreffen reiten. Hier treffen sich die besten Reiter und Pferde Islands und tragen Wettbewerbe aus. Die dabei prämierten Pferde lassen

Wir sind Freunde

Den Reitpferden versüßt das gute Futter den langen Stallaufenthalt. Sie alle kennen den isländischen Winter und wissen, daß es kein Vergnügen ist, ihn im Freien durchstehen zu müssen. Die Stürme auf der Polarinsel sind berüchtigt, und den ganzen Winter über wechseln Schnee und Eisregen miteinander ab. Den Pferden gefriert dann oft das Fell auf dem Rükken und der Schnee bleibt auf ihnen liegen. Mit den eisbedeckten Mähnen und Schweifen sehen sie wie Urweltungeheuer aus, aber ein gesundes Pferd mit guter Fellstruktur bleibt unter all dem trocken und warm.

Anreiten

So oft es geht, arbeiten Jon und Sigurd im Winter mit den Jungpferden. Sie sollen lernen, den Menschen nicht mehr zu fürchten, ihm aber trotzdem mit Respekt zu begegnen. Islandpferde wurden stets als Gebrauchspferde gehalten, mit denen man nicht herumschmuste. An dieser Tradition halten die meisten Züchter heute noch fest, auch wenn ihre Pferde an Freizeitreiter gehen, die sie nur aus Liebhaberei halten.

Jons Jungpferde erhalten deshalb keine Leckerbissen zum Versüßen der Ausbildung, sondern werden direkt an den Ernst des Lebens herangeführt. Immerhin gewöhnt Sigurd sie langsam und geduldig an Führstrick, Longe, Sattel und Zaum. Sie lernen, auf Stimmkommandos zu gehorchen und werden für gute Leistungen gestreichelt und gelobt.

Gangausbildung

Schon während der ersten Ausbildungsphasen erkennen Jon und Sigurd, wie es mit der Veranlagung der einzelnen Jungpferde aussieht, genaues läßt sich darüber aber erst sagen, wenn die Pferde unter dem Sattel sind. Eine junge Stute, Skjonas Tochter, berechtigt zu den schönsten Hoffsich natürlich zu guten Preisen verkaufen.

»Oder wir behalten sie als Zuchtstute«, überlegt Jon.

Die kleine Freydis blickt über ihre Stalltür hinweg in die fernen Berge. Sie kann sich mit den harten Händen der Männer, mit Trense und Sattelzeug noch nicht so recht anfreunden. Aber vielleicht wird sie ihre Herde im Hochland ja irgendwann wiedersehen …

Sehnsucht nach den Bergen

Adel und Temperament

American Saddle Horse

Das American Saddlebred, oder der »Saddler«, wie die Rasse kurz genannt wird, ist zweifellos das Vollblut unter den Gangpferden. Saddler bestechen durch ihre Feinheit und Eleganz, ihre hohe Aufrichtung und ihren trockenen Kopf mit großen, ausdrucksvollen Augen. Die Rasse entstand aus Vollblutpferden und töltenden Stuten, die schon zu Beginn des 17. Jahrhunderts nach Amerika gebracht wurden. Man züchtete die edlen Mehrgangpferde hauptsächlich in Kentucky, Missouri, Tennessee und Ohio, immer im Hinblick auf ein möglichst elegantes Äußeres und Erhaltung der bequemen Gangarten.

Vielseitig einsetzbar

American Saddlebreds gibt es als dreigängigen und als fünfgängigen Typ. Die Dreigänger brillieren im Dressurviereck und im Springparcours, für die Fünfgänger gibt es spezielle Mehrgangprüfungen. Außerdem werden sowohl Drei- als auch Fünfgänger als Wagenpferde im »Fine Harness« gezeigt. Die Bewegungen beider Typen sind in allen Gangarten äußerst akzentuiert, hoch und weit – das sieht sehr eindrucksvoll aus. Der Fünfgänger zeigt neben Schritt, Trab und Galopp *Slow Gait* und *Rack*, langsamen *Tölt* und Tölt im Renntempo.

Turnierwesen

In Amerika ist die Turnierreiterei auf Gangpferden sehr beliebt. Man scheut keinen Trick und macht jede Modeerscheinung mit, um erfolgreich zu sein. Die Rassen Saddler und Tennessee-Walker haben darunter am meisten zu leiden. Aus fragwürdigen Schönheitsidealen werden Sehnen an ihren Schweifen durchtrennt, damit sie diese edel hochtragen. Man stellt die Pferde monatelang in speziellen Geschirren auf, die diese Schweifstellung erhalten, manipuliert mit Schwitzpackungen ihre Halsform und -haltung und versucht mit allen möglichen üblen Methoden, ihre Gänge noch höher und akzentuierter zu gestalten. In Amerika wird dazu vieles toleriert, was in Europa als Tierquälerei gilt und allenfalls heimlich betrieben wird.

Saddler als Freizeitpferde

In Westeuropa versucht man mit bisher eher mäßigem Erfolg, Saddler als Freizeitpferde zu vermarkten. Für die meisten Freizeitreiter ist das große, hochtemperamentvolle Pferd jedoch zu feurig und impulsiv. Saddler sind traumhafte Reitpferde, aber sie brauchen erfahrene, geduldige Reiter mit leichter Hand, viel Einfühlungsvermögen und viel Zeit. Nur regelmäßige, längere Ritte werden ihrem hohen Bewegungsbedürfnis gerecht.

	American Saddle Horse
Stockmaß	150–160 cm
Exterieur	Edle Gesamterscheinung mit langem, geschwungenem Hals, hoher Aufrichtung, trockenem Kopf
Farbe	Alle Farben, auch Schecken und andere Farbvarianten
Herkunft	USA
Wissenswertes	Saddler gibt es als Drei- und Fünfgänger. Dreigänger zeigen die Grundgangarten und sind für den konventionellen Turniersport geeignet, Fünfgänger haben zusätzlich Slow Gait und Rack – langsamen und schnellen Tölt

Typische Präsentation

Eleganz aus Südamerika

Pasos

Die leichten Gangpferderassen Paso Fino und Paso Peruano gehen wie viele amerikanische Zuchten auf die Pferde der spanischen Eroberer zurück. Einige ihrer Pferde zeigten Töltveranlagung, und diese Fähigkeit wurde in Kolumbien, der Karibik und Peru erhalten. Dabei entstanden die Rassen Paso Fino – das bedeutet »Feiner Gang« – und Paso Peruano, hierzulande auch »Peruanischer Paso« genannt.

Paso-Pferde

Stockmaß	140–155 cm
Körpermerkmale	Leichte, harmonisch proportionierte Pferde, trockener Kopf mit geradem oder leicht konvexen Profil, hohe Aufrichtung und elegante Haltung
Farbe	Alle Farben
Herkunft	Kolumbien, Karibische Inseln, Peru
Wissenswertes	Paso Fino und Paso Peruano sind nah verwandte Rassen. Beide sind leichtrittige, sehr töltsichere Pferde, auffällig ist der »Termino«, das Bügeln im Tölt. Das sprühende, lebhafte Temperament der Pferde wird »Brio« genannt

Naturtölter

Sowohl Paso Finos als auch Paso Peruanos sind leichte, harmonisch gebaute Pferde, die durch besonders starke Töltveranlagung auffallen. Beide Rassen werden nicht im Trab geritten, sondern ausschließlich im Schritt, Tölt und Galopp. Beim Peruanischen Paso soll der Trab auch genetisch nicht fixiert sein, aber das ist höchstens vereinzelt der Fall. Es wäre auch gar nicht sehr wünschenswert, denn dann bestünde die Gefahr, daß der Tölt zu sehr zum Paß tendiert. Die meisten Pasos zeigen schon als Fohlen Tölt an der Hand und im Freilauf und gehen die Gangart auch gern unter dem Sattel.

Peruanischer Paso mit traditioneller Zäumung

Termino

Charakteristisch für den Tölt des Pasos ist der sogenannte *Termino*, ein Nach-außen-Greifen der Vorderhufe in der Bewegung. Auch die trippelnden Bewegungen vieler Pasos sind typisch für die Rassen. Der Tölt der eleganten Südamerikaner wird in verschiedenen, genau umrissenen Geschwindigkeiten geritten. Da auch der Takt entscheidend ist, trainiert man Pasos oft auf einem Holzsteg, dem sogenannten Fino-Strip. Hier hört man den Takt der Gangart genau, was nicht nur dem Reiter, sondern auch dem Pferd hilft, zu einem gleichmäßigen Rhythmus zu finden.

Charakter

Wie die meisten Gangpferderassen ist der Paso leistungsbereit und freundlich, also ein ideales Reitpferd. Auch er will jedoch gekonnt geritten werden, und seine besonderen Gangarten verlangen Spezialkenntnisse. Das ist im übrigen bei allen Gangpferderassen der Fall. Wenn sie als Pferde für Anfänger und »Sonntagsreiter« angepriesen werden, so gehört das in den Bereich der Werbung.

Zuchtschwerpunkte

Der Paso Peruano kommt, wie der Name schon sagt, aus Peru. Hauptnachzuchtgebiete sind die USA, aber auch in Europa haben die leichtrittigen Tölter schon viele Liebhaber gefunden. Der Paso Fino wird vor allem in Kolumbien gezüchtet.

Die Tölter aus Brasilien

Mangalarga Marchadores

In Brasilien ist der Mangalarga Marchador die verbreiteteste Pferderasse. Während die eleganten, leichtfüßigen Tölter früher hauptsächlich als Gebrauchspferde dienten und ihren Reitern erlaubten, auch in unwegsamem Gelände schnell und bequem vorwärts zu kommen, hält man sie heute vorwiegend als Freizeitpferde. Als solche werden sie in alle Welt exportiert.

Geschichte

Der Ursprung der brasilianischen Töltrasse reicht bis ins 18. Jahrhundert zurück. Man kreuzte damals einen Hengst der portugiesischen Alter-Rasse mit Berber- und Andalusierstuten und erhielt töltende Pferde, die dann besonders in der Gegend um Rio de Janeiro weitergezüchtet wurden. Die Rasse erhielt ihren Namen nach dem Gestüt *Mangalarga,* in dem man sich besonders um sie bemühte. Da es dort aber auch nicht töltende Pferde gab, fügte man den Zusatz *Marchador* – Tölter – an. Heute werden die vielseitigen, leichtrittigen Pferde überall in Brasilien gezüchtet.

Arbeits- und Freizeitpferde

Ursprünglich brauchte man den Mangalarga für fast alle Arbeiten auf den Haziendas, den riesigen brasilianischen Farmen. Von den Pferden wurde erwartet, auch größte Entfernungen rasch und mit Leichtigkeit zurückzulegen. Auf spektakuläre Gänge kam es dabei nicht an, der Tölt wurde nie zum Schaugang ausgebaut. Er liegt meist näher am Trab als am Paß und ist somit dem Foxtrott verwandt. Da der Hazienda-Arbeiter die Hände frei haben mußte, wurde die Gangart nicht am angenommenen, sondern möglichst am durchhängenden Zügel geritten. Leichtrittigkeit und Töltsicherheit galt beim Mangalarga immer mehr als Geschwindigkeit.

Mangalargas in Europa

1987 wurden die ersten Mangalarga Marchadores in Europa vorgestellt. Die großen Tölter wurden als vielseitige Freizeitpferde präsentiert und haben inzwischen ihren Platz auf der bunten Palette der Freizeitpferde erobert. Sie erwiesen sich als arbeitsfreudig und unkompliziert und zeigten eine hervorragende Anpassungsfähigkeit. Die meisten Vertreter der Rasse sind robust genug für die ganzjährige Offenstallhaltung.

Mangalarga Marchador

Stockmaß	Um 150 cm
Exterieur	mittelgroßer Kopf mit breiter Stirn, gerade bis leicht konkave Nase, Ohren, die aufgerichtet mit den Spitzen nach innen zeigen. Mittellanger Rumpf, gute Bemuskelung und markante, trockene Gelenke
Farbe	Alle Grundfarben
Herkunft	Brasilien
Wissenswertes	Relativ große, unkomplizierte Töltrasse von angenehmem Temperament, robust, anpassungsfähig und trotz der tropischen Herkunft sehr wetterfest

Ein bildhübscher Mangalarga

Spaß auf langen Ritten

Träumt ihr auch manchmal davon, euer Lieblingspferd zu satteln und einfach loszuziehen? Tagelang keine Städte und Autos sehen, sondern im Sattel durch die Landschaft streifen wie die Pioniere in Abenteuerfilmen?

Romantisch und abenteuerlich, so erträumen sich die meisten von uns einen Urlaub zu Pferd. Die Wirklichkeit sieht aber fast immer anders aus. Auf einem Wanderritt kann eine Menge schiefgehen. Was ist zum Beispiel, wenn euer Pferd unterwegs ein Eisen verliert? Oder wenn es nicht daran denkt, brav bei eurem Zelt zu bleiben, sondern ständig nach einer Möglichkeit sucht, nach Hause zu laufen? Für einen unbeschwerten Urlaub im Sattel braucht ihr ein gut vorbereitetes Pferd und viel Spezialkenntnisse. Das fängt mit einfachen Dingen an, wie etwa dem richtigen Packen und Verschnallen der Satteltaschen. Weiter geht es mit der Wahl der Strecke und der angemessenen Tagesetappe. Die Fähigkeit zum korrekten Umgang mit Karte und Kompaß ist ein Muß – und am Besten solltet ihr auch fachgerecht Erste Hilfe leisten oder ein verlorenes Hufeisen provisorisch befestigen können.

Manchmal werden »Sternritte« veranstaltet, bei denen am Ziel kontrolliert wird, ob Pferd und Reiter richtig ausgestattet und unbeschadet angekommen sind. Werden hier Fehler festgestellt, so ist der Schaden jedoch schon angerichtet. Man kann aus dem Satteldruck oder der Lahmheit des Pferdes höchstens für's nächste Mal lernen, und das Verhalten des Reiters während des Rittes wird überhaupt nicht geprüft. Reiten auf verbotenen Wegen oder rücksichtsloses Vorbeigaloppieren an Wanderern oder Radfahrern bleiben unbemerkt.

Trekking-Prüfungen

Ganz anders ist das bei den turniermäßig aufgezogenen Wanderritt-Prüfungen des Trekking-Clubs und ähnlicher Vereinigungen in vielen europäischen Ländern. Schon vor dem Trekking-Ritt werden Pferde und Ausrüstung einer strengen Prüfung unterzogen. Die Ausrüstung sollte für einen mehrtägigen Ritt bei wechselndem Wetter zweckmäßig gewählt und sicher auf dem Pferd verstaut sein. Das Pferd wird auf seinen allgemeinen Gesundheitszustand und vor allem auf Lahmheiten und Korrektheit des Hufbeschlags untersucht. Danach beginnt der Ritt mit einer Gehorsamsprüfung. Pferd und Reiter sollen in allen Gangarten miteinander harmonieren und Aufgaben erledigen, wie sie im Gelände vorkommen. So ist zum Beispiel ein Traktor ohne Scheuen zu passieren, ein Steg zu überqueren oder ein Baumstamm zu übersteigen. Für all das gibt es Punkte, die später addiert werden.

Gut ausgerüstet für den langen Ritt

Streckenprüfung

Zur Streckenprüfung werden die Reiter einzeln oder in Gruppen ins Gelände geschickt. Es sind in genau vorgegebenen Geschwindigkeiten verschiedene Etappen zu durchreiten. Einige Stunden ist man dabei meist unterwegs, und man muß eigentlich ständig damit rechnen, von strengen Richteraugen beobachtet zu werden. Trabt da etwa jemand auf verbotenen Wegen oder galoppiert rücksichtslos an einem Wanderer vorbei? Trekking-Richter sind mit Ferngläsern ausgestattet und achten auf solche Dinge. Ein kompliziertes Punktsystem garantiert eine absolut genaue Bewertung.

Trekking-Pferde sind vielseitig!

Bei großen Trekking-Prüfungen gibt es zusätzlich einen Geländeritt, bei dem Pferd und Reiter richtig in Schwung kommen. Fünf bis acht Kilometer Geländestrecke sind dabei möglichst rasch zu durchqueren und gute Trekkingpferde galoppieren fast die ganze Zeit. Auch Wasserdurchquerungen und verschiedene kleine Hindernisse finden sich auf der Strecke. Schließlich muß ein Geländereiter bei jedem Ausritt damit rechnen, daß plötzlich ein Baumstamm über dem Weg liegt. Genau wie bei einem normalen Ausritt können die Sprünge aber auch umgangen werden, wenn man nicht gerne springt. Dazu sucht man sich im Schritt einen Weg durch den Wald, wobei man natürlich Zeit verliert. Auch beim Geländeritt werden Punkte gesammelt, die zum Schluß den Ergebnissen der anderen Prüfungsteile zugezählt werden.

Ihren besonderen Reiz gewinnen Trekking-Ritte durch die Vielfalt der teilnehmenden Pferde und Ponys. Vom kleinen Shetlandpony bis zum edlen Warmblüter sind alle möglichen Rassen und Größen vertreten, und was die Reiter anbelangt, so sind die Trekking-Clubs bemüht, schon Kinder an das richtige und verantwortungsbewußte Verhalten im Gelände heranzuführen.

Es gibt schließlich kein Pferd, das sich überhaupt nicht zum Partner bei Wanderritten eignet, und es gibt keinen Grund, weshalb ein Wanderritt kein Familienurlaub sein soll!

Ferien im Sattel – Der Traum vom Wanderreiten

Als Anne und Katharina ihre Räder durch das Tor zu Frau Mosers Ponyhof schieben, entdecken sie zwei unbekannte Pferde auf der Hausweide. Ob Frau Moser die etwa gekauft hat? Neugierig gehen die Mädchen näher heran und versuchen, die beiden zum Zaun zu locken. Eines ist ein knochiges Großpferd, das so gar nicht zu Frau Mosers Ponyherde passen würde, aber das andere, ein kleiner, kräftiger Schecke, könnte ihrer Reitlehrerin schon gefallen haben. Keines der Pferde nimmt jedoch Notiz von Anne und Katharina. Beide sind eifrig damit beschäftigt, das etwas knappe Gras von der Weide zu rupfen.

Interessiert laufen die Mädchen zum Haus, um Näheres zu erfahren. Frau Moser sitzt mit zwei jungen Leuten im Garten und gießt gerade Limonade ein.

»Hallo, Anne, hallo, Katharina!« begrüßt sie die Mädchen. »Kommt rüber, dann könnt ihr Ingrid und Günther kennenlernen. Den beiden gehören die Pferde auf der Hausweide. Sie sind auf einem Urlaubsritt!«

»Sie machen Ferien mit dem Pferd?« wundert sich Katharina. »So wie vor hundert Jahren, ohne Auto, ohne Koffer?«

Ingrid lacht. »Klar, das machen wir immer. Schönere Ferien als einen Wanderritt können wir uns gar nicht denken!«

»Aber da müssen Sie doch unheimlich viel mitnehmen!« meint Anne. »Die ganzen Sachen für Sie und für die Pferde!«

»Dafür gibt es Satteltaschen«, erklärt Günther. »Und so viel ist es auch gar nicht. Wer öfter Wanderritte macht, lernt, mit wenig auszukommen.«

Ingrid zeigt den Mädchen die Packtaschen, die sie mit ins Haus nehmen will. Sie enthalten wirklich nur das Nötigste: Regenzeug und T-Shirts, Unterwäsche und Pullover zum Wechseln.

»Wir waschen die Sachen unterwegs öfters mal. Bei so schönem Wetter wie heute ist das gar kein Problem, da trocknen sie über Nacht. Nur wenn es wirklich lange regnet, kann es knapp werden mit den Kleidern.«

»Aber bei Dauerregen macht die Sache sowieso keinen Spaß!« meint Günther.

»Und wo schlafen Sie unterwegs? Haben Sie ein Zelt mit oder sowas?« fragt Katharina.

»Meistens nicht. Normalerweise schlafen wir bei Pferdeleuten oder bei Bauern. Es gibt ein Verzeichnis von Übernachtungsmöglichkeiten, aber man findet auch leicht etwas unterwegs. Wir nehmen aber immer ein Mini-Elektrozaungerät und die entsprechende Ausrüstung mit. Dann können wir für die Pferde im Zweifelsfall einen Paddock abstecken, wenn sich keine Weide bietet oder die Wiesen nicht so gut eingezäunt sind wie hier!«

»Manche Wanderreiter wollen aber ganz unabhängig sein und reisen mit Zelt«, fügt Ingrid hinzu. »Dann nehmen sie meistens ein Packpferd mit, das die Zusatzausrüstung trägt.«

»Besonders schnell kommt man dann aber nicht vorwärts!« überlegt Katharina. »Überhaupt müssen all diese Packtaschen doch beim Trab und Galopp hin- und herschwanken.«

»Das kommt darauf an, wie du packst!« lacht Günther. »Ich gebe zu, meine Sachen hatten schnell Schlagseite, als ich mein Pferd zum ersten Mal beladen hatte. Aber mit der Zeit lernt man es. Das Gewicht der Ausrüstung muß gleichmäßig auf die

Gemütliche Pause . . .

Und los gehts

Taschen verteilt werden, und man muß sie sorgfältig festschnallen.«

»Aber sehr schnell kann man damit trotzdem nicht reiten!« sagt Ingrid. »Die Hauptgangart auf Wanderritten ist Schritt. Das bleibt schon deshalb nicht aus, weil man dauernd auf die Karte oder den Kompaß gucken muß, um den Weg zu finden. Und dann sind hierzulande auch fast alle Wege asphaltiert. Im Allgemeinen legen wir höchstens alle zwei Stunden mal einen kleinen Trab ein!«

»Wanderreitpferde sollten deshalb immer einen guten und schnellen Schritt haben«, ergänzt Frau Moser. »Wenn man sie dauernd treiben muß, wird es schnell ungemütlich.«

Günther nickt. »Das stimmt, aber damit haben wir zum Glück keine Probleme. Ingrids Pferd ist ein Isländer-Mix, der hat sogar ein bißchen Tölt, und mein Fairfax ist ein Traber und macht schöne, lange Schritte.«

»Wie weit kommt man denn dabei pro Tag?« Katharina kann immer noch nicht fassen, daß jemand ohne Auto und Koffer auf Reisen geht.

»Wir planen meistens 30 bis 40 Kilometer ein«, antwortet Ingrid. »Das schafft man sehr leicht an einem Tag und hat genug Zeit, um am Abend ein nettes Quartier zu suchen und noch ein bißchen im Schatten zu sitzen und zu plauschen. Oder man geht mal Schwimmen zwischendurch oder besichtigt Sehenswürdigkeiten.«

»Mitunter verreitet man sich auch«, gibt Günther zu, »und braucht dann ein paar Stunden länger für die Strecke. Es ist immer besser, die Etappen kürzer zu planen, als sich abhetzen zu müssen.«

»Man ist ja schließlich im Urlaub!« ergänzt Ingrid.

Der nächste Tag ist ein Sonntag, und Anne und Katharina kommen sehr früh zum Ponyhof, um die Wanderreiter zu verabschieden. Frau Moser will sie ein Stück begleiten, und erlaubt auch Anne und Katharina, auf Florestan und Jimmy mitzureiten. Ingrid und Günther brauchen viel Zeit zum Fertigmachen ihrer Pferde. Das Gepäck muß für den mehrstündigen Ritt wirklich sorgfältig verstaut und abgepolstert werden. Die Pferde Maxl und Fairfax stehen geduldig still, während ihre Reiter ihnen dicke, mehrfach gefaltete Decken als Sattelunterlage auflegen und darauf Sättel und Packtaschen plazieren. Beide reiten mit Westernsätteln, weil das auf dem langen Ritt bequemer ist.

»Die Satteldecken nennt man Woilach«, erklärt Frau Moser den Mädchen. »Sie sind sehr groß und aus reiner Wolle. Wenn sie richtig gefaltet werden, liegen sie in zwölf Lagen auf dem Pferd und verhindern Satteldruck. Das Falten ist allerdings eine Wissenschaft für sich! Der Woilach ist eine Erfindung des Militärs. Man kann ihn unterwegs gut mal als Pferdedecke benutzen, und die Soldaten haben wohl auch selber oft genug darunter geschlafen.«

Als alle fertig sind, drängt Ingrid zum Aufbruch.

»Wir wollen lieber morgens reiten und mittags eine Pause machen!«

Frau Moser und die Mädchen zeigen den Wanderreitern den Weg bis zum nächsten Ort, so daß sie Kompaß und Karte auf den ersten Kilometern in der Tasche lassen können.

»Wie lange werdet ihr jetzt noch unterwegs sein?« fragt Anne, als sie sich schließlich trennen.

»Bis zum Hof von Günthers Schwager reiten wir noch drei Tage. Da bleiben wir dann zwei Tage, und dann geht's zurück. Insgesamt haben wir zwei Wochen Urlaub!«

»Dann kommt auf dem Rückweg wieder vorbei!« lädt Frau Moser ein.

Anne und Katharina sehen den Reitern sehnsüchtig nach. Am liebsten würden sie auch mal alles stehen und liegen lassen und mit ihren Lieblingspferden aufbrechen. Mit Mona und Jimmy ins Blaue oder zu irgendeinem schön gelegenen Ziel … In den nächsten Tagen werden die Mädchen viel Zeit mit Träumen verbringen.

Träume vom Wanderreiten

Ein Pferd für alle Fälle

Haflinger

Wenn der Haflingerhengst Nougat auf einem Turnier oder einem Reitponychampionat auftaucht, haben die meisten anderen Pferde keine Chancen. Der kräftige, aber elegante Fuchs schwebt durch die Dressurprüfungen und zeigt Ausstrahlung und Nervenstärke. Selbst die speziell für den Sport gezüchteten Reitponys läßt er regelmäßig hinter sich.

Neben der Dressur bis Klasse M beherrscht Nougat die wichtigsten Lektionen der Westernreitweise. Und wenn es gerade keine Turniere zu gewinnen oder Stuten zu decken gilt, trägt er seine Besitzerin unbeschwert im Wald spazieren – ein leichttrittiges, ideales Freizeitpferd.

Nougat ist ein besonders gelungener Vertreter des modernen Haflingertyps. Bei genügend Größe und Fundament für ein Erwachsenenreitpferd zeigt er Arbeitseifer und weite Bewegungen. Er vereint die Nervenstärke und die Trittsicherheit des klassischen Haflingers mit den guten Reitpferdeeigenschaften der Neuzüchtung »Arabo-Haflinger«.

	Haflinger
Stockmaß	135–148 cm
Exterieur	Stämmiges, harmonisch gebautes Kleinpferd im Reitpferdetyp
Farbe	Ausschließlich Füchse mit hellem Behang
Herkunft	Tirol
Wissenswertes	Haflinger sind außerordentlich vielseitige Pferde, gut geeignet zum Wander- und Distanzreiten, aber auch für die Dressur, zum Westernreiten und besonders gut zum Fahren. Zuchtschwerpunkte liegen in Tirol und Südtirol, Nachzucht in über 20 Ländern

Haflinger beim Schlittenrennen

Pferde aus den Alpen

Haflinger sind nach dem Dorf Hafling bei Meran benannt. Sie stammen also aus Tirol, wo sie seit Jahrhunderten gezüchtet werden. Ursprünglich war der Haflinger eine fast kaltblutartige Gebirgsrasse, dem Noriker nah verwandt. Die Bergbauern in den Alpen züchteten ihn als Arbeitspferd und achteten dabei besonders auf Eigenschaften wie Trittsicherheit und Klettervermögen.

Zum Stammvater der moderneren Haflingerzucht wurde dann der Halbbluthengst Folie, so benannt nach seinem Besitzer. Folie lebte gegen Ende des 19. Jahrhunderts und war der Sohn einer Haflingerstute und eines Araberhengstes. Durch ihn wurde der Haflinger in der Gestalt etwas leichter und erhielt bessere Reiteigenschaften.

Blonde Freizeitpferde

Nachdem der Haflinger als Arbeitspferd nicht mehr gefragt war, begann man, ihn als robustes Freizeit- und Familienpferd zu vermarkten. Das fleißige, gutmütige Pferd brachte alle dazu nötigen Eigenschaften mit. Da man es aber etwas feiner und leichter wünschte und sich nicht jeder Züchter die Zeit nahm, den Typ durch langjährige Selektion innerhalb der Rasse zu verändern, wurden in den sechziger und siebziger Jahren viele Araber eingekreuzt. Die Ergebnisse – Arabo-Haflinger genannt – bestachen zum Teil durch ihre Schönheit, zeigten aber oft die typischen Temperamentsprobleme von Kreuzungen. Heute züchtet man deshalb wieder vermehrt innerhalb der Rasse und ist damit sicher auf dem richtigen Weg.

Zu viele Fohlen

Leider gibt es auch im Bereich »Haflingerzucht« Schattenseiten. Viele der Haflingerzüchter setzen jede ihrer Stuten alljährlich zur Zucht ein, ohne Rücksicht darauf, ob Stute und Hengst dem neuen Haflingertyp entsprechen. Für die Fohlen gibt es dann keinen Markt, und so wandern besonders kleine Hengste nach dem Absetzen zum Schlachter. Stutfohlen behält man meistens und läßt sie decken, sobald sie ausgewachsen sind. Bisher gibt es noch keine wirksamen Rezepte gegen diese »Haflingerschwemme«. Die einzige Hilfsmöglichkeit sehen Tierschützer bisher im Aufkauf der kleinen Hengste.

Zwei Blonde beim Flirt

Kondition ist alles

Schon seit den frühen Morgenstunden regnet es in Strömen, und die Reiter, die ihre Pferde in flottem Trab über die überschwemmten Waldwege gehen lassen, spähen unter breiten Westernhüten oder dicken Kapuzen hervor. Aufmerksam verfolgen sie ihren mit gelben Pfeilen an den Bäumen gekennzeichneten Weg, während die Pferde am langen Zügel vorwärts streben. Bloß nicht verreiten! Die Strecke ist schon lang genug.

Lange Strecken bei jedem Wetter zurückzulegen ist für Distanzreiter und -fahrer Alltag. Wer diesem Ausdauersport anhängt, kann nicht in der Halle trainieren, und Gelegenheitsreiter und »Sonntagsfahrer« sind hier auch fehl am Platze. Lange Strecken erfordern regelmäßiges Training von Pferd und Mensch. Bei der Vorbereitung auf Ritte oder Fahrten über 60 Kilometer kann das einen Zeitaufwand von über zwei Stunden pro Tag bedeuten. Und das richtige Training will gelernt sein.

Bis zu 100 Meilen am Stück

Distanzritte sind wettkampfmäßige Streckenritte. Auch Fahrten mit Ein- oder Zweispännern sind möglich. Sowohl beim Reiten als auch beim Fahren geht es darum, Strecken zwischen 30 und 160 Kilometern möglichst schnell und mit gesundem Pferd hinter sich zu bringen. Bei Ausschreibungen bis etwa 40 Kilometer besteht dabei meist eine Tempobegrenzung, angegeben in Minuten pro Kilometer. Bei Tempo 5 muß ein Kilometer in fünf Minuten zurückgelegt werden, bei Tempo 6 hat man sechs Minuten Zeit dafür. In der Stunde legt man bei Tempo 5 zwölf, bei Tempo 6 zehn Kilometer zurück. Schafft man das nicht, gibt es Strafpunkte. Beide Tempi bedeuten übrigens Dauertrab, Tempo 5 ist flotter Arbeitstrab, Tempo 6 ein wenig ruhiger. Wichtiger, als jeden Kilometer genau in fünf oder sechs Minuten zu schaffen, ist jedoch die Durchschnittszeit. Es ist durchaus möglich und üblich, ab und zu Schritt zu reiten oder zu fahren, und die dabei verlorene Zeit anschließend mit einem kleinen Galopp aufzuholen.

Neben der Zeit geht bei kurzen Ritten die Verfassung der Pferde in die Wertung ein. Alle 10 bis 20 Kilome-

Schwungvoll vorwärts auf der Strecke

ter messen Helfer den Puls der Pferde, und wer mit den ruhigsten Werten unterwegs ist, hat schließlich gewonnen.

Mittlere Distanzen zwischen 60 und 80 Kilometern und lange Distanzen über 80 Kilometer werden dann ausschließlich nach Zeit gewertet. Hier siegt, wer als erster ankommt, aber die Verfassung des Pferdes bleibt natürlich nicht unberücksichtigt. Wie bei den kurzen Ritten wird regelmäßig untersucht, und wenn die Werte zu hoch sind, muß man Pausen einlegen oder gar ausscheiden. Tierschutz spielt im Distanzsport eine große Rolle. Nur wenige schwarze Schafe müssen ständig daran gehindert werden, ihr Pferd zu überfordern.

Im leichten Wagen auf langer Distanz

Führen vor dem Stop

Tierärzte statt Richter

Distanzreiter und -fahrer haben zwangsläufig viel Kontakt zu ihren Pferden. Gemeinsames, regelmäßiges Training ist unabdingbar, denn der Reiter braucht schließlich ebensoviel Kondition wie sein Pferd, wenn er den langen Ritt ohne gesundheitlichen Schaden überstehen will. Auch der Fahrer ist selten in einem luxuriösen Gefährt unterwegs. Meist steht er fast in einem zweirädrigen Wägelchen, das geländegängig und dabei leicht genug sein muß, um auch mal über einen auf dem Weg liegenden Baumstamm gehoben zu werden. Viele Reiter trainieren nebenbei gleich ein wenig Dauerlauf und entlasten das Pferd im Wettkampf, indem sie eine Zeitlang neben ihm her joggen.

Meistens sind Distanzsportler sehr gut informiert über Trainings- und Gesundheitszustand ihrer Pferde und fürchten die Tierarztkontrollen vor, während und nach dem Ritt nicht. Im Distanzsport ersetzen Tierärzte die in anderen Reitsportdisziplinen üblichen Richter. Das Urteil des Untersuchers entscheidet darüber, ob das Pferd den Wettbewerb antreten darf, nach der Pause weiter kann und auch bei der Nachuntersuchung in der Wertung bleibt.

Die Nachuntersuchungen durch den Tierarzt finden bei kurzen und mittleren Ritten und Fahrten zwei Stunden nach dem Zieleinlauf statt, bei Veranstaltungen über 80 Kilometer erst am nächsten Tag. Das Pferd muß sich dabei gesund und in genügend guter Verfassung für einen weiteren Ritt von 20 Kilometern präsentieren.

Kann es das nicht, so scheidet es aus – auch dann, wenn es vorher die schnellste Zeit gelaufen ist und normalerweise Sieger geworden wäre. Die häufigsten Gründe für ein Ausscheiden bei der Nachuntersuchung sind übrigens Lahmheiten. Sie entwikkeln sich oft erst nach einem anstrengenden Ritt.

Nach der Nachuntersuchung werden die Checkkarten der Reiter ausgewertet und der Sieger ermittelt. Beim Distanzreiten ist es aber nicht so, daß nur die ersten sechs Reiter eine Schleife erhalten. Jeder, der sein Pferd gesund an's Ziel gebracht hat, wird hier mit einer Rosette und meist auch einer Erinnerungsplakette belohnt.

Sport ohne Grenzen

Beim Distanzsport kann grundsätzlich jedes Pferd und jeder Reiter mitmachen. Rasse und Abstammung des Pferdes sind egal, nach Papieren wird nicht gefragt, und auch das Alter spielt keine Rolle, solange das Pferd nicht jünger als fünf Jahre ist. Bei langen Ritten dürfen überhaupt erst Sechsjährige starten, aber so junge Pferde sieht man selten auf längeren Strecken. Die meisten Distanzreiter bauen ihre Pferde langsam auf und erreichen damit Langlebigkeit bei guter Gesundheit. Viele Pferde gehen noch zwanzigjährig und älter Distanzritte und -fahrten mit. Natürlich siegen sie dann nicht mehr so häufig wie in ihren besten Jahren, aber das Wichtigste beim Distanzreiten sollte ohnehin nicht der Sieg sein, sondern das Überwinden der Strecke bei guter Gesundheit. Nicht umsonst steht die Sportart unter dem Motto: »Angekommen heißt gewonnen!«

Edles Pferd der Wüste
Arabisches Vollblut

Als der Prophet Mohammed im 7. Jahrhundert unserer Zeitrechnung seine Glaubenskriege führte, setzte er in erster Linie auf seine berittenen Truppen. Die Pferdezucht im damaligen Arabien war bereits auf einem hohen Stand, aber erst mit dem Propheten und seiner Wertschätzung der edlen Stuten gelangte sie endgültig zur Blüte. Um Mohammed und seine Pferde ranken sich unzählige Geschichten und Legenden. Die bekannteste ist die Sage von den fünf Stuten, die er zu Stammüttern der arabischen Pferdezucht machte. Es heißt, Mohammed habe nach einer Schlacht die Pferde freigelassen und zum Trinken an einen Fluß geschickt. Gleich danach tauchten aber neue Feinde auf, und der Prophet rief seine Stuten zurück. Lediglich fünf davon folgten dem Ruf und wurden künftig hochgeehrt. Angeblich sollen alle arabischen Pferde von ihnen abstammen, aber das dürfte in den Bereich der Legende gehören. In Wirklichkeit soll die Geschichte auf die Erlebnisse eines Beduinenstammes zurückgehen, der irgendwann an einer Quelle fünf besonders gute Stuten fand. Auf das Märchen von den fünf treuen Stuten des Propheten möchte jedoch kein Araberfreund verzichten.

Arabisches Vollblut

Stockmaß	Um 150 cm
Exterieur	Hochelegantes, zierliches Quadratpferd, kleiner, trockener Kopf, oft Hechtkopf
Farbe	Häufig Schimmel, seltener Braune, Rappen und Füchse
Herkunft	Arabien
Wissenswertes	Genügsames Galopppferd, wohl älteste Zuchtrasse der Erde, intelligent, sensibel und sehr menschenbezogen. Araber wurden in viele andere Pferderassen eingekreuzt

Töchter der Wüste

Es ist kein Zufall, daß in arabischen Märchen und Legenden hauptsächlich von Stuten die Rede ist, während bei anderen Völkern eher Hengste die Phantasie anregten. Die Beduinen Arabiens schätzen Stuten höher ein, da sie sich als zuverlässiger und gelassener erwiesen. Bei ihren ständigen Kriegen, Überfällen und Stammesfeindlichkeiten brauchten die Wüstenbewohner schnelle, feurige Pferde, die zusätzlich über hohe Anpassungsfähigkeit und Robustheit verfügten. Araber im Ursprungsland mußten oft ohne Futter und Wasser weite Strecken zurücklegen und mit den enormen Temperaturschwankungen der Wüste fertig werden. Diese Bedingungen schufen ein hartes, zuverlässiges und enorm leistungsfähiges Pferd.

Im Zelt ihres Herrn

Pferde bedeuteten für die Beduinenstämme Beweglichkeit, Reichtum und Siege im Kampf. Ein schnelles, gutes Pferd hob das Ansehen eines Scheichs enorm. Viele Beduinen vergötterten deshalb ihre Pferde. Es heißt, daß die Scheichs die Abstammung all ihrer edlen Stuten mehrere Generationen weit auswendig hersagen konnten. Dazu mußten sie sich hunderte von Namen merken. Die edlen Araberstuten lebten in den Zelten ihrer Herren und wurden wie Familienmitglieder behandelt. Das arabische Pferd erwarb durch diesen dauernden Menschenkontakt eine besondere Bereitschaft zur Zusammenarbeit. Auch heute noch zeigen Araber größere Menschenbezogenheit als andere Rassen. Sie lernen ihre Besitzer schnell kennen und lieben und sind dann wirklich bereit, für sie durchs Feuer zu gehen!

Sensibel und leistungsfähig

Arabische Pferde sind überaus sensibel, lernwillig und klug. Es ist leicht, sie auf leiseste Hilfen abzurichten, aber auf harte Behandlung reagieren sie schnell mit Angst und Panik. Die Westernreitweise mit ihrer leichten Hilfengebung kommt ihrem Naturell meist mehr entgegen als der konven-

Der edle Schimmel zeigt seine original arabische Zäumung

tionelle Reitstil. Ihrem hohen Bewegungsbedürfnis entspricht am ehesten der Distanzsport. Auf langen Strecken sind sie die schnellsten und leistungsfähigsten Pferde der Welt. Araber wurden auch sehr häufig in andere Pferderassen eingekreuzt und verliehen ihren Adel nach Sensibilität. Direkte Araberkreuzungen zeigen aber häufig Temperamentsprobleme. Man sollte also gut überlegen, bevor man zum Beispiel seine Ponystute zu einem Araberhengst bringt.

Modepuppen

Leider hat sich die moderne Zucht des Vollblutarabers besonders in Amerika eher auf Schönheit denn auf Leistungsfähigkeit konzentriert. Die wertvollen Zuchttiere werden hier nicht mehr geritten, sondern nur an der Hand auf Schauen gezeigt. Die Vorbereitungen dafür sind höchstens mit der Herrichtung eines hochbezahlten Top-Models für Modeaufnahmen zu vergleichen. Die Pferde werden stundenlang gebadet, geschoren und sogar geschminkt. Ein solches Modepuppendasein bedeutet für sie aber Langeweile und Unterforderung. Zwischen vollklimatisierten Ställen, Pferde-Swimmingpools und Laufbändern träumen die »Trinker der Lüfte« vom Galopp auf heißem Sand . . .

Robust und leistungsstark

Bosniaken

Das Bosnische Gebirgspferd wird in Bosnien und der Herzegowina seit Jahrhunderten mehr oder weniger planmäßig gezüchtet. Je nachdem, wer in dem oft umkämpften Gebiet das Sagen hatte, überließ man die Zucht den örtlichen Bauern, die Härte, Arbeitswille und Geländegängigkeit vor Schönheit und Typ stellten, oder versuchte, die Rasse in Richtung augenblicklicher Modeströmungen zu verändern. Dazu wurden im 18. und 19. Jahrhundert orientalische Hengste importiert. Die österreichisch-ungarische Regierung versuchte es 1880 mit der Einkreuzung von Lipizzanern. Dem Bosniaken verhalf all das zu etwas mehr Adel in der Erscheinung, beeinflußte seinen gelassenen Charakter, seine enorme Arbeitsbereitschaft und Belastbarkeit aber nicht wesentlich. Bei den Ende des 19., Anfang des 20. Jahrhunderts beliebten Distanzritten des Militärs erwiesen sich stets reinrassige Bosniaken als die schnellsten und tragfähigsten Pferde. Diese Wettbewerbe, damals bei den Kavallerieeinheiten vieler europäischer Länder üblich, waren aber nicht mit dem heutigen Distanzsport zu vergleichen. Sie muteten Reitern und Pferden erheblich längere Strecken und viel größere Strapazen zu. Von einem Bosniakenwallach ist bekannt, daß er 1893 eine Strecke von 300 Kilometern in 30 1/2 Stunden zurücklegte.

Heute finden Bosniaken viele Freunde unter den Freizeitreitern in ganz Europa. Sie werden auf Distanz- und Wanderritten erfolgreich eingesetzt und bestechen auch durch ihre Freundlichkeit und ihren guten Charakter. Bosniakenfreunde schätzen sie als ideale Familienpferde.

	Bosnisches Gebirgspferd
Stockmaß	128–148 cm
Exterieur	Mittelschweres Kleinpferd mit meist kleinem, edlem Kopf
Farbe	Oft braun, auch Füchse, Schimmel und Rappen
Herkunft	Bosnien
Wissenswertes	Belastbares Kleinpferd, das im Ursprungsland hauptsächlich als Arbeits- und Soldatenpferd diente, hierzulande beliebtes Freizeit-, Distanz- und Wanderreitpferd

Bosniaken im Krieg

Das Bosnische Gebirgspferd litt von jeher unter den vielen Kriegen, von denen sein Zuchtgebiet gebeutelt wurde. Arbeits- und Militärpferde kamen bei den Gefechten um, Stuten und Fohlen wurden in den Kriegswirren vernachlässigt. Immerhin sorgten Staatsgestüte stets für den Erhalt der Rasse, denn das Militär schätzte die stämmigen Gebirgspferde nicht nur als Reit-, sondern auch als Tragtiere. Als solche sind sie im Gebirge bis heute unersetzlich. Im jugoslawischen Bürgerkrieg wurden sie erneut in die Streitigkeiten der Menschen hineingezogen und kamen zu Tausenden um.

Freizeitpferde

In den sechziger Jahren wurden sehr viele Bosnische Gebirgspferde exportiert und in die Reitponyzucht anderer Länder integriert.

Doch auch der reinrassige Bosniake fand Freunde unter den Freizeitreitern. Hauptsächlich Distanzreiter begeisterten sich für die harten, leistungsfähigen Kleinpferde. Sie setzten sie auf vielen Distanzritten unterschiedlicher Länge erfolgreich ein, prüften ihre Ausdauer auf wochenlangen Wanderritten und züchten jetzt mit den bewährten Pferden weiter. Dabei bemüht man sich vor allem um die Erhaltung des alten Typs und stellt Kaliber vor Größe, Kraft und Ausdauer vor fragwürdige Schönheitsideale.

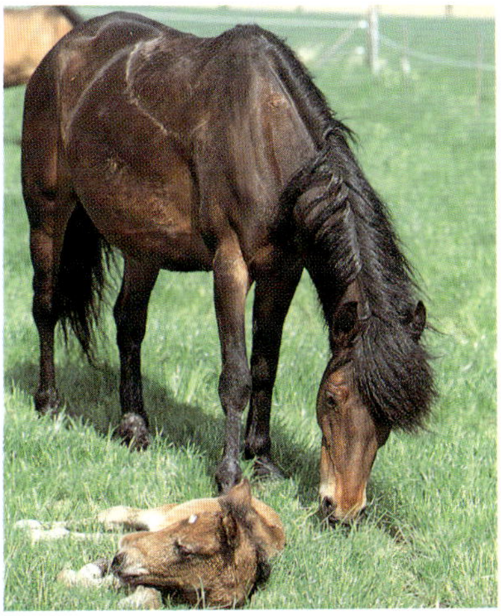

Bosniaken werden heute auch außerhalb ihres Ursprungslandes gezüchtet

Rußlands goldene Pferde

Achal-Tekkiner

Achal-Tekkiner nennt man auch die »Windhunde unter den Pferden«, und tatsächlich erinnert ihr schmaler, leichter Bau an das Gebäude eines edlen Grey Hounds oder Barsoys.

Kleinod der Steppe

Traditionelle Züchter dieses russischen Vollbluts waren die Nomaden vom Stamm der Tekke. Sie gaben der Rasse auch ihren Namen. Die Tekke hatten ein ähnliches Verhältnis zu ihren Rennern wie die Beduinen Arabiens zum Araber. Meist teilten die Pferde die Zelte ihrer Herren und wurden geliebt und verwöhnt. Um die wertvollen Tiere in den eiskalten Wintern und glühendheißen Sommern Turkmeniens vor jeglicher Witterungsunbill zu schützen, packte man sie das ganze Jahr über in Decken. Robustheit erwarb sich die Rasse dabei nicht, wohl aber eine dünne, übersensible Haut und ein seidiges Fell. Typisch für den Achal-Tekkiner ist der Goldglanz auf seinem Haar, den er lei-

	Achal-Tekkiner
Stockmaß	152–164 cm
Exterieur	»Windhundtyp«. Langgliedrig, edel, langer, trockener Kopf, oft Neigung zum Hirschhals, seidenes, spärliches Langhaar
Farbe	Alle Farben außer Schecken. Charakteristisch ist der Goldglanz im Fell
Herkunft	Rußland, Turkmenien
Wissenswertes	Benannt nach dem Turkmenenstamm der Tekke, außerordentlich schnell und ausdauernd auf langen Distanzen, für Robusthaltung nur eingeschränkt geeignet

Der Achal-Tekkiner kommt aus den Trockensteppen von Turkmenien. Das liegt zwischen Kasachstan, Kirgisien und Usbekistan. Die edlen Pferde werden dort seit undenklichen Zeiten gezüchtet. Ausgrabungen ergaben, daß man schon zwei Jahrhunderte vor unserer Zeitrechnung Pferde hielt, die dem heutigen Achal-Tekkiner glichen.

Achal-Tekkiner-Paßgespann

der sehr leicht verliert, wenn man aufhört, ihn zu verhätscheln. Achal-Tekkiner gelten als ungeeignet für die Robusthaltung, sind jedoch wie alle Pferde ausgesprochene Frischluftfanatiker. Wie jedes andere Pferd brauchen sie regelmäßigen mehrstündigen Auslauf, um sich wohl zu fühlen. Das kommt auch ihrem hohen Laufbedürfnis entgegen.

Geborene Renner

In seiner Heimat wurde der Achal-Tekkiner stets schweren Leistungs- und Ausdauerprüfungen unterworfen. Die Krönung stellte dabei ein über 4300 Kilometer führender Distanzritt von Aschchabad bis Moskau dar. Ein Achal-Tekkiner brachte diese Strecke – darunter 360 Kilometer wasserlose Wüste – in 84 Tagen hinter sich. In Westeuropa haben die geborenen Renner sich noch keinen so großen Namen auf der langen Distanz gemacht, da sie hier wenig verbreitet sind. Im internationalen Reitsport kennt man Achal-Tekkiner hauptsächlich als Dressur- und Springpferde.

Traumpferde

Im Laufe der Zeit dürften sich aber auch die goldenen Pferde ihren Platz im Freizeitreitsport sichern. Man sieht sie inzwischen etwas häufiger auf Schauen und Festivals und mitunter tobt sogar ein zierliches, goldglänzendes Fohlen neben einer der tänzelnden Stuten her. Übrigens machen die sensiblen Traumpferde nicht nur unter dem Sattel, sondern auch im Gespann eine gute Figur. Sicher werden Distanzfahrer sehr bald auf sie aufmerksam werden.

Im Rausch der Geschwindigkeit

Rennen waren wahrscheinlich die erste Form des Leistungsvergleichs, der sich Reiter und Pferde je unterwarfen. Jeder erfahrene Reiter wird es genießen, ein freudig vorwärtsstürmendes Pferd unter sich zu spüren, den rasenden Dreitakt der galoppierenden Hufe zu hören und sich vom »Fahrtwind« Tränen in die Augen treiben zu lassen. Auch Pferde lieben das Rennen in der Gruppe. Es kommt ihrem Wunsch, etwas gemeinsam mit der Herde zu unternehmen, mehr entgegen als alle anderen Sportarten, und der Rausch des Rennens erfaßt schnell auch ruhige Pferde. Mit dem eigenen Pferd ständig wilde Galoppaden zu veranstalten, ist deshalb nicht ratsam. Die Pferde neigen dann bald dazu, sich das Vergnügen selbständig zu verschaffen und durchzugehen.

Auch Galopprennpferde bestreiten im Training nicht ständig Wettrennen. Die Ausbildung eines Profi-Renners beinhaltet hauptsächlich den Aufbau von Kondition und Disziplin. Das Pferd soll während des gesamten Rennens an den Hilfen des Jockeys stehen. Ihr könnt das leicht selbst verfolgen, wenn ihr einmal bei einem Rennen zuschaut.

Ein Sonntag auf der Rennbahn

Galopp- und Trabrennbahnen finden sich in vielen größeren Städten. Rennen finden an fast jedem Sommerwochenende statt und sind ein geeignetes Ziel für einen Ausflug. Man muß dabei nicht unbedingt wetten. Auch wer die schnellen Pferde und Reiter nur einmal in Aktion sehen will, ist willkommen. Viele Besucher setzen aber gern einen kleinen Betrag auf eins der Pferde, die vor dem Rennen im Führring präsentiert werden. Das macht die Sache spannender, denn nun hat man ein »eigenes« Pferd, das man anfeuern und dem man die Daumen drücken kann.

Rennen als Zuchtauswahlprüfung

Die Wiege des Galopprennsports stand in England. In Newmarket, heute noch die Welthauptstadt des Galoppsports, wurden schon zu Beginn des 14. Jahrhunderts Rennen durchgeführt. Der britische Adel züchtete und importierte edle Renner und hatte Spaß daran, sie miteinander zu vergleichen. Auch das Volk fand seine Freude am Sport. Man wettete untereinander und später bei berufsmäßigen Buchmachern, welches Pferd wohl als erstes, zweites oder drittes ins Ziel käme.

Zu Beginn des 18. Jahrhunderts begann man die Rennen ganz gezielt

Auch Trabrennen sind spannend

Spannender Start

als Leistungsprüfungen für bestimmte Hengst- und Stutenlinien einzusetzen. Seit 1709 werden die Ergebnisse aller Galopprennen mit sämtlichen Einzelheiten im Rennkalender aufgeführt, und nur erfolgreiche Pferde werden zur Weiterzucht verwendet.

Flachrennen

Das klassische Galopprennen ist das Flachrennen, bei dem es nur auf Geschwindigkeit ankommt. Flachrennen werden über unterschiedlich lange Distanzen veranstaltet. Berühmteste Renndistanz ist die des *Derby*, eines Zuchtrennens für dreijährige Pferde, das 1780 von einer Gruppe englischer Adliger eingeführt wurde. Mit dem Wurf einer Münze bestimmte man, nach welchem der Männer das Rennen benannt werden sollte. Lord Derby gewann und wurde dadurch weltbekannt. Sein Rennen führt über zwei Meilen, das sind 2400 Meter.

Jagdrennen

In England und einigen anderen Ländern werden neben den klassischen Galopprennen auch Hindernisrennen veranstaltet. Das längste davon, das *Grand National* in Liverpool, führt über 7200 Meter und ist mit 30 festen Hindernissen bestückt. Es gehört neben dem berüchtigten Rennen von Pardubice in der Tschechoslowakei zu den schwersten und gefährlichsten Rennen der Welt, und wer sein Pferd liebt, wird es dort ganz sicher nicht starten lassen! Besonders in Pardubice kommen jährlich viele Pferde und oft auch Reiter zu Tode. Tierfreunde fordern seit Jahren die Abschaffung solch fragwürdiger »Sportveranstaltungen«.

Weit weniger gefährlich als Jagdrennen oder »Steeple Chases« sind einfache Hürdenrennen, bei denen leichte, aus Ruten und nachgiebigen Hecken bestehende Hindernisse zu springen sind. Hier kann wenig passieren, und jeder Reiter, der das seltene Glück hat, selbst einmal mit schnellem Pferd über einen solchen Trainingskurs zu fliegen, findet Spaß an dieser Alternative zum reinen Galopp.

Trabrennen

Trabrennen haben einen völlig anderen Ursprung als der Galoppsport. Hier traten zunächst nicht die Luxuspferde der Reichen gegeneinander an, sondern die Arbeitspferde der Bauern. Die ersten Rennen waren ländliche Volksbelustigungen, und die teilnehmenden Pferde keine gehätschelten Vollblüter, sondern Warm- und Kaltblüter der Region. In einigen nordischen Ländern werden heute noch Trabrennen für einheimische Rassen wie das Finnpferd oder das Dolé-Pferd veranstaltet, und die leichten Kaltblüter und Kleinpferde bringen dabei hervorragende Leistungen.

Im 19. Jahrhundert wurde der Spaß dann zum Sport – erst in Rußland und Amerika, dann auch in Mitteleuropa. Man importierte Orlow-Traber und Amerikanische Standardtraber und begann bald mit eigenen Zuchten. Frankreich war dabei zunächst führend.

Fürs Trabrennen werden die hochblütigen Trabpferde vor dem Sulky, einem extrem leichten, zweirädrigen Wagen, auf speziellen Rennbahnen trainiert. Dabei kommt es besonders auf Trabsicherheit an. Springt das Pferd im Rennen in den Galopp, so wird es disqualifiziert. Gute Trabrennpferde erreichen vor dem Sulky übrigens Spitzengeschwindigkeiten von über 50 Stundenkilometern!

Die Erfindung des Pferdetransporters

Die Idee, Pferde in einem Anhänger zu transportieren, statt sie zu einem Veranstaltungsort zu reiten, stammt aus dem englischen Rennsport. Um die Renner nicht vorzeitig zu ermüden, baute man schon im 18. Jahrhundert Wagen, in denen sie zum Rennplatz gebracht wurden. Natürlich hatte man damals noch keine motorisierten Zugfahrzeuge, sondern spannte Kaltblüter vor die luxuriösen Ställe auf Rädern.

Die schnellsten Pferde der Welt

Englische Vollblüter

Man kann nicht immer rennen!

Seit dem 12. Jahrhundert wurden in England einheimische Stuten mit orientalischen Hengsten der Rassen Berber und Araber gekreuzt, um schnelle Pferde zu erzeugen. Um 1700 nahmen drei Hengste, Byerley Turk, Darley Arabian und Godolphin Barb besonderen Einfluß auf die Zucht. Alle drei sind nach ihren englischen Besitzern benannt, sowie ihrem vermutlichen Herkunftsland. Darley dürfte demnach ein Araber gewesen sein und Godolphin ein Berber. Bei Byerley soll es sich aber nicht um ein Pferd aus der Türkei, sondern um einen Achal-Tekkiner gehandelt haben. Genau läßt sich das nicht mehr feststellen, zuviele Geschichten und Legenden ranken sich um die drei berühmten Hengste. Besonders Godolphin Barb hat ein bewegtes Leben. Er war ein Geschenk eines orientalischen Herrschers an den französischen König, wurde von diesem aber abgelehnt, da er dem barocken Zeitgeschmack nicht entsprach. Er ging dann durch mehrere Hände, bis er als Probierhengst in den Rennstall Lord Godolphins verschlagen wurde. Hier deckte er ohne Zustimmung seines Herrn die edle Stute Roxana. Ihr Fohlen Shan wurde zu einem berühmten Rennpferd und Godolphin zum begehrten Vererber.

	Englisches Vollblut
Stockmaß	160–170 cm
Exterieur	Leichtes, schmales Pferd mit trockenem Kopf und trockenen Gliedmaßen, hochbeinig und edel
Farbe	Braune und Dunkelbraune vorherrschend, aber auch alle anderen Grundfarben
Herkunft	Großbritannien
Wissenswertes	Speziell für den Galoppsport gezüchtetes Pferd, das auf Kurzstrecken ein Tempo um 70 km/h erreicht. In viele andere Pferderassen zur Veredelung eingekreuzt

Das erste Stutbuch

Es ist vielfach zu hören und zu lesen, daß alle Englischen Vollblüter einen der drei Stammhengste unter ihren Vorfahren haben. Tatsächlich trifft das aber nur bei etwa 80% der edlen Renner zu. Grundlage der Zucht war das 1793 herausgegebene »General Stud Book«. Alle darin verzeichneten Pferde sind Stammütter und -väter der Rasse, die jetzt seit über 30 Generationen rein erhalten wird. Natürlich wird sie nicht nur in England gezüchtet, sondern in aller Welt.

Rennpferde

Das einzige Zuchtauswahlkriterium für Englische Vollblüter war und ist die Rennleistung. Das scheint zunächst einseitig, bewährt sich jedoch hervorragend. Das Prinzip entspricht letztlich fast der natürlichen Auslese. Auch in der freien Wildbahn hätten die schnellsten und ausdauerndsten Pferde die besten Chancen, lange am Leben zu bleiben und sich fortzupflanzen. Natürlich wäre hier zusätzlich eine gewisse Robustheit und Wetterfestigkeit gefordert, die in Rennställen nicht unbedingt gepflegt wird. Dort werden die sensiblen Renner nämlich rund um die Uhr versorgt und beschützt. Trotzdem haben sie sich die Anpassungsfähigkeit ihrer arabischen Ahnen bewahrt. Im modernen Rennsport müssen sie oft Flugreisen und Starts in schnell wechselnden Ländern und Klimazonen überstehen und meistern das hervorragend.

Sport- und Freizeitpferde

Die guten Eigenschaften des Vollbluts wurden und werden nicht nur auf der Rennbahn geschätzt. Vollbluthengste finden sich unter den Ahnen fast aller europäischen Warmblutpferde, denn sie sind begehrte Veredler. Auch in den Siegerlisten des Dressur- und Springsports tauchen immer wieder Vollblutpferde auf.

Freizeitreiter nehmen sich besonders gern der langsameren, auf der Rennbahn erfolglosen Vertreter der Rasse an, die oft preiswert zu erwerben sind. Liebevoll und fachkundig umgeschult sind ehemalige Galopper gute Distanz- und Freizeitpferde.

Rennen als Zuchtauswahlprüfung

Rennpferd und Freizeitpartner

Traber

Die Ahnen des Europäischen Standard-Trabers kommen aus Rußland und aus Amerika. Dabei waren die Russen die ersten, die gezielt schnelle Traber züchteten. Graf Alexeij Orlow kreuzte dazu gegen Ende des 18. Jahrhunderts orientalische, dänische und holländische Pferde miteinander und aus diesen Anpaarungen entstand der »Orlow-Traber«. Die ersten Trabrennen mit den hochblütigen Pferden wurden in Moskau schon 1799 abgehalten. Damals führte man sie bevorzugt im Winter durch und ließ die Pferde vor leichten Schlitten gehen.

Auch die ersten westeuropäischen Rennen wurden mit Orlow-Trabern gefahren. In Amerika schuf man dagegen eine eigene Trabrasse auf der Basis von Englischen Vollblütern. Ins Stutbuch des Amerikanischen Standardbred-Trabers kamen alle Zuchtpferde, die eine Meile innerhalb eines bestimmten Standards, also einer festgelegten Zeit, laufen konnten. Einige taten das allerdings nicht im Trab, sondern in der vierten Grundgangart des Pferdes, dem Paß. Die Amerikaner unterschieden ihr Standardbred deshalb in die zwei Gruppen *Trotter* und *Pacer*.

Europäische Zucht

Die westeuropäische Traberzucht nahm ihren Anfang in Frankreich, wo der *Französische Traber* aus der Kreuzung von Anglo-Normänner und Eng-

Europäischer Standardtraber

Stockmaß	145–170 cm
Exterieur	Nicht einheitlich, da stets nur auf Trabveranlagung, nicht auf Aussehen gezüchtet wurde. Meist leichte, vollblutartige Pferde, aber auch solche im Pony- und Warmbluttyp
Farbe	Braune und Dunkelbraune vorherrschend, aber auch alle anderen Grundfarben
Herkunft	Mitteleuropa
Wissenswertes	Speziell für das Trabrennen gezüchtete Rasse, zu deren Vorfahren Orlow-Traber, Amerikanische Standardtraber und Französische Traber gehörten. Besonderheit ist die bei vielen Vertretern vorhandene Veranlagung zu Tölt und Paß

Töltende Traber sind begehrte Freizeitpferde

lischen Vollblütern entstand. Kurz danach wurde auch mit amerikanischen Trabern gezüchtet.

Der moderne *Europäische Standardtraber* führt die Blutlinien sämtlicher Ausgangsrassen. Selektiert wurde immer nur auf Geschwindigkeit, niemals auf Größe und Aussehen. Traber sind deshalb sehr unterschiedlich in ihrem Erscheinungsbild. Es gibt große, warmblutähnliche Exemplare, die meist auf französische Traber zurückgehen, vollblutähnliche und andere, die fast im Ponytyp stehen. Eine besondere Eigenschaft bringen viele Nachkommen des American Standardbred ein: die Veranlagung zu Tölt und Paß.

Beliebte Freizeitpferde

Die Töltveranlagung vieler Trabrennpferde wurde in den siebziger Jahren von Freizeitreitern entdeckt und machte die Rasse sofort zu beliebten Freizeitpferden. Ihr umgänglicher Charakter und die meist gute Erziehung in den Rennställen trug ebenfalls dazu bei. So fanden viele Traber, deren Geschwindigkeit für eine Rennkarriere nicht reichte, neue Aufgaben und glückliche Besitzer im Gangpferde- und Distanzreiterlager. Anfänglich kauften die Reiter sie direkt von der Rennbahn und übernahmen die Ausbildung in den Sondergangarten selbst. Inzwischen gibt es Trainingsställe, die fertig umgeschulte, töltende Traber abgeben.

Cowboyromantik im Westernsport

Das hübsche, braune Pferd steht absolut still, aber wie sein aufmerksames Ohrenspiel beweist, verfolgt es jede Bewegung in der Rinderherde. Schließlich hat sich seine Reiterin entschieden, mit welchem Rind sie arbeiten möchte. Ihre Wahl ist auf ein kleines, schwarzes Kalb gefallen, das keck zwischen seinen Artgenossen hervorsieht. Sehr langsam tritt das Pferd zwischen das Kalb und die anderen Rinder. Es versucht, das Tier abzusondern, aber das merkt das Rind natürlich bald. Mit einem plötzlichen Ausfall versucht es, zur Herde zurückzukommen, doch jetzt kommt auch Bewegung in das Cutting-Pferd. Mit katzenartiger Wendigkeit und enormem Tempo wirft es sich auf der Hinterhand herum und schneidet dem Rind den Weg ab. Das Rind kontert mit einem Sprung auf die andere Seite, aber das Pferd scheint diese Reaktion vorausgeahnt zu haben und macht die Bewegung mit. Mit Schwung und Grazie tanzt der kleine Braune vor dem Kalb und läßt ihm keine Chance zum Ausbruch. Die Reiterin sitzt dabei völlig entspannt und locker im Sattel! Die Zügel hat sie über den Pferdehals gelegt. Ihr perfekt ausgebildetes Westernpferd muß mit dem Aussondern des Rinds allein fertig werden.

Die Arbeit der Cowboys

Cutting und einige andere Disziplinen, in denen das Pferd vor den Richtern mit Rindern arbeitet, zeugen noch deutlich von den Ursprüngen der Westernreitweise. Sie liegen im Westen und Südwesten Amerikas, wo die Cowboys, die amerikanischen Rinderhirten, ihrer Arbeit nachgingen. Noch heute hält man in diesen Gegenden Rinderherden auf fast unübersehbar großen Weiden. Will man sie einfangen oder umtreiben, müssen sie mit Pferden eingekreist und in die gewünschte Richtung gelenkt werden. Bis vor gut hundert Jahren gab es in diesen Teilen der USA noch gar keine eingezäunten Weidegebiete. Die Umfriedung so großer Flächen wurde erst mit der Erfindung des Stacheldrahtes möglich. Vorher liefen die Rinder frei auf den endlosen Ebenen, und es gab noch viel mehr Arbeit für die Cowboys und ihre Pferde.

Spanische Vorbilder

Die erstklassige Ausbildung eines Pferdes für die Arbeit mit Rindern ist arbeitsintensiv wie jedes andere gezielte Training. Das Pferd muß dabei lernen, bei gelassener Grundhaltung ständig einsatzbereit zu sein, vollkommene Ruhe mit blitzschneller Aktion abzuwechseln. Die raschen Ausbrüche der Rinder verlangen hohe Spurtgeschwindigkeiten und ein »Durchstarten« und sich Herumwerfen auf der Hinterhand. All das soll das Pferd selbständig oder auf leichteste Hilfen des Reiters hin ausführen. In vieler Hinsicht gleicht die Arbeit des Cutting-Pferdes der des Andalusiers in der Stierkampfarena.

Diese Ähnlichkeiten sind kein Zufall, denn beide Reitweisen haben dieselben Wurzeln. Es waren spanische Einwanderer, die ihre Kenntnisse der »Doma Vaquera« mit nach Amerika brachten. Der Reitstil gestaltete sich dort zwar im Laufe der Zeit lässiger,

Westernträume

und die ständige starke Versammlung der Stierkampfpferde wich der gelassenen Bereitschaft des Westernpferdes, aber der Vaquero-Stil wurde zur Grundlage der Westernreiterei.

Trockenübungen

Ebenso wie die Stierkampfpferde mußte auch das Pferd des Rinderhirten eine gewisse Grundschule durchlaufen, bevor man es bei der Rinderarbeit einsetzen konnte. Das Westernpferd lernte, alle Grundgangarten ruhig und gelassen am durchhängenden Zügel zu gehen. Es trainierte, schnell anzutreten und auf leiseste Hilfen sofort zu stoppen. Wendigkeit ließ sich durch das Reiten von Zirkeln und kleineren Kreisen trainieren. Letztlich mußte das künftige Cuttingpferd alle Bewegungen schnell und langsam ausführen können, die man auch von einem guten Dressurpferd verlangt.

Die Leichtigkeit, mit der die Pferde das taten, machte die Freizeitreiterbewegung auf die Westernreitweise aufmerksam. Viele Reiter wünschten sich ein durchlässiges, gehorsames und scheufreies Pferd, hatten aber keine Lust, es über die englische Reitweise zur Versammlung zu führen und mit ständigem Zügelkontakt zu reiten. So begannen Freizeitreiter in Amerika und später auch in Europa, ihre Pferde wie ein künftiges Cowboypferd zu schulen, ohne jemals die Absicht zu haben, eine Rinderarena mit ihm zu betreten. Die »Trockenübungen« des Arbeitspferdes wurden zum Selbstzweck und schließlich zu Turnierdisziplinen. *Pleasure* und *Horsemanship* fordern Leichtrittigkeit, *Reining* ist anspruchsvolle Westerndressur, und *Trail* wird dem Reiten durch Geländeschwierigkeiten nachvollzogen. Hier lernt das Pferd zum Beispiel über Stangen und Brücken zu treten und trainiert Scheufreiheit.

Sport

Westernreiten ist heute zu einem hochspezialisierten Turniersport geworden. Viele moderne Cowboys und -girls verlassen mit ihren vierbeinigen Athleten kaum jemals die Reithalle. Niemals kämen sie auf die Idee, ihre Reining- oder Pleasure-Spezialisten mit einer Kuh zu konfrontieren! Turnierpferde reagieren mitunter auf so feine Hilfen, daß sie im Gelände kaum noch reitbar sind. Jede noch so geringe Gewichtsverlagerung – zum Beispiel beim Ducken unter tief hängenden Ästen – führt zu blitzartigen Reaktionen.

Ruhig und gelassen im Trail-Parcours

Westernstil im Alltag

Mit der Alltagswelt der Cowboys hat das natürlich nicht mehr viel zu tun. In der Tradition der »Praktiker im Sattel« stehen eher die Wander- und Freizeitreiter, die sich für die Westernreitweise entschieden haben, weil sie bequeme Sättel, leichte Zügelführung und scheufreie, selbständige Pferde mögen. Von den Mitmenschen mitunter etwas belächelt, tragen sie beim Ausritt auch oft die klassische Reitkleidung der Cowboys – strapazierfähige Lederchaps über Jeans, Stiefel, in denen man nicht nur reiten, sondern auch mal ein paar Kilometer laufen kann, und den guten alten Cowboyhut zum Schutz gegen Sonne und Regen. So ausgestattet fühlt man sich beinahe in eine andere Welt versetzt. Und falls ihnen mal ein ausgebrochenes Rind vor das Pferd gerät, so setzen sie ihren ganzen Stolz daran, es langsam und bedächtig auf den nächsten Bauernhof zu treiben. Nicht gerade großer Sport, und statt Preisgeld höchstens ein Dankeschön – aber immerhin das Gefühl, jedem Viehtrieb gewachsen zu sein!

Ist so ein Cowboysattel wohl bequem?

Westernreiter fallen besonders durch ihr Outfit und ihr ungewöhnliches Zaum- und Sattelzeug auf. Viele Reitstallreiter fragen sich, ob diese Zäumungen den Pferden im Maul wehtun, und ob der riesige Sattel nicht zu schwer für die Ponys ist.

Solche Befürchtungen sind zum Glück grundlos. Zwar tragen wirklich viele Westernpferde Mundstücke, die beim Zug an den Zügeln recht scharf wirken. Ist ein Pferd aber genügend weit ausgebildet, um damit geritten zu werden, so brauchen die Zügel gewöhnlich nicht mehr angenommen zu werden. Der Reiter hält sie in einer Hand und lenkt durch Gewichtshilfen und durch das Anlegen der Zügel an den Hals des Pferdes. Widersetzt es sich doch einmal, so reicht ein leichtes »Klingeln« an den Zügeln, um es an seine gute Erziehung zu erinnern.

Der schwere, meist dick abgepolsterte Westernsattel wirkt auf manchen Pferden riesig, ist aber bequem für Pferd und Reiter. Durch seine größere Auflagefläche verteilt er das Gewicht des Reiters, des Sattels und eventueller Packtaschen besser auf dem Pferd als ein normaler Sattel. Das Pferd trägt zwar mehr, es fällt ihm aber leichter. Ihr könnt das nachvollziehen, indem ihr euch einmal eine Schultertasche umhängt, deren Riemen einschneidet, und dann einen Rucksack mit abgepolsterten Tragriemen.

Nur nicht runterfallen – Rodeos

Eigentlich macht das Pferd einen ganz ruhigen Eindruck, und man fragt sich, warum der Cowboy so vorsichtig über die Boxwand in den Sattel gleitet. Freilich macht die Enge der Box es unmöglich, vom Boden aus auf das Pferd zu steigen. Der drahtige Rappe hat hier gerade Platz zum Stehen. Er muß aber nicht lange in diesem Kasten verbringen. Nachdem der Cowboy sich zurechtgesetzt und den Sattelknauf mit einer Hand fest umfaßt hat, gibt er das Zeichen, die Box zu öffnen. Sofort schießt das Pferd heraus. Wild bockend und um sich schlagend rast es in die Arena und bemüht sich mit aller Kraft, den Reiter herunterzubuckeln. Der wiederum will oben bleiben und dabei noch Haltung bewahren. Sein Ritt wird nämlich nach Punkten bewertet, und letztlich ist es der Reitstil, der den Wettbewerb entscheidet.

Nach elf Sekunden ist alles vorbei. Ein Helfer lenkt sein artiges Quarter Horse neben den buckelnden Wildling, hilft dem Rodeoreiter herunter und löst den Buckelriemen, der die Toberei ausgelöst hat. Rodeo-Pferde sind nämlich nicht von Natur aus wild, sondern geraten erst in Raserei, nachdem man ihnen einen Ledergurt um die Weichteile gelegt hat. Das tut weh oder ist doch zumindest unangenehm, und das Pferd bemüht sich, den Gurt durch Bocken loszuwerden.

Auf das Mustangreiten folgt bei diesem Rodeo das Roping, das Kälberfangen. Aus der Box des Wildpferds schießt diesmal ein Rind, das der Cowboy vom Pferd aus mit dem Lasso fangen muß.

In anderen Disziplinen wirft sich der Reiter vom galoppierenden Pferd aus auf das Rind und reißt es mit seiner Körperkraft zu Boden, oder zwei Cowboys fangen ein Rind in Gemeinschaftsarbeit.

Die gefährlichste Rodeodisziplin ist jedoch das Bullenreiten. Hier muß der Reiter sieben Sekunden auf einem rasenden Bullen ausharren, um eine Siegchance zu haben. Fällt er vorher herunter, versuchen als Clowns verkleidete Rodeo-Helfer, den Bullen von ihm abzulenken. Fliehen Cowboy und Helfer nicht rechtzeitig hinter schützende Holzwände, riskieren sie Angriffe und Verletzungen durch den wütenden Bullen.

Sport für harte Kerle

Rodeo ist ein hartes Geschäft. Man muß Kraft, Routine und ein gutes Stück Verrücktheit mitbringen, um jedes Wochenende für relativ geringe Preisgelder seinen Hals zu riskieren. Frauen findet man in den harten Rodeo-Klassen nicht. Sie ziehen es im allgemeinen vor, am Abend auf dem mechanischen Bullen ihre Sattelfestigkeit zu beweisen.

In den Reitdisziplinen des Rodeosports, Pole Bending und Barrel Racing, haben Mädchen und Frauen hingegen die Nase vorn. Wenn es darum geht, in ungeheurem Tempo Slalom um Stangen zu reiten oder Tonnen zu umrunden, sind sie mindestens so gut wie die Männer.

Ein Mädchen ganz vorn

Bereits ein kleiner Star unter den Rodeo-Reitern ist die elfjährige Kera Washburn aus Cody im US-Staat Wyoming. Keras Vater ist ein erfolgreicher Trainer von Rodeopferden, und auf seiner Farm stehen ständig mindestens zehn Privat- und Verkaufspferde zur Ausbildung. Mit ihnen fährt Mr. Washburn mehrmals wöchentlich zu den Rodeos in der Umgebung, und wenn die Schule es irgendwie zuläßt, sind auch Kera und ihre Stute Splash dabei, um teilzunehmen.

In rasantem Tempo um die Tonne

Aufmerksam horcht Splash, was Kera von ihr möchte

Ein gutes Team

Splash - das bedeutet »Klecks« - ist ein Paint Horse, also ein geschecktes Quarter Horse. Kera hat sie bekommen, als Splash drei und Kera sieben Jahre alt war. Die kleine Stute konnte damals noch nichts, aber Kera verfügte schon über beträchtliche Reiterfahrung. Sie sitzt seit ihrem zweiten Lebensjahr regelmäßig im Sattel, und konnte ihre Kenntnisse nun an ihr eigenes Rodeopferd weitergeben.

Inzwischen sind Kera und Splash ein eingespieltes Team. Sechs- bis achtmal in der Woche starten sie bei Rodeos, meist in der Disziplin Barrel Racing. Dabei hat man drei im Dreieck aufgestellte Tonnen möglichst schnell in zwei Rechts- und einem Linkszirkel zu umrunden. Je enger man dabei die Wendungen nimmt, desto kürzer die Zeit. Kera und Splash umrunden die Tonnen in atemberaubender Geschwindigkeit. Splash legt sich dabei in die Kurve, daß man meint, sie müsse hinfallen, aber Pferd und Reiterin wissen genau, was sie sich zumuten können.

Kera und Splash sind ein eingespieltes Team

Splash ist eine Paint Horse Stute

In ihrer Disziplin und Altersklasse ist Kera absoluter Champion. Mit zehn wurde sie Weltmeisterin der Junioren. Später will sie als Trainerin in die Fußstapfen ihres Vaters treten.

Elf Sekunden Arbeit im Monat

Liest man vom Buckelriemen beim Rodeo-Pferd, so denkt man zunächst an Tierquälerei. Mit dem Einquetschen der Weichteile wird den Tieren schließlich sinnlos Schmerz zugefügt.

Der Einsatz von Rodeo-Pferden steht in Amerika aber unter ständiger Beobachtung von Tierschutz-Organisationen. Vom elfsekündigen Auftritt in der Arena einmal abgesehen, führen die meisten Rodeo-Pferde ein wahrhaft paradiesisches Leben. Sie werden nicht geritten oder anderweitig genutzt, leben in Herden auf Weiden und in Ausläufen und dürfen nur einmal im Monat mit zum Rodeo!

Vergleicht man dieses Dasein mit dem eines mitteleuropäischen Boxpferdes ohne Auslauf und Pferdegesellschaft, so gibt es wirklich keinen Grund zum Mitleid.

Westernpferde

Quarter und Paint Horses

Das Quarter Horse entstand in der amerikanischen Kolonialzeit, und hat Mustangs sowie Englische Vollblüter unter seinen Vorfahren. Auch andere, von den Einwanderern importierte Pferderassen, dürften bei seiner Entstehung mitgewirkt haben. Am Anfang ging es den Neusiedlern im Westen nicht darum, eine Rasse zu gründen, sondern ein möglichst praktisches und umgängliches Pferd für die tägliche Arbeit auf den Ranches zu haben. Am Sonntag wurden dieselben Pferde dann beim Rennen eingesetzt. Die Cowboys ließen sie zu ihrem eigenen Vergnügen und dem der Zuschauer gegeneinander antreten, und in Ermangelung richtiger Rennbahnen sperrte man dazu die Hauptstraße des Westernstädtchens. Die war meist etwa eine Viertelmeile lang: a quarter of a mile. Das beliebte Rennen gab der neuen Pferderasse ihren Namen.

	Quarter und Paint Horse
Stockmaß	Um 150 cm
Exterieur	Athletischer Bau, sehr gut bemuskelt, kleiner Keilkopf, breite Stirn, auffallend starke Hinterhand
Farbe	Alle Farben, gescheckte Quarter Horses werden Paint Horses genannt
Herkunft	Amerika
Wissenswertes	Das Quarter Horse hat seinen Namen von den in der Kolonialzeit beliebten Viertelmeilenrennen. Es ist ein wendiges, lernwilliges Pferd, geeignet vor allem für alle Westerndisziplinen

Sprinter
Sehr schnell erkannte man, daß die Sieger der Viertelmeilenrennen auch für die Rancharbeit besonders gut geeignet waren. Auf der kurzen Distanz von etwa 400 Meter kam es nämlich nicht nur auf Galoppgeschwindigkeit, sondern auch auf einen schnellen Start an. Die überaus kräftige Hinterhand guter Quarter Horses ermöglichte den Spurt aus dem Stand, und der war auch von Nutzen, wenn es darum ging, einem ausbrechenden Rind nachzusetzen. So wurden die Rennen zur Leistungsprüfung für die Zuchtwahl des Quarter Horses. Heute finden sie auf speziellen Rennbahnen statt, und die teilnehmenden Pferde sind echte Kurzstreckenspezialisten. Auf der Viertelmeile ist das Quarter Horse schneller als jede andere Pferderasse der Welt, das Englische Vollblut eingeschlossen.

Barrel Race – mit einem Quarter Horse blitzschnell um die Tonne

Gelungene Farbzucht: Paint Horses

Cow-Sense

Neben der Spurtstärke zeichnet sich das Quarter Horse noch durch eine weitere Besonderheit aus. Die kleinen, wendigen Pferde beweisen außergewöhnlichen »Cow Sense« – Instinkt für den Umgang mit Rindern. Ein gut ausgebildetes Cow-Pony reagiert viel schneller auf Bewegungen und Bewegungsabsichten des Rindes als ein Mensch und arbeitet dabei als selbständiger Partner seines Reiters.

Paint Horses

Quarter Horses gehen auf Mustangs zurück, die wiederum bunte, spanische Barockpferde unter ihren Ahnen hatten. Relativ häufig trat deshalb auch in der Quarter-Zucht eine Scheckfärbung auf. Das galt jedoch als unerwünscht, und als schließlich ein Zuchtbuch für Quarter Horses eröffnet wurde, entschloß man sich, Scheckfohlen nicht einzutragen. Ein Teil der Züchter sah diese Regelung jedoch nicht ein, sondern fand Freude an den farbigen Quarters. Also gründeten sie eine eigene Zuchtorganisation und erfanden einen neuen Rassenamen. Das Stutbuch für *Paint Horses* besteht nun neben dem der Quarters, und die Kreuzung der »Rassen« untereinander ist erlaubt.

Sowohl Quarter Horses als auch Paint Horses finden im Westernreitsport und im Freizeitbereich Verwendung. Die Quarter Horse Association ist mit über zwei Millionen im Stutbuch eingetragenen Tieren größter Pferdezuchtverband der Welt.

Allroundtalente aus Norwegen

Fjordpferde

Westernturnier, Disziplin Reining: ein muskulöses, durchtrainiertes Quarter Horse nach dem anderen kommt in die Bahn und versucht sich im schnellen Angaloppieren, Stoppen und Herumwerfen auf der Hinterhand.

Nur Nummer 15 fällt auf. Paw, ein kräftiges Fjordpferd, betritt selbstbewußt den Reitplatz und spult ein Feuerwerk von Spurts, Stops und Spins ab. Wie immer muß er etwas besser sein als die Westernpferde, um die Würdigung der Richter zu finden, aber das schafft er mühelos. Gut ausgebildete Fjordpferde überzeugen in jeder Reitsportdisziplin.

Die Heimat des Fjordpferdes liegt in den westlichen Provinzen Norwegens, dem felsenreichen Land der Fjorde. Hier dienten die hübschen Falben jahrhundertelang als robuste Gebirgs und Arbeitspferde, zeigten ihren umgänglichen Charakter unter dem Reiter und vor dem Wagen. Seit Ende des letzten Jahrhunderts züchtet man die Rasse bewußt etwas leichter, was ihr zugute kam, als sie in der Landwirtschaft nicht mehr gebraucht wurde. Die Umstellung vom Arbeits- zum Freizeitpferd gestaltete sich relativ einfach, und die Fjordpferdezüchter grif-

	Fjordpferd
Stockmaß	135–145 cm
Exterieur	Stämmiges Kleinpferd mit ausdrucksvollem Kopf, starkem Hals, kräftigem Rücken und starken, trockenen Beinen
Farbe	Stets Falben, deren zweifarbige Mähne oft effektvoll als Stehmähne mit dunklem Innen- und hellem Außenhaar frisiert wird
Herkunft	Norwegen
Wissenswertes	Vielseitige, gutmütige Ponyrasse, deren Vertreter nach dem Zweiten Weltkrieg oft als Arbeitspferde eingeführt wurden und als Freizeitpferde blieben

Ein hübsches Fjordpferd

fen nicht so häufig auf die Einkreuzung von Arabern zurück wie die Halter vergleichbarer Rassen. Charakter- und Temperamentsprobleme sind deshalb auch beim modernen, leichteren Norweger selten.

Fjordpferde sind übrigens immer Falben, wobei gelbliche Falben vorherrschen. Gelegentlich kommen auch Graufalben vor. Die Stehmähne ist keine Laune der Natur, sondern ein rassetypischer Haarschnitt. Wer ihn nicht mag, kann die Mähne seines Fjordpferds natürlich auch lang wachsen lassen. Sie sprießt ebenso üppig wie der Behang anderer Robustpferderassen.

Pferde für Sport und Freizeit

Die genügsamen, ausdauernden Fjordpferde sind ideale Begleiter auf Wander- und Distanzritten. Sorgfältig ausgebildet sind sie auch als Dressur- und Springpferde einsetzbar und können sich, wie Paw zeigt, selbst in höhere Klassen des Westernsports vorarbeiten. Besonders erfolgreich sind Fjordpferde im Fahrsport. In Dressur-, Hindernis- und Geländeprüfungen fahren Norweger-Gespanne auf den vordersten Plätzen mit.

Spätreif, aber langlebig

Das Fjordpferd hat mit anderen Robustrassen wie dem nah verwandten Isländer gemeinsam, daß es erst mit fünf Jahren voll ausgewachsen ist. Wer das beim Einreiten und -fahren berücksichtigt, hat mehr Spaß an seinem Fjording. Die Pferde danken die Rücksicht mit ausgesprochener Langlebigkeit und Einsatzfreude bis ins hohe Alter.

Ausflüge wie vor hundert Jahren

Die historische Kutsche wird schnell noch einmal poliert, bevor der mächtige Friesenhengst eingespannt wird. Es geht zwar nur um eine kleine Spazierfahrt in der Mittagspause, aber das Holz des Wagens und das Leder des Geschirrs sollen doch glänzen. Der alte Hengst geht die Sache bedächtig an. Marko ist 18 Jahre alt und hat es nicht eilig, seine Weide und seine Stuten zu verlassen. In ruhigem Trab zieht er den Wagen durch den kleinen Ort. Hier fahren nur wenige Autos, und man kann sich zurückträumen in die Zeit der Kutschen und Wagenpferde. Vom Reitweg aus grüßen zwei Reiterinnen auf Warmblütern, vor der Gastwirtschaft wartet ein Kaltblutgespann vor dem Planwagen auf seine Passagiere.

Das gleichmäßige Rumpeln unseres Wagens auf Asphalt, Holperpflaster und schließlich Sandwegen unterstreicht noch das Gefühl einer Zeitreise. Traditionsbewußte Fahrer lehnen gummibereifte Wagen als stillos ab …

Ein oder mehrere schöne Pferde vor gepflegten Wagen sind eine Augenweide, egal, ob man sie anläßlich einer Ausfahrt oder beim Turnierfahren bewundern kann. Noch schöner ist es natürlich, selbst in der Kutsche oder gar auf dem Bock zu sitzen. Kein Wunder, daß sich viele Brautpaare eine Kutschfahrt zur Hochzeit gönnen! Auch Planwagenfahrten werden immer beliebter.

Will man nicht nur mitfahren, sondern selbst eine Kutsche lenken, kommt man allerdings nicht um einen Fahrkurs herum. Besonders mehrspänniges Fahren verlangt eine sorgfältige Ausbildung. Es ist schließlich nicht zu umgehen, sich mit den Pferden in den Straßenverkehr zu wagen, und da können schon kleine Fahrfehler gefährliche Folgen haben. Gewöhnlich lernt man das Fahren nach dem Achenbach-System, einer bewährten, aber nicht einfachen Methode. Zunächst übt man an einem Fahrlehrgerät, bevor man sich an einem Gespann versuchen darf.

Fahrsport

Nach dem Siegeszug des Automobils wurde das Fahren mit Pferden zum Sport. Es gibt Turnierprüfungen für Ein- und Zweispänner und auch für Viererzugfahrer. Man unterscheidet Dressur-, Hindernis- und Geländeprüfungen. Im Grunde testen sie alle die Fähigkeiten des Fahrers, sein Gespann im Alltag, aber auch in außergewöhnlichen Situationen perfekt zu

Kutschfahrten machen allen Spaß!

Geländeprüfung auf dem Fahrturnier

beherrschen. So geht es zum Beispiel darum, sehr enge Wendungen zu fahren, Engpässe richtig einzuschätzen und korrekt zu durchfahren und das Gespann auch mal rückwärts gehen zu lassen, wenn man in eine Sackgasse geraten ist. Dabei ist es faszinierend, zu sehen, wie echte Könner auf dem Bock vor allem ihre Viererzüge beherrschen. In Bezug auf Bremsweg und Wendekreis lassen gute Gespanne teure Autos weit hinter sich!

So schöne Anspannungen wie diese sieht man auf Schauen

Verschiedene Anspannungen

Auf der Straße begegnet man heutzutage eigentlich nur noch Ein- und Zweispännern. Viererzüge und außergewöhnliche Anspannungen sind selten und nur noch auf Turnieren oder Schauen zu bewundern. Dabei gab es in der Zeit der vornehmen Kutschen und Equipagen vielfältige Möglichkeiten, edle Pferde optimal zu präsentieren. In der *Tandem-Anspannung* ließ man zum Beispiel zwei Pferde voreinander gehen, bei der *Random-Anspannung* drei. Gehen zwei Pferde nebeneinander und eines ist davor angespannt, so nennt man das *Einhorn-Anspannung*. Bekannter ist allerdings die *Troika*, bei der alle drei nebeneinander laufen. Sie war besonders in Rußland gebräuchlich und wurde oft vor dem Schlitten gefahren. Überhaupt gehören zu den verschiedenen Anspannungen unterschiedliche Wagen, Geschirre und Peitschen. Auf Turnieren ist auch die Kleidung des Kutschers und des Beifahrers reglementiert. Diese Einzelheiten des Fahrsports sind eigentlich nur für Insider zu durchschauen. Für allgemein Interessierte genügt es, zu wissen, daß man in erster Linie zweirädrige und vierrädrige Wagen unterscheidet, wobei erstere im modernen Fahrsport nur bei Einzel-, Tandem- und Random-Anspannung üblich sind. Ansonsten kommen vierrädrige Wagen zum Einsatz, die natürlich um so schwerer sein dürfen, je mehr Pferde vorgespannt werden. Zu Schauzwecken spannt man mitunter bis zu zehn Pferde vor einen Wagen – auch wenn vier bis sechs reichen würden, ihn wegzuziehen. Bei Fürstenhochzeiten und Krönungen hat man früher noch mehr eingespannt. Es erfordert aber viel Fahrkönnen, Training und Zeit für die Schulung der Pferde, um so große Züge zusammenzustellen und zu beherrschen. Heute kommen auch noch Transportprobleme und andere, praktische Schwierigkeiten hinzu. Welcher Fahrer kann sich schon zehn Pferde und die Transporte zu Schauen leisten?

Die meisten auf Schauen gezeigten Zehnerzüge kommen denn auch aus Gestüten, und oft sind die Pferde davor kleine Ponys. Shetlandponys im Zehnergespann erringen schnell die Gunst der Zuschauer.

Herausgeputzt im Frieseneinspänner

Süß und doch kein Spielzeug

Shetlandponys

Das Pony ist überfüttert und gelangweilt. Seit Jahren steht es allein auf einer handtuchgroßen Wiese am Haus seiner Besitzer. Seine einzige Abwechslung sind die Besuche der Nachbarskinder, die es gelegentlich mit Zucker vollstopfen. Die Besitzerin des Ponys kommt nur noch, wenn sie es neuen Freunden zeigen will. Dann wird auch mal eine Trense angelegt, und die Kinder versuchen zu reiten. Das Pony macht das aber nur ein paar Minuten mit. Wenn ihm die Reißerei im Maul zuviel wird, wirft es die Kinder ab und läuft weg.

Dieses traurige Bild des Shetlandponys bietet sich leider häufig. Viele Pferdeleute sind deshalb der Meinung, Shettys seien allgemein schwierig und zu nichts zu gebrauchen. Tatsächlich sind Shetlandponys aber ungemein leistungfähige und eifrige Pferde. In ihrem Ursprungsland, den kalten, unwirtlichen Shetlandinseln, dienten sie jahrhundertelang als Trag- und Zugpferde. Die stämmigen Zwerge trugen auch erwachsene Menschen. Sie wurden wild oder halbwild gehalten und kamen mit knappsten Futtergaben aus. Diese außerordentliche Genügsamkeit haben sie all ihren Nachkommen mitgegeben. Es ist in unseren Breiten nur mit Mühe möglich, ein Shetlandpony schlank zu halten. Selbst die verwahrlosesten Exemplare leiden zwar an Vitamin- und Mineralstoffmangel, sind dabei aber rundlich.

	Shetlandpony
Stockmaß	87–107 cm
Exterieur	Gedrungenes Pony mit pfiffigem Ausdruck, kräftigem Gebäude und üppigem Behang
Farbe	Alle Farben, auch Schecken und Tigerschecken
Herkunft	Shetlandinseln
Wissenswertes	Im Ursprungsland belastbares Pack- und Zugtier, heute als Kinderpony oft unterfordert. Der starke Charakter des »Shettys« verlangt kundige Betreuung und Erziehung

Süßes Shetty – aber trotzdem ein ernstzunehmendes Pferd!

Billige Kinderponys

Shetlandponys gelten als klassische Kinderponys und sind als solche auf vielen Märkten billig zu haben. Neben der verantwortungsvollen, überlegten Zucht in der Hand von Liebhabern und Gestüten, werden die Ponys vielerorts einfach »vermehrt«. Ohne sich um Zuchtwahl und Papiere zu kümmern bringen Händler und Privatleute ihre Stute zu irgendeinem Hengst und ziehen Fohlen, die dann wieder auf dem Pferdemarkt, als Kirmespony oder Hauptgewinn bei einer Verlosung enden.

Anspruchsvolle Reit- und Fahrpferde

Die geringe Größe des Shetlandponys verleitet viele Eltern und Kinder zu glauben, man könne mit ihm umgehen wie mit einem Spielzeugpferdchen. Das Shetty ist aber ein Pferd wie jedes andere. Als Vertreter einer urwüchsigen Robustrasse hat es viel Selbstbewußtsein und durch einen eigenen Kopf, verlangt also erfahrene Reiter und Pfleger sowie eine gründliche, fundierte Ausbildung. Erhält es die, so wird es zu einem hervorragenden Reit- und Fahrpferd.

Bei seriösen Züchtern findet man heute Shetlandponys von harmonischem Bau und gutem Charakter, neben dem alten Typ auch das leichtere, temperamentvollere »Amerikanische Shetlandpony«, das mehr für den Fahrsport denn als Kinderpony geeignet ist.

Klassische Kutschpferde

Hackneys

Hochelegante, leichte Pferde mit enormer Knieaktion vor einer luxuriösen Kutsche – das ist das klassische Bild des Hackneys oder Hackney-Ponys. Vorfahr dieser Rasse war der Norfolk-Trotter, der zu Beginn des 18. Jahrhunderts auf der Basis von Arabern und Yorkshire-Hengsten gezüchtet wurde. Die englischen Farmer setzten ihn als Reit- und Fahrpferd ein, und auch der Adel fand Interesse an dem schnellen, repräsentativen Kutschpferd. Um die Pferde für ihre Equipagen noch leichter und edler zu machen, kreuzte man Englisches Vollblut ein. 1883 entschloß man sich dann, ein Zuchtbuch für die Rasse zu eröffnen, der man zunächst den Namen »Englischer Traber« gab. Dann entschied man sich aber für die Bezeichnung »Hackney« nach dem normannischen Wort »haquenée«, Zelter. Diese Entscheidung läßt den Schluß zu, daß damals auch Tölter und Paßgänger in der Rasse vertreten waren.

Beliebt als auffälliges Kutschpferd

Traumpferd für Fahrer

Um die Jahrhundertwende war der Hackney in ganz Europa beliebt. Man züchtete ihn vor allem als Wagenpferd für Luxusgespanne, wobei man immer mehr Wert auf extrem hohe Trabaktion legte. Die früher hochgeschätzte Geschwindigkeit im Trab ging dabei etwas verloren, aber mit dem Aufkommen des Automobils brauchte man den »König der Kutschpferde« ja ohnehin nur noch für Schauen und Turniere. Hier ist der Hackney nach wie vor beliebt. In Europa liegen die Zuchtschwerpunkte in den Niederlanden und in Großbritannien, ansonsten hat das elegante Wagenpferd besonders viele Freunde in Kanada und den USA.

Hackney-Ponys

Auch die Wiege des Hackney-Ponys stand in England. Ein Züchter in Westmoreland verfiel Anfang des 19. Jahrhunderts auf den Gedanken, das edle Wagenpferd im Kleinformat zu ziehen. Dazu kreuzte er kleine Exemplare des Hackneys mit Welsh-Ponys und auch mit Fell-Ponys. Die Produkte dieser Züchtungen bestachen wie ihre großen Vorbilder durch Temperament und enorme Trabaktion.

Das Hackney-Pony wurde daraufhin als neue Rasse anerkannt und fand schnell Freunde und Käufer in aller Welt. Die Zuchtschwerpunkte liegen genau wie bei seinen großen Verwandten in Großbritannien, den Niederlanden, USA und Südafrika. Die Ponys werden hauptsächlich im Fahrsport eingesetzt. Als Reitponys für Kinder stellt ihr Temperament und ihre starke und damit nicht leicht zu sitzende Trabaktion hohe Ansprüche an die jungen Reiter.

	Hackney
Stockmaß	150–160 cm, Hackney Pony 122–142 cm
Exterieur	Hochelegantes Pferd mit enormer Trabaktion, edler Kopf, gut angesetzter Hals
Farbe	Alle Grundfarben
Herkunft	Großbritannien
Wissenswertes	Ideales Fahrpferd, vor allem vor der Kutsche beliebt. Heute von Turnierfahrern geschätzt, früher Paradepferd vor vornehmen Equipagen

Ponyspiele machen Spaß

Auf Frau Mosers Ponyhof findet jährlich ein Sommerfest statt, zu dem die Reitschüler Eltern und Freunde einladen können. Schon lange vorher beginnen die Kinder, Quadrillen und andere Reit- und Voltigiervorführungen einzustudieren. Diesmal will Frau Moser auch ein kleines Turnier veranstalten. Geplant sind Ponyspiele, an denen Reiter und Zuschauer gleichermaßen Spaß haben.

»Oh, klasse, wir machen Mounted Games!« freut sich Katharina.

Seit sie in England einmal zugesehen hat, wie die Mädchen mit ihren Ponys durch die Aufgaben flitzten, hat sie sich immer gewünscht, einmal dabei zu sein.

»An so was hatte ich eigentlich nicht gedacht!« meint Frau Moser. »Ehrlich gesagt sind mir die Ponys dafür zu schade. Wenn es nur darum geht, schnell zu reiten, reißt ihr ihnen im Maul herum und vergeßt alles, was ich euch über richtige Hilfengebung beigebracht habe.«

»Aber wie soll es denn sonst gehen?« fragt Anne. »Es kommt doch bei allen Pony-Spielen auf Geschwindigkeit an.«

Geschicklichkeit

»Stimmt gar nicht!« sagt Nicole. »Man kann auch ein Geschicklichkeitsreiten machen.«

»Zum Beispiel!« stimmt Frau Moser zu. »Das wird eine gute Übung für euch Große. Ich werde mir einen schönen, schwierigen Parcours ausdenken! Vielleicht müßt ihr vom Pferd aus Blumen gießen oder Wäsche aufhängen. Oder durch eine enge Gasse aus Stangen reiten, ohne eine umzuwerfen.«

»Das Pony in einen Kreis stellen und dabei eine Jacke anziehen!« meint Melanie.

»Oder eine Kartoffel schälen! Wir könnten das Spiel 'Hausarbeit zu Pferd' nennen!« lacht Anne.

»Witzige Idee. Dazu würde dann auch noch passen, ein Tablett mit Tellern und Tassen von einem Tisch zum anderen zu bringen. Ihr seht, man muß nur ein bißchen nachdenken! Aber man kann auch pferdefreundliche Spiele mit Zeitwertung machen. Wie wäre es etwa mit dem Bändchen-Spiel? Dabei starten zwei Reiter gemeinsam und tragen ein Kreppbändchen zwischen sich. Sie dürfen es nicht loslassen, und es darf nicht reißen. Die Anfänger müssen damit nur hin und zurück oder durch einen kleinen Slalom, aber fortgeschrittene Reiter kann man auch rückwärtsrichten lassen oder über einen kleinen Sprung schicken.«

Apfelstechen und Tauziehen

»Klingt lustig!« meint Nicole. »In meinem früheren Reitstall haben wir Weihnachten immer Apfelrennen gemacht.«

»Dieses alberne Spiel, bei dem man den halben Kopf ins Wasser stecken muß und nach einem Apfel beißen? Also da habe ich keine Lust zu! Und pferdefreundlich ist es auch nicht, auf dem Hin- und Rückweg wird ganz schön geheizt!« Anne ist keine Freundin von Kindergeburtstagsspielen.

»Trotzdem sind Spiele mit Äpfeln nicht schlecht. Wie wär's, wenn die Kleinen zu einem großen Korb mit Äpfeln reiten und mit einem angespitzten Stab einen herausfischen.

Gute Wendung um die Tonne

Bleib bitte stehen!

Dann müssen sie mit dem Apfel auf dem Spieß zurückreiten. Der Witz dabei ist, daß das Pony den Kopf nicht in den Korb stecken darf! Wenn ein Apfel angebissen wird, gibt es Punktabzüge, und wenn das Pony den ganzen Apfel frißt, hat der Reiter verloren!« Frau Moser lacht bei dem Gedanken, wie viele Schwierigkeiten die Kinder dabei haben werden.

»Auf einer Kirmes habe ich mal ein Tauziehen mit Pferd gesehen!« überlegt Katharina. »Zwölf bärenstarke Männer gegen ein Kaltblutpferd. Der Dicke hat die weggezogen wie nichts! Wäre das nicht auch was? Die kleinen Anfänger gegen Walze?«

Walze ist das kleinste Pony auf dem Hof, eine Shetlandponystute.

»Ganz toller Einfall!« lobt Frau Moser. »Dann sehen die zugehörigen Eltern auch mal, wieviel Kraft so ein kleines Pony hat. Die denken ja immer, Walze wäre ein Spielzeug.«

»Ein Rennen mit Wassergläsern wäre doch auch ganz pfiffig!« schlägt Anne vor. »Wenn es Punktverlust für herausgeschwapptes Wasser gäbe, würde garantiert keiner rasen. Außerdem muß man dabei mit einer Hand reiten, das geht auch nicht so schnell.«

»Oh ja, und das Wasser muß man zuerst aus einer Kanne in das Glas schütten. Dabei muß das Pferd stehen bleiben.« Frau Moser sucht inzwischen nach einem Blatt Papier, um sich all die guten Ideen zu notieren.

Geschicklichkeit ist gefragt

Balancieren mit dem Ball

Eierlauf

»Dann können wir auch gleich einen Eierlauf zu Pferd veranstalten!« lacht Katharina. »Aber vorsichtshalber mit Tischtennisbällen, damit nicht so viele Eier zu Bruch gehen!«

»Ach, nicht wieder so kindische Spiele!« stöhnt Melanie.

Frau Moser lacht. »Sei vorsichtig, was du sagst, Anne! Eierläufe oder »Eggspoon-Races« gehören zu den traditionellen Reiterspielen der amerikanischen Cowboys! Wer gut darin war, konnte früher auf Festen viel Geld verdienen. Jeder Teilnehmer gab nämlich vor dem Spiel einen oder zwei Dollar in den Jackpot, und der Sieger heimste das ganze Geld ein. Das Spiel lief so ab, daß alle mit ihrem Ei auf dem Löffel in der Runde ritten. Ein Schiedsrichter stand in der Mitte und gab die Gangart an. Zuerst natürlich nur Schritt, aber dann Jog, den langsamen Trab der Westernpferde. Jeder, der sein Ei verlor, mußte den Ring verlassen. So blieben immer weniger Reiter übrig, und das Spiel wurde immer spannender. Zum Schluß ließ der Richter auch galoppieren oder schnellen Trab gehen. Man mußte eine ganz schön ruhige Hand haben, um da zu gewinnen!«

»Klingt spannend!« sagt Katharina. »Ich glaube, da hätte ich Chancen. Jimmy trabt so schön weich und langsam. Nur das einhändige Reiten muß ich noch üben.«

»Das machen wir ab morgen in der Reitstunde!« verspricht Frau Moser.

Walze findet Tauziehen lustig

Partner beim Rinderfang

Camargue-Pferde

Die Heimat des Camargue-Pferdes liegt im Rhône-Delta, im Süden Frankreichs. In der typischen Moor- und Sumpflandschaft der Camargue wachsen die Fohlen noch halbwild auf. Erst als erwachsene Pferde werden sie eingefangen und von den *Guardians,* den französischen Rinderhirten, bei der Arbeit mit den schwarzen Stieren eingesetzt. Viele verdienen sich ihren Hafer auch als Touristenpferde in mehr oder weniger ordentlichen Verleihställen.

Die harte und gefährliche Arbeit mit den Rindern verlangt vom Camargue-Pferd Wendigkeit, Intelligenz und Ausdauer. Die Arbeit mit den Stieren findet hier schließlich nicht in der Arena statt. Das Camargue-Pferd hat Sümpfe zu durchwaten, sich mit schwankendem Boden zurechtzufinden und Tümpel zu durchschwimmen. Für all das ist eine gründliche Ausbildung unerläßlich. Gleichgewicht und unbedingter Gehorsam stehen dabei im Mittelpunkt.

Zu zweit auf dem Camargue-Pferd

	Camargue-Pferd
Stockmaß	135–145 cm
Exterieur	Quadratpferd mit meist hoher Aufrichtung, ausdrucksvollem Kopf, mitunter Neigung zum Ramskopf, starker Behang, bei Hengsten oft lockig
Farbe	Ausschließlich Schimmel
Herkunft	Südfrankreich, Camargue
Wissenswertes	Traditionell das Pferd des Guardian, des französischen Rinderhirten. In bezug auf Wendigkeit und Reaktionsvermögen dem Quarter Horse und Andalusier vergleichbar, gut geeignet für die Klassische Reitweise

Die Reitweise der Guardians

Die Guardian-Reitweise ist an den *iberischen Stil* angelehnt. Man reitet mit langen Bügeln und höchstens leicht anstehenden Zügeln und verlangt Reaktion auf leichteste Gewichtshilfen. Was Gehorsam und Versammlung angeht, steht der Camarguais, wie das Camargue-Pferd in Frankreich genannt wird, seinem größeren Kollegen aus Spanien nicht nach. Oft wirken die Schimmel wie Andalusier in handlicherem Format. Ihr Quadratgebäude und ihre natürliche Aufrichtung vereinfachen die Ausbildung in der Klassischen Dressur.

Freizeitpferde

Die praktische Größe und die angenehmen Eigenschaften des Camargue-Pferdes machen es auch als Freizeitpferd interessant. Rasante Reiterspiele auf den wendigen Schimmeln, dazu ausdrucksvoll gezeigte Dressurlektionen werden heute bei fast jedem Freizeitreitertreffen gezeigt. Die Freunde des Camargue-Pferdes legen dabei viel Wert darauf, ihre Pferde im Stil der Guardians auszurüsten und auszubilden. Sie rühmen den Guardiansattel als besonders bequem und bemühen sich um einfühlsamen Umgang mit den traditionellen, recht scharf wirkenden Zäumungen.

Inzwischen werden die vielseitigen Camargue-Pferde auch außerhalb ihres angestammten Zuchtgebiets gezüchtet. Dabei soll der Typ des robusten, einsatzfreudigen Arbeitspferdes beibehalten werden.

Kleine Pferde, große Springer

Connemaras

Egal ob bei Reiterspielen, auf Jagden oder im Springparcours – wo immer Kinder und Jugendliche in Großbritannien Ponys reiten, sind die kräftigen Pferde aus Connemara dabei.

Da die irischen Pferde zu den größten Ponyrassen zählen und über ein gutes Fundament verfügen, werden sie auch gern als Freizeitpferde für Erwachsene genutzt. In Einzelfällen brilliert das Connemara-Pony sogar im großen Springsport. Das »Wunderpony« Stroller, einer der stärksten Konkurrenten der berühmten Springstute Halla, war ein Connemara.

Steinige Heimat

Die Connemara ist ein Landstrich in Westirland, eine Hügel- und Steinlandschaft an der Atlantikküste. Die Weiden sind hier karg, von Geröll übersät und von Steinmauern durchzogen. Von Reit- und Arbeitspferden wurde stets große Trittsicherheit und Springfreude erwartet. Auch wetterfest mußten die wilden und halbwilden Ponys sein, wenn sie hier in Freiheit überleben wollten.

Connemara-Pony

Stockmaß	140–148 cm
Exterieur	Reitpferdetyp, Rechteckform, ausdrucksvoller Kopf und gute Sattellage
Farbe	Häufig Schimmel, aber auch Rappen und Braune. Selten Füchse, keine Schecken
Herkunft	Irland, Connemara
Wissenswertes	Robustes Kleinpferd aus der Hügel- und Steinlandschaft Westirlands, trittsicher und außerordentlich springfreudig, gelegentlich Einsatz in höchsten Klassen des Springsports. Ideales Jagd- und Turnierpony und anspruchsvolles Freizeitpferd für die ganze Familie

Die besten Eigenschaften von Pferden und Ponys

Unter den Ahnen des Connemara-Ponys befinden sich verschiedene Großpferderassen. Das alte Königreich Connaught, das lange Zeit auf dem Gebiet des heutigen Connemara bestand, unterhielt Handelsbeziehungen zu den verschiedensten Ländern. So kamen nicht nur Pferde und Ponys aus den anderen britischen Inseln ins Land, sondern auch spanische Genetten. Ihren Einfluß kann das Connemara-Pony bis heute nicht verleugnen. Sowohl die elegante, eher hohe Aktion als auch die gute Dressureignung erinnern an die iberischen Ahnen. Aber auch das Irish Draught Horse hat mitgeholfen, die Rasse Connemara zu prägen. Die Einkreuzung dieser schweren Jagd- und Arbeitspferde sorgte vor allem für Kraft und eine überdurchschnittlich gute Springveranlagung. Dank der natürlichen Zuchtauswahl auf den kargen Weiden Irlands behielten die Connemaras zudem die wichtigsten Ponymerkmale, wie Robustheit und Leichtfuttrigkeit.

Ein Zuchtbuch für Connemaras wird seit 1923 geführt. Durch die Einkreuzung Englischer Vollblüter und Araber versuchten die Züchter, noch mehr Adel in die Rasse zu bringen, um lebhafte, springfreudige Turnierponys für Kinder zu erhalten.

Die Rechteckform und die raumgreifenden Bewegungen seiner Pferdevorfahren machen das Connemara zu einem besonders geeigneten Pony für konventionelle Turnierprüfungen. Durch sein unkompliziertes freundliches Wesen und sein angenehmes Temperament ist es ein ideales Pferd für Jugendliche. Sowohl in Irland wie auch in vielen anderen Ländern der Welt, in denen das Connemara-Pony inzwischen nachgezüchtet wird, ist das ebenso robuste wie elegante Kleinpferd aber auch bei erwachsenen Freizeitreitern und -fahrern sehr beliebt. Ob vor der Kutsche, auf dem Wanderritt, bei Geschicklichkeitsturnieren, im Dressurviereck oder dem Springparcours – ein Connemara-Pony macht jeden Spaß mit und ist ein tolles Freizeitpferd für höchste Ansprüche.

Für die kleinen Reiter

Dartmoor-Ponys

Jenny, das kleinste Mädchen in der Abteilung, steht noch ganz am Anfang ihrer reiterlichen Laufbahn. Im Trab ist sie aber schon recht sicher. Sie kann sich auch vollständig auf ihren Sitz konzentrieren, denn mit Seitensprüngen ist bei der Dartmoorstute Candy nicht zu rechnen. Das kleine, braune Pony trabt gleichmäßig wie ein Uhrwerk hinter den größeren Pferden her, obwohl Jenny die Zügel durchhängen läßt. Aber nun befiehlt der Reitlehrer einen Galopp. Alle Pferde springen an, und auch Candy folgt den ungeschickten Hilfen ihrer Reiterin. Doch für das kleine Mädchen ist die gesprungene Gangart noch etwas zu anspruchsvoll. Nach den ersten drei Sprüngen gerät Jenny ins Rutschen. Candy wendet ihr aufmerksam die Ohren zu. Stimmt etwas nicht? Candy wird langsamer. Unaufgefordert geht sie in den Schritt über und steht schließlich, bevor das Mädchen herunterfällt.

»Gut gemacht,Candy!« sagt der Reitlehrer.

Dartmoor-Pony-Züchter rühmen ihre Pferdchen als »Kindermädchen auf vier Beinen«. Wenn den Ponys eine genügend lange Jugend und eine sorgfältige Ausbildung gegönnt wird, bringen sie ihren kleinen Reiterinnen und Reitern außerordentlich viel Fürsorge und Verständnis entgegen. In England gehören sie deshalb zu den beliebtesten »Einsteigerponys«, denen sogar schon drei- und vierjährige Kinder anvertraut werden.

Reitpferde in Miniatur

Neben dem ruhigen Charakter verfügt das Dartmoor-Pony auch noch über ein besonders gutes Reitpferdegebäude. Seine raumgreifenden Grundgangarten machen das Reitenlernen einfach, und die reiterlich sehr früh geförderten englischen Kinder mögen auch sein Springvermögen und seine Wendigkeit bei Ponyspielen.

	Dartmoor-Pony
Stockmaß	110–125 cm
Exterieur	Kleines, elegantes Pony mit edlem Kopf, kräftigem, hochangesetztem Hals und starkem Rücken
Farbe	Meist Wildfärbung, braun oder torfbraun, aber auch Rappen und andere Farben außer Schecken
Herkunft	Südwestengland, Dartmoor
Wissenswertes	Bei sachkundiger Ausbildung ideales Kinderpony mit guten Grundgangarten und hervorragendem Charakter. Im Ursprungsland oft noch wild oder halbwild gehalten

Uralte Rasse

Viele Dartmoor-Ponys wachsen übrigens auch heute noch in Freiheit auf. In der großen Heide- und Moorlandschaft Dartmoor leben sie zum Teil noch wild oder halbwild in Herden. Die alte Rasse dürfte ziemlich direkt auf das Urpony zurückgehen. Sie ist dem Exmoor-Pony, das ebenfalls noch wild lebt, nah verwandt.

Dartmoor-Ponys dienten den Bewohnern des Dartmoors jahrhundertelang als Trag- und Arbeitspferde. Seit 1899 wird ein Zuchtbuch geführt, und man betreibt gezielte Zuchtwahl im Hinblick auf das ideale Kinderpony. Charakter und Rittigkeit spielen dabei die Hauptrolle.

Dartmoors sind süße Ponys

Edle Pferde aus den Wäldern

New Forest-Ponys

Der New Forest ist ein Waldgebiet im Süden Englands. Hier gibt es, wie in vielen Landstrichen der Insel, seit Jahrhunderten wilde Ponys. Da der New Forest sich für landwirtschaftliche Nutzung wenig eignet, wurde der Lebensraum des dort ansässigen Pferdchens selten eingeschränkt und ist auch heute nicht bedroht. Das Waldgebiet wurde ein Reservat für die widerstandsfähigen, ausgeglichenen New Forest-Ponys.

Freiheit der Wälder

Im New Forest leben die Ponys in völliger Freiheit. Das Gebiet bietet genügend Futter für das ganze Jahr. Nur in sehr harten Wintern wird von Hubschraubern aus Heu abgeworfen. Freiheit bedeutet beim New Forest-Pony aber nicht unbedingt Wildheit. Sein Lebensraum ist nicht abgesperrt, und im Sommer ist der New Forest ein beliebtes Ausflugsziel. Die vierbeinigen Touristenattraktionen sagen dann nicht nein zu einem Stück Brot hier und einem Zuckerchen da. Diese Fütterung ist zwar nicht wünschenswert, bringt die Pferde aber in Kontakt zu den Menschen. Sie sind folglich leicht zu zähmen, wenn sie einmal eingefangen werden.

Fit für Ponyspiele

New Forest-Ponys sind hervorragende Freizeitpferde für Kinder, Jugendliche und leichte Erwachsene. In Großbritannien werden sie schwerpunktmäßig bei den beliebten Ponyspielen eingesetzt und dazu auch gelegentlich mit vollblütigeren Rassen veredelt. Einigen Ponys sind die edlen Araberahnen noch deutlich anzusehen. Man bemüht sich aber, den Ponycharakter der Rasse unbedingt zu erhalten. Was nützt schließlich alle orientalische Schönheit, wenn dabei Robustheit und Kaliber auf der Strecke bleiben?

New Forest-Ponys sind gute Turnierponys für alle Disziplinen. Ihr ausgeprägter Reitpferdetyp macht sie geeignet für Dressur und Springen, aber sie bieten auch unter dem Westernsattel ein harmonisches Bild. Das ausgeglichene Wesen besonders des reingezogenen New Forest-Ponys macht es zu einem guten Fahrpferd und einem zuverlässigen Partner fürs Behindertenreiten. Es wird beim therapeutischen Reiten und auch in der Hippotherapie gern eingesetzt.

	New Forest-Pony
Stockmaß	135–148 cm
Exterieur	Mittelschwer, deutlich im Ponytyp stehend, runde, gute Hufe
Farbe	Häufig braun, aber auch alle anderen Farben außer Schecken
Herkunft	Südengland, New Forest
Wissenswertes	Turnier-, Freizeit- und Fahrpony für Jugendliche und leichte Erwachsene, ausgeglichener, angenehmer Charakter, dabei lebhaft, temperamentvoll und lernfreudig. Im New Forest noch relativ wild gehalten, Nachzuchten in mehreren europäischen Ländern

New Forests lieben die Freiheit

Akrobatik wie im Zirkus

Voltigieren bedeutet Turnen auf dem Pferd. Es gibt dabei Übungen für Einzelvoltigierer, aber manchmal bewegt man sich auch zu zweit oder zu dritt auf dem Pferderücken. Die Akrobatik auf dem galoppierenden Pferd oder Pony ist ein Sport, der nur von Kindern und Jugendlichen betrieben wird. Schon ganz kleine Kinder, die für den normalen Reitunterricht zu jung sind, können so spielerisch ans Pferd herangeführt werden. Die Voltigierstunden stärken ihr Gleichgewichtsgefühl und verhelfen ihnen schon im Vorfeld des Reitunterrichts zu einer gewissen »Sattelfestigkeit«. Das spätere Reitenlernen wird dadurch einfacher.

Spaß für alle Beteiligten

Aller Anfang ist langsam

Beim Voltigieren wird das Pferd von der Ausbilderin an der Longe geführt. Es läuft im Kreis um sie herum, und die Kinder der Voltigiergruppe dürfen nacheinander ihre Übungen ausführen. Meist sind acht bis zehn Kinder in einer Gruppe. Alle Aufgaben werden zunächst im Schritt gelernt. Erst wenn der Bewegungsablauf »sitzt«, probiert man es auch im Galopp. Der Trab eignet sich nicht zum Voltigieren, da der Pferderücken dabei zu sehr in Bewegung gerät.

An sich sollte jeder Reiter ein paar Voltigierübungen kennen und beherrschen. Gute Reitlehrer lassen ihre jüngeren Schüler auch im Rahmen der normalen Longenstunden oder am Ende einer Reitstunde gelegentlich die Schere oder den Abgang mittels einer Rolle ausführen. Selbst wenn man das nur auf dem stehenden Pferd beherrscht, lockert es die Muskeln und sorgt für einen sicheren Sitz.

Beim Voltigieren lernt man einen guten Sitz

Mit Schwung auf's Pferd

Die erste Übung beim Voltigieren ist der Aufsprung. Man läuft, die Hände am Voltigiergurt, im Rhythmus mit dem Pferd mit, springt dann mit beiden Beinen ab und schwingt das rechte Bein über den Pferderücken, um dort dann geschmeidig zu landen. Aufspringen wird übrigens einfacher, wenn das Pferd galoppiert. Man nutzt dann seinen Schwung aus, um selbst hinaufzukommen.

Ist man erst oben, so kann man verschiedene Grundübungen ausführen. Das Knien auf dem Pferd wird zum Beispiel »Bankstellung« genannt. Daraus entwickelt man die Fahne. Dabei wird das rechte Bein nach hinten herausgestreckt und der linke Arm nach vorn.

Mühle und Schere

Aus dem Grundsitz kann man auch in den Innensitz gehen. Dann zeigen beide Beine zum Longenführer, und man sitzt fast wie auf einem Stuhl. Schwingt man dann das linke Bein über die Pferdekruppe, ist man im Rückwärtssitz. Ein weiterer Beinschwung führt zum Außensitz, und zuletzt schwingt das linke Bein über den Pferdehals, und der Grundsitz ist wieder erreicht. Das alles zusammen nennt man die »Mühle«.

Akrobatik am Pferd

Etwas schwerer ist die »Schere«. Dazu holt man mit den Beinen nach vorn Schwung, hält sich gut am Voltigiergurt fest und schwingt die gestreckten Beine über die Kruppe. Am höchsten Punkt kreuzt das linke über das rechte Bein, und man landet im Rückwärtssitz. Eine weiche Landung ist wichtig, damit man dem Pferd nicht wehtut.

Um dann wieder in den Grundsitz zu kommen, wiederholt man das Kreuzen der Beine über der Kruppe, diesmal allerdings in Sitzrichtung.

Gekonnter Absprung

Nun muß man natürlich auch wieder herunterkommen. Das geschieht mit dem Absprung, den man auch »Hohe Wende« nennt. Für den Abgang führt man das rechte Bein hoch und gestreckt über den Pferdehals und gleitet dann am Pferd herab. Man springt in Richtung der Vorderbeine des Pferdes und landet mit Blick nach vorn. Den Schwung fängt man am einfachsten auf, indem man leicht in die Knie geht oder einige Schritte nach vorn ausläuft.

Auf diesen wichtigen Grundübungen bauen später schwierigere Aufgaben auf. Fortgeschrittene Voltigierer knien und stehen zu zweit und zu dritt auf dem Pferd, und bei wirklich guten Gruppen sieht es eigentlich weniger wie Turnen aus als wie Ballett auf dem Pferd.

Voltigieren als Sport

Fortgeschrittene Voltigierer können an speziellen Turnieren teilnehmen. Dabei wird in den unteren Klassen grundsätzlich als Gruppe gestartet, später kann man auch als Einzelvoltigierer auftreten. Beim turniermäßigen Voltigieren kommt es nicht nur auf die Korrektheit der Übungen, sondern auch auf das Auftreten der Gruppe an. Die Kinder sind in bunte Trikots gekleidet, und das Pferd wird in dazu passenden Farben bandagiert. Schon wegen des schönen Anblicks lohnt sich deshalb ein Besuch bei einem Voltigierturnier. Besonders reizvoll ist es aber auch, wenn wirklich hervorragende Einzelvoltigierer auftreten. Ihre Kür zu flotter Musik ist oft atemberaubend akrobatisch und würde jedes Zirkuspublikum zu Begeisterungsstürmen hinreißen. Leider werden Voltigierturniere praktisch nie im Fernsehen übertragen, und Voltigierer genießen als Sportler keine besondere Beachtung. Dabei kommen sie beim Ausüben ihrer Sportart wesentlich häufiger ins Schwitzen und müssen mehr für Kondition und Beweglichkeit tun als jeder Dressur- und Springreiter.

Belastung für das Pferd

Reine Voltigierpferde werden bei der Arbeit sehr beansprucht, denn sie galoppieren dabei auf relativ kleinen Zirkeln und immer nur rechts herum. Voltigierausbilder sollten deshalb darauf achten, das Pferd grundsätzlich auch links herum zu lösen und damit einen Ausgleich zu schaffen. In der Praxis bleibt das aber oft auf der Strecke. Es ist deshalb gesünder für ein Pferd, wenn es Voltigieren nur als »Nebenjob« betreibt, und ansonsten normal geritten wird. Bei den meisten Voltigierpferden im Reitstall ist das auch der Fall.

Wenn Pferde alt werden ...

Anne, Katharina und Nicole wundern sich über den Pferdetransporter vor dem Stall des Ponyhofs. Frau Moser ist gerade dabei, ihn dick einzustreuen. Ob sie wegfahren will? Gleich ist doch Reitstunde!

»Hallo, Mädchen!« ruft Frau Moser. »Wollt ihr die Ponys von der Weide holen? Wir brauchen Mona, Jimmy, Florestan, Dina, Prinz und Marcella. Und dann bringt bitte noch Toby mit!«

Die Mädchen laufen die Halfter holen. Das von Toby hängt ganz unten. Frau Moser hat das alte Pony schon lange nicht mehr zum Reiten geholt.

»Warum soll denn bloß Toby mitgehen?« spricht Anne aus, was sich alle fragen. »Der war doch im letzten halben Jahr nur noch in der Mini-Gruppe dabei!«

Die Mini-Gruppe ist ein besonderes Angebot des Ponyhofs. Hier können schon vier- bis sechsjährige Kinder Erfahrungen mit Ponys machen. Die Pferde werden geputzt und geführt, aber kaum geritten.

»Wenn man ihn richtig reitet, fängt er ja auch an zu lahmen. Frau Moser sagt, er hat Arthrose!« Katharina hat das Pony als Anfängerin gern geritten und weiß über ihn Bescheid.

»Vielleicht will Frau Moser ihn wegtun«, vermutet Nicole.

»Wegtun? Du meinst töten lassen?« fragt Anne entsetzt.

»Meistens läßt man Pferde schlachten«, erklärt Nicole ungerührt. Bevor sie auf den Ponyhof kam, ist sie in einem anderen Reitstall geritten, in dem man oft sehr unfreundlich mit den Pferden umging. Aber ein Pferd schlachten lassen ... Anne und Katharina können sich das nicht vorstellen.

Die Mädchen haben inzwischen die Weide erreicht und rufen die Ponys zusammen. Toby kommt wie fast immer als erster. Seit er nicht mehr arbeiten muß, scheint er sich öfters zu langweilen.

»Ich komme mir vor wie ein Henkersknecht!« sagt Anne, als sie ihm das Halfter umlegt. »Das mit dem Schlachten hättest du wirklich nicht sagen dürfen!«

»Wir fragen Frau Moser, wenn wir zurück sind. Und wenn sie ihn wirklich schlachten lassen will, müssen wir ihn kaufen!« Katharina ist fest entschlossen.

Nicole tippt sich an die Stirn.

»Wohl zuviele Pferdebücher gelesen, oder? Wo willst du denn hin mit dem Pony? In euer Wohnzimmer?«

»Irgendwie retten wir den schon!« Katharina beharrt auf ihrer Ansicht, wird dabei aber ein bißchen rot. Sie liest tatsächlich gern Pferdebücher, und darin kaufen und stehlen Pferdemädchen ständig vom Schlachthof bedrohte Ponys.

Auf dem Hof ist Frau Moser gerade fertig mit dem Pferdehänger. Sie fährt ihn zur Seite, damit die Mädchen die Ponys an der Stallwand anbinden können.

»Aber Toby laßt ihr in den Auslauf. Das heißt - wenn ihr Zeit habt könnt ihr ihn vorher noch putzen. Ihr müßt euch sowieso von ihm verabschieden. Toby zieht heute um!«

»Das können Sie nicht machen!« ruft Katharina erbost. »Toby war so lange hier. Und jetzt wollen Sie ihn schlachten lassen?«

Was soll mit Toby geschehen?

Hier gefällt es Toby ganz gut

»Wie kommst du denn auf schlachten?« fragt Frau Moser. »Toby kommt zu meiner Freundin Sabine. Die braucht ein Beistellpferd für ihre junge Stute.«

»Das haben sie in meinem früheren Reitstall auch immer gesagt, wenn ein Pferd zum Schlachter kam!« sagt Nicole. »Es hieß immer, es ginge zu einer früheren Reitschülerin auf die Weide!«

»Traut ihr mir so was wirklich zu?« fragt Frau Moser enttäuscht. »Nein, Mädchen, wenn hier ein Pferd getötet werden muß, macht das der Tierarzt auf dem Hof, und ich halte das Pferd dabei fest. Ich würde es doch nicht auf einen Schlachthof schicken! Aber wenn ihr so mißtrauisch seid, könnt ihr ja nachher mitkommen, wenn ich Toby zu Sabine fahre.«

Das lassen die Mädchen sich nicht zweimal sagen. Nach der Reitstunde striegeln sie den kleinen Rappen besonders gründlich. Das blitzsaubere Pony folgt Frau Moser artig auf den Pferdehänger. Die Mädchen klettern in ihren Geländewagen.

»Aber viele Leute lassen ihre Pferde doch wirklich schlachten!« kommt Nicole auf ihr Thema zurück.

»Sicher. Es ist ja auch grundsätzlich nichts dagegen zu sagen. Wenn Pferde krank sind und Schmerzen haben, und wenn man merkt, sie haben genug von ihren Leiden, dann sollte man sie töten lassen. Das kann entweder der Schlachter oder der Tierarzt

Ob es Toby langweilig ist?

Das kleine Shetland-Pony ist ganz schön munter

Vertragen wir uns?

machen. Es ist heiß umstritten, ob es durch eine Spritze oder mit dem Bolzenschußapparat schmerzloser ist. Ich halte es für das Wichtigste, es auf dem Hof stattfinden zu lassen, in vertrauter Umgebung, damit die Pferde sich nicht fürchten. Der Besitzer oder jemand anderes, dem das Pferd vertraut, sollte aber unbedingt dabeisein. Das ist nicht einfach, aber man ist es dem Pferd schuldig.«

»Aber bei Toby ist es noch längst nicht so weit?« vergewissert sich Katharina.

»Der kann noch zehn Jahre leben! Bei Sabine wird es ihm gut gefallen. Hier ist es übrigens. Ihr seht, es ist Fahrradreichweite. Ihr könnt manchmal hinfahren und Toby besuchen!«

Die Stute Jasmin steht im Auslauf vor einem schönen, großen Offenstall. Als sie den Pferdehänger kommen sieht, setzt sie sich in schwebenden Trab. Sie ist ein bildhübsches Pferd mit einem glänzenden schwarzen Fell. Sabine, die gerade aus dem Haus kommt, ist eine junge, schlanke Frau. Bestimmt passen sie und Jasmin gut zusammen.

Hinter Sabine stürmt ein kleines Mädchen aus dem Haus. »Kommt jetzt das neue Pony?«

»Hey, dich kenn' ich doch! Bist du nicht in der Ponyhof-Mini-Gruppe?« fragt Nicole die Kleine. Nicole hilft gelegentlich als Betreuerin in der Mini-Gruppe aus.

»Klar, das ist Kerstin, Sabines Tochter. Willst du Toby vom Hänger holen, Kerstin?« Frau Moser nimmt das kleine Mädchen mit in den Transporter und hilft ihm, Toby loszubinden. Das alte Pony folgt dem Kind artig. Toby hat Kinder schon immer gern gehabt und Kerstin kennt er ja bereits.

»Jetzt hat er wieder ein Kind, das ihn verwöhnt!« lacht Anne. »Ich hatte in der letzten Zeit den Eindruck, er fühlt sich überflüssig.«

»Da hast du dich bestimmt nicht getäuscht!« meint Sabine. »Wenn ein Pferd sein Leben lang gern gearbeitet hat, fühlt es sich als »Rentner« unglücklich. Ich habe mal von einem alten Dressurpferd gelesen, das ständig freiwillig in den Pferdehänger trabte. Es wollte nicht zu Hause bleiben, während die jüngeren Pferde zum Turnier gingen.«

»Das ist auch ein Grund, weshalb ich Toby abgebe«, sagt Frau Moser. »Er ist noch gesund genug, um Kerstin ein bißchen reiten beizubringen. Aber den Schulbetrieb möchte ich ihm nicht mehr zumuten.«

»Die Stute scheint er jedenfalls zu mögen!« freut sich Katharina.

Jasmin steht neben Toby, und der kleine Wallach beschnuppert sie begeistert.

»Klar!« nickt Frau Moser. »Und es ist endlich wieder eine Stute für ihn allein. Früher war er Leitpferd in der Ponyhof-Herde, aber dann hat Prinz ihn verdrängt. Darunter hat er sehr gelitten!«

»So gut wie unser Toby müßten es doch eigentlich alle Pferde haben, wenn sie alt sind!« überlegt Anne, als die vier wieder ins Auto steigen. »Könnten wir nicht ein Altersheim für Pferde aufmachen?«

»Sicher! Wenn du im Lotto gewinnst! Ansonsten wüßte ich nicht, wie wir das Geld dafür zusammenbekommen sollten. Gnadenhöfe für alte Pferde sind ständig auf Spenden angewiesen.«

»Ich kaufe gleich morgen ein Los!« sagt Katharina eifrig, aber Nicole tippt sich schon wieder an die Stirn.

»Kauf lieber ein Sparschwein! Darauf schreiben wir dann 'Spenden für alte Pferde' und stellen es neben den Cola-Automaten bei uns im Stall. Und beim Sommerfest verkaufen wir Kaffee und Kuchen und stiften den Erlös. Davon kannst du nicht gleich einen Hof kaufen, aber es ist immerhin ein Anfang!«

Anne nickt und überlegt schon, wieviel Taschengeld sie im Monat erübrigen kann.

Katharina wirft einen letzten Blick auf Toby, der gerade hinter seiner neuen Gefährtin Jasmin auf die Weide hinaus trabt. Verstohlen hebt sie die Hand und winkt ihrem alten Lieblingspony zu.

Auch alte Pferde wollen glücklich sein

Welches Pferd passt zu mir?

Der große Test

So wird es gemacht:
Bestimmt ist auch dein größter Wunsch ein eigenes Pferd oder Pony, mit dem du jeden Tag zusammen sein kannst und das dir ganz allein gehört. Aber weißt du auch, welche Rasse am besten zu dir paßt?

Verschiedene Reiterinnen und Reiter haben oft ganz unterschiedliche Vorstellungen, wie ihr Pferd aussehen soll und was sie mit ihm unternehmen möchten.

Dieser Test hilft dir, ein Pferd zu finden, mit dem du deine ganz persönlichen Träume verwirklichen kannst. Du brauchst nur anzukreuzen, welche der folgenden Aussagen auf dich zutreffen. Dann kannst du in die Tabelle eintragen, wie viele rote, blaue, grüne, gelbe und schwarze Punkte du angekreuzt hast. Die beiden Farben, die du am häufigsten gewählt hast, verraten dir dann, welcher Pferdetyp du bist und wie dein Traumpferd aussieht.

	Stimmt genau	Stimmt ungefähr	Stimmt nicht
1. Ich träume davon, mit meinem Pferd gelassen durch den Wald zu reiten	● (grün)	● (blau)	● (rot)
2. Die Teilnahme an Turnieren ist mir besonders wichtig	● (gelb)	● (rot)	● (schwarz)
3. Ich kann mich auch auf nervöse und schwierige Pferde gut einstellen	● (blau)	● (rot)	● (schwarz)
4. Manchmal schimpft mein Reitlehrer, weil ich beim Reiten träume	● (blau)	● (grün)	● (gelb)
5. Es macht mir nichts aus, wenn mein Pferd manchmal langsamer gehen möchte, als ich vorgebe	● (schwarz)	● (grün)	● (rot)
6. Ich mag kleine Pferde lieber als große	● (grün)	● (schwarz)	● (gelb)
7. Das Stockmaß meines Pferdes ist mir egal, aber es sollte elegant und lebhaft sein	● (rot)	● (gelb)	● (blau)
8. Ich schwärme für große, auffällige Pferde	● (gelb)	● (blau)	● (grün)
9. Ich reite sehr gern im Gelände, am liebsten sind mir lange Galopps	● (rot)	● (grün)	● (schwarz)
10. Draußen reiten macht mir Spaß, aber nur, wenn ich mich 100prozentig auf mein Pferd verlassen kann	● (schwarz)	● (grün)	● (rot)
11. Ich gehe auch bei Wind und Wetter gern mit Pferden ins Freie	● (grün)	● (blau)	● (gelb)
12. Es macht mir nichts aus, wenn mein Pferd gelegentlich scheut	● (rot)	● (gelb)	● (schwarz)
13. Mein Traumpferd wäre auf der Reitjagd schneller als alle anderen	● (rot)	● (blau)	● (schwarz)
14. Mein Pferd sollte ein guter Partner beim Wanderreiten sein	● (grün)	● (blau)	● (gelb)
15. Es kommt vor, daß ich vom Pferd falle, aber das macht mir nichts aus	● (rot)	● (blau)	● (schwarz)
16. Ich stelle es mir besonders schön vor, mein eigenes Pferd selbst auszubilden	● (blau)	● (grün)	● (schwarz)
17. Mein Idealpferd müßte gut springen können	● (rot)	● (gelb)	● (schwarz)
18. Ich reite besonders gern Dressur	● (gelb)	● (blau)	● (rot)
19. Reitunterricht macht mir genausoviel Spaß wie ein Ausritt	● (gelb)	● (schwarz)	● (grün)
20. Ich schmuse lieber mit meinem Pferd, als für ein Turnier zu üben	● (blau)	● (grün)	● (gelb)

Auswertung
Am einfachsten trägst du deine Ergebnisse zunächst in diese Tabelle ein.

	🔴	🔵	🟢	⚫	🟡
Frage 1					
Frage 2					
Frage 3					
Frage 4					
Frage 5					
Frage 6					
Frage 7					
Frage 8					
Frage 9					
Frage 10					
Frage 11					
Frage 12					
Frage 13					
Frage 14					
Frage 15					
Frage 16					
Frage 17					
Frage 18					
Frage 19					
Frage 20					

Hauptsächlich 🔴:
Wenn du hauptsächlich rote Punkte angekreuzt hast, liebst du rasante Ritte. Verwegene Spring- und Geländereiter/innen wie du schätzen lebhafte, schnelle Pferde. Ideal sind Warmblüter oder Reitponys mit hohem Vollblutanteil, die gern vorwärts gehen, aber doch gelassen genug sind. Das sind auch die richtigen Pferde für dich, falls du etwa so viele rote wie gelbe Punkte angekreuzt hast. Wenn du sonst eher blaue Punkte markiert hast, verbindest du vielleicht die Begeisterung für hochblütige Pferde mit viel Einfühlungsvermögen, um auch mit Vollblütern, zum Beispiel Arabern oder Anglo-Arabern, gut zurechtzukommen. Halten sich in deinem Fragebogen rote und grüne Punkte die Waage, kommen eher Kreuzungen von Vollblütern mit Robustpferden, zum Beispiel Arabo-Haflinger oder Arabo-Fjord-Kreuzungen, in Frage.

Liebst du solche rasanten Ritte?

Reiter/innen wie du träumen manchmal gerne

Hauptsächlich 🔵:
Wenn deine Wahl hauptsächlich auf blaue Punkte gefallen ist, neigst du beim Reiten ein bißchen zum Träumen. Oft schwelgst du in Phantasien vom Turniersieg auf deinem Traumpferd, und merkst gar nicht, daß dein Reitpferd unaufmerksam dahinstolpert. Seitensprünge und Scheuen kommen für dich fast immer völlig überraschend! Deine Art, mit Pferden umzugehen, hat aber auch eine Menge Vorteile. Meistens gehst du sanft und freundlich mit den Tieren um, eine harmonische Beziehung zu deinem Pferd ist dir überaus wichtig. Wenn du dich konzentrierst, kommst du oft auch mit schwierigen Pferden sehr gut zurecht. Die idealen Pferderassen für dich sind sensible, aber nicht allzu hochblütige Typen. Wenn du Kleinpferde magst, kommen alle englischen Ponyrassen, zum Beispiel Connemaras, Welsh-Ponys oder Cobs, aber auch Camarque-Pferde, für dich in Frage. Eine geeignete Großpferderasse wäre der Friese. Soll-

Mit einem Islandpferd kannst du auch Turniere reiten

du aber auch ein Gangpferdefan und verbindest Geländereiten und Turniersport mit Hilfe eines Islandpferdes.

Hauptsächlich ●:
Für dich spielt die Sicherheit auf dem Pferderücken eine besonders große Rolle. Dir geht es nicht um Geschwindigkeit oder Rekorde irgendwelcher Art. Du magst ruhige und zuverlässige Pferde. In den Reitstunden gibst du dir große Mühe, und Dressur ist dir dabei erheblich lieber als Springen. Besonders, wenn du neben den schwarzen auch viele gelbe Punkte angekreuzt hast, möchtest du die Dressur vielleicht sogar in den Mittelpunkt deiner Reiterei stellen. Dann wäre das richtige Pferd für dich ein eher schweres Warmblut, vielleicht ein Baden-Württemberger, Holsteiner oder Zweibrücker. Möglicherweise interessierst du dich aber auch für die Westernreitweise, die deiner Art sehr entgegenkommt. Ein Vertreter der typischen Westernrassen, zum Beispiel ein Quarter Horse, ein Paint Horse, ein Appaloosa oder ein Morgan Horse

test du neben den blauen Punkte viele grüne angekreuzt haben, geht dein Ideal wahrscheinlich mehr in Richtung Wanderreiten. Vielleicht ist dein Traumpferd ein Haflinger oder ein Norweger des modernen, vielseitigen Typs.

Hauptsächlich ●:
Du träumst vom Geländereiten auf einem angenehmen, unkomplizierten Pferd. Reitunterricht begrenzt du gern auf ein Minimum, und in den Dressurstunden sehnst du dich eigentlich nur hinaus aus der Halle. Wahrscheinlich wirst du mit einem Robustpferd, zum Beispiel einem Dülmener oder einem Bosniaken, besonders glücklich. Falls du Großpferde lieber magst, kämen unter anderem Freiberger und Traber in Frage. Alle diese Rassen sind auch geeignet, wenn du neben den grünen viele gelbe Punkte angekreuzt hast. Dein Turnierehrgeiz dürfte sich in diesem Fall ja weniger auf Dressur und Springen, denn auf die Teilnahme an Trekking- und Distanzritten erstrecken. Vielleicht bis

Dressur ist deine bevorzugte Reitweise

Gewonnen! Ist das dein großer Traum?

würde dich sicher tragen. Hast du zusätzlich zu den schwarzen viele grüne Punkte angekreuzt, kannst du dein Traumpferd auch unter den Robustpferden verschiedenster Rassen suchen. Die sind aber oft sehr selbstbewußt, und du könntest Schwierigkeiten haben, dich bei ihnen durchzusetzen.

Hauptsächlich ●:
Du gehörst zu den ehrgeizigen Reitern und Reiterinnen und erwartest von deinem Traumpferd Turniererfolge. Dafür bist du bereit, regelmäßig zu trainieren und mit dem Pferd zu arbeiten. Bei der Wahl deines Pferdes sollte die Frage im Mittelpunkt stehen, welche Rasse sich besonders gut für den von dir bevorzugten Sport eignet! Wenn du Dressur und Springen magst, könnte es zum Beispiel ein Hannoveraner oder Westfale sein, willst du im Gangpferdesport Schleifen holen, kommt schwerpunktmäßig ein Isländer in Frage. Zum Distanzreiten wählst du am besten ein hochblütiges deutsches Reitpony oder einen leichten Traber. Falls du neben den gelben auch viele blaue Punkte angekreuzt hast, könntest du auch mit einem Araber zurechtkommen. Richtet sich dein Ehrgeiz auf den Westernreitsport, solltest du auf jeden Fall einen Vertreter der Spezialrassen, wie Quarter Horse oder Paint Horse, aussuchen. Die Plazierungschancen sind hier viel besser als mit einem anderen Pferd. Denke aber immer daran, daß du auch mit dem besten Pferd nicht auf Siege programmiert bist! Es kommt nicht nur auf Rasse und Eignung, sondern vor allem auf die gute Zusammenarbeit und die Harmonie zwischen Reiter und Pferd an.

Keine bevorzugte Farbe erkennbar:
Wenn sich in deiner Antworttabelle die verschiedensten Farben befinden, gehörst du zu dem Reitertyp, für den Vielfalt im Pferdesport an erster Stelle steht. Am liebsten möchtest du jede Reitweise der Welt kennenlernen, und vermutlich führst du Buch darüber, wie viele verschiedene Pferderassen du schon geritten hast. Das ist toll, denn es macht dich tolerant und offen gegenüber allem Neuen in der Reiterei und in der Pferdehaltung. Dein Traumpferd findest du wahrscheinlich unter den besonders vielseitigen Pferderassen, aber ein paar Schwerpunkte mußt du bei deiner Auswahl schon setzen. Als begeisterter Geländereiter, der aber auf keinen Fall auf Springen und Dressur verzichten möchte, wirst du vielleicht mit einem Connemara, einem Welsh Cob oder einem modernen Haflinger glücklich. Falls du lieber ein Großpferd möchtest, lassen sich fast alle Warmblüter sehr vielseitig ausbilden. Die Verbindung von Westernreiten und Klassischer Dressur gelingt guten Reitern oft mit einem Araber. Du findest in diesem Buch Informationen zu allen möglichen Reitstilen und den dazu passenden Pferden. Irgendwo in all dieser Vielfalt wird dein Traumpferd auf dich warten!

Unter deiner bevorzugten Farbe hast du nun viele Hinweise auf deinen Reitertyp gefunden. Wir haben versucht, gemeinsam die Pferderasse herauszufinden, mit der du besonders viel Spaß haben könntest. Das bedeutet allerdings nicht, daß nur diese und keine andere Rasse für dich in Frage kommt. Letztlich macht dich ja nicht die Rasse, sondern nur das ganz besondere Einzelpferd glücklich.

Dein Pferd soll für dich das beste und wertvollste auf der Welt sein, egal ob es das edelste Rassetier oder eine aus vielen verschiedenen Rassen zusammengemixte Kreuzung ist!

Auch Westernpferde sind ideal für dich

Kleines Lexikon

Aalstrich – Dunkler Strich, der bei falben Pferden vom Widerrist bis zum Schweifansatz führt. Gehört zu den Wildmerkmalen.
Abzeichen – Weiße Stellen am Kopf und an den Beinen eines sonst einfarbigen Pferdes.
Aktion – Fälschlich auch »Knieaktion« genannt. Elegantes Anheben der Vorderbeine im Trab, Tölt oder Walk.
Artgerechte Pferdehaltung – Naturgemäße Haltung von Pferden, also Gruppenhaltung mit viel Auslauf.
Bahnfiguren – Vorgegebene »Wege« in der Reitbahn zur Gymnastizierung der Pferde.
Barock-Typ – Pferdetyp, der vor allem von klassischen Dressurreitern geschätzt wird, Quadratpferd mit hoher Aufrichtung.
Behang – Mähne und Schweif des Pferdes.
Bügeln – Nach-außen-Greifen der Vorderhufe in der Bewegung.
Bügeltrunk – Getränk, in der Regel alkoholisch, das vor einer Reitjagd gereicht und im Sattel genossen wird.
Box – Geschlossener Einzelstall für Pferde.
Caprilli – Italienischer Reitmeister, entwickelte eine pferdefreundliche Ausbildung für Springpferde.
Cob-Typ – Kompaktes, kalibriges Pferd mit meist hoher Aufrichtung und kleinem, edlem Kopf.
Cutting – Disziplin der Westernreitweise.
Doma Vaquera – Klassische Hinführung des Pferdes zur Arbeit mit Rindern.
Englische Reitweise – Der Reitstil, den ihr in den meisten Reitschulen lernt.
Eohippus – »Morgenrötepferdchen«, Urahn aller Pferderassen.
Equipage – elegante Kutsche.
Format – Verhältnis der Rumpflänge eines Pferdes zur Widerristhöhe.
Galopp – Gesprungene Gangart im Dreitakt.
Gangpferde – Pferde, die neben Schritt, Trab und Galopp noch andere Bewegungsvarianten zeigen.
Großpferd – Jedes Pferd über 1,48 m Stockmaß.
Grundgangarten – Schritt, Trab, Galopp, Paß.
Gymkhana – Englisches Wort für Ponyspiele.
Gymnastizierung – Grundausbildung in der Dressur, sollte bei keinem Pferd unterlassen werden.
Hechtkopf – Stark konkav geformte Kopflinie, häufig bei Arabern.
Hengstdepot – »Sammlung« von besonders hochwertigen Hengsten einer Rasse.
Hilfen – Die Zeichen, mittels derer sich der Reiter dem Pferd verständlich macht.
Hinterhand – Alle Körperteile des Pferdes, die hinter der Reiterhand liegen, besonders die Hinterbeine.
Hirschhals – Konvex gebogene Halslinie des Pferdes.
Hohe Schule – Dressurübungen höchsten Schwierigkeitsgrades.
Hunter-Typ – Kräftiges, springbegabtes Warmblutpferd.
Iberische Reitweise – Ursprung der Klassischen Dressur, heute noch verbreitet in Spanien, Portugal und Südfrankreich.
Jagdfeld – Reiter bei einer Herbstjagd.
Kaliber – Schwere des Knochenbaus eines Pferdes.
Kaltblut – Schwere Pferderassen, ursprünglich für Forst- und Landarbeit und zum Ziehen schwerer Lasten gezüchtet.
Karossier – Fahrpferd.
Kleinpferd (Pony) – Jedes Pferd unter 1,48 m Stockmaß.
Kötenbehang – Längeres Haar oberhalb der Fesselbeuge, vor allem bei Pony- und Kaltblutrassen als Wetterschutz.
Krötenmaul – Pigmentlose, rosafarbene Flecken auf der dunklen Haut um Maul und Nüstern.
Leistungsprüfung – Leistungstest, dem Hengste und Stuten vor dem Zuchteinsatz unterzogen werden. Je nach Rasse sind Renn-, Zug- oder Ausdauerleistung gefordert.
Mehlmaul – Aufhellung der Fellfarbe bei Braunen im Bereich des Mauls.
Master – Anführer einer Jagdgesellschaft.
Mohrenkopf – schwarzer Kopf bei Tigerscheckung am Körper.
Offene Stellung – Korrekte Aufstellung des Pferdes auf Schauen, die Richter sehen dabei alle vier Beine.
Offenstall – Ein Stall, der zum Auslauf oder zur Weide offen ist, so daß die Pferde wählen können, ob sie drinnen oder draußen stehen wollen.
Paß – laterale Zweitaktgangart.
Paßgespann – Zwei oder mehrere Pferde vor einem Wagen, die einander möglichst ähnlich sehen.
Pikeure – Helfer bei der Reitjagd, reiten seitlich des Feldes.
Pony-Typ – Pferd, das die Merkmale urwüchsiger Ponyrassen aufweist: kompakter und runder Körperbau, kleiner, ausdrucksvoller Kopf, viel Behang.
Quadratpferd – Pferd mit einer Körperform, bei der man um Rücken und Beine ein Quadrat zeichnen könnte.
Quadrille – Formationsreiten mit Pferden auf Musik.
Ramskopf – Stark konvex geformte Kopflinie.
Raumgriff – Pferde mit langer Schrittlänge zeigen viel »Raumgriff«.
Rechteckpferd – Pferd mit einer Körperform, bei der man um Rücken und Beine ein Rechteck zeichnen könnte.
Reinzucht – Langjährige Zucht ohne Einkreuzung anderer Pferderassen.
Robustpferde – Widerstandsfähige und »wetterfeste« Pferderassen, zum Beispiel Islandpferde und Norweger.
Schritt – Langsame Viertaktgangart.

Schulterkreuz – Aalstrich und Querstreifen über dem Widerrist, gehört zu den Wildmerkmalen.
Stockmaß – Größenangabe für Pferde und Ponys.
Stocktyp – Typ des Westernpferdes.
Stutbuch – Auflistung aller Zuchtpferde einer Rasse.
Termino – Nach-außen-Greifen der Vorderhufe in der Bewegung im Tölt des Paso.
Tölt – Viertaktgangart mit Einbeinstütze.
Trab – diagonale Zweitaktgangart.
Trense – gebrochenes Mundstück.
Turnier – Sportveranstaltung mit Pferden.
Vererber – Deckhengst.
Vollblut – Rennpferde und arabische Pferde mit lückenlosem Stammbaum.
Vorhand – Alle Körperteile des Pferdes, die vor der Reiterhand liegen, besonders die Vorderbeine.
Walk – Viertaktgangart mit Dreibeinstütze.
Wallach – Ein Hengst, den man durch eine kleine Operation unfruchtbar gemacht hat.
Warmblut – Reit- und Fahrpferderassen, die im Kaliber zwischen Vollblut und Kaltblut liegen.
Western-Reitweise – Reitstil, der sich aus der Arbeit der amerikanischen Cowboys entwickelt hat.
Widerrist – Wölbung am Übergang zwischen Hals und Rücken des Pferdes. Am Widerrist wird die Größe des Pferdes gemessen.
Wildmerkmale – Abzeichen wie Aalstrich, Schulterkreuz und Zebrierung, die vor allem Pferderassen aufweisen, die dem Wildtyp noch sehr ähnlich sind.
Xenophon – Verfasser einer der ersten Reitlehren.
Zebrierung – »Zebrastreifen« an den Beinen von Vertretern naturnaher Pferderassen. Gehört wie der Aalstrich zu den Wildmerkmalen.

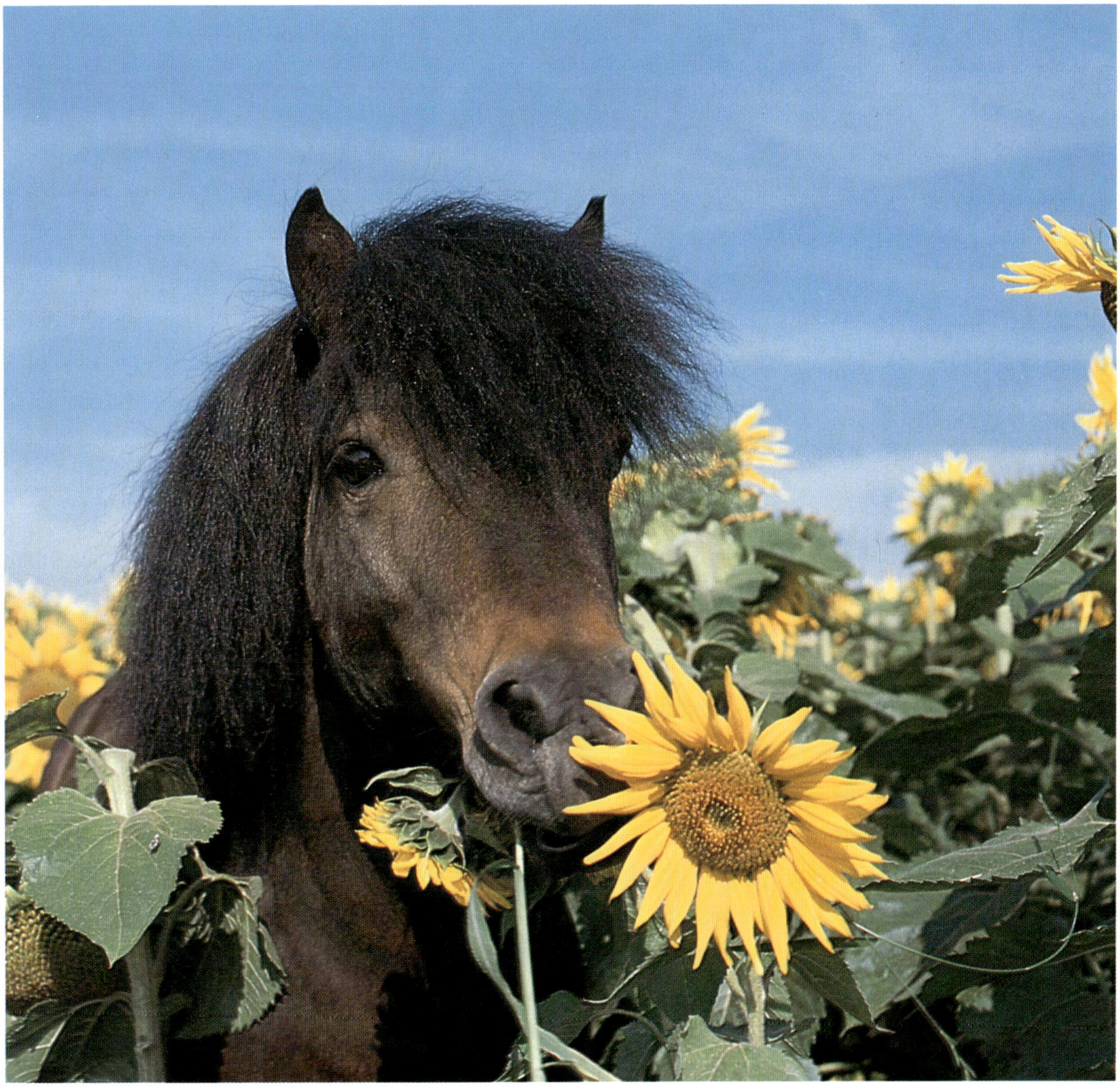

REGISTER

Bildnachweis

Thomas Benes (S. 57 u.)
Jens Christen (S. 30, 31)
Klara Decker (S. 39 o., 83 u., 107 o., 107 u., 123, 126 o.)
Gerri Delfan (S. 1, 10 o.r., 19 l., 21, 25, 32 o.l., 36, 39 u., 44, 45 u., 48 o., 51 o., 55 o., 58 o., 70 o., 72 o.l., 75 o., 78, 86, 87 M., 91 o., 94, 95 u., 104 o., 106 u., 110 o., 114 o., 121 o., 130 u., 135 l., 135 r., 138 o., 140 u., 149 o., 149 u., 151 u.)
Monika und Hans D. Dossenbach (S. 13 o., 20 o., 35 u., 52 o.r., 53 o., 53 u., 54, 55 u., 58 u., 73, 77 o., 96 o., 96 u.l., 98 o., 102 u., 103, 105 o., 111 u., 124 u., 125, 130 o., 132 u.r., 136 u., 137 o., 137 u.l., 141 u.)
Werner Ernst (S. 91 u.r., 100 u., 101 o., 141 o.)
Bildagentur Geduldig (S. 10 o.l., 11 u., 19 r., 33 u., 42 u., 82 u., 88 o., 88 u., 89 o., 92 r., 116 u., 120 o., 131 u.r.)
Christiane Gohl (S. 5)
Cornelia Göricke (S. 74 o.)
Kit Houghton (S. 23 o., 38, 140 o.)
Dr. Ewald Isenbügel (S. 109 u.)
Olav Krenz (S. 64 u.)
Sabine Küpper (S. 104 u.l., 114 u., 136 o.)
Christine Lange (S. 82 o.)
Beate Langels (S. 79 o.)
Lothar Lenz (S. 12 o.r., 16, 18, 20 u., 22 o., 22 u., 23 u., 24 u., 32 o.r., 40, 41 l., 42 o., 46 o., 46 u., 47 u., 52 u.l., 59, 60 u., 61, 62 u., 62 M., 62 o., 64 o., 65, 66 o.r., 73 o., 74 u., 75 u., 76 o., 77 u., 79 u., 81 M., 90, 93 o., 93 u., 95 o., 99 o., 99 u., 100 M., 100 o., 101 u., 110 u., 111 o., 112 o., 116 o., 118 o., 120 u., 121 u., 122 o., 124 o., 127, 128 u.l., 128 u.r., 129 o., 129 u., 131 o.l., 137 u.r., 138 u., 142 o., 150 u.)
Reinhard Tierfoto (S. 29 u., 47 o., 49 o., 49 u.)
Daisuke Schneider (S. 34, 56, 115, 126 u., 133 u.)
Edgar Schöpal (S. 66/67 u., 27, 37 o., 37 u., 84, 87 o.l., 87 o.r., 87 u., 89 u., 92 l., 97 l., 97 r., 98 u., 113, 122 u., 133 o.l., 143)
G. und S. Sibbe (S. 105 u.)
Sabine Stuewer (S. 6, 7 o., 7 u., 8 o., 8 u., 9 o., 9 u., 13 u., 17 o., 24 o., 29 o., 41 r., 45 o., 48 u., 52 o.l., 60 o., 63, 71, 72 o.r., 72 u., 76 u., 80 o., 81 o., 83 o., 85 o.l., 85 o.r., 91 u.l., 96 u.r., 112 u., 117, 117 u., 118 u., 119, 125 u., 132 o.l., 133 M., 134 o., 134 u., 139, 144, 145 o., 145 u., 146 l., 146 r., 153, 154)
S. A. Thompson (S. 26)
Rik van Lent (S. 51 u., 106 o., 108, 109 o.l., 109 o.r., 147, 150 o.)
Jaroslav Vogeltanz (S. 50 o., 50 u., 57 o.)
Elisabeth Weiland (S. 43, 66 o.l., 68, 69, 102 o., 151 o.)

Erlebnis Pferde

Für alle Pferdefreunde

Pferde-Internat Rosenberg

Alles rund um Pferde, erste Liebe und das Leben im Internat!

In der Reihe bisher erschienen:

- **Alles wegen Daniel**
  3-440-09534-7
- **Ritt durch die Nacht**
  3-440-09535-5
- **Halloween im Schloss**
  3-440-09537-1
- **Ein Fohlen für Karfunkel**
  3-440-09536-3

Jeder Band mit 128 Seiten, geb.
Je € 7,50
€/A 7,80; sFr 13,50

ISBN 3-440-09758-7

ISBN 3-440-09967-9

Du und dein Pferd

Die praktische, peppige und kompetente Ratgeberreihe

In der Reihe bisher erschienen:

- **So werdet ihr Freunde**
  3-440-09013-2
- **So habt ihr Spaß im Gelände**
  3-440-09514-2

Jeder Band mit 80 Seiten, geb.
Je € 9,90
€/A 10,20; sFr 17,40

ISBN 3-440-09819-2

Quizfächer

Spannende Fragen und Antworten rund um Pferde & Reiten machen spielend Spaß!

ISBN 3-440-09237-2

Je € 5,–
€/A 5,20; sFr 9,–

ISBN 3-440-08449-3

www.kosmos.de

Preisänderungen vorbehalten